Secure Consult GmbH & Co. KG
Gaisbergweg 2
86529 Schrobenhausen

ISO 9001:2000

D1656059

Georg Erwin Thaller

ISO 9001:2000

Software-Entwicklung in der Praxis

3., aktualisierte Auflage

Verlag Heinz Heise

Die Deutsche Bibliothek – CIP Einheitsaufnahme

Thaller, Georg Erwin:
ISO 9001:2000 : Software-Entwicklung in der Praxis / Georg Erwin Thaller. -
3., aktualisierte Aufl.. – Hannover : Heise, 2001

ISBN 3-88229-189-3

© 2001 Verlag Heinz Heise GmbH & Co KG, Hannover

Alle deutschprachigen Rechte vorbehalten. Kein Teil dieses Werkes darf ohne schriftliche Genehmigung des Verlages in irgendeiner Form (Fotokopie, Mikrofilm oder andere Verfahren), auch nicht für Zwecke der Unterrichtsgestaltung, reproduziert oder unter Verwendung elektronischer Systeme verarbeitet, vervielfältigt oder verbreitet werden. Bei der Zusammenstellung wurde mit größter Sorgfalt vorgegangen. Fehler können trotzdem nicht völlig ausgeschlossen werden, so dass weder Verlag noch der Autor für fehlerhafte Angaben und deren Folgen eine juristische Verantwortung oder irgendeine Haftung übernehmen. Warennamen sowie Marken- und Firmennamen werden ohne Gewährleistung der freien Verwendbarkeit benutzt. Die in diesem Buch erwähnten Software- und Hardwarebezeichnungen sind in den meisten Fällen auch eingetragene Warenzeichen und unterliegen als solche den gesetzlichen Bestimmungen. Der Verlag übernimmt keine Gewähr dafür, dass beschriebene Programme, Schaltungen, Baugruppen etc. funktionsfähig und frei von Schutzrechten Dritter sind. Für Verbesserungsvorschläge und Hinweise auf Fehler ist der Verlag dankbar.

```
     5    4    3    2    1    0
     2005  04   03   02   01
```

Lektorat:	Dr. Michael Barabas
Copy-Editing:	Susanne Rudi, Heidelberg
Umschlaggestaltung:	Susanne Wierzimok, Edingen-Neckarhausen
Gesamtherstellung:	Birgit Dinter
Druck:	Koninklijke Wöhrmann B. V., Zutphen, Niederlande

ISBN 3-88229-189-3

Vorwort

In der vom nationalen und internationalen Wettbewerb geprägten EDV-Branche wird die Zertifizierung nach DIN EN ISO 9001 inzwischen fast zu einem Muss. Einem Großteil der Software herstellenden Unternehmen in der Bundesrepublik Deutschland steht dieser Schritt noch bevor: Die Zertifizierung ihres Qualitätsmanagementsystems nach der internationalen Norm DIN EN ISO 9001, *Qualitätsmanagementsysteme: Forderungen.*

Der Autor, selbst als Fachauditor in der Begutachtung von Qualitätsmanagementsystemen für Software tätig, breitet in diesem Buch die Fülle seiner Erfahrungen aus und macht die Forderungen der DIN EN ISO 9001 und der DIN EN ISO 9000, Teil 3, an Beispielen aus der Praxis klar. Es geht ihm dabei nicht nur um die bloße Erfüllung der Vorschriften der Norm, sondern auch um ein System, das sich in den Betrieben organisatorisch realisieren lässt. An Beispieltexten, die auch auf dem beiliegenden Datenträger verfügbar sind, macht Georg Erwin Thaller Vorschläge, wie die Forderungen der Norm in konkrete Regelungen für ein Unternehmen umgesetzt werden können. Beispieltexte, Produktmuster, Musterprozesse und 60 Verfahrensanweisungen bilden einen soliden Grundstock zum Aufbau eines eigenen Qualitätsmanagementsystems für Software.

Das Buch wendet sich daher in erster Linie an Qualitätsmanager und QM-Beauftragte in Wirtschaft und Verwaltung, die ein System zur Qualitätssicherung für Software planen oder aufrechterhalten wollen und eine Zertifizierung dieses Systems anstreben. Neben der DIN EN ISO 9000-Familie von Normen werden auch die wichtigsten anderen Software-Normen auf diesem Gebiet vorgestellt.

Das Buch bietet allerdings auch für Manager in der Software-Entwicklung, im Test, dem Konfigurationsmanagement und der Projektleitung eine Fülle von Anregungen, wie die Forderungen der Norm DIN EN ISO 9001 in ihrem Bereich umgesetzt werden können. Nicht zuletzt sind die Geschäftsleitung und das Top Management angesprochen, denen bei der Verwirklichung der Norm im Betrieb eine wichtige Schlüsselrolle zukommt.

Auch Qualitätssicherer und Programmierer können vom Inhalt dieses Buches profitieren, denn es zeigt, wie die Forderungen der Norm in der Praxis der Software-Entwicklung gestaltet werden können. Studierende an den Hochschulen unseres Landes werden im Laufe ihres Berufslebens nicht ohne Kenntnisse der wichtigsten Normen zum Qualitätsmanagement und zur Qualitätssicherung auskommen, und insofern bietet das Buch einen guten Einstieg in die Materie.

Zum Inhalt: Das erste Kapitel schlägt einen Bogen von den Anfängen der Qualitätssicherung in den 30er Jahren bis in unsere Tage, in denen sich die dort vorgestellten Thesen endlich auf breiter Basis durchzusetzen beginnen. Im zweiten Kapitel wird DIN EN ISO 9001 in den Zusammenhang der Normenfamilie DIN EN ISO 900x gestellt. Die vier wichtigsten

Eckpunkte der ISO 9001:2000 werden vorgestellt: Prozessorientierung, Verantwortung des Managements, Bereitstellung der Ressourcen sowie Messung, Analyse und Verbesserung.

Im dritten Kapital richten wir den Blick über den bloßen Inhalt der Norm hinaus auf das Unternehmen und fragen uns, wie sie umzusetzen ist. Prozesse vs. Produkte, verwandte Normen, Einflussfaktoren für den Aufbau des QM-Systems, Geltungsbereich, Ausschluss einzelner Normelemente und Begriffsdefinitionen bilden den Schwerpunkt dieses Abschnitts.

In den Kapiteln 4 bis 7 geht es um die vier Hauptelemente der Norm: Management, Ressourcen, Produkt-Entwicklung sowie Messung, Analyse und Verbesserung. Unter die Überschrift *Management* fällt in der Langzeitrevision der DIN EN ISO 9001 auch das Qualitätsmanagement, das damit fest im Management verankert ist. Stichworte sind Qualitätspolitik, Ziele, Qualitätsplanung, QM-System und Projekte, Rolle des QM-Beauftragten sowie Vermittlung der Inhalte des QM-Systems. In diesem Kapitel werden auch die Bausteine eines QM-Systems erarbeitet, die eindeutig dem Qualitätsmanagement zuzuordnen sind.

Im fünften Kapitel geht es um die Mitarbeiter des Unternehmens, ihre Qualifikation, Fort- und Weiterbildung. Auch Infrastruktur und Arbeitsumgebung sind Themen, und es wird ein Schulungsplan vorgestellt.

Das sechste Kapitel ist das längste des Buchs, weil es dabei um die arbeitsintensive Produktrealisierung geht. Schwerpunkte bilden die Modelle zur Software-Entwicklung, Erfassung der Anforderungen, Entwicklungsplanung und Schnittstellen zu externen Partnern. Weitere Themen sind der Software-Entwurf, die Kundenbeteiligung während der Entwicklung, Reviews, Beschaffung, der Umgang mit Kundeneigentum und nicht zuletzt Verifizierung und Validation. Die Produktauslieferung, der Akzeptanztest und der Übergang zur Wartungsphase bilden den Schlusspunkt in diesem wichtigen Kapitel.

Mit *Messung, Analyse und Wartung* geht es im siebten Kapitel um ein Thema, das seit der 1994er Fassung der Norm eine bedeutende Aufwertung erfahren hat. Schwerpunkte sind Kundenzufriedenheit, Prozessüberwachung, Datenanalyse, kontinuierliche Verbesserung, Fehlerbeseitigung und Kennzahlen im Software-Erstellungsprozess. Es werden eine Reihe von Metriken vorgestellt, die nach den Forderungen der Norm ausgewählt wurden. Zuletzt wird gefragt, ob das System zur Fehlerbeseitigung automatisiert werden kann.

Im achten Kapitel befassen wir uns mit der Zertifizierung und ihren Tücken, während im abschließenden neunten Kapitel einige Hinweise darauf gegeben werden, was eine Unternehmensleitung tun kann, die über DIN EN ISO 9001 hinaus ihr QM-System verbessern, die Qualität ihrer Produkte steigern will.

Das Buch ist durch die Orientierung am Text der Norm und deren Aufbau extrem praxisnah und bietet so die Gewähr dafür, sich leicht in ein System zum Qualitätsmanagement von Software umsetzen zu lassen. Dazu tragen auch die auf dem beiliegenden Datenträger vorhandenen Beispieltexte, Musterprozesse, Verfahrensanweisungen, Produktmuster, Fragebögen und Vordrucke bei.

Es bleibt mir nur, allen Managern und Mitarbeitern im Qualitätsmanagement bei der Anpassung des Materials an die Erfordernisse ihres Unternehmens viel Erfolg zu wünschen. Dies gilt nicht zuletzt für die Zertifizierung durch einen renommierten Zertifizierer. Das ist letztlich die Bestätigung, dass die Forderungen der Norm erfüllt wurden. Bei diesem Unterfangen wünsche ich viel Glück!

Nürnberg, im Mai 2001   Georg Erwin Thaller

Vorwort zur dritten Auflage

Die zweite Ausgabe des Buchs war orientiert an der Struktur der 1994er Fassung der DIN EN ISO 9001 mit ihren 20 Elementen. Nachdem die meisten Betriebe die erste Ausgabe ihres QM-Systems nach diesen 20 Elementen gegliedert hatten, scheint mir nun die Zeit für eine gründliche Überarbeitung ihrer QM-Systeme reif zu sein. Die Folge war, dass auch das Buch völlig neu strukturiert werden musste.

Das Erscheinen der Langzeitrevision der DIN EN ISO 9001 hat sich bis in den Dezember 2000 hin gezogen. Die Norm ist damit fast ein Jahr später erschienen, als von allen Fachleuten erwartet worden war. Der Grund scheint nicht zuletzt in einem Streit darüber zu liegen, wie der englische Begriff *Requirement* ins Deutsche übersetzt werden soll. Ein Mitglied des Normungsgremiums [75,76] votierte vehement für »Forderung«, während andere meinten, »Anforderung« wäre der richtige Begriff. Mein Wörterbuch behauptet, (An)Forderung wäre angemessen.

Wir haben seit dem Altertum zweifellos Fortschritte gemacht. Damals stritt man sich noch um ein Tüpfelchen auf dem i. In ihrem Inhalt ist die Norm jetzt leichter zu verstehen, auch für Leute, die nicht ihr ganzes Leben in der Qualitätssicherung verbracht haben. Auch die Gliederung ist besser, und nicht zuletzt haben wichtige Punkte mehr Text bekommen. Wegen Nuancen der Übersetzung würde ich dem Qualitätsmanager dennoch empfehlen, sich auch den englischen Originaltext zu besorgen. Für die Umstellung eines Qualitätsmanagementsystems, das auf der 1994er Fassung der DIN EN ISO 9001 basiert, ist der absolut letzte Termin der 14. Dezember 2003. Dann verfallen Zertifikate, die auf dieser Version der Norm beruhen.

Das Buch richtet sich nun in seinem Aufbau nach der Gliederung der ISO 9001:2000. Beibehalten wurde das Prinzip, Texte zu formulieren und Verfahrensanweisungen zu kreieren, die in der vorliegenden oder ähnlicher Form in den Unternehmen der deutschen Software-Industrie sofort eingesetzt werden können. Neu hinzu gekommen sind Musterprozesse. Selbst wenn im Einzelfall Anpassungen notwendig sein mögen, liefert das Buch doch eine Handlungsanleitung für den Aufbau eines QM-Systems für Software, der in der Praxis rasch zu Erfolgen führen wird.

Möge auch die dritte Auflage dieses Buchs auf eine geneigte Leserschaft treffen.

Nürnberg, im Mai 2001   Georg Erwin Thaller

Acknowledgements

Ich möchte allen danken, die meine Karriere als Autor von Fachbüchern in den vergangenen Jahren gefördert haben, sei es nun vor oder hinter den Kulissen. Das Entstehen eines Buches, von den ersten vagen Ideen bis zum fertigen Buch, ist ein langer und zuweilen dornenvoller Weg. Es ist aber auch eine intellektuelle Herausforderung, die eigenen Gedanken, Erfahrungen und Konzepte in Buchform zu gießen, so dass die gesamte Fachwelt davon profitieren kann.

In erster Linie wäre hier natürlich meine Familie zu nennen, bei der meine Arbeit an dem Buch sich gewiss zuweilen in geistiger Abwesenheit äußerte. Auch aus der Arbeit in verschiedenen Betrieben der deutschen Industrie, zuerst in der Software-Entwicklung, dann im Test und in der Qualitätssicherung, habe ich Nutzen gezogen. Schließlich habe ich von meinem langjährigen USA-Aufenthalt eine Fülle von Ideen und Konzepten mitgebracht, die im Laufe der Jahre umgesetzt und genutzt wurden.

Nicht zuletzt danke ich allen Mitstreitern, Kollegen und Mitarbeitern, die meinen Lebensweg über kürzere oder längere Strecken begleitet haben.

Nürnberg, im Mai 2001   Georg Erwin Thaller

Inhaltsverzeichnis

	1	**Bedeutung der Qualität**	**1**
	1.1	Von Inspektionen zur vorbeugenden Qualitätssicherung	2
	1.2	Fehler im Bereich von Hard- und Software	6
	1.3	Hindernisse	25
	1.4	ISO 9001: Erfolgsgeschichte einer Norm	31
	2	**ISO 9001 im Überblick**	**33**
	2.1	Notwendigkeit zur Änderung der Norm	33
	2.2	Software-Normen	34
	2.3	Zusammenhang zwischen ISO 9001 und ISO 9004	38
	2.4	Acht bestimmende Grundsätze	41
	2.5	ISO 9001 im Bereich der Software-Entwicklung	42
	2.6	Schwerpunkte der Norm	46
	2.6.1	Prozessorientierung	47
	2.6.2	Verantwortung des Managements	50
	2.6.3	Bereitstellung der Ressourcen	52
	2.6.4	Produktrealisierung	53
	2.6.5	Messung, Analyse und Verbesserung	55
	3	**Die Norm im Rahmen eines Unternehmens**	**57**
	3.1	Prozesse vs. Produkte	57
	3.2	Prozessorientierung	58
	3.2.1	Vorteile der Prozessorientierung	60
	3.2.2	Haupt- und Subprozesse	64
	3.3.3	Demings PDCA-Zyklus	65
	3.3	Einbeziehung anderer Normen	69
	3.4	QM-System	73
	3.4.1	Einflussfaktoren für den Aufbau	73
	3.4.2	Alternativen bei der Gestaltung des Handbuchs	76
	3.4.3	Geltungsbereich	78
	3.4.4	Ausschluss einzelner Elemente der Norm	79
	3.4.5	Begriffsdefinitionen	80
	3.4.6	Produkt oder Service?	83
	3.5	Messungen im Prozess	84

4 Element 1: Management 87

4.1	Verantwortung von Vorstand, Geschäftsleitung und Management	87
4.2	Wer sind die Besitzer des Unternehmens?	97
4.3	Fokus auf den Kunden	98
4.4	Qualitätspolitik	99
4.5	Definierte Erfassung der Anforderungen an das QM-System	103
4.6	Dokumentation des QM-Systems	104
4.7	Rolle des QM-Beauftragten	110
4.8	QM-System und Projekte	111
4.9	Qualitätsplanung	119
4.10	Qualitätsaufzeichnungen	121
4.11	Dokumente und deren Lenkung	126
4.12	Vermittlung der Inhalte des QM-Systems	131
4.13	Mitarbeiter im Qualitätsmanagement	132
4.14	Rückkopplung: Das QM-System mit Leben erfüllen	133

5 Element 2: Management der Ressourcen 135

5.1	Mitarbeiter	136
5.2	Arbeitsbedingungen und Infrastruktur	143
5.3	Wirtschaftlicher Erfolg	144

6 Element 3: Produkt-Entwicklung 147

6.1	Effektive Software-Erstellung	147
6.2	Prozessmodelle zur Software-Entwicklung	156
6.3	Denken und Planen in Prozessen	163
6.4	Erfassung der Anforderungen	165
6.5	Qualitätsziele einbringen	169
6.6	Schnittstellen zu externen Partnern	170
6.7	Kerntätigkeiten der Entwicklung	173
6.7.1	Der Entwurf	175
6.7.2	Implementierung	179
6.8	Kundenbeteiligung während der Entwicklung	186
6.9	Konfigurationsmanagement	189
6.10	Verifikation und Validation	199
6.11	Der Einkauf als Prozess	212
6.12	Kundeneigentum	218
6.13	Dokumente	220
6.14	Produktauslieferung, Akzeptanztest und Wartungsphase	223

7 Element 4: Messung, Analyse und Verbesserung 227

7.1	Zweck des Prozesses	227
7.2	Instrumente	230
7.2.1	Kundenzufriedenheit	231
7.2.2	Interne Audits	234
7.2.3	Prozessüberwachung	235
7.2.4	Produktüberwachung	236
7.3	Kontinuierliche Verbesserung	236
7.4	Fehlerbeseitigung	238

7.5		Kennzahlen im Software-Erstellungsprozess	241
	7.5.1	Grundmetriken	242
	7.5.2	Produktmetriken	244
	7.5.3	Prozessmetriken	251
	7.5.4	Datenquellen	254
	7.5.5	Ausrichtung auf Unternehmensziele	255
7.6		Ausschluss von Elementen der Norm	258
7.7		Automatisierung des Prozesses	258

8 Zertifizierung des QM-Systems — 261
- 8.1 Kriterien für die Auswahl eines Zertifizierers 264
- 8.2 Kosten 269
- 8.3 Was sagt das Zertifikat aus? 272

9 Qualitätsmanagement über ISO 9001 hinaus — 275
- 9.1 Spezifische Normen zur Software-Entwicklung 275
- 9.2 Total Quality Management 282
- 9.3 Das eigene QM-System 284

A Anhang — 287
- A.1 Literaturverzeichnis 287
- A.2 Quellen im Internet 291
- A.3 Produktmuster 292
- A.4 Fragebögen 328
- A.5 Formulare 351
- A.6 Stellenbeschreibung QM-Beauftragter 353
- A.7 Normen und Standards 355
- A.8 Glossar 359
- A.9 Normdefinitionen 365
- A.10 Verzeichnis der Akronyme und Abkürzungen 368
- A.11 Verzeichnis der Verfahrensanweisungen 371
- A.12 Stichwortregister 373

1 Bedeutung der Qualität

An investment in knowledge always pays the best interest.
Benjamin Franklin

Das heraufdämmernde 21. Jahrhundert wird sicher mehr als einen Namen bekommen. Aber eines ist bereits abzusehen: Wir nähern uns mit rasendem Tempo dem Informationszeitalter. Anzeichen dafür finden wir überall. Robert W. Lucky, der Forschungsdirektor der Bell Laboratories in den USA, stellte bereits zum Ausgang des letzten Jahrhunderts mit Erschrecken fest: »Ich kenne niemanden, der irgend etwas herstellt.«

Man könnte – etwas näher an der Realität – auch behaupten, dass die totale Herrschaft der Bits und Bytes kurz bevor steht. Das ist der Rohstoff, der Software letztlich ausmacht. Der Niedergang traditioneller Industrien in den USA lässt sich mit Zahlen [1] belegen: Nur ein Siebtel der Bevölkerung genügt, um alle notwendigen Industriegüter zu produzieren. Es werden sogar noch Überschüsse erzeugt, die exportiert werden können. Amerikanische Farmer sind so produktiv, dass 3 Prozent der Bevölkerung ausreichen, um die Lebensmittel für das ganze Volk zu erzeugen. Auch in diesem Bereich bleiben Überschüsse. Nicht zuletzt arbeiten in den USA zwei Drittel der Bevölkerung in Berufen und Sektoren der Wirtschaft, die stark auf Informationsverarbeitung im weiteren Sinne ausgerichtet sind, etwa bei den Banken, den Finanz-Dienstleistern, der Börse, der Versicherungswirtschaft oder im Bereich Lehre und Forschung.

Der Vormarsch der Software in Deutschland folgt dem Vorbild USA mit zeitlicher Verzögerung. Der hohe Anteil von Unternehmen im Bereich der Informationstechnologie am Neuen Markt in Frankfurt zeigt allerdings, dass auch in diesem Land die Entwicklung nicht aufzuhalten ist. Dabei ist Software keine Ware im traditionellen Sinn. Ihre Erstellung, ihre Qualitätssicherung, ihre Verteilung und die dabei angewandten Geschäftsmodelle unterscheiden sich wesentlich von dem, was wir aus der traditionellen Industrie kennen. Für die *New Economy* gelten in vielen Bereichen neue Gesetze. Dies trifft auch für den Bereich Qualität zu.

1.1 Von Inspektionen zur vorbeugenden Qualitätssicherung

In den USA finden wir die Anfänge der Qualitätssicherung als eigenständige Disziplin in den 30er Jahren des vorigen Jahrhunderts. Verbunden damit sind Namen wie Shewhart, vor allem aber W. Edwards Deming. Sein Name wird für immer verbunden bleiben mit der Einführung statistischer Methoden im Bereich der Qualitätssicherung. Damit wurde bereits in den Anfangsjahren erkannt, dass die Disziplin auf einem festen Fundament von Zahlen ruhen muss.

Die Auswirkungen von Demings [2] Lehre in den 30er Jahren auf die industrielle Basis der USA in ihrer gesamten Breite blieben zunächst gering. Das änderte sich allerdings schlagartig, als man in der Regierung in Washington erkannte, dass der Eintritt der USA in den Zweiten Weltkrieg unausweichlich schien. Damit verbunden war eine gewaltige Ausweitung der Kriegsproduktion. Am 17. April 1942 wurde Deming gebeten, seine Kenntnisse über statistische Qualitätskontrolle der Regierung zur Verfügung zu stellen. Damit verbunden waren eine Reihe von Kursen, in denen einige zehntausend Teilnehmer in Demings Lehre geschult wurden. Diese Gruppe von Männern bildeten später den Kern der *American Society for Quality Control*.

Während Demings Methoden sicherlich dazu beitrugen, Rüstungsgüter ausreichender Qualität herzustellen, war seine Lehre in den USA der 50er Jahre so gut wie vergessen. Wir erlebten in Europa einen starken Dollar, amerikanische Industriegüter ließen sich im US-Heimatmarkt leicht verkaufen. Deren Qualität war ein untergeordneter Faktor.

Anders sah es dagegen in Japan aus. Das Land und seine industrielle Produktion war durch den verlorenen Krieg geschwächt. General Douglas MacArthur lud Deming im Jahr 1947 zum ersten Mal ein, Japan zu besuchen. Dort stießen Demings Ideen auf offene Ohren, seine Methoden wurden begierig aufgegriffen. Deming kam in den Folgejahren immer wieder ins Land der aufgehenden Sonne, und bereits im Jahr 1951 wurde zu seinen Ehren der Deming-Preis geschaffen, der wohl international angesehenste Qualitätspreis.

Wenn wir von den Unternehmen absehen, die bereits in den Anfangsjahren der Disziplin Qualitätssicherung Demings Lehre in ihrer ganzen Breite umsetzten, so müssen wir feststellen, dass in den meisten Betrieben lediglich Inspektionen durchgeführt wurden. Das heißt, dass am Ende des Produktionsprozesses eine Prüfung stand, bei der das Produkt nach festgelegten Kriterien untersucht wurde. War das Ergebnis nicht befriedigend, blieb nur die Möglichkeit, das Produkt als Abfall zu betrachten oder es zu reparieren. Beides kostete das Unternehmen Geld.

Die Entwicklung der Disziplin Qualitätssicherung, sowohl allgemein als auch im Bereich der Software-Erstellung, ist grafisch in Abbildung 1-1 dargestellt.

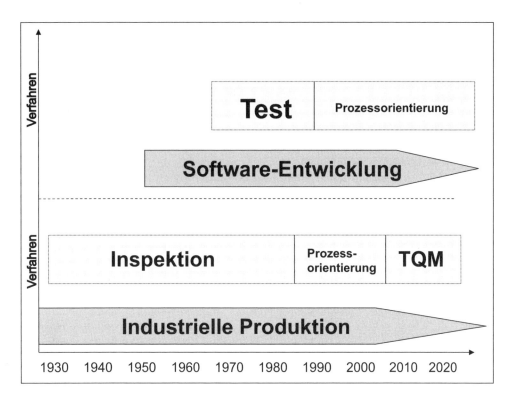

Abb. 1–1:   *Entwicklung der Qualitätssicherung*

Es hat 30 bis 40 Jahre gedauert, bis sich Inspektionen in der Industrie auf breiter Front durchsetzen konnten. Man darf dabei aus Gründen der Fairness allerdings nicht vergessen, dass in diese Zeit ein Weltkrieg fiel, der für alle wichtigen Volkswirtschaften bedeutende Umwälzungen mit sich brachte.

Der große Nachteil von Inspektionen liegt darin, dass ein Fehler an einem Produkt erst dann erkannt wird, wenn er sich bereits im Produkt manifestiert hat. Damit entstehen für die Fehlerbehebung erhebliche Kosten. Zwar mag mancher Fehler an einem industriellen Produkt durch Nachbesserung mit geringem Aufwand zu beseitigen sein. Immer wieder finden wir jedoch auch systematische Fehler, die bereits in der Produktentwicklung eingeführt wurden. Solche Fehler kommen den Herstellern unter Umständen sehr teuer zu stehen. Denken wir nur an Rückrufaktionen in der Automobilindustrie.

Um von der einseitigen Prüfung am Ende des Produktionsprozesses wegzukommen, ging man in den 80er Jahren auf breiter Front dazu über, sich dem Prozess zur Herstellung eines Produkts zuzuwenden. Die Idee dahinter war die folgende: Wenn es gelingen würde, den Prozess so zu gestalten, dass Fehler bei der Herstellung gar nicht auftraten, dann würden Inspektionen am Schluss aller Prozessschritte – und die damit verbundenen Kosten – unnötig werden.

Die Konzentration auf den Prozess ist derzeit noch in vollem Gange, wie ein Blick auf die im Dezember 2000 vorgestellte Neuausgabe der Norm DIN EN ISO 9001 zeigt. Gleichzeitig sind aber einige Betriebe bereits dabei, den nächsten Schritt zu gehen. Sie haben sich Total Quality Management (TQM) verschrieben.

Wenden wir uns nun der Software zu. Hier begann die Entwicklung im kommerziellen Umfeld überhaupt erst in den 50er Jahren. Bis Ende der 60er Jahre hatte man bei Vorreitern wie IBM erkannt, dass der Test der Software unerlässlich war, wenn man zufriedene Kunden haben wollte. Zehn Jahre später war dieses Wissen bei den maßgeblichen Unternehmen in der jungen Software-Industrie der USA [3] weitgehend bekannt. In Europa hingegen sollte es noch Jahre dauern, bis diese Methoden bei den Fachleuten der Branche allgemein als Stand der Technik betrachtet wurden.

Mitte der 90er Jahre setzte sich jedoch auch im Bereich der Software-Entwicklung, ohne Zweifel begünstigt durch die sehr erfolgreiche Norm DIN EN ISO 9001, ein Drang zum prozessorientierten Arbeiten durch.

Abbildung 1-1 zeigt uns allerdings nur einen groben Überblick. Es bestehen große Unterschiede zwischen den Volkswirtschaften in den USA, Japan und Europa. Erst recht sind die Differenzen beträchtlich, wenn man sich einzelnen Firmen zuwendet. Während ein Start-up sich vielleicht noch bemüht, Tests einzuführen, kann bei einer Firma, die schon ein paar Jahrzehnte im Markt ist, der Schwerpunkt der Qualitätssicherung sich bereits auf andere Methoden und Techniken verlagert haben.

Dass die Konzentration auf den Prozess sich lohnen kann, lässt sich beweisen. Während der Halbleiter in den USA von Bell Labs, Texas Instruments und Intel erfunden wurde, waren es in den 70er Jahren japanische Unternehmen, die amerikanischen Firmen diesen Markt streitig machten. Das führte so weit, dass Intel die Fertigung von Speicherchips aufgeben musste, weil es bei den Preisen nicht länger mithalten konnte. Diese dramatische Entwicklung ist in Tabelle 1-1 aufgezeigt.

Rang	**Unternehmen**	**Land**	**Umsatz in Mill. US$**
Jahr 1976			
1	Texas Instruments	USA	655
2	Motorola	USA	462
3	NEC	Japan	314
4	Fairchild	USA	307
5	Hitachi	Japan	267
6	Philips	Holland	266
7	National Semiconductor	USA	249
8	Toshiba	Japan	236
9	Matsushita	Japan	177
10	RCA	USA	174

Rang	Unternehmen	Land	Umsatz in Mill. US$
Jahr 1987			
1	NEC	Japan	2 613
2	Toshiba	Japan	2 257
3	Hitachi	Japan	2 157
4	Motorola	USA	2 025
5	Texas Instruments	USA	1 752
6	National/Fairchild	USA	1 427
7	Fujitsu	Japan	1 362
8	Philips/Signetics	Holland	1 361
9	Matsushita	Japan	1 176
10	Mitsubishi	Japan	1 123

Tabelle 1–1:   *Umsatzentwicklung der Halbleiterindustrie [4]*

Wie lassen sich diese dramatischen Umwälzungen innerhalb von zwölf Jahren erklären? Immerhin ist es in weniger als einem Dutzend Jahren gelungen, so viel Know-how von den USA nach Japan zu transferieren, dass die Pioniere der Branche von ihren ersten Plätzen verdrängt werden konnten. Texas Instruments machte in einigen Jahren nur deshalb Gewinn, weil Lizenzgebühren für integrierte Schaltkreise die Bilanz aufbesserten.

Der Grund für die Erfolge japanischer Unternehmen liegen eindeutig in der Konzentration auf den Prozess. Der Schlüssel zum Erfolg ist dabei in der Ausbeute zu finden. Bei japanischen Herstellern [4] lag die Ausbeute damals typischerweise bei 80 bis 85 Prozent. Wenn man in den USA dagegen eine Firma fand, die eine Ausbeute von 55 Prozent vorweisen konnte, so war das eher die Ausnahme.

Höhere Ausbeuten ließen sich direkt in niedrigere Preis für Chips auf dem Weltmarkt umsetzen, und damit wurde Firmen wie Intel, Texas Instruments und Motorola die Marktführerschaft abgejagt. Mit diesem Beispiel lässt sich auch ein anderer Zusammenhang gut demonstrieren: Hohe Prozessqualität und niedrige Preise sind kein Widerspruch, sondern gehen Hand in Hand.

Während in vielen Unternehmen die Konzentration auf den Prozess in vollem Gange ist, können wir noch einen Schritt weiter gehen: Aus eigenen Fehlern zu lernen kann auch bedeuten, Fehler vorbeugend zu erkennen und ihr Auftreten von vornherein zu verhindern. Für manchen Qualitätsmanager mag das nicht der Alltag sein, aber es gibt in dieser Hinsicht durchaus erfolgversprechende Ansätze. Total Quality Management weist in diese Richtung, aber auch DIN EN ISO 9001 enthält in der neuen Fassung Forderungen dieser Art.

Bevor wir allerdings zu den Einzelheiten kommen, sollten wir uns näher auf Software und deren Erstellung einlassen.

1.2 Fehler im Bereich von Hard- und Software

No experiment is ever a complete failure. It can always serve as a negative example.
Arthur Bloch

Wie Demings Biographie zeigt, war das amerikanische Verteidigungsministerium unter den ersten Institutionen, die die neue Lehre aufgriffen und anwandten. Diese Entwicklung setzte sich in den 50er und 60er Jahren fort. Damals wurden Luft- und Raumfahrt stark gefördert, etwa im Bereich der Aufklärung [5,6,7] und der Spionage. Weil bei Raketen und Satelliten das Gewicht eine entscheidende Rolle spielt, förderte das Pentagon in starkem Maße die Entwicklung und Produktion elektronischer Bauteile. Untrennbar damit verbunden war die Erstellung von Software.

Die Folge war, dass erste Qualitätsnormen im Bereich des amerikanischen Verteidigungsministeriums entstanden. Auch der Dualismus zwischen Hard- und Software, also deren gegenseitige Abhängigkeit, wurde früh erkannt. Während es bei elektronischen Bauelementen, denken wir an Prozessoren oder Speicher, in erster Linie darauf ankommt, die hohen Investitionen für deren Fabrikationsanlagen durch eine größtmögliche Zahl produzierter Einheiten wieder herein zu bekommen, spielt die Zahl der Kopien bei Software nicht die entscheidende Rolle.

Die Erstellung von Software gleicht einem handwerklichen Prozess, ist zu fast 100 Prozent Entwicklungstätigkeit. Die eigentliche Produktion besteht aus einem Kopiervorgang, der automatisiert und in seiner Qualität leicht kontrolliert werden kann. Das große Problem bei der Software in Bezug auf die Qualität ist der Entwicklung zuzurechnen.

Große Stückzahlen bei den elektronischen Elementen lassen sich nur dann erreichen, wenn diese Bauteile in den verschiedensten Branchen und in unterschiedlichsten Applikationen verwendet werden können. Der eine Prozessor mag in der Motorsteuerung eines Opel Corsa seinen Dienst tun, währen derselbe Typ in einer Raumsonde zum Mars fliegt. Was beide Applikationen unterscheidet, ist die verwendete Software.

Angesichts dieses geschichtlichen Verlaufs ist es nicht verwunderlich, dass die ersten größeren Pannen und Fehler im Bereich der bewaffneten Streitkräfte und des Militärs aufgetreten sind. Einige dieser Fehler hatten durchaus das Potential, unseren blauen Planeten in Schutt und Asche zu legen.

Fall 1–1: *Welt am Draht [8]*

Am 3. Juni 1980 wird um 2:26 Uhr Ortszeit im strategischen Luftkommando (SAC) der USA Alarm ausgelöst. Nach den Informationen von NORAD, der Kommandozentrale der Streitkräfte der Vereinigten Staaten von Amerika, befinden sich zwei von einem Unterseeboot abgeschossene Raketen im Anflug auf die USA. Auf Nachfrage ist NORAD nicht in der Lage, die Information zu bestätigen, obwohl sie von deren Computer stammt. Der diensthabende Offizier im strategischen Luftkommando beordert die Besatzungen der B-52-Bomber in ihre Startpositionen. Sollte der vermutete russische Raketenangriff ernst sein, müssten die Bomber der USA noch vor dem Einschlag der feindlichen Raketen starten.

Kurz darauf zeigen die Bildschirme im SAC-Hauptquartier keine feindlichen Raketen mehr an. Der Alarmzustand wird beendet. Wenige Minuten später allerdings werden erneut russische Raketen im Anflug auf die USA gemeldet, diesmal landgestützte Raketen. Abermals ein paar Minuten später meldet NORAD erneut den Abschuss feindlicher Raketen von U-Booten der Gegenseite.

Der diensthabende Offizier im Pentagon berät sich mit anderen Dienststellen. Der Kommandeur von NORAD entscheidet schließlich, dass keine reale Gefahr besteht. Die inzwischen in Honolulu gestarteten Bomber der US Air Force werden zurückgerufen.

Die Falschalarme werden selbstverständlich untersucht. Als Schwachstelle im System stellt sich ein fehlerhaftes Chip heraus. Kostenpunkt: 46 Cents. Dieser elektronische Baustein sitzt im so genannten Multiplexer, der die Meldungen von NORAD ständig an die verschiedenen Einsatzzentralen der Streitkräfte weiterleitet. Die Formate der Meldungen sind standardisiert und so gestaltet, dass im Ernstfall an die entsprechende Stelle in der Nachricht nur die Zahl der angreifenden feindlichen Flugkörper eingesetzt werden muss. Durch den Ausfall des Chips wurde anstelle der in der Nachricht ursprünglich vorhandenen Null eine zwei gesendet. Aus keiner Rakete wurden also zwei feindliche Flugkörper.

Ein ähnlicher Fall hatte sich ein Jahr zuvor ereignet. Auch diesmal ging es darum, einen Angriff sowjetischer Streitkräfte zu erkennen und Gegenmaßnahmen einzuleiten. Wie kritisch die Lage in einer derartigen Situation ist, lässt sich auch daran ablesen, dass der amerikanische Präsident im günstigsten Fall 15 Minuten Zeit hat, über einen Gegenangriff zu entscheiden. In einer solchen Situation würde er wohl auch über die Fortsetzung unserer Zivilisation, wie wir sie kennen, entscheiden.

Fall 1–2: *Fall 1.2: Raketenangriff [9]*

Am 9. November 1979 wird in der Luftverteidigungszentrale (NORAD) der Vereinigten Staaten von Amerika im Bundesstaat Colorado ein massiver sowjetischer Angriff angezeigt.

Zwar sind falsche Anzeigen, verursacht durch Störungen in der Atmosphäre, Starts von Raketen für die Weltraumfahrt und Tests neuer militärischer Technik in der Sowjetunion nicht gerade selten, aber alle diese Ursachen können diesmal ausgeschlossen werden.

Nach dem Bild auf den Monitoren in der NORAD-Zentrale sind sowohl land- als auch seegestützte Raketen auf Ziele in den USA abgefeuert worden. Das Szenario entspricht genau dem Bild, das im Pentagon immer als sehr wahrscheinlich im Falle eines russischen Angriffs angenommen worden war.

> Die Weltlage ist zu diesem Zeitpunkt nicht so, dass ein massiver russischer Angriff auf die Vereinigten Staaten zu erwarten wäre. Trotzdem ist die Warnung da. Die Basen der USA mit MINUTEMAN-Raketen werden in eine niedrige Alarmstufe versetzt. Zehn taktische Kampfflugzeuge starten.
> Nach sechs Minuten wird der Alarm als falsch bestätigt. Die Atomwaffen der USA bleiben diesmal in ihren Silos.
> Bei der darauffolgenden Untersuchung des Fehlalarms stellt sich heraus, dass ein Schulungsband mit Simulationsdaten eines russischen Raketenangriffs auf den Hauptcomputer von NORAD geleitet wurde.
> Wie das geschehen konnte, bleibt unklar. Das Magnetband war auf einem Hilfscomputer eingegeben worden, der Routineaufgaben wahrnahm. Die Simulationsdaten flossen jedoch offensichtlich in das aktive Warnsystem von NORAD.
> Als sehr wahrscheinlich falsch konnte der Alarm deshalb identifiziert werden, weil noch zwei andere, unabhängige Warnsysteme zur Verfügung standen: ein Radarfrühwarnsystem und die Daten von Spionagesatelliten.

Software ist nicht nur in Systemen enthalten, die sich in gebunkerten Räumen tief unter der Erde befinden. Auch Raketen und Abwehrsysteme werden zunehmend durch Programme gesteuert. Dass dies nicht immer unproblematisch ist, zeigt der folgende Fall.

Fall 1–3: Der Update, der zu spät kam [9]

> Am 25. Februar 1991 ging eine irakische Scud-Rakete in einer Kaserne in der Nähe von Dharan in Saudi Arabien nieder. Sie tötete 28 amerikanische Soldaten. Die Zahl der Verwundeten betrug 98 Menschen.
> In der Gegend um Dharan waren amerikanische Patriot-Raketenbatterien stationiert, die die anfliegende Scud-Rakete eigentlich hätten zerstören sollen. Wäre da nicht ein kleiner Fehler in der Software gewesen ...
> Die Patriot soll wie folgt funktionieren: Die Raketenbatterie sucht mit ihrem RADAR den Horizont nach Zielen ab. Findet sie ein mögliches Ziel, wird die Entfernung gespeichert. Weitere Messungen mit dem RADAR ermöglichen es der Software, die Geschwindigkeit des Ziels zu errechnen.
> Im letzten Schritt muss sich die Patriot-Batterie auf *ein* Ziel konzentrieren. Dazu wird ein Fenster ausgewählt, das nur einen kleinen Bereich am Horizont umfasst. Findet die Software das Ziel in diesem Fenster wieder, wird es verfolgt und letztlich eine Flugabwehrrakete gestartet. Findet die Software das Ziel in dem Fenster nicht wieder, wird die erste Messung als falsches Ziel betrachtet. Die Software der Patriot-Batterie springt in Mode 1 zurück und sucht erneut den Horizont ab. Es ist müßig zu erwähnen, dass alle diese Berechnungen mit hoher Genauigkeit ausgeführt werden müssen.
> Wo lag nun der Fehler? Die Gleichung zur Berechnung des Zielfensters weist alle 10 Sekunden eine Abweichung von 10^{-6} Sekunden gegenüber der exakt richtigen Zeit auf. Im Laufe der Zeit summierte sich dieser Fehler auf. Dadurch wurde das Zielfenster nicht mehr an der richtigen Stelle angezeigt.

Ursprünglich hatte die US-Army ein System spezifiziert, das jeden Tag neu gestartet werden sollte. Man rechnete offensichtlich damit, dass die Batterien verlegt würden. Das System bei Dharan befand sich am 25. Februar 1991 aber bereits 100 Stunden ohne Unterbrechung im Einsatz, über vier Tage lang. Der ursprüngliche vernachlässigbar kleine Fehler in der Zeit hatte sich zu 1/36-Sekunde aufsummiert.

Der Fehler wurde bereits zu Anfang des Golfkrieges erkannt, und beim Hersteller Raytheon ging man daran, die Software zu ändern. Die Programmierer wollten allerdings gleich noch andere bekannte Fehler beseitigen, was natürlich Zeit kostete.

Bis die Software auf Band kopiert, von der Station der Air Force nach Saudi Arabien geflogen und endlich in den Patriot-Batterien installiert worden war, schrieb man den 26. Februar 1991. Der Update der Software war da: zu spät für die Opfer.

Im Bereich der Luftstreitkräfte kommt es bei Kampfhandlungen darauf an, den Gegner auszumanövrieren und in die beste Schussposition zu kommen. Moderne Kampf-Jets haben dazu eine Fülle elektronischer Systeme an Bord. Bei einigen Systemen geht das so weit, dass die Software das Flugzeug steuert. Beim Übergang zu dieser Technik gibt es allerdings erhebliche Probleme. Dabei ist noch nicht einmal diskutiert worden, ob eine derartige Entwicklung überhaupt wünschenswert ist. Von der Entwicklung des neuen Jägers der schwedischen Luftwaffe ist der folgende Fall zu berichten.

Fall 1–4: *Überreaktion [10, 11, 12, 13, 14]*

Am 8. August 1993 stürzte der *Gripen*, das neue Jagdflugzeug der schwedischen Luftwaffe, bei einem Demonstrationsflug während einer Flugschau in Stockholm ab.

Die Entwicklung des neuen Jägers, auf dem große Hoffnungen der schwedischen Industrie in Bezug auf den Export ruhten, war nicht ohne Probleme verlaufen. Bereits im Jahr 1989 war es zu einem Absturz mit Totalverlust der Maschine gekommen, bei dem sich der Testpilot nur verletzt retten konnte. Wie kam es nun zu dem neuerlichen Unfall?

Ursächlich für den Verlust der Maschine war das durch Software gesteuerte Flugkontrollsystem. Der Testpilot kam gerade aus einer Kurve und stieß den Steuerknüppel ganz nach rechts, um in den horizontalen Flug überzugehen. Dies führte dazu, dass die Maschine nach rechts rollte und sich der Anstiegswinkel der Tragflächen verringerte. Der Pilot reagierte, indem er den Steuerknüppel nach links führte und versuchte, die Nase des Flugzeugs weiter nach unten zu drücken.

Gleichzeitig versuchte allerdings die Software der Maschine ebenfalls, das Fluggerät zu stabilisieren. Beide Reaktionen führten dazu, dass sich die Maschine in einen Bereich bewegte, in dem eine sichere Fluglage nicht mehr gewährleistet war. Im Cockpit wurde eine Warnung angezeigt. Auf dieses »Styrsak« Signal konnte der Pilot allerdings nicht mehr rechtzeitig reagieren. Er schaffte es gerade noch, den *Gripen* über eine kleine Insel im Hafen von Stockholm zu lenken, weg von den Zuschauern am Boden. Dann betätigte er den Schleudersitz.

Eng verbunden mit der militärischen Technik ist die Raumfahrt. Auch hier spielen Platzbedarf und Gewicht eine entscheidende Rolle. Während die amerikanische NASA in den 60er Jahren einen hervorragenden Ruf genoss, nicht zuletzt durch die erfolgreiche Mondlandung, wurden ihr gegen Ende des 20. Jahrhunderts in den USA ein Verlust an Dynamik und eine gewisse Bürokratie vorgeworfen. Weil die Projekte der NASA aus Steuergeldern finanziert werden, flossen diese umso spärlicher, je stärker die Behörde unter Druck geriet. Mitte der 90er Jahre versuchte der neue Chef der NASA, Dan Goldin, dem entgegenzuwirken und gab die Parole *better, cheaper, faster* aus. Ob dieser Ansatz erfolgreich war, können Sie an Hand der folgenden Beispiele selbst beurteilen.

Fall 1–5:   Prioritäten [15]

Zur Vorbereitung einer bemannten Marsmission im 3. Jahrtausend traf die NASA bereits Anfang der 90er Jahre Vorbereitungen. Die Pathfinder-Mission war dabei das erste Projekt in einer ganzen Reihe solcher Missionen. Die Sonde startete am 4. Dezember 1996 von der Erde und landete am 4. Juli 1997 auf dem roten Planeten. Dort begann das mobile Erkundungsfahrzeug *Soujourner* sofort mit der Arbeit. Während des ersten Monats übertrug die Sonde mehr als 1,2 GByte Daten zur Kontrollstation auf der Erde. Darunter befanden sich mehr als 10 000 Fotos von der Marsoberfläche und ungefähr vier Millionen Messungen zu Druck und Temperatur. Am 27. September 1997 brach die Verbindung zu Pathfinder kurzzeitig ab. Das Gerät ging durch häufige Resets, und dadurch wurde der Datenstrom von der Sonde erheblich beeinträchtigt. Was war geschehen?

Der Fehler lag in einer Umkehrung der Prioritäten von Tasks, einer so genannten *Priority Inversion*. Dabei kam es dazu, dass eine Task mit einer niederen Priorität so viel Rechenzeit verbrauchte, dass eine eigentlich höher priore Task ihre Arbeit nicht beenden konnte. Dadurch wurde der Watchdog Timer des Prozessors getriggert, der den Reset auslöste.

Am Jet Propulsion Laboratory (JPL) in Pasadena versuchte man in fieberhafter Eile, den Fehler zu finden. Die Raumsonde war mit einem RS6000-Prozessor ausgerüstet, wie man ihn in vergleichbarer Form auch in Workstations auf der Erde findet. Als Betriebssystem wurde Wind Rivers Echtzeitbetriebssystem VxWorks verwendet. Es dauerte 18 Stunden, bis man auf der Erde das Problem reproduzieren konnte.

Obwohl man sich über die Auswirkungen nicht vollkommen im Klaren war, bestand die Problemlösung letztlich darin, eine globale Variable im Betriebssystem zu ändern. Der geänderte Code wurde zum Mars gefunkt, und es stellte sich schnell heraus, dass das Problem damit behoben war.

Auf der Erde war der Fall nicht getestet worden, weil man mit einer derart hohen Datenausbeute nicht gerechnet hatte. Mit anderen Worten: Die Wirklichkeit auf dem Mars stellte sich anders dar als der getestete *Worst Case* auf der Erde.

Fall 1–6:   Störsignale [16]

Im Jahr 1999 sandte die NASA eine Reihe von Sonden zum Mars. Darunter war auch der *Mars Polar Lander* (MPL). Diese Sonde sollte auf der Oberfläche des roten Planeten landen und für 90 Tage Daten zur Beschaffenheit der Oberfläche und des Klimas erfassen und zur Erde senden. Leider hörte man auf der Erde nichts mehr von der Sonde, als sie in die Atmosphäre des Mars eintrat.

Eine detaillierte Untersuchung zur möglichen Unfallursache durch die NASA brachte die folgenden Erkenntnisse: Mit hoher Wahrscheinlichkeit war es so, dass durch das Ausfahren der Beine des MPL Störsignale erzeugt wurden, die so interpretiert wurden, als wäre die Sonde bereits gelandet. Dadurch wurde der Raketenmotor abgeschaltet. Die Folge war, dass die Sonde auf der Oberfläche zerschellte.

Dazu heißt es im Untersuchungsbericht der NASA: »Es ist bei Sensoren für mechanische Teile nicht ungewöhnlich, dass von ihnen Störsignale ausgehen können. Im Fall des MPL bestand für die Software keine Forderung, Störsignale auszufiltern, bevor die Daten der Sensoren benutzt wurden, um eine erfolgreiche Landung anzuzeigen. Während des Systemtests war die Sonde falsch verdrahtet. Dies war auf einen Designfehler zurückzuführen. Die Folge war, dass der Systemfehler während des Tests nicht identifiziert werden konnte. Ursächlich für die Zerstörung der Sonde ist ein frühzeitiges Ausschalten des Raketenmotors. Die eigentlich Ursache liegt allerdings in der Programmierung. Die Software war nicht in der Lage, Störsignale zu erkennen und zu verwerfen.«

Fall 1–7:   *Umrechnungen [17,18,19,20]*

Am 24. September 1999 ging die Raumsonde Mars Orbiter der NASA, die auf dem roten Planeten landen und die Oberfläche erkunden sollte, kurz vor dem Ziel verloren. Das war umso erstaunlicher, als die Sonde bis zu diesem Zeitpunkt ohne Probleme funktioniert hatte.

Als Ursache des Fehler stellte sich schließlich heraus, dass die Umrechnung verschiedener Maßeinheiten nicht funktioniert hatte. Der Fehler lag in einer Umrechnungstabelle in der Support Software der Kontrollstation in den USA, die verwendet wurde. Dabei ging es darum, den Kurs der Sonde auf dem Weg zum Mars durch Korrekturmanöver zu berichten. Die am JPL in Kalifornien eingesetzte Software erwartete für den Schub die Einheit Newton, während man beim Hersteller Martin Lockheed offensichtlich mit Pfunden rechnete. Die Folge war, dass bei den Steuermanövern der Schub während der gesamten Flugzeit um 22 Prozent zu gering ausfiel.

Der Fehler war während des gesamten Flugs zum 220 Millionen Kilometer weit entfernten Mars gegenwärtig, wurde aber offensichtlich nicht bemerkt. Üblicherweise sind die Bahnen derartiger Sonden auf 10 Kilometer genau. Kritisch wurde es erst bei der Annäherung an den roten Planeten. Die Sonde kam der Oberfläche um 100 Kilometer (62 Meilen) zu nahe. Der Mars Orbiter, dessen Kosten mit 125 Mill. US$ angegeben werden, ist auf der Marsoberfläche zerschellt.

Kosten von rund 125 Millionen Dollar sind im Bereich der Raumfahrt als ein relativ geringer Aufwand einzustufen. Man kann allerdings aus den geschilderten Fällen schließen, dass die Qualitätssicherung vernachlässigt wurde. Wenn zum Beispiel während der Entwicklung ein nicht definierter Interrupt auftritt, dieser aber von den Entwicklern aus Zeitmangel nicht weiter beachtet wird in der Hoffnung, dass der Fehler im Betrieb nicht auftreten wird, dann kann man mit Murphy nur sagen: *What can happen, will happen.*

Fehler treten nicht nur tief im Raum auf, wo ihre Beseitigung oftmals überhaupt nicht mehr möglich ist, sondern bereits auf der Erde oder im erdnahen Orbit. Dazu ein Fall aus der kommerziellen Raumfahrt.

Fall 1–8: ***Kein Druck [21]***

Im März 2000 schlug der Start eines Kommunikationssatelliten des im Bereichs der Marine tätigen internationalen Konsortiums ICO *(Intermediate Circular Orbit)* fehl. Als Trägersystem wurde dabei *Sealaunch* eingesetzt. Bei diesem innovativen System wird zum Start eines Satelliten eine umgebaute Bohrinsel eingesetzt, die sich auf einer Position im Pazifik direkt auf dem Äquator befindet. Eine solche Position ist gerade für geostationäre Satelliten ideal, weil der Satellit dabei von der Erde die größte Beschleunigung mitbekommt.

Bei dem Auftrag für ICO handelte es sich um dem dritten Start für *Sealaunch* und den ersten Fehlschlag. Der Verlust wird insgesamt mit 200 Mill. US$ angegeben. Wie konnte es dazu kommen?

Die Fehleranalyse wurde erleichtert, weil bis zum Abbruch der Mission gute Telemetriedaten zur Verfügung standen. Der Flug der ersten Stufe der Rakete verlief zunächst wie erwartet. Neun Minuten nach dem Start sollte sich die zweite Stufe der Rakete lösen. Nach acht Minuten brach jedoch der Kontakt mit dem Trägersystem ab.

Der Grund für das Scheitern der Mission lag in einem Ventil der zweiten Raketenstufe. Dieses Ventil hätte am Boden durch die *Ground Support Software* geschlossen werden sollen. Dies unterblieb jedoch auf Grund eines Fehlers in der Software. Das Ventil gehörte zur Regelung der zweiten Stufe. Als Medium zur Regelung wird das Gas Helium eingesetzt.

Weil das Ventil fälschlicherweise am Boden nicht geschlossen wurde, ging über längere Zeit Druck verloren. Beim Start stand nur rund 60 Prozent des nominalen Drucks für die Regelung zur Verfügung. Während des Flugs führte der zu geringe Druck zu einem Abschalten der zweiten Stufe der Rakete. Dadurch konnte der Kurs nicht mehr gehalten werden.

Für die *Ground Support Software* war RSC Energia, der russische Partner des Konsortiums, verantwortlich. Jedoch hätten auch andere Partner im Verlauf der Integration der verschiedenen Stufen der Rakete in Kalifornien die Möglichkeit gehabt, den Fehler zu lokalisieren.

In den USA haben Regierung und Industrie nach Ende des Kalten Kriegs schnell gehandelt, um sich Zugang zu der zuverlässigen und erprobten russischen Technologie für Trägersysteme zu verschaffen. Das hat zu Kooperationen und internationalen Joint Ventures geführt. Allerdings ist in einem Umfeld, das von der Zusammenarbeit von Menschen unterschiedlicher Kultur und Herkunft geprägt ist, immer auch Raum für Fehler und Missverständnisse.

Eng verwandt mit der Raumfahrt ist der Bereich der zivilen Luftfahrt. Hier ist – unbemerkt vom breiten Publikum – ein Wandel eingetreten. Automatische und durch Software gesteuerte Systeme haben dem Piloten viel Arbeit abgenommen. Doch solche Systeme, so bequem sie im Normalfall sein mögen, sind nicht ohne Tücken. Fehler und Versäumnisse bei der Spezifikation oder in der Abstimmung zwischen Pilot und Entwickler zeigen sich oft erstmals in Extremsituationen, wie der folgende Fall anschaulich zeigt.

Fall 1–9:   *Vertrauen ist gut, Kontrolle ist besser [22]*

Am 12. Juli 2000 kam es bei der Landung einer A-310-304 der Hapag-Lloyd auf dem Flughafen Wien-Schwechat beinahe zu einer Katastrophe. Was war geschehen?

Der Airbus war am Morgen mit einer Ladung Passagiere von einer griechischen Insel gestartet. Nach dem Start stellte der Pilot fest, dass sich das Fahrwerk nicht einfahren ließ. Trotz des ausgefahrenen Fahrwerks entschloss man sich allerdings, nicht sofort zu landen, sondern den Kurs nach Deutschland beizubehalten. Auf dem Kurs lagen eine Reihe von Flughäfen in Jugoslawien, in denen der Airbus hätte landen können. Angesteuert wurde allerdings der Flughafen Wien-Schwechat. Beim Landeanflug setzten beide Triebwerke aus, und der Airbus legte die letzten Kilometer bis zur Landebahn im Segelflug zurück. Nach dem Aufsetzen kam die Maschine von der Bahn ab und rollte daneben auf den Rasen.

Die Untersuchungen an der havarierten Maschine zeigten, dass noch 130 kg Treibstoff im Tank waren. Der Pilot hatte sich auf das *Flight Management System* (FSM) verlassen, was die Reichweite anbetraf. Dieses berücksichtigte jedoch nicht den realen Zustand der Maschine, also das ausgefahrene Landegestell. Durch die ausgefahrenen Räder stieg der Luftwiderstand beträchtlich, verbunden mit einem höheren Treibstoffverbrauch. Kurz vor Wien war dann der Treibstoff fast vollständig verbraucht, die Triebwerke setzten aus.

Bei der Notlandung wurden 26 der 150 an Bord befindlichen Menschen leicht verletzt.

Besonders kritisch kann es werden, wenn ein Entwickler, oftmals auf Grund fehlender oder unzureichender Informationen, während seiner Tätigkeit Annahmen über Systemgrenzen trifft, diese aber nicht dokumentiert und schon gar nicht dem Nutzer des Systems, also den Fluggesellschaften und den Piloten, mitteilt. Dies ist im folgenden Fall geschehen.

Fall 1–10:   *Wind Shear [23]*

Am 12. Mai 1997 befand sich ein Airbus A300B4 der Fluggesellschaft *American Airlines* auf dem Flug von Boston nach Miami in Florida. Flug 903 wurde von den Controllern am Boden ein Warteraum südöstlich von West Palm Beach zugewiesen, weil der Flughafen überlastet war. Da das Radar an Bord des Airbus in dieser Gegend eine Schlechtwetterfront anzeigte, bat der Pilot darum, sich nördlich dieses Schlechtwettergebiets halten zu dürfen. Die Genehmigung wurde sofort erteilt.

Als der Airbus in seinem Wartegebiet ankam, verringerte der Pilot die Geschwindigkeit von 210 auf 177 Knoten. Das Flugzeug warnte vor einer überzogenen Fluglage, rollte von extrem rechts nach links und sank von der verlangten Höhe von 16 000 Fuß auf 13 000 Fuß. Gerade während der kritischen Fluglage fielen die Displays im Cockpit aus, so dass den Piloten wesentliche Messwerte fehlten. Einer der 155 Passagiere an Bord wurde verletzt, der Airbus wurde geringfügig beschädigt.

Die Besatzung berichtete, dass das Flugzeug in schweres Wetter gekommen sei, darunter auch *Wind Shear*. Bei solchen Fluglagen mit extremen Druckunterschieden kann die Maschine plötzlich stark absacken.

Die Untersuchung durch das *National Transportation Safety Board* (NTSB) zeigte, dass die Software an Bord des A300B4 ein Teil des Problems war. Sie war so entworfen, dass beim Überschreiten einer Rollrate von 40 Grad pro Sekunde die Reset- und Selbsttestfunktion der Displays initialisiert wurde. Dies beruhte auf der Annahme, dass im normalen Betrieb eine solche Rollrate nie erreicht werden würde.

> Auf Grund dieses Vorfalls wurde von den Aufsichtsbehörden eine Modifikation der Software verlangt.

Die Software dringt allerdings nicht nur in Bereiche vor, die im Zentrum der Aufmerksamkeit eines breiten Publikums stehen. Wir finden Algorithmen und Programme zunehmend auch in Feldern der Technik, wo man sie nicht von vornherein vermuten würde.

Fall 1–11:   *Nicht ganz auf Kurs [6]*

> In der Schifffahrt ist Satellitennavigation inzwischen fast zur Selbstverständlichkeit geworden. Trotzdem laufen gelegentlich Schiffe auf Grund oder fahren auf ein Riff. So kam die *Royal Majesty* im Juni 1995 vor der Küste des amerikanischen Bundesstaats Massachusetts 27 km vom Kurs ab und lief vor der Insel Nantucket auf Grund. Warum treten diese Navigationsfehler immer noch auf?
>
> Die Untersuchung des Vorfalls ergab, dass die Besatzung des Luxusliners, der sich auf dem Weg von den Bermudas nach Boston befand, die automatische Steuerung eingeschaltet hatte. Zuvor waren Uhrzeit, gewünschte Geschwindigkeit und der Kurs eingegeben worden. Bis zur Havarie meldete das System, dass es sich auf dem richtigen Kurs befand.
>
> In Wirklichkeit berücksichtigte das Navigationssystem wichtige Größen wie Meeresströmungen, Wetterbedingungen und Windstärke nicht. Dadurch kam die Kursabweichung zustande, die zu dem Unfall führte.

Bei Hardware, also Chips aller Art, geht man als Nutzer in der Regel davon aus, dass diese Bauelemente fehlerfrei sind, wenn sie in Serie gefertigt werden. Weil diese Chips allerdings immer komplexer werden und zum Teil Software enthalten, muss man diese These zunehmend in Frage stellen.

Fall 1–12:   *Der Pentium Bug, noch ein Software-Fehler [24,25]*

> Im Sommer 1994 meldete Thomas Nicely, ein Professor für Mathematik am Lynchburg College im amerikanischen Bundesstaat Virginia, Intel in Kalifornien einen Rechenfehler am neuesten Chip des Herstellers von Mikroprozessoren, dem »Pentium«. Im Silicon Valley nimmt man weder den Professor aus dem Süden der USA noch den Fehler so richtig ernst: Intel beherrscht mit über 80 Prozent den Markt der Prozessoren für den PC, macht fabelhafte Umsätze und Gewinne. »Intel inside« lautet der Werbespruch, mit dem die Kunden weltweit auf Prozessoren von Intel verpflichtet werden sollen.
>
> Monate später muss Intels Management kleinlaut zugeben, dass ihr Mikroprozessor tatsächlich fehlerhaft ist. Zwar mag man darüber streiten, ob der Fehler nur alle 27 000 Jahre auftritt, wie Intel behauptet, oder alle 24 Tage, wie IBM errechnet hat. Es bleibt ein Fehler, der sich bei vielen Anwendern zeigen kann. Intel bietet schließlich allen Kunden den kostenlosen Umtausch des schadhaften Prozessors an und startet damit die bisher größte Rückrufaktion in der Computerbranche. Um die Kosten abzudecken, wird eine Rückstellung von 475 Mill. US$ gebildet.

> Dabei handelt es sich bei dem Fehler eigentlich um einen Irrtum in der Software. Um mit der verwendeten Architektur beim Pentium gegenüber den RISC-Architekturen der Konkurrenten bestehen zu können, entschloss man sich bei der Fließkommaarchitektur zur Verwendung einer *Lookup Table*. Das ist einfach eine Tabelle, wie man sie zum Beispiel in Logarithmentafeln findet. Bei diesem nach seinen Erfindern benannten STR-Algorithmus werden 1066 Werte benötigt, die zwischen - 2 und + 2 liegen. Ein Ingenieur berechnete diese Zahlen auf einem Computer und erstellte die benötigte Tabelle. Sie wurden mit einem *Script* in die Hardware, ein *Programmable Logic Array* (PLA), geladen.
> Allerdings war das Script zum Laden der Werte selbst fehlerhaft. Ganze 5 von 1066 Zahlen wurden nicht übernommen. Diese Zellen hätten den Wert 2 enthalten sollen, blieben aber leer. Wenn die Floating Point Unit darauf zugreift, wird der Wert Null ausgelesen. Warum wurde man nun nicht früher auf den Fehler aufmerksam?
> Das PLA wurde bei Intel nicht auf korrekte Werte überprüft, und der »Pentium« ging damit in die Produktion. Im Feld fiel der Fehler deswegen nicht sofort auf, weil der Algorithmus rekursiv arbeitet. Zwar schaukelt sich der Fehler bei gewissen Rechnungen so stark auf, dass Rechenfehler in der vierten signifikanten Stelle einer Dezimalzahl auftreten können. In der Regel tritt die Abweichung aber erst in der neunten oder zehnten Stelle auf, und bei vielen Anwendungen spielt Dezimalarithmetik keine herausragende Rolle.
> Bemerkenswert bleibt, dass es sich trotz des Gießens in Silicon letztlich um einen Fehler handelt, der in der Software begründet liegt.

Weil elektronische Bauelemente zu Tausenden produziert und verkauft werden, kann ein nach dem Anlaufen der Produktion entdeckter Fehler für den Hersteller zu beträchtlichen finanziellen Einbußen führen. So ein Fehler schlägt sich also durchaus im Quartalsgewinn nieder.

Eines der wichtigsten Netzwerke in jeder hoch entwickelten Volkswirtschaft ist das Telefonnetz. Weil die Bürger das Telefon als selbstverständlichen Teil ihres täglichen Lebens betrachten, ist Ausfallsicherheit und Zuverlässigkeit eines solchen Netzes von erheblicher Bedeutung. In der Regel geht man davon aus, dass ein vernetztes System wegen der Vielzahl der Komponenten gegen einen totalen Ausfall relativ sicher ist. Allerdings muss man diese These neuerdings hinterfragen, wenn Software einen wesentlichen Teil des Systems bildet. Betrachten wir dazu den folgenden Fall.

Fall 1–13:   *Netzwerk [26]*

> Mitte Dezember 1989 installierte AT&T, die größte amerikanische Telefongesellschaft, neue Software in 114 Vermittlungsstellen im Nordosten der USA. Zweck der Änderungen in diesem neuen Release der Software war es, die Zeiten für den Signalaustausch zwischen Vermittlungsstellen zu minimieren.
> Am 15. Januar 1990 rannte einer der Vermittlungsrechner in eine Situation, die er nicht bewältigen konnte. Er signalisierte seinen benachbarten Vermittlungsstellen, dass ein Fehler aufgetreten war, schaltete herunter und ging nach ein paar Sekunden wieder ans Netz.

> Eine benachbarte Vermittlung empfing die Nachricht von der Störung und versuchte, selbst in den Initialisierungsmode zu gehen. Während dieser Zeit traf eine zweite Nachricht von der ersten Vermittlungsstelle ein, die durch einen Software-Fehler jedoch nicht bearbeitet wurde. In der Folgezeit breitete sich dieser Fehler wie eine Springflut im gesamten Netz von AT&T an der US-Ostküste aus. Die Vermittlungsrechner gingen der Reihe nach außer Betrieb, und es konnten keine Telefongespräche mehr vermittelt werden.
>
> Zurückzuführen war das Verhalten des Vermittlungsrechners auf einen Fehler in der neu installierten Software. Der Programmierer der Software hatte ein *Break Statement* innerhalb einer IF-Abfrage platziert, die sich wiederum innerhalb eines *Switch Statements* befand.

Die obige Programmierung in C ist vielleicht ungewöhnlich, verstößt im strikten Sinn allerdings nicht gegen die Syntax der Programmiersprache. Wenn man sich dennoch fragt, wie man den Fehler hätte erkennen können, bevor die Software installiert wurde, so wird rasch klar: Der Aufwand für einen Systemtest dieser Art wäre bestimmt nicht unerheblich gewesen. Trotzdem wären die Kosten geringer gewesen als ein totaler Netzausfall an der gesamten US-Ostküste für einen halben Tag, von dem dauerhaften Imageschaden für AT&T ganz zu schweigen.

In Banken und Versicherungen, an der Börse und in Verwaltungen kommt es in der Regel nicht gleich zum Verlust von Menschenleben, wenn die Software Fehler enthält. Aber der finanzielle Verlust kann sich in solchen Fällen doch mit hohen Beträgen bemerkbar machen.

Fall 1–14:   Der richtige Mann am richtigen Platz?

> Der für die Vergabe von Krediten an Firmen zuständige Manager der ABC-Bank entwarf ein Programm zur Tabellenkalkulation, um die Daten kreditsuchender Unternehmen analysieren und bewerten zu können. Er hatte keine Programmiererfahrung und war sich nicht bewusst, dass er Software entwickelte.
>
> Das Programm zur Tabellenkalkulation verwendete gespeicherte Daten zur Kredithistorie der Unternehmen aus dem Großcomputer der Bank. Der Manager verstand nicht im Detail, wie die Verbindung zu dem Großcomputer funktionierte, und ein Teil der verwendeten Daten war nicht korrekt.
>
> Dieser Entwurfsfehler hatte kostspielige Konsequenzen. Als der Fehler zufällig entdeckt wurde, war das Programm bereits 15 Monate im Einsatz. Die ökonomischen Konsequenzen für die Bank wurden wie folgt abgeschätzt:
>
> | | |
> |---|---:|
> | Kosten für die Benutzung des Großcomputers | $ 34 000 |
> | Verlorener Zeitaufwand des Managers | $ 18 000 |
> | Kosten für Kredite, die nie genehmigt hätten werden sollen | $ 455 000 |
> | Kosten für Kredite, die eigentlich genehmigt hätten werden sollen, aber abgelehnt wurden | $ 88 000 |
> | Verlorene Zinseinkünfte von Krediten, die mit einem zu niedrigen Zinssatz genehmigt wurden | $ 112 000 |
> | Summe | $ 707 000 |

Über das Jahr-2000-Problem ist viel geschrieben worden. Zum Glück sind die großen Katastrophen, mit denen manches Magazin gerechnet hatte, ausgeblieben. Trotzdem gab es eine Reihe von Fehlern in der Software, die sich bei diesem Anlass bemerkbar machten.

Fall 1–15:   *Das Jahr-2000-Problem, kein Mythos [27]*

> Über die Umstellung des Datums zur Jahrtausendwende ist viel gestritten worden. Die Tendenz reichte von totaler Verharmlosung bis zur Panikmache. Dass das Problem real ist, zeigt ein Fall aus dem US-Bundesstaat Maine. Dort erhielten im Herbst 1999 die Besitzer von Limousinen und Lastkraftwagen Benachrichtigungen, in denen ihre Fahrzeuge als »Kutschen ohne Pferde« bezeichnet wurden. Was war geschehen?
>
> Der Computer der zuständigen Behörde hatte das Jahr 2000 nicht richtig erkannt, sondern wegen der zweistelligen Darstellung das Jahr 1900 zu Grunde gelegt. Dafür war im Programm vorgesehen, Oldtimer mit Baujahr vor 1916 als »Kutsche ohne Pferde« zu bezeichnen. Es wurde ein geringerer Steuersatz berechnet.

Wie das Debakel bei den Wahlen zum US-Präsidenten zeigt, sind Kommunen oft nicht in der Lage, Software ausreichender Qualität zu beschaffen oder deren Einsatz zu beurteilen. Dabei wurde in der Fachliteratur bereits Ende der 80er Jahre auf dieses Problem hingewiesen. Geschehen ist leider mehr als zehn Jahre lang nichts.

Nachlässigkeiten dieser Art und Versäumnisse gibt es allerdings auch in einem Bereich, für den in den meisten Kommunen die Stadtverwaltung Verantwortung trägt, nämlich im Gesundheitswesen. Demonstrieren lässt sich das mit einem Fall aus England.

Fall 1–16:   *Nur keine Experimente*

> Im Oktober 1992 bricht im Rettungswesen der City of London, einer der größten Metropolen der Welt, ein Chaos aus. Wie konnte das geschehen?
>
> Nachdem bereits im Januar der erste Teil eines neuen Computerprogramms zur Einsatzplanung der Rettungswagen in London installiert worden war, kommt am 28. Oktober 1992 der zweite und letzte Teil des Systems hinzu. Die angestrebte Verbesserung durch die neue Software liegt in der zentralen Koordination und der Einsatzplanung dreier bisher getrennter Rettungsleitstellen. Im Laufe des Jahres hatte es mit der Software zum Preis von 1,5 Millionen britischen Pfunden immer wieder Probleme gegeben, doch am 28. Oktober bricht das Chaos aus.
>
> Die Bediener des Systems in der Leitstelle waren durch die Anzahl der Aufgaben, die ihnen das Computerprogramm zuwies und die ein manuelles Eingreifen erforderlich machten, einfach überfordert. Ein Ausweichsystem stand nicht zur Verfügung. Man muss sich vergegenwärtigen, dass in der Londoner Rettungsleitstelle bis zu 2500 Anrufe am Tag eingehen. Die installierte Software erlaubte es nicht, wichtige Notfälle von weniger wichtigen Problemen zu trennen.
>
> Am Ende suchten die Retter bei Papier und Bleistift Zuflucht und beendeten damit ein 36 Stunden lang andauerndes Durcheinander höchsten Grades.
>
> Durch den Einsatz dieser Software ohne ausreichenden Test unter realistischen Bedingungen erlitten viele Patienten schwere Qualen. In manchen Fällen konnten die Sanitäter in den Ambulanzen nur noch feststellen: Helfer endlich da, Patient tot.

Angesichts der bisher geschilderten Fälle und dem raschen Eindringen der Software in die Luft- und Raumfahrt hätte man durchaus erwarten können, dass es in diesem Bereich zu einem spektakulären Unfall kommt. Dies konnte bislang vermieden werden. Vielmehr ist der größte Unfall, der eindeutig einem Fehler in der Software zuzuordnen war, in einem Gebiet aufgetreten, wo man ihn eher nicht vermutet hätte: in der medizinischen Technik. Sehen wir dazu Fall 1.17.

Fall 1–17:   *Krebsklinik [28]*

In der zweiten Hälfte der 80er Jahre wurden in den USA und Kanada eine Reihe von Unfällen mit einer Maschine zur Krebstherapie, der THERAC-25, bekannt. Dieses Gerät war eine Weiterentwicklung der THERAC-23 durch die kanadische Firma *Atomic Energy of Canada Limited* (AECL). Das Unternehmen war im Besitz der kanadischen Regierung und befasste sich hauptsächlich mit dem Bau von Kernkraftwerken.

Die Weiterentwicklung THERAC-25 war insofern bemerkenswert, als mit ihr sowohl Röntgenstrahlen *(x rays)* als auch Elektronenstrahlen verabreicht werden konnten. Außerdem war die Benutzerführung verbessert worden. Die Unfälle betrafen im Einzelnen die folgenden Kliniken:

- Marietta, Georgia, am 3. Juni 1985: Eine 61-jährige Patientin erhielt eine Dosis von 15 000 bis 20 000 rads, was zu erheblichen Verbrennungen führte. Normale Dosen liegen bei etwa 200 rad. Sie konnte Arm und Schulter nach der Behandlung nicht mehr gebrauchen. Ihre Brüste mussten operativ entfernt werden.
- Hamilton, Ontario, Kanada, am 26. Juli 1985: Eine 40-jährige Frau erhielt eine Strahlendosis im Bereich des Nackens, die zwischen 13 000 und 17 000 rads lag. Sie starb am 3. November 1985 an Krebs.
- Yakima, Staat Washington, Dezember 1985: Eine Patientin erhielt eine zu hohe Strahlendosis, was zu abnormaler Rötung ihrer rechten Hüfte führte.
- Tyler, Texas, 21. März 1985: Ein Mann erhielt eine Dosis zwischen 16 500 und 25 000 rads. Er konnte seinen rechten Arm nicht mehr gebrauchen und starb fünf Monate später an den Folgen der Überdosis.
- Tyler, Texas, 11. April 1986: Ein Mann wurde am Gehirn bestrahlt. Anstatt der vorgesehenen relativ kleinen Dosis erhielt er 4 000 rads. Der Patient starb am 1. Mai 1986 an den Folgen der Überdosis.
- Yakima, Staat Washington, Januar 1987: Ein Mann erhielt zwischen 8 000 und 10 000 rads. Vorgesehen hatte der Arzt ganze 86 rads. Der Patient starb im April 1987 an Komplikationen, für die die zu hohe Strahlenbelastung ursächlich war.

Die Behandlung mit der THERAC-25 wurde in der Regel unter der Verantwortung eines Arztes von medizinisch-technischen Assistentinnen durchgeführt. Sie waren in der Bedienung der Maschine geschult worden, und man hatte ihnen glaubhaft versichert, dass ein Fehler durch eingebaute Kontrollen so gut wie ausgeschlossen wäre. Der Hersteller der Maschine wies zunächst jede Verantwortung für die Unfälle von sich und bestand darauf, dass die THERAC-25 einwandfrei arbeitete.

Licht in das Dunkel gegenseitiger Schuldzuweisungen brachten eigentlich erst die Vorfälle in Tyler, Texas. Dort glaubte man den Beteuerungen des kanadischen Herstellers bald nicht mehr und ging daran, die Ursache des Versagens der THERAC-25 zu klären. Werfen wir zunächst jedoch einen Blick auf eine Skizze der THERAC-25, so wie sie in den meisten Kliniken eingebaut wurde.

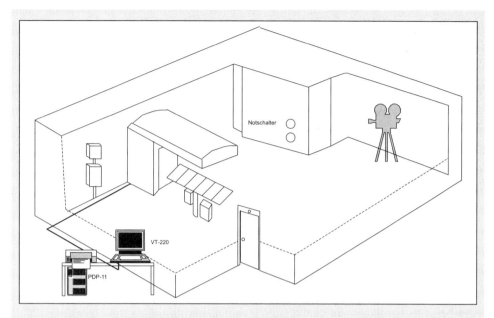

Abb. 1–2: *Maschine zur Bestrahlung in der Krebstherapie*

Ein Patient sollte in der Klinik in Tyler am Rücken mit einer Dosis von 180 rads bestrahlt werden. Die medizinisch-technische Assistentin (MTA) richtete ihn auf dem Bestrahlungstisch sorgfältig ein und verließ dann den abgeschirmten Raum, in dem die Bestrahlung verabreicht wird. Sie tippte am Bildschirm ihres VT-220-Terminals schnell die notwendigen Daten ein. Sie bemerkte dann, dass sie versehentlich x (für *x ray*) anstatt e (für *electron*) eingegeben hatte. Das ist ein verständlicher Flüchtigkeitsfehler, da die Behandlung mit Röntgenstrahlen (*x rays*) häufiger ist. Sie fuhr deshalb unter Benutzung der Pfeiltasten schnell in die Zeile hoch und ersetzte das *x* durch ein *e*. Bei den übrigen Eingaben drückte sie zur Übernahme einfach auf die Eingabetaste. Sie bestätigte zum Schluss die Eingaben und drückte *b* für *Beam*. Damit begann im Nebenraum die Bestrahlung.

Einen Augenblick später unterbrach die THERAC-25 die Behandlung und brachte die Fehlermeldung »Malfunction 54« auf den Bildschirm des Terminals. Außerdem wird »treatment pause« angezeigt, ein minder schwerer Fehler. In der Dokumentation zu der THERAC-25 wird die Fehlermeldung 54 kurz als *dose input 2* beschrieben. Da derartige Fehlermeldungen des Geräts häufig sind und bei den Operatoren als nicht weiter schlimm betrachtet wurden, drückte die MTA die P-Taste für *proceed*. Sie setzte damit die Behandlung fort.

Der Patient auf dem Behandlungstisch hatte keinerlei Kontakt zur MTA am Computer. Er fühlte sich, als hätte jemand brühend heißen Kaffee auf seinen Rücken geschüttet. Dann hörte er ein summendes Geräusch von der Maschine. Da es sich bereits um seine neunte Sitzung handelte, wusste er, dass das nicht normal war. Als er sich gerade vom Tisch wälzen wollte, bekam er einen Schlag, den er wie einen elektrischen Schock empfand. Das geschah in genau dem Moment, als die MTA draußen die P-Taste drückte.

Der Patient klopfte heftig an die Tür des Behandlungsraums. Die MTA war geschockt und rief nach einem Arzt. Es wurden massive Schäden festgestellt. Der Patient in Tyler überlebte die Strahlenbehandlung nur fünf Monate.

Einen Monat später ereignete sich in derselben Klinik und mit der gleichen medizinisch-technischen Assistentin ein ähnlicher Unfall. Dieser Patient starb als Folge der Überdosis am 1. Mai 1986, drei Wochen nach dem Unfall. Nun glaubte das verantwortliche Personal der Klinik den Beteuerungen des Herstellers AECL aber nicht mehr. Es ging daran, in eigener Regie den Fehler zu rekonstruieren.

Die Mensch-Maschine-Schnittstelle – zu bedienerfreundlich

Beim Vorgängermodell hatten sich die Benutzer oft über eine zu umständliche und zeitraubende Benutzerführung beklagt. Bei der THERAC-25 können daher gewisse Daten aus dem Behandlungsplan einfach kopiert werden. Das macht auf den ersten Blick Sinn, denn oft handelt es sich um mehrere Sitzungen, die sich über Wochen und Monate hinziehen.

Die Umstellung der THERAC-25 von Röntgenstrahlen *(x rays)* auf Photonen *(electrons)* kann, was das Terminal betrifft, durch den Ersatz eines einzigen Buchstabens bewerkstelligt werden. Bei Röntgenstrahlen ist dabei nur ein konstanter Energiepegel vorgesehen, nämlich 25 MeV. Was war nun bei der verhängnisvollen Bestrahlung geschehen?

Die MTA war mit der Benutzung der Maschine bereits so vertraut, dass sie rasch in der Lage war, durch die Benutzung der Pfeiltasten auf dem Bildschirm nach oben zu gehen und das zunächst eingetippte *x* für Röntgenstrahlen in ein *e* (für *electrons*) zu ändern. Das Programm auf der PDP-11 befand sich zu der Zeit in einer Routine, die der Einstellung von Magneten im Behandlungsraum dient. Dieses Unterprogramm benötigte dafür acht Sekunden, und während dieser Zeitspanne wurde das Terminal *nicht* abgefragt.

Die Folge dieser Programmierung war, dass zwar die Daten auf dem Bildschirm geändert, sie aber vom Programm nicht übernommen wurden. Innerhalb der PDP-11 waren weiterhin die Daten für Röntgenstrahlen gespeichert, und damit wurde der Patient bestrahlt. Man kann auch sagen, das Programm belog seinen Benutzer.

Eine weitere Schwachstelle lag in der Fortsetzung der Behandlung bei – vermeintlich – minder schweren Störungen. Den MTAs hatte man bei der Schulung erklärt, die THERAC-25 wäre so sicher, dass gar kein Unfall passieren könne. In der Praxis gab es allerdings immer wieder Schwierigkeiten und Probleme: Bei schweren Störungen musste der Wartungsdienst der Klinik die Einstellungen der THERAC-25 überprüfen, und gegebenenfalls musste die Herstellerfirma zu Rate gezogen werden.

Bei minder schweren Fehlern, und so wurde *Malfunction 54* zunächst eingestuft, drückte die MTA einfach die P-Taste zur Fortsetzung der Behandlung. Dies war bis zu fünfmal möglich. Was sie nicht wusste: Die nichtssagende Fehlermeldung *Malfunction 54* und die Nachricht *dose input 2* bedeutete, dass der Patient bereits bestrahlt wurde und die verabreichte Dosis entweder zu hoch oder zu niedrig gewesen war. Durch das Drücken der P-Taste wurde der Röntgenstrahl ein zweites Mal aktiviert.

Das summende Geräusch, das der Patient nach der Verbrennung seines Rückens gehört hatte, war das Überlaufen der Ionenkammer unter dem Behandlungstisch gewesen. Nach der ersten Überdosis wurde er durch die so leichtfertig fortgesetzte Behandlung ein weiteres Mal bestrahlt.

Es wurde nach der Rekonstruktion des Unfalls geschätzt, dass er in weniger als einer Sekunde einer Dosis von 16 500 bis 25 000 rads über einer Fläche von einem Quadratzentimeter ausgesetzt war.

Den zweiten Patienten in Tyler traf es noch schlimmer. Er sollte wegen eines Krebsgeschwürs im Gesicht mit einer geringen Dosis von lediglich 10 MeV bestrahlt werden. Durch die zu hohe Strahlendosis wurde sein Stammhirn nachhaltig geschädigt.

Nicht nur hat es Monate gedauert, bis die THERAC-25 als Ursache des Problems erkannt wurde. Der Fall wirft auch die Frage auf, ob das Management des Herstellers die Software-Entwicklung jemals richtig im Griff hatte. Kann es sein, dass in einem Unternehmen ein Programmierer allein darüber entscheidet, ob ein Echtzeit-Betriebssystem angeschafft oder lieber eine Eigenentwicklung gestartet wird? Ist es ausreichend, bei einem System wie der THERAC-25 den Test auf einen Systemtest zu beschränken, der noch dazu weitgehend beim Kunden durchgeführt wurde? Wo waren die Aufsichtsbehörden, die medizinische Geräte schließlich zulassen müssen?

Über alle Branchen und Applikationen hinweg gibt es jedoch auch Probleme, die weitgehend identisch sind und somit alle treffen können. Dafür ist Fall 1.18 exemplarisch.

Fall 1–18: Uhr nachstellen: Händisch [29]

Video-Recorder sind nicht immer ganz einfach einzustellen, und die beiliegende Gebrauchsanleitung trägt oftmals eher dazu bei, den Benutzer zu verwirren. Um in dieser misslichen Situation für den Kunden Abhilfe zu schaffen, wurde in den USA eine Funktion eingeführt, bei der die Zeit aus dem Signal von Fernsehsendern extrahiert und auf den angeschlossenen Video-Recorder übertragen wird. Diese Funktion nennt sich *Autoclock*.

In der technischen Realisierung wird die Zeitmarke im Fernsehsignal gefunden, in dem mit dem Kanal 2 begonnen wird. Anschließend werden höhere Kanäle nach einer vorhandenen Zeitmarke durchsucht. Enthalten ist das Signal dabei in der Austastlücke, also dem Zeitraum, in dem der Strahl am Ende der Bildzeilen auf den Anfang des Fernsehbilds zurückspringt. In Europa wird diese Zeitspanne genutzt, um die Daten von Teletext zu übertragen.

Im Jahr 1999 traten nun in den gesamten USA Fehler auf. Meist ging die Uhr im Video-Recorder um ein, zwei oder drei Stunden vor. Es gab auch den Fall, dass die Zeitansage um 24 Minuten vorging. Davon waren Tausende von Verbrauchern betroffen.

Viele Besitzer von Video-Recordern kümmerten sich nicht um die falsche Zeit. Andere riefen in den Service-Centern an und baten um Abhilfe. Es bedurfte allerdings eines Journalisten namens David L. Wilson von der *San Jose Mercury News*, um dem Fehler auf die Spur zu kommen.

Die Meinungen zur Ursache des Fehlers gingen auseinander: Manche Fachleute glaubten, es läge am falschen Inhalt des Signals von den örtlichen Fernsehsendern. Andere behaupteten, die Chips in den Video-Recordern wären falsch programmiert. Nachdem Wilson eine erste Geschichte über den mysteriösen Fehler veröffentlicht hatte, hörte er von Tausenden Lesern, dass der Fehler bei ihrem Gerät ebenfalls vorhanden war. Weil diese Recorder von unterschiedlichen Herstellern stammten, konnte ein Fehler im Chip als Ursache des Problems ausgeschlossen werden.

Der Journalist telefonierte dann mit Kanal 54, der örtlichen Fernsehstation im Bereich von San Francisco. Es stellte sich heraus, dass dieser Sender seit Monaten keinen Techniker mehr beschäftigte, der für den richtigen Inhalt im Fernsehkanal verantwortlich war. In der Tat war es so, dass die Zeitangabe, die von Kanal 54 ausgestrahlt wurde, um 24 Minuten vorging.

Die falschen Zeitangaben in anderen Teilen des Landes ergaben sich aus der raschen Expansion des Senders Fox. Dieser war in L. A. beheimatet, übernahm aber Monat für Monat Fernsehsender in anderen Teilen der USA. Dabei wurde das Zeitsignal vom Heimatsender in L. A. übernommen. Für L. A. gilt die Zeitzone an der US-Westküste, während die anderen Gebiete der USA um ein bis drei Stunden früher dran sind. Damit war dieser Fehler zu erklären.

> Selbst wenn lokale Stationen ein Zeitsignal zur Verfügung stellten und dieses richtig war, befand es sich doch meistens in den höheren Kanälen. In diesem Fall wurde das zuerst gefundene Signal auf Kanal 2 verwendet, das falsch war.

Die richtige Uhrzeit zu wissen ist in unserer Gesellschaft oftmals eine Notwendigkeit. Je mehr wir auf Rechner und deren zuverlässige Dienste vertrauen, desto stärker wird die Abhängigkeit der Gesellschaft. Dies zeigt Fall 1.19.

Fall 1–19:   *Alle Rechner stehen still ... [30]*

> Der sicherste Zustand für Bahnen ist ohne Zweifel der völlige Stillstand. Er ist allerdings nicht gerade das, was eine mobile Gesellschaft in erster Linie will.
> Am 28. Februar 2001 ging am frühen Morgen im Berufsverkehr in München bei den S-Bahn-Linien 4, 5 und 6 gar nichts mehr. Manche Züge hielten einfach auf freier Strecke an. Es dauerte teilweise bis zu 35 Minuten, bevor der Betrieb wieder anlief.
> Ursache des Problems war ein Computerabsturz im Münchner Westen um 8:42 Uhr, der durch einen Stromausfall ausgelöst wurde. Der Grund für den Stromausfall blieb zunächst unbekannt.

Wenn in Kommunen oder einem Unternehmen wie der Deutschen Bahn bestimmte Computer dazu verwendet werden, essentielle Teile der Infrastruktur zu versorgen, dann müssen sie redundant ausgelegt werden. Diese Mindestanforderung muss auf alle Fälle erfüllt werden.

Bisher haben wir uns in erster Linie mit Fehlern in Programmen beschäftigt. Das sind zur Zeit fast 100 Prozent aller bekannten Fehler in der Software. Weil aber Software in alle Bereich der Technik und des menschlichen Lebens vordringt, gewinnt eine weitere Fehlerart zunehmend an Bedeutung: Datenfehler.

Datenfehler haben als Ursache keinen Fehler im Programmcode, sondern sind darauf zurückzuführen, dass ein Programm oder EDV-System mit falschen, unzureichenden oder gar keinen Daten gefüttert wird. Ein Fall dieser Art ist aus Norddeutschland bekannt geworden.

Fall 1–20:   *Datenpanne [31]*

> Am 16. März 1998 wird die elfjährige Christina Nytsch auf dem Heimweg vom Hallenbad von einem Mann angesprochen. Sie steigt in das Auto des 30-jährigen Ronny R. und wird vergewaltigt, mit dem Messer misshandelt und erdrosselt.
> Die Polizei startet die bisher größte Massenaktion in der deutschen Kriminalgeschichte, um den Täter zu identifizieren. Er hat genetisches Material am Körper des toten Mädchens hinterlassen. Tausende von Männern in der Nähe von Cloppenburg unterziehen sich freiwillig einem Speicheltest, mit dem ihr genetischer Fingerabdruck ermittelt werden kann. Die Polizei hofft, dass sich auf diese Weise der Täter ermitteln lässt.

> Spur Nummer 3889 führt zum Erfolg. Der Mörder von Christina Nytsch wird festgenommen. Zu bemerken ist allerdings, dass es dabei zu einer Panne kam. Ronny R. hatte bereits im Alter von 21 Jahren eine 17-jährige Verwandte vergewaltigt und war zu einer fünfeinhalbjährigen Haftstrafe verurteilt worden. Diese Haftstrafe fand sich nicht im Computer des Landeskriminalamts. Wären die Daten zu den Vorstrafen von Ronny R. vollständig gewesen, hätte die Polizei seine Speichelprobe vordringlich untersucht. Sie wäre in der Lage gewesen, den Mörder viel schneller zu fassen.

Datenfehler können, ähnlich wie Rückrufaktionen in der Automobilindustrie, zuweilen teuer werden, weil eine große Zahl von Kunden betroffen ist. Dies musste schmerzlich auch der japanische Hersteller Toshiba lernen.

Fall 1–21:   *Ein teurer Fehler [32]*

> Der japanische Elektronikhersteller Toshiba gab für das Geschäftsjahr 1999/2000 einen außerordentlichen Verlust von mehr als einer Milliarde Dollar bekannt. Die Kosten waren entstanden, weil das Unternehmen in den USA mit zwei Verbrauchern, die sich geschädigt fühlten, einen Vergleich abgeschlossen hatte. Was war geschehen?
> Die Besitzer von Notebooks hatten geklagt, weil auf der Festplatte ihrer Computer ein Datenverlust eingetreten war. Toshiba einigte sich mit den Verbrauchern schließlich außergerichtlich. Das Unternehmen verpflichtete sich in dem Vergleich, die in den USA verkauften Computer technisch zu verändern und jedem Besitzer eines Notebooks von Toshiba mit einem Gutschein im Wert von 100 bis 250 Dollar zu entschädigen. Nach der Bekanntgabe der Entschädigungsaktion fiel der Kurs von Toshiba an der Börse in Tokio um 9 Prozent.

Wir haben eine ganze Reihe von Fehlern gesehen, die durch Software oder ein System, in dem Software ein wesentliches Teil bildete, entstanden sind. In einigen Fällen starben Menschen oder kamen zu Schaden, in anderen Fällen beschränkte sich der Verlust auf beträchtliche Summen Geldes.

Es ist jetzt an der Zeit, die Einzelfälle zu verlassen und zu sehen, wie sich die Branche als Ganzes darstellt. Wie sieht die Fehlerbilanz im Bereich der Software aus?

Dazu hat Peter G. Neumann in *Computer Related Risks* [26] Zahlen geliefert. Sie beziehen sich auf alle bisher bekannt gewordenen Fälle, bei denen die Unfallursache der Software oder dem System, in dem sie residierte, zugeordnet werden konnte. Diese Bilanz ist in Tabelle 1-2 dargestellt.

Bereich	Todesfälle	Lebensgefahr	Verluste von Sachwerten	Andere Risiken
Kommunikationssysteme	3	28	30	7
Raumfahrt	1	25	23	12
Streitkräfte	6	26	13	6
Militärische Luftfahrt	3	15	5	2
Zivile Luftfahrt	17	49	9	5
Öffentlicher Verkehr	7	18	1	6
Autoverkehr	3	14	2	3
Umwelt	0	3	0	1
Regelungssysteme	6	12	10	5
Roboter/KI	6	1	3	3
Medizintechnik	17	13	4	3
Stromerzeugung	2	23	2	6
Betrug im Finanzwesen	0	0	56	6
Verluste durch Fehler	0	1	58	11
Börse	0	0	20	1
Wahlen	0	1	1	30
Betrug mit dem Telefon	0	0	22	3
Versicherungsbetrug	0	0	2	0
Sicherheit, Verletzung der Privatsphäre	2	10	72	78
Kein Service	2	11	28	26
Datenbanken	2	4	12	4
Polizei/Gericht	0	14	11	15
Sonstige/Gerichtswesen	1	9	29	5
Verärgerung	3	5	45	43
Chaos bei der Entwicklung	0	0	12	0
Sonstige	0	1	5	37
Summe	81	286	476	319

Tabelle 1–2:   *Unfälle durch Software und Systeme [26]*

Wir können also den Bereich der zivilen Luftfahrt und die Medizintechnik als die Felder identifizieren, in denen die meisten Menschen zu Tode kamen. Auf der anderen Seite gibt es jedoch kaum ein Gebiet, in dem nicht bereits Fehler registriert worden wären.

Man kann aus der obigen Übersicht sicher eine Reihe von Schlüssen ziehen, aber einer ist offensichtlich: Software-Qualitätssicherung ist dringend geboten.

1.3 Hindernisse

And that's the way it is.
Walter Cronkite

Die Qualität von Software muss auf breiter Front gesteigert werden, wie die vorher aufgeführten Beispiele anschaulich zeigen. Auf dem Weg zu diesem Ziel gibt es allerdings ein paar Hindernisse. Hier sind in erster Linie zu nennen:

1. Das Mengenwachstum der Software
2. Das Vordringen der Software in immer neue Gebiete der Technik, also neuartige Applikationen

Es ist immer schwer, einen Zweifrontenkrieg zu führen. Bei der Erstellung von Software machen erfolgsorientierte moderne Unternehmen zwar Fortschritte bei der Senkung der Fehlerrate, sie verbessern ihren Prozess und vermeiden es auf diese Weise, bestimmte Fehler in die Software einfließen zu lassen, auf der anderen Seite nimmt jedoch der Umfang der ausgelieferten Programme von Jahr zu Jahr zu.

War noch vor wenigen Jahren ein PC mit einer Festplatte von 80 MByte gut ausgerüstet, so werden inzwischen Grafikpakete angeboten, deren Umfang zwischen 20 und 180 MByte liegt. Unter diesen Umständen gehört die Festplatte mit 20 bis 30 GB zum Standard, und 40 oder 50 GB wären noch besser.

Boeings 747-400, das derzeit größte Passagierflugzeug der Welt, kam für das *Airplane Information Management System* (AIMS) noch mit einem Hauptspeicher von 1,1 MByte aus. Die Neuentwicklung Boeing 777 benötigt bereits das Zehnfache, nämlich 10,6 MByte. Insgesamt beläuft sich alle Software an Bord des Airliners, von der Flugsoftware bis zu Windows in den Küchen, auf über drei Millionen Lines of Code. Auf das Programm zur Steuerung des Flugzeugs entfallen dabei 440 000 Lines of Code.

Augenscheinlich ist das Mengenwachstum der Programme auch im Bereich der bemannten Raumfahrt, wie das folgende Beispiel deutlich macht.

Noch größer wird der Bedarf an Software, wenn das Fluggerät in Extremsituationen nicht mehr durch den menschlichen Piloten gesteuert werden kann. Dies ist etwa bei der amerikanischen Raumfähre bei der Landung und modernen Kampfflugzeugen der Fall.

Wir haben vor Jahren mit relativ bescheidenen Programmgrößen begonnen, doch inzwischen scheint uns das Wachstum des Quellcodes aus den Händen zu gleiten. Es wird von Jahr zu Jahr mehr, und proportional dazu steigt die Zahl der Fehler in der Software. Sehen wir uns in diesem Zusammenhang Tabelle 1-3 an.

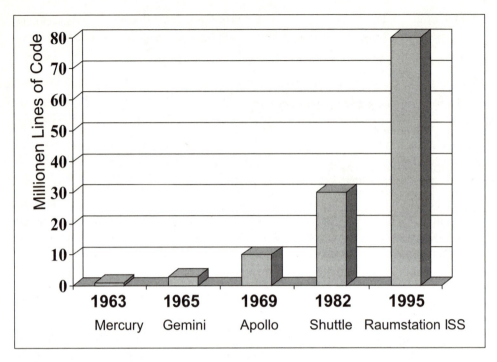

Abb. 1–3: Mengenwachstum im Bereich der NASA [36]

Projekt	Codeumfang (LOC)
Fehlertolerantes verteiltes Betriebssystem	21 538
Textverarbeitungsprogramm in Ada	38 732
Simulator für die amerikanische Air Force zur Modellbildung von Flugabwehrraketen	40 000
SHIP 2000, ein Software-System für die schwedische Marine	55 000
Cabin Management System, für Boeing 777, in Ada	70 000
Ada Cross Compiler für Z80 Mikroprozessor	80 000
Static Analyser, Werkzeug zur Analyse von Ada Source Code in VAX/VMS-Umgebung	200 000
Bahnverfolgung von Satelliten für die NASA	220 000
Graphical Kernel System (GKS), Ada binding	242 580
Sprachübersetzer von COBOL und FORTRAN in Ada	338 000
Primary Avionics System Software (PASS), das Navigations- und Steuerungssystem für die amerikanische Raumfähre	500 000
Software zur automatischen Steuerung eines Stahlwalzwerks in den USA (Weirton Steel)	500 000

Projekt	Codeumfang (LOC)
Airplane Information Management System (AIMS) für Boeing 777	600 000
Forschungsmodul *Destiny* der Internationalen Raumstation ISS	700 000
Software zur Flugkontrolle für den Luftraum über Spanien	800 000
Earth Observing System (EOS), Flugkontroll-Software für einen Satelliten der NASA	870 000
Flugkontrollsoftware für die amerikanische Behörde zur Luftüberwachung (FAA)	1 000 000
Operational Flight Program für das Jagdflugzeug F-22 (Oktober 1999)	1 400 000
Software zur Steuerung des Kernkraftwerks Chooz B in Frankreich, erstellt von der SEMA-Gruppe, in Ada	1 500 000
STANFINS-R, ein Buchhaltungssystem für die amerikanische Armee	1 800 000
Software in Boeings 777, zum größten Teil in Ada;	4 000 000
davon *Flight Control Software*	132 000
Unterseeboot *Seawolf* der US NAVY, in Ada	5 000 000
Software für den Advanced Tactical Fighter der US Air Force	5 000 000
Microsofts Betriebssystem NT, US$150 Mill. Entwicklungskosten, 200 Programmierer und Tester	4 300 000
Microsoft's Windows NT 5.0	30 000 000
US-Steuerbehörde IRS, 19 000 separate Applikationen, Summe	62 000 000

Tabelle 1–3:   *Wachstum der Programme*

Wir wollen nun einmal kurz überschlagen, mit welchen Fehlerraten in Software zu rechnen ist. Dabei will ich Durchschnittswerte der Industrie zugrunde legen. Für die Entwicklung kann man dabei mit Fehlerraten [33] von 30 bis 50 Fehlern pro 1 000 Lines of Code rechnen.

Für ausgelieferten Code liegt diese Rate natürlich niedriger. Für gute Organisationen der Software-Industrie kann man derzeit mit 1 bis 3 Fehler pro 1 000 Lines of Code rechnen. Restfehler sind dabei alle Fehler in der Software, die nach der Auslieferung des Programms an den Kunden und die Anwender bekannt werden.

Programmumfang in Lines of Code [LOC]	Fehler während der Entwicklung	Restfehler	Schwerwiegende Restfehler
20 000	600 – 1 000	20 – 60	2 – 6
50 000	1 500 – 2 500	50 – 150	5 – 15
100 000	3 000 – 5 000	100 – 300	10 – 30
500 000	15 000 – 2 5000	500 – 1 500	50 – 150
1 000 000	30 000 – 50 000	1 000 – 3 000	100 – 300

Tabelle 1–4:   *Fehler und Restfehler*

Während wir davon ausgehen können, dass der Großteil der Fehler in der Software beim Test am Schluss der Entwicklung gefunden und beseitigt wird, sind die Restfehler bei realistischer Betrachtung bei der Auslieferung der Software noch vorhanden. Die Restfehlerrate basiert dabei auf den Zahlen von Unternehmen, die derartige Statistiken erstellen, aufbewahren und veröffentlichen. Für den Rest der Branche dürften die Zahlen eher schlechter liegen.

Von den Restfehlern sind allerdings nicht alle ernsthafter Natur. Ein reiner Schreibfehler bei einer Ausgabe von Text wird das *Space Shuttle* nicht gleich zum Absturz bringen, allenfalls den Kommandanten verwirren. Man muss allerdings davon ausgehen, dass von diesen Restfehlern etwa 10 Prozent wirklich in die Klasse Programmabstürze und *Deadlocks* fallen.

Bei einem relativ bescheidenen Programmumfang von 20 000 Lines of Code sind bei der Auslieferung des Programms davon noch zwei bis sechs vorhanden. Bei einem Programm zur Flugsicherung, wie sie derzeit für die USA und Europa in der Entwicklung sind, muss bei einem Programmumfang von einer Million Lines of Code bereits mit Restfehlern von 100 bis 300 gerechnet werden.

Wir gehen also beim gegenwärtigen Stand der Technik erhebliche Risiken ein, wenn wir Software für Applikationen einsetzen, bei denen Leib und Leben vom einwandfreien Funktionieren eines bestimmten Programms abhängen.

Auch die verlorenen Sachwerte bei einem Fehler in der Software sind nicht unbeträchtlich. Ein Airbus kostet Millionen von Mark, eine ARIANE-Trägerrakete wirft bei einem Verlust den Betreiber ebenfalls weit zurück, und auch die an Bord befindliche Nutzlast, etwa ein Kommunikationssatellit, ist bei einer Explosion verloren.

Werfen wir nun einen Blick auf die Branchen, in die Software in den letzten Jahrzehnten eingedrungen ist. Hier wären vor allem zu nennen:

- Medizintechnik
- Luft- und Raumfahrt
- Automobilbau
- Mikroprozessoranwendungen, Steuerungen im industriellen und häuslichen Bereich

In der Medizintechnik werden Maschinen zur Diagnose und Therapie zunehmend von Software gesteuert. Dabei ist das Risiko bei einem Versagen nicht unbeträchtlich, steuert die Software doch in vielen Fällen auch eine Strahlenquelle, und der Patient wird unter Umständen mit einer zu hohen Dosis Röntgenstrahlung belastet.

In der zivilen und militärischen Luftfahrt ist man in den letzten Jahren zu einem System gewechselt, das sich *fly-by-wire* nennt. Dieses von Airbus Industries propagierte System bedeutet in letzter Konsequenz nichts anderes, als dass nicht der Pilot die Maschine steuert, sondern die Software. Während bei den älteren Baumustern von Boeing, wie den Typen 727 und 737, bei Ausfall aller elektrischen und hydraulischen Stellsysteme die Maschine noch durch reine Muskelkraft des Piloten gesteuert werden konnte, steht nun zwischen dem Flugzeugführer und den Kontrollflächen immer ein Computer, der von einem Programm gesteuert wird. Das kann bedeuten, dass die Maschine ein Kommando des Piloten nicht 1:1 umsetzt. Es kann aber auch bedeuten, dass die Maschine einen vorher nicht bekannten Algorithmus abarbeitet, von dessen Existenz der Pilot gar nichts weiß. Auf jeden Fall ist aber bei vielen Baumustern im zivilen Bereich ein Ausfall des Computers und der möglicherweise vorhandenen Ersatzsysteme, der längere Zeit anhält, mit einem Verlust der Maschine verbunden. Ein solcher Fall ist zum Glück bis heute nicht eingetreten, doch es sind einige Fälle bekannt geworden, in denen sich Pilot und steuernde Software durchaus nicht einig werden konnten. Besonders deutlich, was *fly-by-wire* für einen Piloten bedeuten kann, wird dies am folgenden Beispiel.

Fall 1–22:   ***Wer steuert eigentlich die Maschine? [34]***

Die Fluglotsen im Tower des Warschauer Flughafens teilten der Besatzung der im Landeanflug befindlichen Lufthansa-Maschine vom Typ Airbus A-320 mit, dass sie mit erheblichem Seitenwind von rechts rechnen müssten. Außerdem wäre das Auftreten von *Wind Shear* zu erwarten.

Bei *Wind Shear* kann eine Situation eintreten, bei der die Maschine plötzlich absackt, weil lokal eng begrenzt ein Unterdruck entsteht. Dies ist bei Gewittern in der Nähe des Flughafens häufig der Fall. Eine solche Situation ist beim Landeanflug deshalb schwer beherrschbar, weil das Flugzeug in der letzten Phase des Sinkflugs sehr langsam fliegt und praktisch dem Boden entgegensinkt.

Um sowohl dem Seitenwind als auch der Gefahr durch *Wind Shear* entgegenzuwirken, erhöhte der Pilot der A-320 die Geschwindigkeit der Maschine von den zunächst vorgesehenen 133 Knoten (246 km/h) auf 155 Knoten (287 km/h). Tatsächlich kam in der letzten Phase des Landeanflugs der Wind jedoch mit 20 Knoten von hinten. Die Fluglotsen im Tower wussten davon offensichtlich nichts.

Der Rückenwind erhöhte die Geschwindigkeit der Maschine so weit, dass sie plötzlich 5 Knoten über der für die A-320 zugelassenen Höchstgeschwindigkeit lag. Die Kombination dieser Faktoren führte dazu, dass die Maschine beim Aufsetzen eine Geschwindigkeit von 170 Knoten hatte, also viel zu schnell war. Die übliche Landegeschwindigkeit liegt zwischen 125 und 130 Knoten. Die hohe Geschwindigkeit und der Rückenwind hatten zur Folge, dass die Bremsen das Doppelte der normalerweise zu erwartenden kinetischen Energie zu absorbieren hatten.

Der Airbus berührte die Landebahn zum ersten Mal nach 755 m der 2818 m langen Landebahn des Warschauer Flughafens. Da die Piloten mit Seitenwind gerechnet hatten, setzten sie mit den rechten Rädern zuerst auf. Das ist die vorgeschriebene Prozedur in einem solchen Fall.

Weil die Maschine jedoch noch immer viel zu schnell war, erzeugten die Tragflächen erheblichen Auftrieb. Dies führte dazu, dass die rechten Räder der Maschine 9 Sekunden lang keine richtige Bodenberührung bekamen. Noch dazu befand sich viel stehendes Wasser auf der Landebahn, was Aquaplaning verursachte.

Die Software des Typs A-320 ist so ausgelegt, dass zum Einschalten der Schubumkehr mit erheblicher Bremswirkung eine positive Anzeige über die erfolgte Landung vorliegen muss. Ist dies nicht der Fall, kann die Schubumkehr durch den Piloten *nicht* eingeschaltet werden. Der Airbus befindet sich weiterhin im *Flight Mode*.

Die kombinierten Faktoren hohe Geschwindigkeit, Aquaplaning und Aufsetzen auf der rechten Fahrwerkseite führten dazu, dass die Bremsen des Airbus A-320 für 9 Sekunden nicht wirksam wurden. Dann funktionierten diese Systeme, doch es war zu spät: Das Flugzeug befand sich zu weit am anderen Ende der Landebahn, und die Geschwindigkeit war bei weitem zu hoch. Die Maschine schoss über das Ende der Landebahn hinaus und bohrte sich in einen Erdwall.

In der Raumfahrt sind Systeme ohne Software nicht denkbar, schon weil etwa bei der Landung des *Space Shuttle* in Florida oder Kalifornien ein menschlicher Pilot einfach nicht schnell genug reagieren kann. Unbemannte Systeme wie Kommunikationssatelliten und Raumsonden zu Planeten wie Mars oder Venus sind vollkommen auf Software angewiesen, und einige davon sind durch Software-Fehler verloren gegangen.

Im Automobilbau hat längst das Zeitalter der Elektronik begonnen, obwohl es dem Fahrer möglicherweise nicht bewusst ist. Bei der Motorsteuerung, der Festlegung des Zündzeitpunkts, in automatischen Getrieben und den Anzeigen ist jedoch längst Software im Einsatz. Das gilt auch für das wichtige und sicherheitsrelevante Bremssystem: *Anti-Blockier-System* (ABS) heißt im Grunde, dass Software die Bremse steuert.

Zunehmend dringt Software in Bereiche vor, bei denen der Benutzer gar nicht weiß, dass das Gerät von Software gesteuert ist. Das mag für den programmgesteuerten Mikrowellenherd gelten, den Gasherd in der Küche und die Waschmaschine im Keller. Typisch ist für derartige *Embedded Systems*, dass das Gerät durch einen Mikroprozessor [10] gesteuert wird. Dabei geht es natürlich immer um hohe Stückzahlen, und deshalb werden die preisgünstigsten Prozessoren mit 16 oder 8 Bit ausgesucht. Es versteht sich von selbst, dass diese Mikroprozessoren der vorletzten Generation zwar billig zu haben, aber nicht gerade leicht zu programmieren sind. Der Programmierer vermisst eigentlich alles, was er bei den neuesten Prozessoren gewohnt war, von höheren Programmiersprachen bis hin zu einem leistungsfähigen Befehlssatz. Insofern werden hier Risiken geschaffen, von denen der Kunde und Endanwender nichts ahnt.

Wir sollten allerdings auch nicht vergessen, dass die eher traditionellen Anwendungen im Bank- und Versicherungswesen nicht ohne Risiken sind. Zwar kostet dort ein Programmierfehler in den seltensten Fällen Menschenleben, doch es können mitunter beträchtliche Summen verloren gehen.

Im Bereich der militärischen Technik hat das amerikanische Pentagon seit der Entwicklung der Atombombe im Zweiten Weltkrieg immer auf die Formel gesetzt, amerikanisches Leben durch den Einsatz modernster Technik zu schützen. Dieses Rezept ist im Golfkrieg bewundernswert aufgegangen, und bei manchen Unruhen in den USA selbst kamen beinahe mehr Menschen ums Leben als in dem bewaffneten Konflikt im Nahen Osten. Selbst wenn Systeme wie Patriot oder mit modernster Elektronik ausgestattete Schiffe aber im Konfliktfall bemerkenswert gut funktionieren, sollten wir nicht vergessen, dass die Software derartige Waffensysteme in hohem Maße verwundbar macht. Zudem ist der Test, gerade bei ballistischen Raketen, nur in begrenztem Umfang möglich. Es muss allerdings hinzugefügt werden, dass sich die Betreiber eher der Gefahr bewusst sind als viele zivile Anwender. Die Normen für Software haben ihren Ursprung oft im militärischen Bereich, und es sind viele brauchbare Techniken und Methoden in diesem Gebiet entwickelt worden.

So mag es auf der einen Seite durchaus möglich sein, im Kampf gegen mangelhafte Qualität der Software Erfolge zu erzielen. Es bleibt jedoch eine Achillesferse: Diese besteht im ungebremsten Wachstum der Größe der Programme sowie dem Vordringen in Sektoren der Technik, in denen Software bisher nicht eingesetzt wurde. Es muss leider befürchtet werden, dass wir auf diesen Gebieten erst am Anfang der Lernkurve stehen.

1.4 ISO 9001: Erfolgsgeschichte einer Norm

The only place you find success before work is in the dictionary.
May V. Smith

Die erste Software-Qualitätsnorm war MIL-Q-9858 mit dem Titel *Quality Program Requirements*, also ein Standard des amerikanischen Pentagon. Im Bereich der NATO gab es mit AQAP-13 ein entsprechendes Pendant. Daneben hatten allerdings Staaten, die auf diesem Gebiet aktiv waren, nationale Normen, so etwa die Briten. Später folgten im Bereich des Department of Defense (DoD) MIL-S-52779 und DOD-STD-2168A zur Software-Qualität. Der entsprechende Standard für die Entwicklung lautete DOD-STD-2167A.

DIN EN ISO 9001 war dagegen von Anfang an eine internationale Norm, die darüber hinaus Branchen übergreifend gelten sollte. Vorher fand man fast nur branchenspezifische Normen. So hatte eben die Automobilbranche ihre Norm, die Flugzeugbauer hatten eine andere, und im Bereich der Waffentechnik galten wiederum andere Vorschriften. Für Krankenhäuser gab es überhaupt keine Qualitätsnorm.

Eine branchenspezifische Norm hat den Vorteil, dass die Autoren auf die spezifischen Bedingungen einer Branche und der in ihr vorkommenden Applikationen eingehen können. Sie können praktisch einen Maßanzug schneidern, der auf diese Verhältnisse zugeschnitten ist.

Macht man dagegen den Versuch, eine für alle Branchen gültige Norm zu schaffen, so wird man notwendigerweise verallgemeinern müssen. Man tut sich schwer, die Bedingungen herauszufiltern, die universell gelten sollen. Man kann spezifische Gegebenheiten einer Branche nicht mehr gezielt behandeln, und es besteht immer die Gefahr, dass Verallgemeinerungen zu einer Sprache führen, die sehr vage ist und von einer Gruppe von Spezialisten nicht mehr verstanden wird.

Eine vage Sprache und Verallgemeinerungen führen fast zwangsläufig dazu, dass eine Norm interpretiert werden muss. Dies kann später zu Streit führen, weil natürlich jeder den Text in seinem Sinne auslegen wird.

Auf der anderen Seite sind branchenspezifische und nationale Normen auch mit einer Reihe von Nachteilen behaftet. In der zweiten Hälfte des letzten Jahrhunderts wurden Hemmnisse für den Welthandel, in erster Linie also Zölle, weitgehend abgebaut. Staaten mit einer protektionistischen Tradition wie Frankreich nutzten in dieser Situation manchmal Normen dazu, um neue Handelshemmnisse aufzubauen. Es kann andererseits von einem Hersteller in den USA, der sein Produkt nach Europa verkaufen will, kaum erwartet werden, dass er 15 verschiedene europäische Normen verfolgt und beachtet.

Branchenspezifische Normen gibt es weiterhin, aber ihre Zahl nimmt kaum mehr zu. Zumindest im Bereich der Qualitätssicherung und des Qualitätsmanagements hat sich DIN EN ISO 9001 – Qualitätsmanagementsysteme: Anforderungen – eindeutig durchgesetzt. Eine international gültige Norm hat auch ihre Vorteile: Ein Hersteller, der seine Produkte in die

USA verkaufen will, wird feststellen, dass ISO 9001 dort in gleicher Weise gilt. Er kann sich seine dortigen Produktionsstätten sogar von einem Zertifizierer begutachten lassen, der in Deutschland ansässig ist.

Der Erfolg der ISO 9001 zeigt sich in erster Linie in der Zahl der Unternehmen, die ihr Qualitätsmanagementsystem nach den Vorgaben dieser Norm haben zertifizieren lassen. Seit 1987 haben rund 350 000 Unternehmen in 150 Ländern der Welt ihr System nach dieser Norm [35] ausgerichtet und von den Fachleuten eines Zertifizierers ihrer Wahl begutachten lassen. Welche gewaltige Bewegung diese Norm weltweit gebracht hat, zeigt Abbildung 1-4.

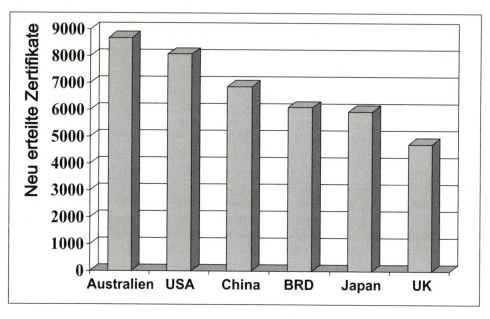

Abb. 1–4:   *Neu erteilte Zertifikate im Jahr 1999*

Ohne Zweifel hatten die Fachleute in den Betrieben auch Schwierigkeiten mit der Norm. DIN EN ISO 900x bezeichnet im Grunde eine Familie von Normen, und manchmal bestanden Zweifel, welche Norm nun die Richtige wäre. Andere hatten Schwierigkeiten, den Text der Norm in ihrem spezifischen Umfeld einzuordnen. Dies traf mit Sicherheit auch auf »Softworker« zu, denn die Sprache der Norm und die gewählten Begriffe waren ihnen weitgehend fremd. Wollen wir hoffen, dass alle diese Schwierigkeiten mit der Neuausgabe vom Dezember 2000 der Vergangenheit angehören werden.

Zusammenfassend kann man sagen, dass mit den Normen der Reihe DIN EN ISO 900x ein Wurf gelungen ist, wie er im internationalen Umfeld selten zu finden ist. Die Ausrichtung auf den internationalen Markt kommt den Unternehmen im Bereich der Software entgegen, denn gerade diese Branche entwickelt für den Weltmarkt. In den folgenden Kapitel wollen wir uns im Detail mit dem Inhalt der Norm DIN EN ISO 9001 und ihre Auswirkung auf die Software-Entwicklung in den Betrieben auseinander setzen.

2 ISO 9001 im Überblick

The palest ink is better than the best memory.
Chinesisches Sprichwort

Die DIN EN ISO 9001 ist eine ungewöhnlich erfolgreiche Norm. Das zeigt sich nicht nur in der Zahl der zertifizierten Unternehmen, sondern auch in ihrer Anwendung über viele Branchen und Industriezweige hinweg. In der Regel denkt man bei einer Zertifizierung an einen Industriebetrieb, eine Fabrikation. Die Norm findet allerdings auch Eingang in Bereiche der Dienstleistung. Restaurants und Hotels, sogar Zahnarztpraxen wurden inzwischen nach DIN EN ISO 9001 zertifiziert.

Der Erfolg der Norm zeigt sich auch darin, dass immer mehr Zertifizierer auf den Markt drängen. Wenn die Nachfrage nach der Begutachtung von Qualitätsmanagementsystemen nicht vorhanden wäre, würde in diesem Bereich kein Wachstum stattfinden.

Auch eine erfolgreiche Norm bietet natürlich ein Potential zur Verbesserung. Je mehr Audits in den Betrieben durchgeführt werden, je mehr Erfahrungen bei der Anwendung der Norm in der Praxis gewonnen wird, desto größer wird auch der Chor derer, die in einzelnen Normelementen Änderungen suchen. Diese Kritik an Details stellt jedoch die Zielsetzung der DIN EN ISO 9001 nicht in Frage.

2.1 Notwendigkeit zur Änderung der Norm

Change in the industry isn't something to fear; it's an enormous opportunity to shuffle the deck, to replay the game.
Jack Welch

Ein Grund für die Änderung der DIN EN ISO 9001 und der mit ihr verwandten Qualitätsnormen der 9000-Serie liegt sicherlich darin, dass es international üblich ist, die Regelungen einer Norm nach einem Zeitraum von fünf Jahren einem Review zu unterziehen. Insofern war einfach die Zeit reif für eine Neuauflage.

Ein weiterer Grund dürfte darin liegen, dass von Seiten der Kunden, also der Anwender der Norm, inzwischen so viele Änderungsvorschläge vorlagen, dass diese nur durch eine gründliche Überarbeitung des Normtextes, also eine vollständige Neubearbeitung, berücksichtigt werden konnten. Hinzu kommt, dass Normen wie DIN EN ISO 9002 und DIN EN ISO 9003 in den letzten Jahren bei den Anwendern dermaßen unpopulär waren, dass man sie ersatzlos einziehen konnte.

Ein Motiv für die Änderung der Norm lag auch darin, dass die Zertifizierung der Umweltmanagement-Systemen von Unternehmen in den letzten Jahren zugenommen hat. Es bestand diesbezüglich die Forderung der Unternehmensleitungen, ein derartiges System besser mit dem bereits vorhandenen QM-System verbinden zu können.

Obwohl man sich vor dem Gedanken hüten sollte, ein QM-Beauftragter könnte ein Umweltmanagement-System ganz nebenbei aufbauen, also ohne großen Aufwand, so ist das Argument doch nicht von der Hand zu weisen, dass DIN EN ISO 9001 und ISO 14001 gewisse Gemeinsamkeiten haben.

Die Überarbeitung der Norm war also fällig. Von den Kunden wurden dabei vor allem die folgenden Forderungen gestellt:

1. Eine leichter verständlichere, klare Sprache
2. Prozessorientierung der Norm
3. Bessere Anwendbarkeit auf im Dienstleistungssektor tätige Unternehmen
4. Berücksichtigung des Prinzips der kontinuierlichen Verbesserung
5. Einschränkung der Zahl der Normen der ISO-9000-Serie und damit verbunden eine größere Übersichtlichkeit für die Normenreihe

Wenn man die Ausgabe vom Dezember 2000 der DIN EN ISO 9001 betrachtet, so kann man durchaus behaupten, dass diese Ziele weitgehend erreicht wurden.

2.2 Software-Normen

The french will only be united under the threat of danger. Nobody can simply bring together a country that has 265 kinds of cheese.
Charles de Gaulle

Bevor wir zum Inhalt der Normen der 900xer Serie in ihrer gegenwärtigen Fassung kommen, ist ein Blick auf die Software-Normen insgesamt ganz nützlich. 50 Jahre nach der Einführung der ersten Computer gibt es weltweit mehr als 300 Standards auf dem Gebiet *Software Engineering*. Ein Teil davon befasst sich speziell mit Software-Qualitätsmanagement oder Qualitätssicherung. Diese Normen werden von rund 50 Organisationen erstellt, bearbeitet und vertrieben.

Wenn man nun fragt, wer die Institutionen sind, die sich in erster Linie mit der Erstellung von Standards befassen, dann ergibt sich folgendes Bild:

1. Nationale Normungsgremien wie das Deutsche Institut für Normung (DIN) oder das British Standards Institute (BSI)
2. Industrieverbände wie das American Institute of Aeronautics and Astronautics (AIAA) oder die Radiotechnical Commission of America (RTCA) im Bereich der Luftfahrt
3. Berufliche Vereinigungen wie das Institute of Electrical and Electronic Engineers (IEEE) in den USA oder der VDE in Deutschland
4. Große Auftraggeber im Bereich der öffentlichen Hand: Dazu zählen die amerikanische NASA, die European Space Agency (ESA), das Pentagon und das deutsche Verteidigungsministerium.
5. Übergeordnete internationale Verbände oder Zusammenschlüsse wie die International Organisation for Standardisation (ISO) oder die International Electrotechnical Commission (IEC)

Die ISO kann man dabei als Dachorganisation der nationalen Normungsgremien betrachten, deren Wirkungskreis in der Regel durch einen Nationalstaat oder eine gemeinsame Sprache festgelegt wird.

300 Standards sind natürlich deutlich zu viel. Damit wird die Arbeit bei der Erstellung eines Angebots für eine Applikation unerträglich erschwert. Wer kennt schon 300 Normen im Detail?

Zum Glück hat man in den 80er Jahren erkannt, dass dieser Wildwuchs beschnitten werden musste. Es war auch abzusehen, dass sich die Tätigkeitsfelder von ISO und IEC, die beide internationale Normungsgremien darstellen, auf dem Gebiet Software-Erstellung überschneiden würden. Man hat sich daher entschlossen, auf diesem Feld zusammenzuarbeiten und dafür das Joint Technical Committee 1 gegründet. In seiner Untergruppe JTC1/SC7, die 1987 eingerichtet wurde, sind seither die meisten neuen internationalen Standards auf dem Gebiet Software Engineering und Qualitätsmanagement geschaffen worden.

Anfang und Mitte der 90er Jahre wurden auch die Normen der 9000er Serie kritisiert, weil es eine ganze Reihe davon gab und sich der Nutzer in diesem Geflecht von Normen nur schwer zurechtfand. Eine Übersicht zu diesen Qualitätsnormen, wie sie im Jahr 1994 bestand, zeigt Abbildung 2-1.

Es ist leicht einsichtig, dass ein bestimmter Betrieb in einer bestimmten Branche von den oben aufgezeigten Normen nicht alle brauchen wird. Eine Forderung in Bezug auf die Überarbeitung der Normenreihe DIN EN ISO 900x lautete denn auch, die Zahl der Normen einzuschränken und die Übersicht zu verbessern.

Man kann auch die Frage stellen, welchen Zweck eine Norm haben sollte und an welchem Maßstab sich ein derartiges Dokument messen lassen muss. Das British Standards Institute liefert dazu die folgende Definition:

> Ein Standard ist ein technisches Dokument, das der Öffentlichkeit zur Verfügung steht. Es wird unter Beteiligung aller interessierter Parteien entwickelt und findet deren Zustimmung. Der Standard basiert auf den Ergebnissen aus Wissenschaft und Technik, bezieht Experimente mit ein und zielt darauf ab, das Gemeinwohl zu fördern.

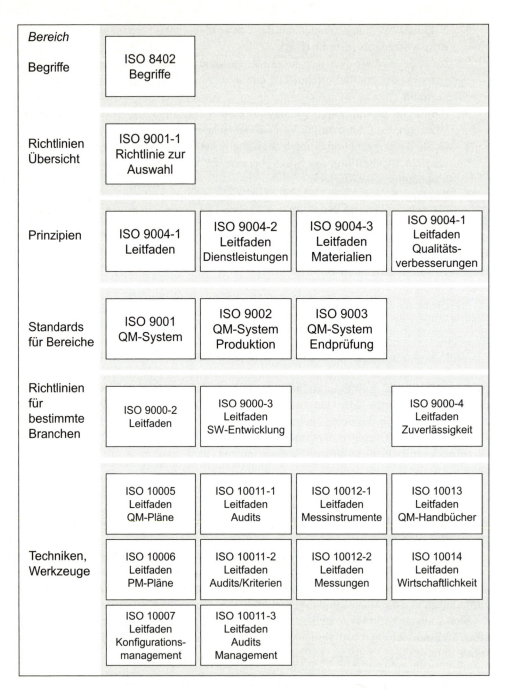

Abb. 2–1: Internationale Qualitätsnormen, Stand 1994 [37]

Auf eine Definition dieser Art kann man sich ohne Probleme einlassen. Es gab in der Vergangenheit immer wieder Normen, die nur die Interessen einer Partei oder eines Unternehmens förderten. Das hat zum Ausschluss von Konkurrenten und zu höheren Preisen für die Verbraucher geführt, letztlich also dem Gemeinwohl geschadet.

Wenn wir uns nun die im Dezember 2000 vorgestellten Normen der Reihe 900x ansehen, so lässt sich der Zusammenhang zwischen den wesentlichen Normen wie folgt darstellen.

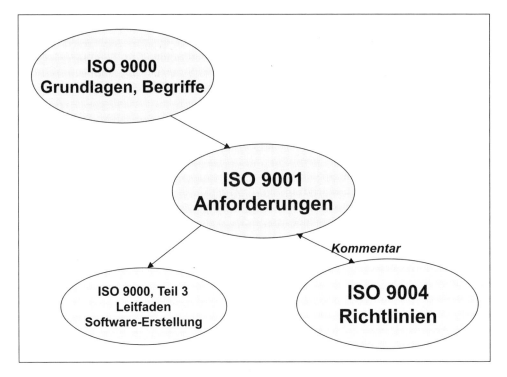

Abb. 2–2:   *ISO-Qualitätsnormen in der Revision vom Dezember 2000*

Im Mittelpunkt steht nun DIN EN ISO 9001 mit dem Titel *Qualitätsmanagementsysteme: Anforderungen*. Das ist die Norm, nach der zertifiziert wird. DIN EN ISO 9002 und DIN EN ISO 9003 wurden eingezogen, und ihr Inhalt wird in Zukunft durch DIN EN ISO 9001 mit abgedeckt.

Ein Qualitätsmanager in einem Betrieb oder der QM-Beauftragte kann sich durchaus auf den Standpunkt stellen, dass DIN EN ISO 9001 die einzige Norm ist, die ihn zu interessieren hat. Wenn das Unternehmen die in dieser Norm aufgestellten Anforderungen vollständig erfüllt, kann ein derartiges Qualitätsmanagementsystem zertifiziert werden.

Gewiss kann man fragen, ob ein derartiger Tunnelblick immer sinnvoll ist. Werfen wir deshalb einen Blick auf die Umgebung dieser Normen. In Deutschland war es lange Zeit üblich, den Text einer Norm knapp zu halten und nur die Forderungen aufzunehmen. Wer sich für Hintergründe, Entscheidungsgrundlagen, wissenschaftliche Fundierungen und Herleitung der Bestimmungen interessierte, der wurde auf den Kommentar zur Norm verwiesen. Dieser Kommentar war oft in Buchform und wurde von Fachleuten verfasst, die an der Erstellung der Norm beteiligt waren. Wer als Nutzer sowohl den Text der Norm als auch den

Kommentar besaß, konnte kaum etwas falsch machen, weil er oder sie nun auch die Beweggründe verstand, aus der die Norm geschaffen wurde.

In diesem Sinn kann man DIN EN ISO 9004 mit dem Titel *Qualitätsmanagementsysteme: Leitfaden zur Leistungsverbesserung* als einen Kommentar zu DIN EN ISO 9001 betrachten. In diesem Text werden bestimmte Details aufgeführt und behandelt, die in DIN EN ISO 9001 mit ihrem knapp gehaltenen Sätzen nicht zu finden sind.

DIN EN ISO 9000 mit dem Titel *Qualitätsmanagementsysteme: Grundlagen und Begriffe* führt dagegen in die Materie ein. Sie ist wegen bestimmter Begriffsdefinitionen interessant, aber auch zum Verstehen des Vorgehens bei der Schaffung des Normenwerks. Unbedingt notwendig für ein QM-System ist sie nicht.

Kommen wir damit zu DIN EN ISO 9000, Teil 3. Sie trägt den Untertitel *Leitfaden für die Anwendung von ISO 9001:1994 auf Entwicklung, Installierung und Wartung von Computer-Software*. Diese ist also eine Richtlinie, um DIN EN ISO 9001 auf dem Gebiet der Software-Erstellung anwenden zu können. Überarbeitet in Hinblick auf die Neuausgabe der ISO 9001:2000 wurde dieser Leitfaden bisher nicht.

Abschließend ein Wort zur Sprache: Die Normenreihe ISO 900x liegt im Original in Englisch vor. Zwar ist die deutsche Übersetzung, verglichen mit der Fassung von 1994, verständlicher und klarer geworden. Noch immer gibt es aber Passagen, bei denen man den Autor besser versteht, wenn man das englische Original liest. Meine Empfehlung lautet daher, sich die dreisprachige Ausgabe der Normen zu beschaffen, die sowohl den deutschen als auch den englischen Text enthalten.

2.3 Zusammenhang zwischen ISO 9001 und ISO 9004

DIN EN ISO 9004 ist also in gewisser Weise eine Ergänzung zum Text der DIN EN ISO 9001. Sie enthält in Kästen zusätzlich den Text der Norm DIN EN ISO 9001. Man kann sich unter Umständen also den Kauf einer Norm ersparen.

Wie der Zusammenhang zwischen den beiden Normen sich darstellt, soll an einem Beispiel erläutert werden. Wir nehmen dazu das Unterkapitel 7.4.1 aus dem Abschnitt *Produktrealisierung*. Dabei sind in der linken Spalte die Forderungen in Stichwörtern aufgeführt, wie sie in DIN EN ISO 9001 stehen. Auf der rechten Seite findet sich der wesentlich umfangreichere Text zu diesem Unterkapitel, wie er sich in DIN EN ISO 9004 enthalten ist.

DIN EN ISO 9001	DIN EN ISO 9004
7.4.1 Beschaffungsprozess	
▪ Erfüllung der definierten Beschaffungsanforderungen	▪ Wirksame und effiziente Beschaffungsprozesse, Verantwortung der Geschäftsleitung
▪ Eingangsprüfung davon abhängig machen, welchen Einfluss das Produkt auf die eigene Produktion oder Entwicklung hat (Risiko)	▪ Erfüllung der Erwartungen der Organisation und anderer Parteien
▪ Auswahl der Lieferanten nach deren Fähigkeiten zur Erfüllung von Anforderungen	▪ Moderne Kommunikationseinrichtungen (Internet) sollten nutzbar sein
▪ Kriterien für die Auswahl festlegen	▪ Rechtzeitige und wirksame Ermittlung des Bedarfs
▪ Beurteilung von Lieferanten, periodische Bewertung	▪ Beurteilung der Kosten des Produkts nach Leistung und Preis
▪ Aufzeichnungen erstellen	▪ Kriterien für die Verifizierung des Produkts
	▪ Behandlung einmaliger Lieferantenprozesse
	▪ Verwaltung von Verträgen
	▪ Behandlung von Partnern, Stammlieferanten
	▪ Vorgehen im Garantiefall
	▪ Austausch fehlerhafter Produkte
	▪ Produktkennzeichnung, Identifizierung und Rückverfolgbarkeit
	▪ Produkterhaltung
	▪ Dokumentation und Aufzeichnungen
	▪ Behandlung fehlerhafter Produkte
	▪ Zugang zum Betriebsgelände des Lieferanten
	▪ Produktlieferung oder Installation
	▪ Entwicklung des Lieferanten im zeitlichen Verlauf
	▪ Erkennung und Minderung der mit dem Produkt verbundenen Risiken

Tabelle 2–1: *Vergleich zwischen ISO 9001 und ISO 9004*

Die Verhältnisse werden natürlich von Betrieb zu Betrieb unterschiedlich sein. Dennoch kann man die in DIN EN ISO 9004 aufgeführten Punkte als eine Art Checkliste verwenden, um den im QM-Handbuch in Aussicht genommenen Beschaffungsprozess dahingehend zu überprüfen, ob alle wichtigen Vorgaben bedacht und berücksichtigt wurden. Dabei könnten wir die folgenden Überlegungen anstellen.

▪ **Verantwortung der Geschäftsleitung:** Haben wir daran gedacht, unsere eigene Geschäftsleitung oder den Vorstand einzubeziehen? Natürlich wird ein Unternehmen mit 20 Beschäftigten nicht in der Lage sein, große Preise auszuschreiben. Es kann aber immerhin bestimmte Lieferanten, die besser sind als andere, zu Stamm-Lieferanten machen. Bei Unternehmen wie Ford gibt es Preise für besonders gute Lieferanten. Man

sollte nie vergessen: Im Geschäftsleben ist es wie im Sport: Wettbewerb ist eine gute Sache und fördert die Leistung.
- **Andere Parteien:** Neben den Erwartungen der Organisation an ein Produkt sind auch die Forderungen der Mitarbeiter zu berücksichtigen. Wenn der Einkauf einen Bildschirm gefunden hat, der um 50 Mark billiger ist als das gewünschte Produkt, dieser aber durch einen harten Kontrast die Augen eines Mitarbeiters über die Maßen strapaziert, dann sind die Erwartungen anderer Parteien sträflich vernachlässigt worden.
- **Moderne Kommunikationseinrichtungen:** Viele Unternehmen gehen dazu über, ihre Bestellungen mittels Internet abzuwickeln. Boeing vertreibt zum Beispiel Ersatzteile über diesen Kanal. Das bringt Kostenvorteile. Allerdings muss der Beschaffungsprozess auf die neuen Medien ausgerichtet werden.
- **Kriterien für die Verifizierung des Produkts:** Das ist gerade bei Software ein sehr wichtiger Punkt. Wie können wir sicherstellen, dass ein eingekauftes Produkt vor dem Einsatz überprüft wird?
- **Behandlung von Partnern:** Boeing, aber auch Airbus, geht bei Projekten wie der B-777 oder dem Airbus A-380 dazu über, bestimmte Lieferanten zu Partnern zu machen, die am Risiko der Entwicklung teilhaben. Das sind keine herkömmlichen Lieferanten mehr. Haben wir solche Partner im Kreis unserer Lieferanten, und müssen wir den Beschaffungsprozess auf solche Verhältnisse hin anpassen?
- **Fehlerhafte Produkte:** Wie wird verfahren, wenn ein Produkt fehlerhaft ist? Welche Rechte haben wir als Kunde, und wie sieht die terminliche Situation aus?
- **Identifizierung und Rückverfolgbarkeit:** Lassen sich alle Lieferungen bis zum Endprodukt, das wir an unsere Kunden ausliefern, verfolgen? Gerade bei Rückrufaktionen in der Autoindustrie ist das zuweilen eine sehr spannende Frage. Sie nicht beantworten zu können kann sehr kostenträchtig sein.
- **Dokumentation und Aufzeichnungen:** Wir reden hier über eine externe Schnittstelle, und deswegen ist das Qualitätsmanagement gefragt. Haben wir zum Beispiel bei einem wichtigen Lieferanten einen Audit durchgeführt? Wurde er dokumentiert und der Bericht an unsere internen Kunden in der eigenen Firma verteilt?
- **Fehlerhafte Produkte:** Wie werden Fehler behandelt? Können wir aus den Fehlerdaten etwas lernen, um den Prozess zu verbessern?
- **Produktlieferung und Installation:** Kann es vorkommen, dass Mitarbeiter des Lieferanten auf unser Betriebsgelände müssen? Was geschieht zum Beispiel bei Software im Fall einer Probeinstallation? Ist die Sicherheit unseres Unternehmens bedacht worden?
- **Zugang zum Betriebsgelände des Lieferanten:** Bei Verträgen mit der Regierung ist üblich, dass sich der Kunde vertraglich das Recht einräumt, Unterauftragnehmer und deren Produktionsräume betreten zu dürfen, um sich ein eigenes Bild verschaffen zu können. Haben wir das bei unserem Prozess und in unseren Verträgen berücksichtigt?
- **Entwicklung des Lieferanten über die Zeit:** In der Automobilindustrie geht der Trend dahin, die Zahl der Zulieferer zu reduzieren, also eher weniger sehr gute Lieferanten als Partner zu gewinnen. Wie soll diese Auswahl erfolgen, wenn nicht durch Beobachtung der Produktqualität über Monate und Jahre hinweg?
- **Risiko:** Der Einsatz fremder Produkte birgt oft Risiken, weil wir den Prozess des Lieferanten nicht im Detail kennen. Deswegen kann es notwendig sein, die mit dem Beschaf-

fungsprozess verbundenen Risiken zu identifizieren und zu verfolgen. Ist unser Prozess darauf ausgerichtet?

Allein durch das Studium des Texts der DIN EN ISO 9004 haben wir eine ganze Reihe von Punkten gefunden, die für unseren Beschaffungsprozess relevant sein mögen. Dem einen oder anderen Leser mag dabei eine Geschichte eingefallen sein, wo wir in der Vergangenheit Schwierigkeiten hatten. Warum also den Prozess nicht so auslegen, dass derartige Probleme in Zukunft ausbleiben?

Wenn DIN EN ISO 9004 nur den Zweck erfüllt, uns als Checkliste zu dienen sowie als Ideenlieferant für den Inhalt des QM-Handbuchs herzuhalten, dann hat sie ihren Zweck bereits erfüllt und ist ihren Preis wert.

2.4 Acht bestimmende Grundsätze

In God we trust, all others pay cash.
Anonym

Bei der Überarbeitung der 94er Fassung der Normenreihe DIN EN ISO 9000 hat sich das dafür zuständige Gremium der ISO in Genf, nämlich ISO/TC176/WG12, an acht Grundsätze gehalten. Diese kann man als Ziele bei der großen Revision [38] der Norm bezeichnen.

Im Einzelnen galten dabei die folgenden Grundsätze:

1. **Kundenorientierte Organisation:** Unternehmen hängen von ihren Kunden ab. Sie sollten daher alles unternehmen, um die derzeitigen und künftigen Anforderungen und Wünsche ihrer Kunden zu verstehen. Diese Erwartungen sollten erfüllt, womöglich sogar übertroffen werden.
2. **Führung:** Das Management setzt Ziele und richtet das Unternehmen darauf aus. Dazu wird ein Umfeld geschaffen, das es den Mitarbeitern ermöglicht, die Ziele des Unternehmens zu erreichen und zu unterstützen. Die Verpflichtung des Managements zum Setzen von Zielen gilt auch in Bezug auf das Qualitätsmanagement.
3. **Beteiligung der Mitarbeiter:** Mitarbeiter sind das Human-Kapital eines Unternehmens, gerade im Bereich der Software-Erstellung. Deswegen sollten sie in alle Entscheidungen einbezogen werden, um ihre Fähigkeiten zum Nutzen des Unternehmens einbringen zu können.
4. **Prozessorientierung:** Prozesse verknüpfen Ressourcen und Aktivitäten und stellen daher ein geeignetes Mittel zur Leistungserbringung eines Unternehmens dar.
5. **Systeme bauen:** Prozesse bilden im Zusammenwirken ein System, das in effizienter Weise dafür sorgen soll, dass die Ziele des Unternehmens erreicht werden können.
6. **Kontinuierliche Verbesserungen:** Ziel einer lernenden Organisation muss es sein, sich Tag für Tag zu verbessern. Dazu müssen entsprechende Regelkreise im QM-System integriert werden.

7. **Sachliches Vorgehen und Entscheidungsfindung auf Grund von Fakten:** Entscheidungen sollen nicht »aus dem Bauch heraus« getroffen werden, sondern auf der Analyse von Daten oder vorliegenden Kennzahlen beruhen. Entscheidungen des Managements sollen nachvollziehbar sein.
8. **Es sollen für beide Seiten vorteilhafte Lieferantenbeziehungen herrschen:** Ein Unternehmen ist abhängig von seinen Lieferanten, und umgekehrt gilt das Gleiche. Deshalb sollten derartige geschäftliche Beziehungen im Geist der Partnerschaft und des gegenseitigen Respekts entwickelt und ausgebaut werden.

Diese Grundsätze werden wir an einigen Stellen im Text der Norm DIN EN ISO 9001 wiederfinden. Sie sind auch deshalb wichtig, weil sich im QM-Handbuch eines Unternehmens etwa das Ziel Kundenorientierung widerspiegeln sollte.

Die Umsetzung eines anderen Grundsatzes hat dazu geführt, dass *Messung, Analyse und Verbesserung* eines der Kapitel der revidierten Norm wurde. Damit wurde diesem Feld eine viel größere Bedeutung beigemessen als in der 94er Fassung der Norm. Wenden wir uns nun speziell der Software-Entwicklung zu.

2.5 ISO 9001 im Bereich der Software-Entwicklung

Those who will be able to conquer software will be able to conquer the world.
  Tadahiro Sekimoto

Bevor wir uns der Qualitätssicherung und dem Qualitätsmanagement für Software näher zuwenden, sollten wir uns fragen, welches die Unterschiede zur Hardware und zur bisher eingesetzten Technik sind, wie sie sich in Mechanik und Elektronik manifestiert. Ein geeignetes QM-System können wir mit Aussicht auf Erfolg nur dann aufbauen, wenn wir uns dieser Unterschiede und der damit in der betrieblichen Praxis verbundenen Fallstricke bewusst sind.

Bei den Unterschieden [38] zwischen Hardware und Software sind die folgenden Punkte und Eigenschaften zu nennen:

1. Software ist komplexer als Hardware, ist gibt keine natürlichen Systemgrenzen.
2. Es sind latente – verborgene – Funktionen möglich.
3. Es existieren oftmals keine physikalischen Grenzen.
4. Software ist, im Gegensatz zu den meisten anderen Produkten der physikalischen Welt, nahezu unbegrenzt änderbar.
5. Software ist leicht änderbar, die Folgen von Änderungen sind aber schwer durchschaubar.

6. Software ist immateriell und unsichtbar. Deswegen ist sie schwer verständlich, und ihre Eigenschaften müssen oft durch Abbildungen oder Grafiken dargestellt werden.
7. Produkte dieser Art sind gekennzeichnet durch einen hohen Teil geistigen Eigentums. Zur Erstellung sind intellektuelle Fähigkeiten gefragt.
8. Der Entwicklungsprozess bei Software ist arbeitsintensiv, wird von Teams getragen und von Projektarbeit gekennzeichnet.
9. Software ist inhomogen in ihren Strukturen, Objekten und bei der Fehlerverteilung.
10. Software-Erstellung ist eine handwerkliche Entwicklungstätigkeit, keine industrielle Fertigung.
11. Software Engineering beruht nicht auf den Naturwissenschaften.
12. Software Engineering ist eine junge Disziplin; deswegen werden die kritischen Punkte von vielen älteren Managern nicht verstanden.
13. Software wird von Buchhaltern und Bankern nicht als Ware betrachtet, der ein finanzieller Wert zugewiesen werden kann.

Der erste Unterschied liegt darin, dass bei Software nicht notwendigerweise eine Struktur vorliegen muss. Es kann sich im Extremfall um ein undurchschaubares Produkt handeln, dessen Gliederung für den Betrachter nicht erkennbar ist. Dagegen resultiert bei Hardware allein aus der Verwendung vorgefertigter Bausteine eine gewisse Ordnung. Bei Software beginnt die Entwicklung dagegen im Regelfall bei *Null Lines of Code* (LOC). Das heißt, das gesamte Produkt wird von Anfang an neu entwickelt. Dieser Unterschied spiegelt sich auch im Entwicklungsprozess wider: Ein Mitarbeiter im Bereich der Elektronik, der ein neues Gerät entwerfen soll, würde zunächst Kataloge wälzen, um geeignete Bauteile und Komponenten auszuwählen. Allein durch den Einsatz vorgefertigter, verfügbarer Komponenten ergibt sich im Entwurf eine bestimmte Struktur. Nicht so bei der Software-Entwicklung: Hier beginnen wir jedes Mal vom Punkt Null.

Während bei einer Leiterplatte sofort auffallen würde, wenn ein Baustein vorhanden ist, der offensichtlich keine Funktion hat, ist dies bei der Software nicht unbedingt der Fall. Ein Programm kann durchaus Funktionen enthalten, die nie ausgeführt werden. Das Programm braucht in diesem Fall zwar mehr Ressourcen, als unbedingt notwendig sind, aber es würde trotzdem funktionieren.

Es existieren für Software auch keine natürlichen Grenzen. Während man bei der Bremse für ein Auto mit dem Platz auskommen muss, der sich aus den Ausmaßen des Wagens ergibt, existiert bei der Software-Entwicklung keine natürliche Systemgrenze. Die meisten Programme werden deshalb auch länger als ursprünglich geplant.

Für Software existieren darüber hinaus keine physikalischen Systemgrenzen. Das führt oft dazu, dass mit den vermeintlich in großer Menge vorhandenen Ressourcen, etwa Speicherplatz und Rechnerleistung, großzügig umgegangen wird. Während es beim Rechner einer Bank, der Kontoauszüge druckt, in dieser Hinsicht keine Schwierigkeiten geben mag, sieht es doch im Bereich *Embedded Systems* [10] und bei Verarbeitung in Echtzeit anders aus. Bei derartigen Applikationen sind die Ressourcen knapp, und fehlende Rechnerleistung in einer kritischen Situation hat schon zu Abstürzen von Flugzeugen geführt.

Die meisten Produkte in unserer Welt werden einmal gefertigt und dann nie mehr geändert. Allenfalls werden sie gewartet, es werden Teile ausgetauscht. Allein der Aufbau eines

Geräts macht Änderungen schwierig. Bei Software ist das dagegen ganz anders. Änderungen lassen sich ohne Mühe durchführen. Auf die Spitze getrieben könnte man formulieren: Software ist unbeschränkt änderbar. Ob das allerdings ein Segen ist, mag man in Frage stellen.

Die leichte Änderbarkeit der Software ist sowohl ein Fluch als auch ein Segen. Ein Segen deswegen, weil auch in einem späten Stadium der Entwicklung noch Änderungen möglich sind. Es gibt in der Automobilindustrie Fälle, in denen noch am Band die Software für die Motorsteuerung des Wagens neu eingespielt wurde. Ein Fluch deswegen, weil Änderungen fehleranfällig sind. Oft wird gerade durch eine Änderung ein neuer Fehler verursacht.

Software ist seiner Natur nach ein immaterielles Produkt. Das führt dazu, dass viele Zeitgenossen Schwierigkeiten haben, sie zu verstehen. Es ist nicht immer leicht, Software so darzustellen, dass sie von Anwendern und Kunden verstanden wird. Wo allerdings Verständnisschwierigkeiten auftreten, gibt es Raum für Irrtümer und Fehler.

Zur Erstellung von Software wird in erster Linie ein Wissen benötigt, das durch eine Ausbildung erworben wurde. Sie ist ein Produkt des menschlichen Geistes, und zur ihrer Erstellung bedarf es eines wachen Intellekts. Die Erstellung unterscheidet sich damit grundlegend von einem industriellen Fertigungsprozess.

Der Erstellungsprozess ist, verglichen mit einer Fertigung in der Industrie, viel arbeitsintensiver. Getragen wird der Prozess von Teams, die in Projekten arbeiten. Es bestehen starke gegenseitige Abhängigkeiten zwischen den Mitgliedern eines Teams.

Software ist im Gegensatz zu Hardware ein inhomogenes Produkt. Zwar mögen Bestandteile der Software wie Module und Komponenten für den Laien gleich aussehen, sie sind aber unterschiedlich wichtig. Ein Modul mag eine Datei sein, die Text für den Benutzer enthält, ein anderes Modul stellt dagegen ein essentielles Teil des Betriebssystemkerns dar. Ohne dieses Modul läuft gar nichts, während die Textdatei ohne Verlust an Funktionalität gelöscht werden kann. Auch bei der Fehlerverteilung herrscht keine einheitliche Verteilung. Vielmehr sind bestimmte Module fehleranfälliger als andere. Die Kunst besteht darin, diese Module identifizieren zu können.

Es taucht zwar gelegentlich der Begriff *Software Factory* auf. Wer ihn allerdings benutzt, praktiziert Wunschdenken oder ist sich über die Realitäten der Software-Erstellung nicht im Klaren: Zur Jahrtausendwende ist die Erstellung von Software immer noch eine handwerklich geprägte Einzelfertigung. Das heißt, es entstehen Prototypen oder Unikate. Dem widerspricht nicht, dass von diesem Prototyp später unter Umständen Tausende von Kopien gemacht werden. Ist der Prototyp fehlerhaft, wird dieser Fehler durch den Kopiervorgang tausendfach vervielfältigt.

Wir haben uns zwar angewöhnt, von der Disziplin als *Software Engineering* zu reden. Damit wird impliziert, dass es sich um eine Ingenieurwissenschaft mit festen Regeln handelt, die auf wissenschaftlicher Grundlage steht. Das ist allerdings bei Software nicht der Fall. Es existiert keine Basis in den Naturwissenschaften. Vielmehr muss man die Software-Erstellung eher den Geisteswissenschaften zurechnen. Wer einen Beweis sucht, der sollte sich fragen, wie wir Software im juristischen Sinne schützen. Beantragen wir ein Patent, um ein Programm zu schützen?

Ganz im Gegenteil. Der Schutz von Software erfolgt in den meisten Fällen durch das *Copyright*, also das Urheberrecht. Dieses Recht stammt allerdings aus der Literatur, wurde Jahrhunderte lang lediglich benutzt, um das geistige Eigentum in Büchern und anderen

Druckerzeugnissen zu schützen. Patente im Bereich der Software sind die große Ausnahme. Weil die Disziplin nicht auf den Naturwissenschaften aufbaut, fehlt ihr oft eine gewisse Ordnung und ein Satz fester Regeln.

Der vorletzte Punkt ist psychologischer Natur. Weil das Fachgebiet so jung ist, gibt es in den Unternehmen oftmals Manager, die aus eigener Erfahrung nichts über Software wissen. Sie sind nicht mit der Disziplin groß geworden, und es fehlt ihnen deswegen ein Gespür dafür, was wichtig und weniger wichtig ist. Dies führt gelegentlich dazu, dass im Laufe des Entwicklungsprozesses Entscheidungen getroffen werden, die nicht optimal sind. Wenn man allerdings gescheiterte Software-Projekte untersucht, dann war in vielen Fällen mangelhaftes oder fehlendes Management einer der Gründe für das Scheitern des Projekts. Das ist schon deswegen bedauerlich, weil bei einem fehl geschlagenen Projekt keine funktionierende Software abgeliefert wird. Das Geld wurde also in den Sand gesetzt.

Punkt 13 macht vor allem jungen Unternehmen, also *Start-ups*, zu schaffen. In der Regel werden in Deutschland Gründer schon gefördert. Wer sich allerdings bei der Industrie- und Handelskammer über die Bedingungen erkundigt, wird bald feststellen, dass diese Strukturen eher auf die *Old Economy* ausgerichtet sind. Wer einen Laden für den Bedarf von Reitern gründen will, bekommt leicht einen Kredit, weil die Vorräte und Waren beliehen werden können. Wer ein funktionierendes Programm vorweisen kann, wird oftmals auf Skepsis stoßen. Banker und Beamte fragen sich: Was ist der materielle Wert? Wie hoch kann ich es beleihen? Habe ich Sicherheiten? Und welche?

Wir können also feststellen, dass Software und Hardware unterschiedliche Eigenschaften besitzen. Das hat Auswirkungen auf den Entwicklungsprozess, aber auch auf die Qualitätssicherung des Produkts. Weil dies so ist, hat man sich seitens der Normungsgremien dazu entschlossen, mit DIN EN ISO 9000, Teil 3, einen Leitfaden zur Entwicklung von Software zu schaffen.

Wer DIN EN ISO 9000, Teil 3, aufmerksam studiert, wird feststellen, dass vor allem da ergänzender Text zu DIN EN ISO 9001 auftaucht, wo der Erstellungsprozess von Software signifikant von der bisherigen Praxis abweicht. So gab es zum Beispiel im Rahmen der Zertifizierung nach der Ausgabe von 1994 der DIN EN ISO 9001 doch die eine oder andere Firma, deren Mitarbeiter von Konfigurationsmanagement nie gehört hatten. Bei der Software-Erstellung ist das aber ein wichtiger Punkt, der nicht unter den Tisch fallen darf.

Machen wir uns die Unterschiede zwischen DIN EN ISO 9001 und DIN EN ISO 9000, Teil 3, an einem Beispiel klar, wo die beiden Normen in ihrer Struktur ziemlich gleich sind, bei der geforderten Entwicklungsplanung (siehe Tabelle 2-2).

Der Leitfaden für die Software-Entwicklung geht also in diesem Punkt sehr viel stärker auf Einzelheiten ein, und manche Pläne tauchen in diesem Zusammenhang das erste Mal auf. Es wird also bei der Schaffung eines QM-Systems für die Software-Erstellung darauf ankommen, auch solche Dinge zu berücksichtigen, die spezifisch für den Bereich der Software-Erstellung gelten.

Wenden wir uns damit wieder der DIN EN ISO 9001 zu.

DIN EN ISO 9001	DIN EN ISO 9000, Teil 3
7.3.1 Entwicklungsplanung	*4.4.2 Design- und Entwicklungsplanung*
▪ Planung und Lenkung für alle Entwicklungstätigkeiten ▪ Organisation der Entwicklungsphasen ▪ Für jede Phase: Bewertung, Verifizierung und Validation ▪ Verantwortung und Befugnisse für die Entwicklung ▪ Schnittstellen zwischen verschiedenen Gruppen definieren ▪ Kommunikationskanäle etablieren ▪ Entwicklungsplanung fortschreiben	▪ Entwicklungsplanung muss sich auf die Software-Anforderungen, das Design, die Programmierung, Integration, Tests und die Abnahme beziehen ▪ Entwicklungsplan erstellen ▪ Im Entwicklungsplan ist auf folgende Punkte einzugehen: Projektdefinition, Inputs und Outputs des Projekts, Ressourcen, Unterauftragnehmer, organisatorische und technische Schnittstellen, Teilprojekte, Benutzer, Beauftragte des Kunden, QM-Beauftragter, Tätigkeiten und Ergebnisse, Risiken, Terminplanung, Projektphasen, Meilensteine, anzuwendende Standards, Konventionen und Regeln, Konfigurationsmanagement, Archivierung, Datensicherung, Schutz gegen Viren ▪ Zugehörige Pläne, darunter QM-Plan, Risikomanagementplan, Konfigurationsmanagementplan, Testplan, Integrationsplan, Schulungsplan

Tabelle 2–2: ISO 9001 und ISO 9000, Teil 3, im Vergleich

2.6 Schwerpunkte der Norm

Do not use dishonest standards when measuring length, weight, or quantity.
Leviticus

Gegenüber den 20 Elementen der 94er Fassung der DIN EN ISO 9001 weist die Ausgabe vom Dezember 2000 eine völlig neue Gliederung auf. Mit dieser Änderung der Struktur verbunden war auch eine neue Gewichtung einzelner Elemente. Die vier wichtigsten Kapitel der revidierten Norm sind nun:

▪ Verantwortung des Managements
▪ Bereitstellung der Ressourcen
▪ Produktrealisierung
▪ Messung, Analyse und Verbesserung

Dazu tritt als Organisationsprinzip der Prozess als Mittel zur Gliederung der Tätigkeiten und Aktivitäten. Wir wollen kurz auf die einleitenden Kapitel eingehen, bevor wir uns dem Prozess zuwenden.

In der Einleitung wird darauf hingewiesen, dass es sich bei dem Aufbau eines Qualitätsmanagementsystems um eine strategische Entscheidung einer Organisation oder eines Unternehmens handeln sollte. Das QM-System hängt in seinem Aufbau entscheidend von den Zielen, Erfordernissen, der Größe und Struktur der Organisation und den gefertigten Produkten ab. Ausdrücklich wird darauf hingewiesen, dass eine einheitliche Struktur des QM-Systems, die sich an der Gliederung der Norm orientiert, nicht verlangt wird.

Diese etwas ungewöhnliche Bemerkung im Normtext ist wohl darauf zurückzuführen, dass die Unternehmen bei der 1994er Ausgabe der Norm ihr QM-System in vielen Fällen an der Struktur der Norm ausgerichtet haben. Das mag es zwar für einen Auditor leicht gemacht haben, die 20 Punkte der Norm abzuhaken, mit dem Aufbau der Firma hatte das QM-Handbuch aber oftmals wenig zu tun. Es darf auch bezweifelt werden, ob ein Handbuch mit einer solchen Struktur bei den Mitarbeitern großen Anklang findet.

Schließlich wird im Zusammenhang mit Prozessen auf die Grundlagen hingewiesen, die Deming mit seinem PDCA-Kreis geschaffen hat. Wir werden später im Detail darauf eingehen. Die Verknüpfung zwischen DIN EN ISO 9001 und DIN EN ISO 9004 wird erklärt, und auf die Verträglichkeit mit der Norm zu einem Umweltmanagementsystem wird hingewiesen.

Weiterhin befassen sich die einleitenden Vorschriften mit dem Anwendungsbereich und dem Ausschluss einzelner Normelemente unter bestimmten Bedingungen. Für Begriffsdefinitionen wird auf DIN EN ISO 9000 verwiesen. Interessant ist an dieser Stelle der Hinweis, dass der Term Produkt immer auch eine Dienstleistung sein oder diese einschließen kann.

2.6.1 Prozessorientierung

Every process is created by people, and can be changed by people.
The Physician Principle

Die Bedeutung des Prozesses in der revidierten Norm zeigt sich bereits darin, dass die einzige Illustration in der Norm einen Prozess darstellt. Dabei handelt es sich um die Leistungserbringung eines Unternehmens auf hoher Ebene der Abstraktion. Dieser Prozess ist in Abbildung 2-3 zu finden.

Nach DIN EN ISO 9001 ist dabei ein Prozess definiert als ein Satz von Tätigkeiten oder Aktivitäten, die miteinander in Beziehung stehen oder miteinander agieren. Dabei werden Eingaben in Ergebnisse umgewandelt. Oder in Neudeutsch: Inputs werden in Outputs transformiert. Dazu gilt ergänzend:

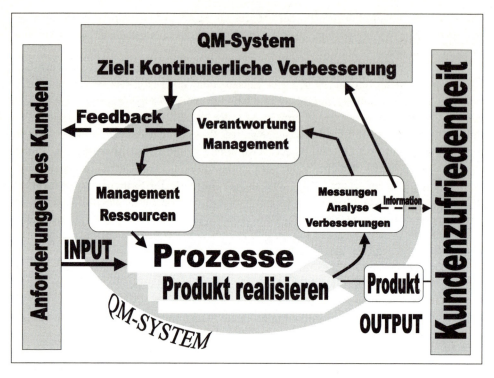

Abb. 2–3: Normprozess nach DIN EN ISO 9001

- Die Eingaben für einen Prozess können die Ergebnisse eines anderen Prozesses sein.
- Prozesse in einem Unternehmen werden geplant und haben meist das Ziel, einen Mehrwert zu schaffen.

Für Prozesse finden wir in der einschlägigen Literatur [40] noch einige weitere Definitionen. Sie sind in Tabelle 2-3 aufgelistet.

Quelle	Definition
Concise Oxford Dictionary	Ein eingeschlagener Weg oder eine Folge von Schritten, speziell im Bereich der Fertigung
Webster's Dictionary	Ein System von Operationen, mit dem etwas produziert wird, oder eine Serie von Aktionen, Änderungen oder Funktionen, mit denen ein Ergebnis erzielt wird
IEEE-STD-610	Eine Folge von Schritten mit einem bestimmten Ziel, zum Beispiel der Software-Entwicklungs-Prozess
Hammer und Champy	Eine Serie von Aktivitäten, bei der mit einem oder mehreren Inputs ein Output erzeugt wird, der für einen Kunden Wert besitzt

Quelle	Definition
Olson	Eine Reihe von Aktionen, Aufgaben oder Verfahren, mit denen ein spezifisches Ziel erreicht wird, wenn man sie ausführt
Watts Humphrey	Eine Reihe von Aktivitäten, Methoden und Praktiken, die bei der Herstellung und Weiterentwicklung von Software eingesetzt werden

Tabelle 2–3:   *Prozessdefinitionen [40]*

Diese Definitionen weichen nicht stark voneinander ab, sondern weisen in die gleiche Richtung. Interessant ist dabei, wie sich verwandte Begriffe zum Prozess verhalten. Dazu Abbildung 2-4.

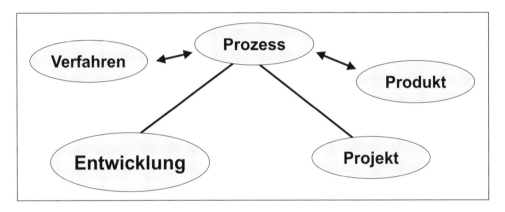

Abb. 2–4:   *Der Prozess im Umfeld*

Ein Produkt wird als Ergebnis eines Prozesses definiert. Dabei werden vier Kategorien von Produkten erwähnt: Dienstleistungen, Software, Hardware und ein verfahrenstechnisches Produkt.

Ein Projekt ist nach DIN EN ISO 9000 ein Prozess, der aus einem Satz abgestimmter und gelenkter Tätigkeiten mit Anfangs- und Endterminen besteht und durchgeführt wird, um ein Ziel zu erreichen, das spezifische Anforderungen erfüllt. Dieses Ziel soll unter Beschränkungen in Bezug auf Zeit, Kosten und Ressourcenverbrauch realisiert werden.

Die Entwicklung wird definiert als ein Satz von Prozessen, der Anforderungen in festgelegte Merkmale oder in die Spezifikation eines Produkts, eines Prozesses oder eines Systems umwandelt. Ein Verfahren wird bezeichnet als eine festgelegte Art und Weise, eine Tätigkeit oder einen Prozess auszuführen. Wenn es in schriftlicher Form vorliegt, spricht man von einem dokumentierten Verfahren.

Lassen wir die Definitionen damit vorläufig genug sein und wenden uns den Hauptelementen der Norm zu.

2.6.2 Verantwortung des Managements

Recognition of the distinction between a stable system and an unstable one is vital for management. The responsibility for improvement of a stable system rests totally on the management. A stable system is one whose performance is predictable. It is reached by removal, one by one, of special causes of trouble, best detected by statistical signal.
W. Edwards Deming

Ein geschickter Schachzug von Seiten der Verfasser der Norm ISO 9001 war es, das Qualitätsmanagement nun im Rahmen des Managements zu behandeln. Damit wird implizit klar, dass Qualitätsmanagement dem Management eines Unternehmens zuzuordnen ist. Das stärkt natürlich die Stellung des QM-Beauftragten innerhalb der Organisation.

Im Text der Norm wird von »oberster Leitung« gesprochen. Im englischen Original steht an dieser Stelle stets Management. Je nach rechtlicher Ausprägung einer Firma kann es sich dabei um die Geschäftsleitung einer Gesellschaft mit beschränkter Haftung (GmbH) oder im Fall einer Aktiengesellschaft um den Vorstand handeln. Grundsätzlich könnte auch der Vorsteher einer Behörde gemeint sein, obwohl die Norm in diesem Bereich wenig Anhänger zu finden scheint.

Vom Top Management eines Unternehmens wird gefordert, dass es Beweise dafür vorlegt, dass es sich dem QM-System verpflichtet fühlt und die Umsetzung der dort getroffenen Regelungen unterstützt. Dazu gehören im Einzelnen die folgenden Maßnahmen:

- Vermittlung der Wichtigkeit der Erfüllung von Kundenforderungen innerhalb des Unternehmens
- Vermittlung gesetzlicher Auflagen
- Festlegung der Qualitätspolitik
- Sicherstellung der Festlegung von Qualitätszielen
- Durchführung von Reviews
- Ressourcen bereitstellen.

Durch diese Forderungen der Norm kann sich eine Geschäftsleitung kaum vor der Verantwortung drücken, wenn das Unternehmen nach DIN EN ISO 9001 zertifiziert werden will. Auf der anderen Seite wird auch klar, dass sich die Geschäftsleitung als Ganzes in den wenigsten Fällen um Einzelheiten wird kümmern können. Sie hat noch andere Aufgaben.

In dem folgenden Text wird dann auf Kundenorientierung, Qualitätspolitik und Planung im Rahmen des QM-Systems eingegangen. Den Zusammenhang zwischen Firmenleitung und Qualitätsmanagement kann man in Abbildung 2-5 recht gut erkennen.

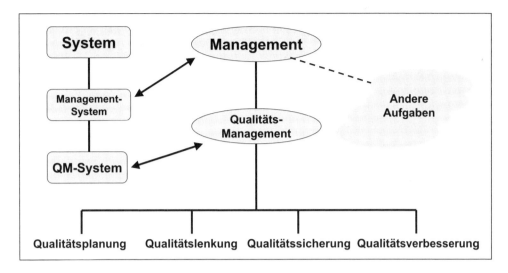

Abb. 2–5: *Qualität und Management*

Zum Qualitätsbeauftragten des Unternehmens fordert die Norm, dass ein Mitglied des Managements ernannt wird, das – unabhängig von eventuell vorhandenen anderen Aufgaben – für das Qualitätsmanagement verantwortlich ist.

In Bezug auf die oben erwähnten Reviews wird verlangt, dass die Geschäftsleitung oder der Vorstand das QM-Systems des Unternehmens in regelmäßigen Abständen auf seine Eignung, Wirksamkeit und Angemessenheit hin untersucht. Dazu gehört eine Möglichkeit, Potentiale für Verbesserungen zu erkennen und Änderungen anzuregen und einzuleiten.

Die Firmenleitung kann im Rahmen dieses periodisch geplanten Reviews eine ganze Palette von Informationen verwenden, um sich eine Meinung zu bilden. In der Norm werden die folgenden Informationsquellen aufgeführt:

1. Ergebnisse von Audits
2. Rückmeldungen von Kunden
3. Ergebnisse der Bewertung von Produkten
4. Ergebnisse der Bewertung von Prozessen
5. Daten aus dem Fehlermeldesystem, Statusberichte
6. Berichte über früher eingeleitete Verbesserungsmaßnahmen
7. Änderungen aller Art, die das QM-System tangieren
8. Empfehlungen und Vorschläge für Verbesserungen

Damit dürfte klar sein, dass in einem Unternehmen der Firmenleitung eine Fülle von Informationen aus den verschiedensten Bereichen zur Verfügung stehen, die genutzt werden können, um das QM-System bewerten und gegebenenfalls anpassen zu können.

2.6.3 Bereitstellung der Ressourcen

If you have a penny and I have a penny and we exchange pennies, you still have one cent and I still have one cent.
But if you have an idea and I have an idea and we exchange ideas, you now have two ideas and I now have two ideas.
Unknown

Abschnitt 6 der DIN EN ISO 9001 trägt den Titel *Management der Ressourcen*. Gegenüber der 1994er Ausgabe der Norm hat dieser Abschnitt deutlich eine Aufwertung erfahren. Dies ist in erster Linie deshalb wichtig, weil andere Modelle zur Software-Erstellung es deutlich machen, dass zur Leistungserbringung durch die Mitarbeiter gewisse Voraussetzungen notwendig sind. Diese zu schaffen gehört zu den Aufgaben des Managements.

Verständlich wird dies durch das Capability Maturity Model (CMM), auf das wir später noch detaillierter eingehen wollen. Dieses Modell [9,33,41] beruht auf so genannten *Key Process Areas*. In ihnen werden für bestimmte Bereiche der Entwicklung spezifische Aufgaben definiert. Die Struktur stellt sich dabei immer wie folgt dar:

1. Ziele
2. Verpflichtungen
3. Voraussetzungen zur Leistungserbringung
4. Durchzuführende Aufgaben
5. Messung und Analyse
6. Verifikation

Zwar wird auf der einen Seite von den Mitarbeitern gefordert, dass sie sich bestimmte Aufgaben zu Eigen machen und Zusagen später auch einhalten. Auf der anderen Seite muss allerdings das Management dafür sorgen, dass die dafür notwendigen Bedingungen geschaffen werden.

Kommen wir zurück zum Text der Norm. Zunächst wird gefordert, dass das Unternehmen Ressourcen bereitstellt, um das QM-System erstellen und pflegen zu können. Die Kundenzufriedenheit soll durch Erfüllung der Forderungen der Kunden erreicht werden. In Bezug auf die Mitarbeiter werden die folgenden Forderungen aufgestellt:

1. Mitarbeiter, die die Qualität des Produkts beeinflussen können, müssen kompetent sein. Dies lässt sich auf Grund ihrer Ausbildung, durchgeführter Schulungen sowie ihrer Fähigkeiten und Erfahrungen beurteilen.
2. Das Unternehmen muss definieren, welche Fähigkeiten Personen haben müssen, deren Arbeit die Qualität beeinflussen kann.
3. Falls Bedarf besteht, müssen Schulungen veranlasst werden.
4. Die Wirksamkeit ergriffener Maßnahmen muss beurteilt werden.
5. Die Mitarbeiter müssen sich der Wichtigkeit ihrer Aufgaben und der Produktqualität bewusst sein.
6. Es müssen Aufzeichnungen zu Ausbildung, Schulungen, Fertigkeiten und Erfahrungen erstellt und aufbewahrt werden.

Wichtig ist in diesem Zusammenhang, dass Aufzeichnungen verlangt werden. Diese kann man als Qualitätsaufzeichnungen betrachten. Wenn ein Audit durch externe Dritte durchgeführt wird, dann ist das sicher ein Punkt, der zur Sprache kommen wird.

Wenden wir uns damit der Infrastruktur des Unternehmens zu. Hierzu zählt in der Norm der Arbeitsort, das Gebäude, Versorgungseinrichtungen, Ausrüstungen im Sinne von Hard- und Software sowie unterstützende Dienstleistungen. Das sind zum Beispiel Transportmittel oder Einrichtungen zur Kommunikation.

Bezüglich der Arbeitsumgebung wird gefordert, dass das Unternehmen eine Umgebung schaffen soll, die die Erstellung einwandfreier Produkte ohne Mängel ermöglicht.

2.6.4 Produktrealisierung

The future doesn't belong to the fainthearted; it belongs to the strong.
Ronald Reagan

Kapitel 7 der DIN EN ISO 9001 ist mit Abstand das längste in der Norm. Damit wird die Produktrealisierung im Text angemessen berücksichtigt. Es ist wie folgt gegliedert:

- Planung
- Kundenbezogene Prozesse
- Entwicklung und Design
- Beschaffung
- Produktion und Dienstleistungserbringung
- Lenkung und Überwachung von Messmitteln

Im Bereich Planung wird der Einsatz von Prozessen zur Produktrealisierung verlangt. Bei der Planung sind dabei die folgenden Gesichtspunkte zu berücksichtigen.

1. Qualitätsziele und Anforderungen an das Produkt
2. Bereitstellung produktspezifischer Ressourcen
3. Etablierung von Prozessen und Dokumenten
4. Definition produktspezifischer Tätigkeiten bezüglich Verifikation, Validation, Prüfung und Überwachung
5. Erstellen von Aufzeichnungen zum Beweis dafür, dass Produkte den Anforderungen genügen

Im Kleingedruckten der Norm wird darauf hingewiesen, dass es im Rahmen eines Projekts sinnvoll ist, bestimmte Maßnahmen in einem Qualitätsmanagementplan zu spezifizieren. Der Fokus auf den Kunden findet sich auch bei der Produktrealisierung, in der Vergangenheit weitgehend die Domäne des Auftragnehmers, wieder. In Bezug auf die Anforderungen an das Produkt wird gefordert:

1. Das Unternehmen muss die Anforderungen des Kunden ermitteln. Dies kann sich auch auf Wartungstätigkeiten nach der Auslieferung eines Produkts beziehen.
2. Der Auftragnehmer kann sich nicht darauf verlassen, dass der Kunde alle Forderungen im Detail weiß. Er ist verpflichtet, ein gebrauchsfähiges Produkt zu entwickeln, und muss daher unter Umständen eigene Produktanforderungen zusätzlich zu denen des Kunden nennen.
3. Gesetzliche Anforderungen müssen berücksichtigt werden.

Bevor eine Entwicklung oder eine Produktion gestartet wird, müssen die Anforderungen bewertet werden. Dies soll vor einem Vertrag oder einer verbindlichen Lieferverpflichtung geschehen. Bei Software, dessen erstes Produkt die Spezifikation darstellt, ist eine derartige Forderung natürlich problematisch. Schließlich kann die Erstellung dieses Dokuments durchaus 20 Prozent des Aufwands aufmachen. Deshalb ist an dieser Stelle eine gewisse Vorsicht geboten.

Vor dem Eingehen einer Verpflichtung durch das Unternehmen sollen die folgenden Voraussetzungen erfüllt sein:

1. Die Anforderungen an das Produkt müssen festgelegt sein.
2. Eventuell vorhandene Unterschiede zwischen dem Vertrag und dem ihm zu Grunde liegenden Angebot und früheren Angeboten müssen bereinigt sein.
3. Das Unternehmen muss in der Lage sein, seine Verpflichtungen aus dem Vertrag zu erfüllen.

Auch an dieser Stelle werden Aufzeichnungen gefordert. Falls ein Kunde keine dokumentierten Anforderungen vorlegt, ist es die Pflicht des Auftragnehmers, die Kundenanforderungen bei der Annahme des Auftrags zu bestätigen. Falls sich die Anforderungen im Verlauf der Entwicklung ändern, müssen derartige Änderungen den Mitarbeitern des Unternehmens bekannt gemacht werden. Für die Kommunikation mit dem Kunden sind geeignete organisatorische Strukturen zu schaffen.

Für die Entwicklung, und darin eingebettet das Design, muss eine Entwicklungsplanung erfolgen. Für jede Phase der Entwicklung wird eine Bewertung, eine Verifizierung und Validation verlangt. Die Entwicklung wird gegliedert in Eingaben, Ergebnisse, Bewertung und Validation. Als ein Mittel der Bewertung werden Reviews angeführt.

Für Änderungen im Verlauf der Entwicklung werden Aufzeichnungen gefordert. Kommen wir damit zur Beschaffung oder dem Einkauf. Hier werden Prozesse zur Organisation derartiger Tätigkeiten gefordert. Das geordnete Produkt muss ausreichend beschrieben und bei seiner Lieferung verifiziert werden.

Im Bereich Produktion und Dienstleistungserbringung werden beherrschte Bedingungen gefordert. Für Produktionsprozesse wird eine Validation verlangt. Dabei wird auf die Fähigkeit zur Erreichung geplanter Ergebnisse abgestellt. Weiterhin wird gefordert, dass Produkte während der gesamten Realisierung gekennzeichnet werden müssen.

Diese Forderung lässt sich im Bereich der Software-Entwicklung nur mittels Konfigurationsmanagement erreichen. Ferner finden sich an dieser Stelle die Klauseln zum Schutz von Kundeneigentum und zur Produkterhaltung.

Am wenigsten stören dürfte Software-Entwickler die Forderung nach der Kontrolle von Messmitteln, weil sie kaum jemals zutreffen dürfte. Falls in einem gemischten Umfeld von Hard- und Software-Entwicklung allerdings Messmittel eingesetzt werden, sollte sich dies im QM-System zeigen.

2.6.5 Messung, Analyse und Verbesserung

Count what is countable, measure what is measurable, and what is not measurable, make measurable.
  Galileo Galilei

In der 1994er Ausgabe der DIN EN ISO 9001 waren Statistische Methoden ein Punkt unter 20. In DIN EN ISO 9000, Teil 3, taucht zwar das Wort Metrik auf, aber besonders großen Raum nehmen Messungen nicht ein. Das hat sich mit der Neuausgabe der DIN EN ISO 9001 drastisch geändert. Nun beherrscht das Thema eines der vier wichtigsten Kapitel.

Die Überschrift lautet *Messung, Analyse und Verbesserung*. Zur Durchsetzung der Normforderungen soll sich ein Unternehmen, wie nicht anders zu erwarten, des Mittels Prozess bedienen. Die wichtigsten Unterpunkte sind:

1. Kundenzufriedenheit
2. Lenkung fehlerhafter Produkte
3. Datenanalyse
4. Verbesserung

Hier schließt sich in gewisser Weise der Kreis. Die Leistungsfähigkeit des QM-Systems kann danach beurteilt werden, inwieweit das Unternehmen in der Lage ist, die Forderungen und Wünsche seiner Kunden zu erfüllen.

Als ein Mittel dazu wird das interne Audit erwähnt. Eigentlich passt es gar nicht hierher, denn es wird bereits im Kapitel *Management* in 5.6.2, *Eingaben für die Bewertung*, als ein Mittel der Firmenleitung genannt, um die Wirksamkeit des QM-Systems bewerten zu können. Trotzdem müssen die dazu genannten Forderungen natürlich erfüllt werden. Interessanter sind die Forderungen zur Überwachung und Messung an Produkten und Prozessen. Bei Produkten gilt:

1. Merkmale des Produkts müssen überwacht und gemessen werden. Dies muss in Phasen der Produktrealisierung durchgeführt werden.
2. Ein Nachweis über die Konformität mit Akzeptanzkriterien muss geführt werden.
3. In Aufzeichnungen muss angegeben werden, wer für die Freigabe eines Produkts zuständig ist.
4. Die Produktfreigabe darf erst erfolgen, wenn entsprechende Kriterien erfüllt sind oder der Kunde das Produkt abnimmt.

Für die Lenkung fehlerhafter Produkte muss ein System geschaffen werden, das Aufzeichnungen zu den Fehlern enthält. Dies gilt auch für Fehler, die erst nach der Auslieferung entdeckt werden. Weil im Bereich der Software-Entwicklung im Vergleich zur Hardware viele Fehler auftreten werden, müssen wir auf diesem Feld mit einem gewissen Aufwand rechnen.

Bei der Datenanalyse wird gefordert, dass das Unternehmen geeignete Daten ermittelt, erfasst und sie anschließend analysiert. Dies soll dazu dienen, die Eignung und Wirksamkeit des QM-Systems bewerten zu können. Die Analyse der Daten soll Aufschlüsse zu den folgenden Bereichen liefern:

1. Kundenzufriedenheit
2. Erfüllung der Produktanforderungen
3. Entwicklung von Produkt- und Prozessmerkmalen zur Identifizierung von Trends
4. Entdecken von Möglichkeiten zur Fehlerverhinderung
5. Lieferanten

Kommen wir damit zum Abschnitt *Verbesserung*. Hier wird eine kontinuierliche Verbesserung des QM-Systems durch Einsatz der Mittel Qualitätspolitik, das Setzen von Zielen sowie der Analyse von Daten gefordert. Bei Fehlern soll auf die folgenden Punkte geachtet werden:

1. Bewertung des Fehlers, auch in Zusammenhang mit Kundenbeschwerden
2. Ermittlung der Ursache eines Fehlers
3. Beurteilung des Handlungsbedarfs
4. Maßnahmen, um ein erneutes Auftreten zu verhindern
5. Aufzeichnung der Ergebnisse zu ergriffenen Maßnahmen
6. Bewertung von Korrekturmaßnahmen

Während Aufzeichnungen zu Fehlern und deren Beseitigung in den meisten Betrieben bereits Realität sind, werden sich einige Unternehmen damit schwer tun, vorbeugende Fehlerbeseitigung in das Repertoire ihres QM-Systems aufzunehmen. DIN EN ISO 9001 fordert dazu in Kapital 8.5.3, dass Maßnahmen getroffen werden, um potentielle Fehler zu verhindern. Diese Vorbeugemaßnahmen sollen sich in folgender Richtung auswirken:

1. Ermittlung potentieller Fehler und ihrer möglichen Auswirkungen
2. Beurteilung des damit verbundenen Handlungsbedarfs
3. Notwendige Aktionen festlegen
4. Aufzeichnungen erstellen
5. Getroffene Maßnahmen bewerten

Obwohl diese Forderungen neu sind, gibt es im Bereich der Software-Entwicklung tätige Organisationen, die in dieser Hinsicht bereits erfolgreich sind. Wir werden später die dort vorgeschlagenen Prozesse im Detail untersuchen. Generell unerfüllbar ist die Forderung der Norm jedenfalls nicht. Und eines sollte kein Manager vergessen: Ein Fehler, der nie gemacht wurde, kostet in seiner Beseitigung so gut wie gar nichts.

3 Die Norm im Rahmen eines Unternehmens

If we believe that we're working for just another company, then we are going to be like another company.
                    Thomas J. Watson, jr.

Eine Norm zu schaffen, die über alle Branchen hinweg in über 150 Ländern auf unserem Globus anwendbar ist, stellt gewiss kein leichtes Unterfangen dar. Auf der anderen Seite sieht sich das Qualitätsmanagement eines Unternehmens, der QM-Beauftragte, mit der Aufgabe konfrontiert, diese Norm im Rahmen eines konkreten Unternehmens umsetzen zu müssen. Auch dies wird nicht leicht sein, denn jedes Unternehmen hat seine eigene Geschichte, gewachsene Traditionen, Werte und spezifische Bedingungen. Mit dieser Aufgabe wollen wir uns in diesem Kapitel beschäftigen.

3.1 Prozesse vs. Produkte

Für den größten Teil des 20. Jahrhunderts war das Instrument zur Erreichung einer gewünschten Qualität bei einem Produkt die Inspektion. Andere Namen dafür sind Endprüfung oder Test. Gekennzeichnet war die Situation allerdings immer dadurch, dass zunächst etwas entwickelt oder produziert wurde, und dieses Produkt in einem zweiten Schritt nach gewissen Kriterien überprüft wurde.

In der zweiten Hälfte des vorigen Jahrhunderts hat man den Prozess vielfach verfeinert, besonders im Bereich der Software-Entwicklung. Es wurden Phasenmodelle eingeführt, und damit waren Zwischenprüfungen verbunden. Für diese Zwischenprüfungen findet man Namen wie Review, Code Inspection, Verifikation oder Test. Diese Situation ist in Abbildung 3-1 dargestellt.

Will man in einem Software-Prozess hingegen auf die Prüfung eines Produkts gegen seine Spezifikation abstellen, dann spricht man von Validation. Zwar ist der oben gezeigte Prozess 2 weit besser als der erste Prozess, weil damit Fehler viel früher erkannt werden können. Damit sinken die Kosten für die Fehlerbeseitigung.

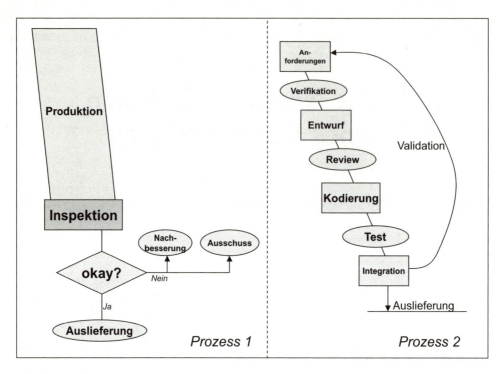

Abb. 3–1: *Traditionelle Prozesse*

Allerdings sind die Fehlerraten, gerade im Bereich der Software-Entwicklung, sehr hoch. Die im ersten Kapitel gezeigten Unfälle, zum Teil mit Verlust an Menschenleben, zeigen zudem, dass der bisher bekannte Ansatz zur Fehlerminderung und Erhöhung der Qualität bei Software nicht ausreicht. Es muss also ein zweiter Ansatz, eine neue Richtung, hinzukommen. Das ist der Prozess.

3.2 Prozessorientierung

Die traditionelle Denkungsweise im Wirtschaftsleben war aufgabenorientiert. Es hat jedoch in jüngerer Zeit eine Umorientierung eingesetzt. Dies hängt auch damit zusammen, dass die Aufgaben in unserer komplexen Welt durch einen einzelnen Menschen, ein Individuum, nicht mehr allein gemeistert werden können. Vielmehr brauchen wir oftmals ein Team, in dem sich die Stärken vieler Mitglieder addieren. Bei einem Prozess werden die Tätigkeiten und das Verhalten der Mitglieder so mit dem Prozess verzahnt und in Einklang gebracht, dass ein gemeinsames Ziel erreicht werden kann.

Das Verhalten der Teammitglieder wird vorhersehbar und kalkulierbar, und damit wird die Leistung gesteigert und die Qualität erhöht. Ein Team ist keine Gruppe zufällig zusammengewürfelter Leute, sondern es handelt sich um Spezialisten, die spezifische Aufgaben wahrnehmen. Das Team ist zielorientiert und orientiert sich daran, eine vorgebene Aufgabe zu erreichen. Der Prozess stellt ein Mittel zur Erreichung dieses Ziels dar.

Einen Prozess kann man aus einer Reihe von Perspektiven betrachten. Wir wollen hier drei Aspekte hervorheben:

1. Die Prozessdefinition
2. Die Vermittlung des Prozesses und die Kommunikation seiner Eigenschaften
3. Die Prozessanwendung und die Bewertung seiner Ergebnisse

Ein Prozess kann in den seltensten Fällen ohne eine formelle Definition existieren. Weil fast immer mehr als eine Person benötigt wird, muss der Prozess definiert und dokumentiert werden. Dies geschieht in den meisten Fällen auf Papier, aber der Prozess kann natürlich auch als elektronisches Dokument existieren. Dazu gehören mit dem Prozess verbundene Tätigkeiten und Verfahren.

Zum Zweiten kann der Prozess nur dann wirksam werden, wenn er den Mitarbeitern nahe gebracht wird. Ein Prozess, der in einem QM-Handbuch dokumentiert ist, aber im Unternehmen nicht gelebt wird, ist nutzlos. Deswegen ist es essentiell, dass die Mitarbeiter bei der Definition der Prozesse einbezogen werden, dass sie die Prozesse verstehen und im Laufe der Zeit verinnerlichen. Dazu kann auch gehören, dass Schulungen angesetzt werden, in denen Prozesse und Verfahren vorgestellt werden. Dies gilt auch für neu eingestellte Mitarbeiter.

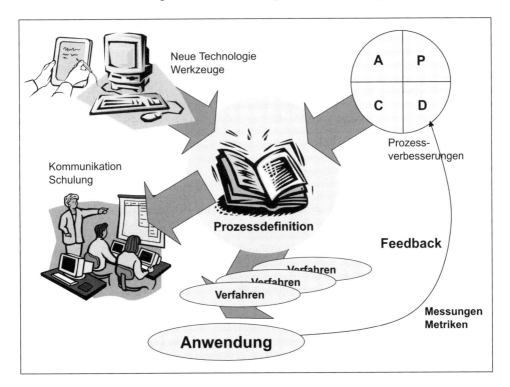

Abb. 3–2:   *Essentielle Teile eines Prozesses [40]*

Der dritte wichtige Aspekt sind die Ergebnisse, die mit einem Prozess erreicht werden. Sie können sich im Gewinn des Unternehmens zeigen, in zufriedenen Kunden, die immer wieder kommen, aber auch in einer geringen Fluktuationsrate bei den Mitarbeitern. Es kommt hier nicht auf ein bestimmtes Merkmal an, aber ein Prozess kann in seiner Wirksamkeit letztlich nur durch Kennzahlen beurteilt werden. Und damit kommt wieder das QM-System ins Spiel, das weit stärker als in der Vergangenheit mit numerischen Werten arbeiten soll. Die drei wichtigen Aspekte für einen Prozess sind in Abbildung 3-2 dargestellt.

Wir sind in unserem Leben auf Prozesse ausgerichtet. Der tägliche Weg zur Arbeit im Auto ist ein Prozess, den wir bereits so verinnerlicht haben, dass wir gar nicht mehr bewusst wissen, durch welche Straßen wir fahren. Dabei war die Fahrschule durchaus eine Hürde, die genommen werden musste. Ein Prozess dient also dazu, auch schwierige Aufgaben lösbar zu machen, und das oftmals hintereinander.

3.2.1 Vorteile der Prozessorientierung

Wenn in einem Unternehmen kein gemeinsamer Prozess existiert, dann führt das oft zum Chaos und zum Misserfolg der Firma. Wenn bei der Software-Entwicklung jeder Mitarbeiter eine andere Programmiersprache einsetzt, seine eigenen Namen definiert, Programmierrichtlinien nicht beachtet und Änderungen an eigenen Modulen nicht mit seinen Kollegen abstimmt, dann muss das Projekt scheitern.

Eine Konzentration auf den Prozess bringt dagegen die folgenden Vorteile mit sich:

- Eine Abstimmung zwischen den Tätigkeiten Einzelner und dem Ziel einer Gruppe
- Übereinstimmung bei verschiedenartigen Tätigkeiten und Vermeidung von Zielkonflikten in einem Team
- Die Fähigkeiten, die Leistung einzelner Teammitglieder objektiv zu messen und im Licht ihres Beitrags zum gemeinsamen Ziel zu beurteilen
- Reproduzierbarkeit früherer Erfolge des Teams. Dies wird dadurch ermöglicht, dass ein dokumentierter Prozess existiert und damit die Abhängigkeit von einem Individuum sinkt. Neue Teammitglieder werden geschult, um den Prozess verstehen zu können.

Ein Prozess nützt nicht nur einem Team, er ist auch für das Unternehmen mit gewissen Vorteilen verbunden. Er dient letztlich der Leistungssteigerung der Organisation. Im Einzelnen sind die folgenden Punkte zu nennen:

- Durch den Prozess lassen sich bestimmte Bereich im Unternehmen identifizieren, in denen Verbesserungen oder Investitionen sich mit hoher Wahrscheinlichkeit lohnen werden.
- Durch Prozesse wird die Effizienz der Mitarbeiter des Unternehmens gesteigert. Davon profitieren auch Projektmanager. Sie können ihre Projekte innerhalb der vorgegebenen Zeit abschließen und überschreiten ihr Budget nicht.
- Der Prozess unterstützt die Kommunikation der Mitglieder eines Teams. Er trägt zur

Steigerung der Produktivität bei. Ein gemeinsamer Prozess bedeutet, dass Verfahren, Methoden und die Terminologie von allen gemeinsam genutzt und getragen werden.

- Durch einen dokumentierten Prozess versteht das Management, wie die Software-Entwicklung abläuft.

Es kann auf der anderen Seite nicht vollkommen ausgeschlossen werden, dass in einem Ein-Mann-Betrieb oder in einer sehr kleinen Gruppe auch ohne einen dokumentierten Prozess Erfolge erzielt werden können. Allerdings erweisen sich solche Unternehmen als sehr anfällig, wenn ein Mitarbeiter den Betrieb verlässt. Er nimmt sein gesamtes Wissen mit.

Die Unterschiede zwischen einem prozessorientierten Unternehmen und einem ohne formelle Prozesse ist in Tabelle 3-1 aufgezeigt.

Aspekt	Ohne formellen Prozess	Prozessorientiert
Prozessdisziplin	Prozesse entstehen durch Improvisation, wenn bestimmte Tätigkeiten ausgeführt werden.	Es gibt definierte und dokumentierte Prozesse. Mitarbeiter und das Management halten sich daran. Prozessdisziplin ist die Regel.
Organisation	Die ausgeführten Tätigkeiten stimmen oftmals nicht mit den Tätigkeiten überein, für die der Mitarbeiter vorgesehen ist.	Es werden definierte Rollen ausgefüllt, die Mitarbeiter tun das, was vorgesehen ist.
Management	Es werden Stunden gezählt und nach Stunden bezahlt. Die Produktivität der Mitarbeiter spielt dabei keine Rolle. Manager sind hauptsächlich damit beschäftigt, Krisen zu meistern (*fire fighting*).	Die Leistung der Mitarbeiter wird nach den Ergebnissen der Prozesse beurteilt. Es existieren definierte Messungen, über deren Einsatz Einigung erzielt wurde. Manager konzentrieren sich auf Produkt- und Prozessqualität.
Fähigkeiten und Schulung	Gelernt wird, was einen einzelnen Mitarbeiter interessiert.	Schulung wird geplant. Sie erfolgt, um den Prozess und seine Ergebnisse zu unterstützen.
Werkzeuge, Technologie	Werkzeuge werden zwar eingesetzt, es steht aber keine Strategie des Unternehmens dahinter.	Werkzeuge und neue Technologie wird gezielt und geplant eingesetzt, um einen Prozess zu automatisieren und zu verbessern.

Tabelle 3–1: Auswirkungen der Prozessorientierung [40]

Es soll nicht bestritten werden, dass es für einzelne Mitarbeiter manchmal bequemer ist, sich einer gewissen Prozessdisziplin nicht zu beugen. Es gibt Firmen, in denen wurden Produkte entwickelt, die kein Kunde jemals wollte und von denen das eigene Management keine Ahnung hatte.

Derartige Entwicklungen sind sicher nicht wünschenswert. Auf der anderen Seite kann man durchaus fragen, ob die geforderte Prozessdisziplin die Kreativität von Mitarbeitern einschränkt. Kreativität ist, gerade im Umfeld der Software-Entwicklung, eine gefragte Eigenschaft.

Großen Erfindern und Künstlern billigt man eine gewisse Unordnung oftmals zu. Die Frage ist allerdings, ob in dem geordneten Umfeld eines Unternehmens nicht Techniken eingesetzt werden können, mit denen die Kreativität gezielt gefördert wird. Freiräume zu schaffen, in denen sich kreative Köpfe entfalten können, ist schließlich auch in einem Unternehmen möglich, das ansonsten durch dokumentierte Prozesse geprägt ist.

Henry Ford war dafür bekannt, dass er möglichst alles unter Kontrolle haben wollte, von den Gummiplantagen in Brasilien über die Eisenbahn im Werk bis zur letzten Schraube in den produzierten Autos. Eines Tages heuerte er einen Berater an und bat den Mann, ihn auf Schwachstellen in seinem Werk hinzuweisen. Der Berater kam nach ein paar Tagen zurück und berichtete, dass er einen Mitarbeiter gefunden habe, der den ganzen Tag nichts arbeite, sondern nur zur Decke starre. Ford solle den Mann feuern.

Henry Ford erkundigte sich, wer der Mann sei. Dann erklärte er: »Dieser Mann hat vor ein paar Jahren eine Erfindung gemacht, die uns Hunderttausende von Dollars eingespart hat. Ich werde ihn keinesfalls entlassen.«

Es ist also letztlich eine Aufgabe des Managements zu entscheiden, wo Freiräume für kreative Köpfe geschaffen werden sollen. Zudem gibt es Techniken wie *Brainstorming*, die in bestimmten Situationen gezielt als Teil eines Prozesses eingesetzt werden können.

Die Gründe für die notwendige Prozessdisziplin lassen sich wie folgt zusammenfassen:

1. Das Wissen einzelner Teammitglieder ist nicht einheitlich, sondern bezieht sich auf bestimmte Spezialgebiete.
2. Die Erfahrung der Mitarbeiter schwankt in weiten Grenzen.
3. Die Verkündung eines gemeinsamen Ziels durch das Management würde von jedem Mitglied des Teams anders verstanden und interpretiert werden.

Wenden wir uns damit der Frage zu, ob ein Prozess notwendigerweise dokumentiert werden muss. In gewissen Situationen ist es denkbar, dass man ohne Dokumentation auskommen mag. Dies gilt unter den folgenden Bedingungen:

1. Das Team ist sehr klein, hält zusammen und glaubt daran, dass die Zielerreichung äußerst wichtig ist.
2. Die Führung des Teams ist davon überzeugt, dass der Prozess unbedingt eingehalten werden muss.
3. Es lohnt sich für das Team, auch in finanzieller Hinsicht, wenn der Prozess eingehalten wird.
4. Die Mitglieder des Teams sind Profis. Sie sind hoch motiviert, qualifiziert und erfahren.

Haben Sie bei diesen vier Punkten an eine Fußballmannschaft gedacht? Es gibt sicher Teams, bei denen auch ohne dokumentierten Prozess ein ausgezeichnetes Ergebnis zu Stande kommt. Aber lassen sich Erfolge reproduzieren? Hängt die Mannschaft nicht zu sehr von bestimmten Stammspielern ab? Kann sie den Weggang starker Persönlichkeiten verkraften?

Im Geschäftsleben sollten wir daher lieber auf einen definierten und dokumentierten Prozess setzen, wenn wir Erfolge erzielen wollen. Wenn ein Unternehmen nämlich scheitert, wird sich keine Kommune und kein Staat finden, der es vor dem Konkurs rettet.

Die Risiken, die mit einem nicht dokumentierten Prozess zusammenhängen, lassen sich wie folgt charakterisieren:

1. **Abhängigkeit von Individuen:** Wenn ein starker Führer geht, kann der gesamte Prozess zusammenbrechen, weil er lediglich im Kopf dieses einen Mitarbeiters existierte. Ein neuer Mitarbeiter könnte einen gänzlich neuen Prozess einbringen.
2. **Gurus:** Erfahrene Mitarbeiter haben gelegentlich ihre eigene Methode, die Arbeit zu erledigen. Sie versuchen, diese Methoden anderen zu vermitteln. Die Gefahr dabei ist in vielen Fällen, dass eine Methode im Umfeld eines kleinen Software-Projekts funktioniert hat. Bei einem größeren Projekt scheitert der Guru damit grandios.
3. **Auseinander laufende Projekte:** Wenn das Unternehmen keinen einheitlichen Prozess besitzt, kann es passieren, dass in einzelnen Projekten all das getan wird, was eigentlich für das Unternehmen als Ganzes notwendig wäre. Das resultiert nicht nur in Doppelarbeit, es kann auch zu sehr unterschiedlichen Prozessen, Verfahren und Methoden führen. Damit arbeitet das Unternehmen ineffizient.

Gerade im Bereich der Software-Entwicklung mit ihren immateriellen Produkten und ihrem hohen Anteil intellektuellen Eigentums ist der Prozess ein Mittel, um sich von weniger erfolgreichen Wettbewerbern zu differenzieren. Man kann eine Organisation mit einem primitiven Prozess und eine mit einem fortgeschrittenen Prozess dabei an den in Tabelle 3-2 aufgeführten Eigenschaften erkennen.

Primitiver Prozess	**Fortgeschrittener Prozess**
Im Zweifel: Kodieren!	Der Prozess wird befolgt, komme, was da wolle.
Es gibt keine Messungen, keine Kennzahlen.	Es existieren Messungen, Kennzahlen und Metriken. Mitarbeiter und Management schätzen Metriken richtig ein.
Die Anforderungen an das Produkt werden nicht systematisch erfasst. Änderungen fließen unkontrolliert ein.	Es existiert ein Verfahren zur Erstellung der Spezifikation. Es gibt ein Verfahren für Änderungen während der Entwicklung.
Termine werden festgelegt, ohne die Spezifikation zu kennen.	Der Zeitplan basiert auf der Spezifikation.
Krisenmanagement wird als normal empfunden.	Probleme werden analysiert und zur Verbesserung genutzt. Dies gilt für Produkte und den Prozess.
Es besteht kein Interesse daran, Unterauftragnehmer zu qualifizieren.	Unterauftragnehmer werden danach beurteilt, wie gut ihr Prozess ist.
Der Schwerpunkt bei der Qualität liegt – wenn überhaupt – auf der Produktqualität.	Qualität bezieht sich auf das Produkt und den Prozess.

Primitiver Prozess	Fortgeschrittener Prozess
Die Leistung des Unternehmens oder von Projekten lässt sich schwer vorhersagen.	Vorhersagen werden mit hoher Wahrscheinlichkeit eingehalten.
Keine quantitativen Informationen zur Qualität von Produkten und Prozessen	Quantitative Aussagen zur Qualität von Produkten und Prozessen

Tabelle 3–2:   Vergleich primitiver und fortgeschrittener Unternehmen [40]

Der Fokus auf den Prozess schlägt sich bei Unternehmen, die sich darauf konzentrieren, in höherer Qualität der Software sowie größerer Termintreue und kürzeren Projekten nieder. Um dies allerdings beweisen zu können, muss man messen.

3.2.2   Haupt- und Subprozesse

Die Norm DIN EN ISO 9001 enthält selbst einen Prozess. Wir brauchen allerdings auf dieser Ebene nicht zu verweilen. Wie ein Unternehmen sich organisiert, ist seine ureigenste Sache. Wenn es sein QM-System allerdings zertifiziert haben will, muss es den Forderungen der DIN EN ISO 9001 genügen.

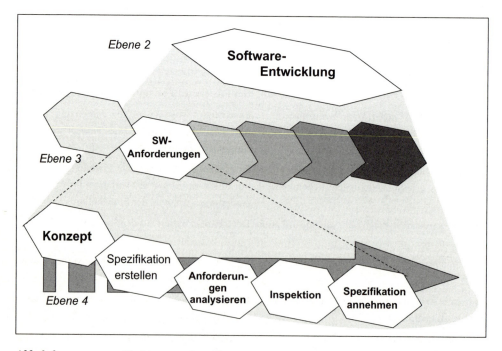

Abb. 3–3:   Verfeinerung einer Phase

Trotzdem bleiben uns genügend Freiräume. In den meisten Unternehmen im Bereich der Software-Entwicklung liegt ein Modell vor, das zumindest die Phasen Analyse der Anforderungen, Design, Implementierung sowie Integration und Test enthält. Dabei wird für die erste Phase, also die Erstellung der Spezifikation, oftmals nur ein Kästchen stehen. Wir können diesen Prozess allerdings verfeinern, können ihn aufgliedern. Dies könnte sich darstellen, wie in Abbildung 3-3 gezeigt.

Hier erkennen wir ein wichtiges Prinzip eines Prozesses. Wir können ihn auf hoher Ebene der Abstraktion darstellen, ihn aber auch in Einzelteile herunterbrechen und so verfeinern. Auf diese Weise haben wir die Möglichkeit, an geeigneter Stelle so ins Detail zu gehen, wenn das für die Beherrschung des Prozesses an dieser Stelle notwendig ist. Er wird damit skalierbar.

In unserem Beispiel haben wir die Phase Software-Anforderungen oder *Requirements Analysis* so weit heruntergebrochen, dass es uns gelingen sollte, den Prozess an dieser Stelle bedeutend zu verbessern. Bedenken sollten wir dabei, dass an dieser Stelle eine Schnittstelle mit dem Kunden liegt. Je besser es uns gelingt, die wahren Forderungen, Wünsche und Bedürfnisse des Kunden und der Benutzer der Software zu erfassen und zu dokumentieren, mit desto weniger Schwierigkeiten müssen wir später im Verlauf des Entwicklungsprozesses rechnen.

Grundsätzlich lässt sich diese Technik für alle Prozesse anwenden. Wie viele Einzelheiten wir an bestimmten Stellen brauchen, muss von Fall zu Fall entschieden werden.

3.2.3 Demings PDCA-Zyklus

Ein Kernstück von W. Edwards Demings Lehre [2,42] ist der nach ihm benannte Qualitätskreis. Er ist gekennzeichnet durch vier Phasen:

1. *Plan:* Das Produkt nach den Bedürfnissen, Forderungen und Wünschen des Kunden planen und entwerfen.
2. *Do:* Das Produkt erstellen oder fertigen und es anschließend analysieren.
3. *Check:* Das Produkt verkaufen und vermarkten, es gleichzeitig aber auch untersuchen mit dem Ziel, es zu verbessern.
4. *Act:* Nach dem Verkauf des Produkts untersuchen, wie Funktionen, Preis und Qualität vom Kunden und den Anwendern empfunden werden. Dazu gehört auch, potentielle Kunden zu befragen, die bisher das eigene Produkt nicht einsetzen.

Als Ganzes gesehen bilden die vier Tätigkeiten einen Regelkreis, der auf kontinuierliche Verbesserung ausgerichtet ist. Der *Deming Cycle* wird nach den vier Anfangsbuchstaben in der englischen Sprache auch als *PDCA Cycle* bezeichnet. Demings Lehre kann man auch als kontinuierliche Verbesserung in einem erfolgreichen Prozess sehen, mit dem das Unternehmen im Markt stetig neue Kunden gewinnt. Wichtig ist dabei, dass Deming auch solche Leute einbezieht, die das Produkt bisher nicht gekauft haben. Gerade aus ihren Gründen, unser Produkt nicht zu kaufen, können wir wertvolle Erkenntnisse gewinnen. Der *Deming Cycle* ist in Abbildung 3-4 dargestellt.

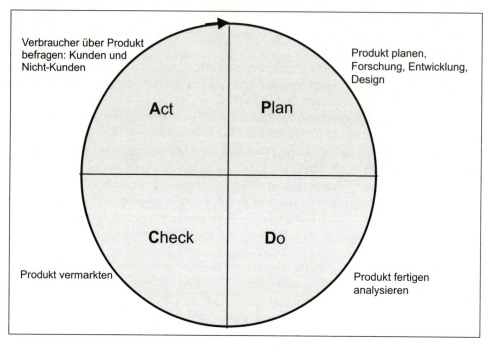

Abb. 3–4: *Deming Cycle*

Deming hat seine Lehre, die er mit fast religiösen Eifer vertrat, in 14 Punkten zusammengefasst. Bevor wir uns ihnen zuwenden, noch ein Blick auf die sechs Prinzipien, auf denen seine Lehre basiert.

1. **Qualität wird letztlich durch den Kunden definiert, also subjektiv empfunden:** Verbesserungen in Produkten und Prozessen müssen darauf ausgerichtet sein, auch über den Tag hinaus zukünftige Bedürfnisse des Kunden zu befriedigen. Hohe Qualität wird durch Verbesserungen im Prozess erreicht, nicht dadurch, dass fehlerhafte Produkte am Ende des Prozesses durch Inspektoren aussortiert werden.
2. Es ist unbedingt notwendig, die **Variationen in jedem Prozess zu verstehen** und sie zu reduzieren.
3. **Das Management kann seine Verantwortung nicht delegieren:** Alle Veränderungen, die dauerhaft Bestand haben sollen, müssen von der Unternehmensleitung und ihrer Verpflichtung zu Verbesserungen ausgehen. Die Firmenleitung muss verstehen, wie Veränderungen systematisch in den Prozess eingebracht werden. Verbesserungen können nicht einfach dadurch erreicht werden, dass die Arbeiter mehr arbeiten oder sich mehr anstrengen.

4. **Veränderungen und Verbesserungen müssen kontinuierlich eingeführt werden** und alle Bereiche eines Unternehmens erfassen. Sie müssen alle Mitarbeiter der Firma erreichen und auch auf Zulieferer ausgedehnt werden.
5. **Die Schulung der Mitarbeiter** ist eine Voraussetzung dafür, Verbesserungen einzuführen und umzusetzen.
6. **Leistungsbeurteilungen** einzelner Mitarbeiter sind in der Regel nicht konstruktiv. Wenn nur die notwendigen Arbeitsbedingungen herrschen, wird jeder Mitarbeiter sich bemühen, gute Arbeit zu leisten und Verbesserungen zu unterstützen.

Kommen wir damit zum zentralen Thema von Demings Lehre, den 14 Punkten. Sie sind hier so geordnet worden, dass verwandte Ideen [2,42] nebeneinander platziert werden.

1. **Etablieren Sie feste Werte und Ziele:** Demings Philosophie konzentriert sich auf den Kunden. Während es ohne Zweifel wichtig ist, Fehler in Produkten niedrig zu halten oder ganz zu vermeiden, wird dies auf Dauer doch nicht ausreichen, um im Markt Erfolg zu haben. Langfristiger Erfolg lässt sich dadurch erreichen, indem die Produkte, Prozesse und der Markt analysiert werden. Ziel muss es sein zu ergründen, was der Kunde Morgen haben will. In einem zweiten Schritt wird dann das Unternehmen, seine Prozesse und Produkte so verändert, dass es auch zukünftige Wünsche des Kunden erfüllen kann.
2. **Verbessern Sie kontinuierlich Produkte und Dienstleistungen:** Das Vehikel zu kontinuierlicher Verbesserung ist der Deming Cycle. Er geht auf Walter Shewhart zurück und besteht aus den vier Phasen Planung und Entwicklung, Herstellung, Verkauf und Analyse.
3. **Eliminieren Sie numerische Ziele und Quoten, auch die Methode Management by Objective:** Demings Einwand gegen *Management by Objective* (MBO) läuft darauf hinaus, dass mit der Methode beinahe alles erreicht werden kann, wenn nur genügend Mittel zur Verfügung stehen. MBO legt den Schwerpunkt auf das Ziel, nicht auf den Weg zur Erreichung des Ziels. Dadurch kann der Prozess aus dem Auge verloren werden. In einem Call Center kann zum Beispiel durch das Management das Ziel formuliert werden, dass jede Mitarbeiterin pro Stunde 25 Anrufe beantworten muss. Sie muss dabei die Kunden höflich und zuvorkommend behandeln, gute Laune zeigen und darf niemals die Contenance verlieren. Dem vorgegebenen Ziel stehen allerdings eine Reihe von Hindernissen im Weg, die die Mitarbeiterin selbst nicht beeinflussen kann: Der Computer ist zu langsam und bringt notwendige Informationen zu Kundendaten viel zu spät auf den Bildschirm. Manche Informationen, die für den Kunden wichtig wären, sind in der Datenbank gar nicht vorhanden. Die Mitarbeiterin muss dafür Bücher wälzen, was wiederum Zeit kostet. Demings Folgerung lautet: Das numerische Ziel muss eliminiert werden. Die Mitarbeiterin kann nicht gleichzeitig Kunden höflich und zuvorkommend bearbeiten und eine hohe Zahl von Anfragen erledigen. Letztlich fällt auch hier der Fehler auf das Management zurück, das es versäumt hat, geeignete Arbeitsbedingungen zu schaffen.
4. **Beseitigen Sie jede Art von Furcht bei den Mitarbeitern:** Der Zweck dieser Botschaft ist es, eine vertrauensvolle Zusammenarbeit zwischen Management und Mit-

arbeitern zu fördern. Bei guten Nachrichten freut sich die Geschäftsleitung, aber man sollte das Potential schlechter Nachrichten nicht unterschätzen. Sie enthalten oftmals Informationen, die dazu dienen können, den Prozess oder ein Produkt zu verbessern. Wenn das Management allerdings schlechte Nachrichten nicht hören will, vergibt es damit eine Chance zur Verbesserung.

5. **Führen:** Die Forderung nach effektiver Führung ist eine logische Folgerung aus dem Management ohne Furcht. Deming meint, die Rolle des Managements besteht darin, den Mitarbeitern zu helfen, mit Hilfe von Maschinen ihre Arbeit effektiv durchzuführen. Er sieht den Manager weniger als Vorgesetzten denn als Trainer oder *Coach*.

6. **Vermeiden Sie es, Aufträge nur auf Grund des Preises zu vergeben:** Deming meint, dass in der Fertigung bis zu 80 Prozent der verwendeten Teile von Zulieferern kommen können. Damit wird die Qualität des Endprodukts maßgeblich von diesen Zulieferern geprägt. Deming schlägt deshalb vor, den Preis eines Produkts nicht als einzigen Maßstab für die Auftragsvergabe zu verwenden. Vielmehr soll mit einem einzigen Zulieferer für ein Produkt eine langfristige Zusammenarbeit angestrebt werden, die auf Vertrauen und langfristiger Loyalität basiert.

7. **Beseitigen Sie Barrieren zwischen verschiedenen Abteilungen:** Es ist in großen Organisationen nicht selten, dass einzelne Abteilungen eigene Interessen verfolgen. Deming fordert hier, sich an gemeinsam definierten Zielen auszurichten, die sich wiederum aus der Analyse von Kundenwünschen ergeben.

8. **Führen Sie Training on the Job ein:** Um einen definierten Prozess kontrollieren zu können, bedarf es detaillierter Kenntnisse über diesen Prozess. Die Variationen im Prozess, die letztlich zu Fehlern führen, können von den Mitarbeitern im Prozess oft besser und schneller erkannt werden als jedem anderen. Deming fordert deshalb, die Mitarbeiter in den Prozess einzubeziehen und sie über den Prozess und die damit verbundenen Ziele zu unterrichten.

9. **Eliminieren Sie die jährliche Beurteilung von Mitarbeitern und die Vergabe von Preisen für besondere Leistungen und Bonusse:** Deming glaubt, dass die Vergabe von Preisen kontraproduktiv ist, weil damit wenige auf Kosten vieler belohnt werden. Er strebt einen Prozess an, in dem die erbrachte Leistung vorhersehbar ist. Im kulturellen Kontext ist diese Forderung Demings sicher in Japan leichter einzuführen als in der westlichen Welt.

10. **Führen Sie ein Programm ein, das der Schulung der Mitarbeiter und der Verbesserung dient:** Deming glaubt, dass Arbeiter stolz auf ihre Arbeit sind. Dieser Stolz resultiert auch daraus, dass die Mitarbeiter Verbesserungen einbringen. Das Management des Unternehmens muss ein Umfeld schaffen, in dem das möglich ist.

11. **Schaffen Sie Slogans und Ermahnungen ab:** Slogans und flotte Sprüche können wenig tun, um das System und die Prozesse tatsächlich zu verbessern. Ermahnungen basieren oftmals auf der Annahme, dass der einzelne Mitarbeiter etwas tun kann, um die Qualität zu steigern. In vielen Fällen liegt der Fehler jedoch im System oder im Prozess und der einzelne Mitarbeiter hat nicht die Macht, das zu ändern. Insofern will Deming hier vermeiden, dass sich das Management hinter hohlen Phrasen versteckt und sich davor drückt, seine Führungsrolle wahrzunehmen.

12. **Hören Sie auf, allein auf Inspektionen zu vertrauen:** Deming fordert hier, das Aussortieren fehlerhafter Produkte am Ende des Prozesses zu beenden und sich vielmehr darauf zu konzentrieren, einen Prozess zu schaffen, der das Einführen von Fehlern von vornherein vermeidet.
13. **Nehmen Sie die neue Philosophie an:** Demings Lehre zielt darauf ab, ein ganzes Unternehmen zu verändern. Wenn die neue Philosophie nur in Teilen praktiziert oder vom Management nur zögerlich unterstützt wird, ist der Keim für ein Scheitern gelegt. Demings Lehre folgt einem ganzheitlichen Ansatz. Nur wenn sie im gesamten Unternehmen angenommen und gelebt wird, können damit Erfolge erzielt werden.
14. **Schaffen Sie in der Geschäftsführung eine Struktur, die es ermöglicht, die neue Philosophie einzuführen:** Jedes Unternehmen führt Prozesse aus, um bestimmte Produkte zu fertigen. Die Prozesse bestehen wiederum aus einzelnen Tätigkeiten. Nur wenn Tätigkeiten und Prozesse einer Analyse zugänglich sind, kann ein Unternehmen nachhaltig verändert werden. Das setzt voraus, dass die Firmenleitung den Veränderungsprozess aktiv unterstützt und die Mitarbeiter motiviert.

Demings 14 Punkte sind sicherlich zunächst auf einen traditionellen Produktionsprozess ausgerichtet. Andererseits treffen viele Forderungen auch auf die Erstellung von Software zu. Aus ihnen lernen, wie man im eigenen Unternehmen ein QM-System einführen will, können wir in jedem Fall.

3.3 Einbeziehung anderer Normen

Eine Frage, die man sich als Verantwortlicher für den Aufbau eines Qualitätsmanagementsystems stellen sollte, ist die Ausrichtung auf eine Norm. In Deutschland werden zwar die meisten QM-Systeme nach DIN EN ISO 9001 zertifiziert. Es könnte aber durchaus sein, dass ein Unternehmen mit seiner Produktpalette in verschiedenen Marktsegmenten tätig ist. In einem solchen Fall kann es vorkommen, dass eine Norm nicht genügt, sondern dass mit dem QM-System zwei oder gar drei Normen abgedeckt werden müssen.

Ich denke an die folgenden Bereiche:

1. Automobilindustrie: In diesem Fall kann verlangt werden, dass ISO/TS 16949, QS-9000 oder VDA 6.4 abgedeckt wird. Die Forderungen dieser Normen gehen über DIN EN ISO 9001 hinaus.
2. Luftfahrt: Hier gilt weltweit DO-178B, Software Considerations for Airborne Systems and Equipment Certification
3. Öffentlicher Auftraggeber im Bereich der Bundesrepublik Deutschland, darunter auch die Bundeswehr: Hier ist das V-Modell anzuwenden.

Sollte die Notwendigkeit auftreten, dass das QM-System eines Unternehmens auf mehr als eine Qualitätsnorm ausgerichtet werden muss, dann sollte diese Frage mit der Geschäftsleitung möglichst früh besprochen werden. Das ist deshalb notwendig, weil die verwendete Norm einen Einfluss auf die Gliederung des QM-Handbuchs haben kann.

Tritt der Fall tatsächlich ein, bleibt dem Autor des QM-Handbuchs nichts anderes übrig, als die zu Grunde liegenden Normen auf Gleichheit, Ähnlichkeiten und Unterschiede hin zu untersuchen. In Tabelle 3-3 ist das für DIN EN ISO 9001 und einen IEEE-Standard, nämlich IEEE-STD 1298-1992 mit dem Titel *Software Quality Management System, Part 1: Requirements*, geschehen.

Rein vom Titel her könnte man annehmen, dass genau dasselbe Thema abgehandelt wird wie in DIN EN ISO 9001. Macht man sich die Arbeit und stellt den Inhalt Kapitel für Kapitel gegenüber, dann ergibt sich Tabelle 3-3.

Thema in DIN EN ISO 9001	Kapitel	Thema in IEEE-STD 1298-1992	Kapitel
Prozessorientierter Ansatz	0.2		
Beziehung zu ISO 9004	0.3		
Verträglichkeit mit anderen Managementsystemen	0.4		
Anwendung	1.2	Anwendung	1.1
			1.2
Normative Verweisungen	2	Referenzierte Dokumente	2
Begriffe	3	Definitionen	3
Qualitätsmanagementsystem	4	Qualitätsmanagementsystem, Anforderungen	4
Allgemeine Anforderungen	4.1	Qualitätsaufzeichnungen	4.16
Dokumentationsanforderungen	4.2		
Qualitätsmanagementhandbuch	4.2.2	QM-System	4.2
Lenkung von Dokumenten	4.2.3	Dokumentenlenkung	4.5.1
Lenkung von Aufzeichnungen	4.2.4		
Verantwortung der Leitung	5	Verantwortlichkeit und Autorität	4.1.2.1
		Beauftragter des Managements	4.1.2.3
Verpflichtung der Leitung	5.1		
Kundenorientierung	5.2		
Qualitätspolitik	5.3		
Planung	5.4	Vertragsprüfung, Planung und Kontrolle der Spezifikation	4.3
		Vertragsprüfung	4.3.1
		Planung	4.3.2

Thema in DIN EN ISO 9001	Kapitel	Thema in IEEE-STD 1298-1992	Kapitel
Planung des Qualitätsmanagementsystems	5.4.2		
Verantwortung, Befugnis und Kommunikation	5.5		
Managementbewertung	5.6	Management Review	4.1.3
Eingaben für die Bewertung	5.6.2		
Management von Ressourcen	6		
Bereitstellung von Ressourcen	6.1		
Personelle Ressourcen	6.2		
Fähigkeit, Bewusstsein und Schulung	6.2.2	Training	4.18
Infrastruktur	6.3	Kontrolle der Entwicklungsumgebung	4.21
Arbeitsumgebung	6.4		
Produktrealisierung	7		
Planung der Produktrealisierung	7.1		
Kundenbezogene Prozesse	7.2		
Ermittlung der Anforderungen in Bezug auf das Produkt	7.2.1		
Bewertung der Anforderungen in Bezug auf das Produkt	7.2.2		
Kommunikation mit den Kunden	7.2.3		
Entwicklung	7.3	Entwurf, Programmierung und Kontrolle der Dokumente für den Benutzer	4.4
		Änderungen im Design	4.4.1.3
		Programmierung und Kontrolle der Benutzerdokumentation	4.4.2
Entwicklungsplanung	7.3.1		
Einwicklungseingaben	7.3.2		
Entwicklungsergebnisse	7.3.3		
Entwicklungsverifizierung	7.3.5	Design Reviews	4.4.1.2
		Inspektionen und Tests	4.10
Entwicklungsvalidierung	7.3.6	Entwurfskontrolle	4.4.1
Lenkung von Entwicklungsänderungen	7.3.7	Änderungsverfahren	4.5.3
Beschaffung	7.4	Beschaffung	4.6
		Unterauftragnehmer	4.6.1

Thema in DIN EN ISO 9001	Kapitel	Thema in IEEE-STD 1298-1992	Kapitel
Beschaffungsprozess	7.4.1		
Beschaffungsangaben	7.4.2		
Verifizierung von beschafften Produkten	7.4.3		
Produktion und Dienstleistungserbringung	7.5		
Lenkung der Produktion und Dienstleistungserbringung	7.5.1		
Validierung der Prozesse zur Produktion und Dienstleistungserbringung	7.5.2		
Kennzeichnung und Rückverfolgbarkeit	7.5.3	Aufbewahrung von Dokumenten Konfigurationsmanagement Aufbewahrung, Verpackung und Auslieferung	4.5.4 4.8 4.15
Eigentum des Kunden	7.5.4	Informationen und Material des Kunden	4.7
Produkterhaltung	7.5.5		
Lenkung von Überwachungs- und Messmitteln	7.6		
Messung, Analyse und Verbesserung	8	Statistische Techniken	4.20
Überwachung und Messung	8.2		
Kundenzufriedenheit	8.2.1		
Internes Audit	8.2.2	Interne Audits	4.17
Überwachung und Messung von Prozessen	8.2.3		
Überwachung und Messung des Produkts	8.2.4		
Lenkung fehlerhafter Produkte	8.3	Kontrolle fehlerhafter Produkte Fehlerbehandlung	4.13 4.14
Datenanalyse	8.4		
Verbesserung	8.5		
Ständige Verbesserung	8.5.1		
Korrekturmaßnahmen	8.5.2		
Vorbeugemaßnahmen	8.5.3		
		Wartung	4.19

Tabelle 3–3:   *Vergleich zwischen ISO 9001 und IEEE-STD 1298-1992*

Leider ist es so, dass jede Norm ihre eigene Gliederung aufweist. Deshalb tut man sich schwer, entsprechende Passagen in der jeweils anderen Norm zu finden. Selbst wenn im Idealfall 80 Prozent des Inhalts gleich sein mögen, sind es dennoch die restlichen 20 Prozent, bei denen man leicht den einen oder anderen Punkt vergisst.

Es bleibt also in der Praxis gar nichts anders übrig, als eine oben skizzierte Matrix aufzustellen und nach Gemeinsamkeiten und Unterschieden zu suchen. Man kann, wenn man dem Auditor einen Gefallen tun will, noch ein oder zwei Spalten anfügen und notieren, wo sich das entsprechende Material im QM-Handbuch findet.

Ein QM-System auf mehr als eine Norm auszurichten mag mühsam erscheinen. Wenn die Alternative allerdings lautet, bei jedem neuen Vertrag in einer bestimmten Branche die entsprechenden Regelungen in den Qualitätsmanagementplan, den Entwicklungsplan und den Konfigurationsplan einarbeiten zu müssen, dann wird bald der Zeitpunkt kommen, an dem es wesentlich kostengünstiger ist, das QM-System auf einen breiteren Kundenkreis hin auszurichten.

3.4 QM-System

If a builder builds a house and the house collapses and causes the death of the owner of the house, that builder shall be put to death.
Hammurabi

Bevor mit der Arbeit am Qualitätsmanagementsystem eines Unternehmens begonnen wird, sollten ein paar grundlegende Fragen geklärt werden. Es ist wie beim Hausbau: Den Abstand zum Nachbarhaus, die Räume in der Südseite des Hauses und die Anordnung der Räume zueinander legt man möglichst frühzeitig fest. Dies zu versäumen, könnte teuer werden.

Auch bei unserem QM-System sind einige grundlegende Entscheidungen am Anfang der Realisierung zu treffen. Bei den meisten dieser Entscheidungen wird der Schöpfer des Systems, etwa der QM-Beauftragte, auf die Hilfe der Geschäftsleitung angewiesen sein.

3.4.1 Einflussfaktoren für den Aufbau

In DIN EN ISO 9001 wird ausdrücklich darauf hingewiesen, dass seitens der Norm keine Vorgaben für die Gliederung und die Struktur des QM-Handbuchs gemacht werden. Allerdings müssen unter normalen Umständen alle Elemente der Norm im Handbuch abgedeckt werden.

Der Schöpfer eines Qualitätsmanagementsystems für eine Organisation wäre aber schlecht beraten, wenn er sich allein auf die DIN EN ISO 9001 stützen würde. Ein System zur Qualitätssicherung wird immer in ein spezifisches Umfeld eingebettet sein. Jede Organisation ist in einer bestimmten Branche angesiedelt. Die eine Firma ist vorwiegend als Unterauftragnehmer für einen großen Konzern tätig. Sie macht vielleicht 50 Prozent ihres Umsatzes mit diesem einen Auftraggeber. Sie wird also nicht umhin können, die Vorstellungen dieses wichtigen Kunden vorrangig zu berücksichtigen.

Eine zweite Firma fertigt vorwiegend Software zur Bearbeitung, Verwaltung und Archivierung von Zeichnungen und Grafiken. Sie ist weit weniger auf einen einzigen Kunden ausgerichtet, sondern muss bei ihrem System die Bedürfnisse sehr unterschiedlicher Branchen berücksichtigen, die von der Automobilindustrie bis zur chemischen Industrie reichen mögen.

Eine dritte Firma ist vielleicht die Tochter eines großen Konzerns. Zwar soll vorerst nur ein Standort zertifiziert werden, an dem Software erstellt wird. Die Mutter macht jedoch für das System zur Qualitätssicherung bestimmte Vorgaben, die beim Aufbau berücksichtigt werden müssen.

Der Kunde und der Anwender sitzen zwar fast immer im gleichen Boot, sie haben jedoch nicht immer genau die gleichen Interessen. Wird etwa die Software für eine Raumfahrtbehörde wie die *European Space Agency* (ESA) oder die NASA erstellt, so bezahlt die Rechnung letztlich die Regierung. Die Anwender sitzen aber bei der Raumfahrtbehörde und haben sehr genaue Vorstellungen davon, was die Software können soll. Manchmal geben derart große Organisationen sogar eigene Standards vor. Differenzen zwischen Kunde und Anwender kann es auch bei militärischen Beschaffungsaufträgen geben. Hier ist der Kunde eine Behörde des Bundes, die Anwender sitzen aber in den Streitkräften. Das Qualitätsmanagementsystem muss so ausgerichtet werden, dass möglichst Kunde und Anwender in das System eingebunden werden.

Nicht zu vergessen sind auch die eigenen Mitarbeiter, die mit dem System arbeiten, es mit Leben erfüllen sollen. Der Schöpfer des Systems wäre schlecht beraten, wenn er die Designer, Programmierer und den technischen Autor außen vor lassen würde. Eine solche Haltung kann nur zur Ablehnung und zu Vorbehalten gegen das neue System führen. Es kommt also darauf an, die Vorstellungen und Bedürfnisse dieser Gruppen zu erkunden und bei der Gestaltung des QM-Systems zu berücksichtigen. Sehen wir uns diese Vorgehensweise noch einmal in einer Grafik (Abbildung 3-5) an.

Nicht vergessen sollten wir auch, dass es mitunter gesetzliche Vorgaben gibt, die ebenfalls beachtet werden müssen. Die Norm mit ihren Forderungen bildet trotzdem den Kern eines QM-Handbuchs.

Es ist allerdings zweckmäßig, über den reinen Text der Norm hinaus zu fragen, wo man weitere nützliche Informationen finden kann. Auch hier spielt die Branche eine wichtige Rolle. Wer nur für den kommerziellen Markt mit anonymen Kunden Software erstellt, der kommt vielleicht wirklich mit DIN EN ISO 9001 aus. Wer sich um Aufträge im Bereich der Automobilindustrie bewirbt, der muss die Normen dieser Branche zusätzlich heranziehen. Wer im Flugzeugbau tätig ist, der wird gewiss RTCA DO-178B nicht außer Acht lassen können.

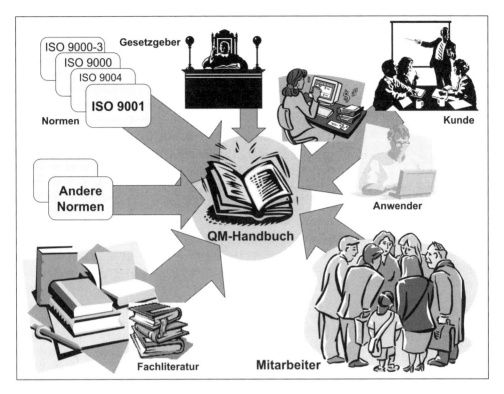

Abb. 3–5: *Einflussgrößen bei der Gestaltung des QM-Systems*

Nicht zuletzt ist die Fachliteratur nützlich. Sie erklärt, wo die Norm vielleicht nur eine dürre Forderung bringt. Sie erläutert Hintergründe und macht Zusammenhänge klar. In Büchern findet man fortschrittliche Methoden und Techniken, die noch nicht in den Normungsprozess mit seinem langwierigen Abstimmungsverfahren eingeflossen sind.

In der Fachliteratur finden sich auch Hinweise, wie ein QM-System für Software [9] weiter entwickelt werden kann. Gewiss muss es zunächst einmal das Ziel sein, ein System zu schaffen und im Qualitätsmanagementhandbuch zu dokumentieren. Nachdem das System kreiert, das Handbuch festgeschrieben wurde, kann es nicht die Absicht des Autors und der Geschäftsführung sein, es jede Woche oder jeden Monat zu ändern. Das würde die Mitarbeiter nur verwirren und nicht der Akzeptanz des Systems dienen.

Auf der anderen Seite wird sich eine verantwortungsbewusste Geschäftsführung schon fragen: Wo wollen wir mit der Firma in drei, fünf oder zehn Jahren stehen? Was sind unsere mittel- und langfristigen Ziele, und wie können wir das Qualitätsmanagementsystem da einbinden? Sehr gute Unternehmen haben nicht nur Ziele, ihr Management oder ihre Gründerpersönlichkeit beseelt eine Vision. Die Qualität des Produkts kann in diesem Zusammenhang eine wichtige, manchmal sogar die zentrale, Rolle spielen.

Es kommt also auch darauf an, das Handbuch so zu gestalten, dass es Raum für Wachstum bietet, dass es erweitert werden kann und änderbar ist.

3.4.2 Alternativen bei der Gestaltung des Handbuchs

Nichts ist gefährlicher als eine Idee, wenn es die einzige Idee ist, die sie haben.
Emile Chartier

Bei der Gestaltung des Handbuchs wird sich der Ersteller zunächst fragen, ob er einfach die Gliederung der Norm übernimmt oder die Punkte so abhandelt, wie das dem Aufbau der eigenen Organisation entspricht. Er oder sie könnte sich zum Beispiel überlegen, dass es in der Firma bestimmte Fachbereiche gibt. Diese müssen die Forderungen der Norm letztlich dadurch erfüllen, dass sie bestimmte Aufgaben übernehmen. Es bietet sich also eine Gliederung nach Fachbereichen an. Diese Disziplinen könnten sein:

- Projektmanagement
- Software-Entwicklung
- Test
- Konfigurationsmanagement
- Qualitätsmanagement

Eine Gliederung nach Disziplinen oder Fachbereichen hat den großen Vorteil, dass bestimmte Forderungen der Norm ganz klar bestimmten Gruppen zugeordnet werden können, die für ihre Durchführung verantwortlich sind. So lässt sich etwa Punkt 7.3.1 der DIN EN ISO 9001, *Entwicklungsplanung,* ganz eindeutig der Abteilung Software-Entwicklung zuordnen. Der *Akzeptanztest* würde klar in die Zuständigkeit der Testgruppe fallen, und der Punkt 7.3.2 *Inputs für Entwicklung und Design* würde wieder bei der Software-Entwicklung landen. Dem Projektmanagement könnte man Aufgaben zuweisen, die unmittelbar mit bestimmten Verträgen zusammenhängen, und die Kalkulation der Leistungen wäre sicher beim Projektmanager gut aufgehoben.

Eine zweite Frage, die sich der Ersteller des Handbuchs stellen muss, betrifft die Gliederung des Materials. Es fallen im Laufe der Zeit bei einem funktionierendem System zur Qualitätssicherung eine ganze Menge Papiere an, vom eigentlichen Text des Handbuchs bis hin zu Formularen und Vordrucken. Man will alle diese Dinge zusammenfassen und zentral verwalten, aber nicht unbedingt bei jedem Kapitel des Handbuchs Formulare einbringen. Es stellt sich also die Frage, ob man das Handbuch eher »geschlossen« oder modular aufbaut (dazu Abbildung 3-6).

In den meisten Fällen wird es wohl zweckmäßig sein, Formulare, Vordrucke und Fragebögen in den Anhang zum Handbuch zu legen, da dies für den praktischen Gebrauch des Handbuchs Vorteile bringt. Auch Produktmuster und bestimmte Vorgaben für Dokumente legt man besser in den Anhang, weil das für den Benutzer des Handbuchs den Zugriff auf solche Arbeitsmittel und Werkzeuge leichter macht.

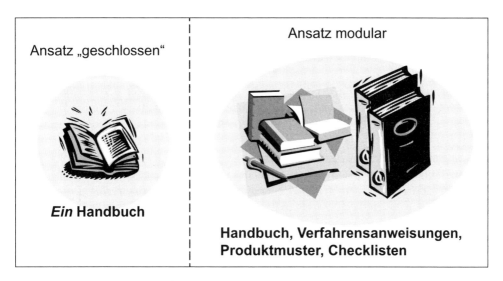

Abb. 3–6:   *Alternativen beim Aufbau des Handbuchs*

Es gibt darüber hinaus auch die Möglichkeit, das Material noch weiter zu gliedern. In diesem Fall stellt man das Qualitätsmanagementsystem in einem relativ knapp gehaltenen Text vor, legt aber alle Einzelheiten des Prozesses in Verfahrens- und Arbeitsanweisungen fest. Folgt man diesem Ansatz, kann der erste Teil des Handbuchs potentiellen Kunden und Geschäftspartnern ohne Probleme zur Verfügung gestellt werden. Man verrät ja keine Einzelheiten und gibt wertvolles Know-how des Unternehmens nicht preis. Die interessanten Details stehen sicher im zweiten Teil des Handbuchs, das die Firma nicht verlässt. Dieser Ansatz ist in Abbildung 3-7 dargestellt.

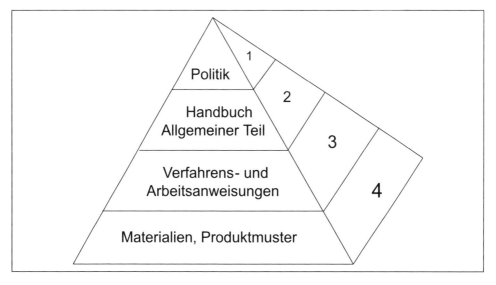

Abb. 3–7:   *Aufbau des Handbuchs*

Man würde also die Abschnitte 1 und 2, die Erklärung der Geschäftsleitung zur Qualitätspolitik des Unternehmens und den allgemeinen Teil des Handbuchs, allen Kunden und potentiellen Auftraggebern des Unternehmens auf Anfrage zur Verfügung stellen, während man Teil 3 und 4 als interne Dokumente behandeln würde, die grundsätzlich nicht ausgeliefert werden. Dies ist in der Tat der Ansatz, der von vielen Firmen in den USA im Silicon Valley verfolgt wird. Man stellt sich damit auf der einen Seite als qualitätsbewusstes Unternehmen gegenüber seinen Kunden dar, gibt aber wertvolles Know-how über die Firma trotzdem nicht preis.

Der Nachteil dieses Ansatzes liegt darin, dass eine gewisse Redundanz nicht zu vermeiden ist. Man muss im ersten und zweiten Teil des Handbuchs Dinge beschreiben, die in den Verfahrensanweisungen zum Teil noch einmal im Detail abgehandelt werden.

Welcher Ansatz letztlich der bessere ist, kann nicht allgemein entschieden werden, sondern hängt vom Kundenkreis des Unternehmens, der Branche und nicht zuletzt der Art der erstellten Software ab. Es muss also immer im Einzelfall entschieden werden.

Ich will in diesem Text dem Aufbau der Norm DIN EN ISO 9001 folgen, werde aber bestimmte Materialien wie Formulare, Vordrucke, Checklisten und Produktmuster in den Anhang auslagern, um die Übersicht zu verbessern. Es steht natürlich jedem Anwender frei, das vorgestellte Material neu zu ordnen und nach den Bedürfnissen seines Betriebs zu gliedern.

3.4.3 Geltungsbereich

A man with one watch knows what time it is.
A man with two watches is never sure.
     Segal's Law

Wenn die Struktur des Handbuchs festliegt, wenn man die Quellen kennt, aus denen man schöpfen will, dann stellt sich die Frage nach dem Geltungsbereich des QM-Handbuchs, und zwar in zweierlei Hinsicht:

1. Organisatorisch
2. Räumlich

Beim ersten Punkt kommt es darauf, ob ein Qualitätsmanagementsystem und das damit verbundene Handbuch für alle Teile eines Unternehmens gelten soll. Bei kleinen Firmen wird diese Frage in der Regel mit Ja zu beantworten sein. Bei größeren Firmen, Konzernen und Konglomeraten ist diese Entscheidung schwieriger. Unter Umständen muss man sich entscheiden, ein QM-System nur für den Teilbereich eines Konzerns, einen bestimmten Standort oder eine Tochterfirma zu schaffen.

Selbst relativ kleine mittelständische Firmen mit ein paar hundert Mitarbeitern haben gelegentlich Außenstellen, etwa für den Vertrieb. Diese Vertriebsstützpunkte wird man in der Regel in das QM-System einbeziehen wollen, selbst wenn sie von der Zentrale an der kurzen Leine geführt werden.

Der organisatorische Geltungsbereich des QM-Systems ist auf jeden Fall im Handbuch zu dokumentieren. Dieselbe Forderung gilt für den räumlichen Geltungsbereich. Manches deutsche Unternehmen hat ein Tochterunternehmen in den USA. Soll dieses einbezogen werden?

Nicht nur die Mitarbeiter wollen wissen, welches QM-System für ihre Arbeit gilt. Auch die Auditoren, die das System begutachten, möchten noch vor dem Audit erfahren, welche organisatorischen und räumlichen Zuordnungen getroffen wurden.

3.4.4 Ausschluss einzelner Elemente der Norm

Bereits im Normentwurf ISO/CD9001:1999 war eine Klausel enthalten, nach dem bestimmte Elemente der Norm im QM-System ausgeschlossen werden konnten. Dies hat zu heftigen Diskussionen geführt, weil eine derartige Bestimmung natürlich leicht missbraucht werden kann.

Sieht man sich allerdings den Text der Norm an dieser Stelle genauer an, so stellt man schnell fest, dass die Bedingungen für den Ausschluss einzelner Normelemente relativ restriktiv gehalten sind. Der Text dazu findet sich in Kapitel 1.2, *Anwendung*. Es gelten die folgenden Bedingungen:

1. Falls sich für ein Unternehmen auf Grund des Charakters ihrer Produkte oder ihrer Organisation eine oder mehrere Anforderungen der DIN EN ISO 9001 nicht anwenden lassen, kann ein Ausschluss in Betracht gezogen werden.
2. Falls ein Element der Norm ausgeschlossen wird, darf sich das lediglich auf Abschnitt 7, *Produktrealisation,* beziehen.
3. Die Fähigkeit und Verantwortung des Unternehmens, Produkte bereitzustellen, die den Anforderungen der Kunden genügen und gesetzlichen Auflagen entsprechen, darf durch den Ausschluss nicht beeinträchtigt werden.

Weil diese Bestimmungen restriktiv gehalten sind, dürften sie sich nicht negativ auf die Norm und ihre Akzeptanz bei den Kunden auswirken. So weit speziell die Software-Entwicklung betroffen ist, kann ich mir höchstens einen Unterabschnitt vorstellen, der möglicherweise für einen Ausschluss in Frage kommt: *7.6 Lenkung von Überwachungs- und Messmitteln.*

Falls es sich wirklich um einen Betrieb handelt, der sich auf die Software konzentriert und mit Hardware nichts zu tun haben will, ist das eine sinnvolle Vorgehensweise. Allerdings sollte man sich einen solchen Schritt gut überlegen. Wer nur ein Voltmeter im Betrieb hat, besitzt bereits ein Messmittel.

3.4.5 Begriffsdefinitionen

I have this letter longer only because I have not had time to make it shorter.
Blaise Pascal

Ich war vor Jahren bei einem zweitägigen Kurs zum Thema Software-Entwicklung. Der Dozent war aus den USA herübergekommen und spürte noch den *Jet Lag* in den Knochen. Er erwähnte in den ersten Stunden, dass er nicht zu den Leuten gehöre, die auf Begriffsdefinitionen herumreiten würden.

Die Folge war, dass den ganzen Tag lang nie eine Definition hinterfragt wurde. Am zweiten Tag wagte ich dennoch zu fragen, wie ein bestimmter Begriff definiert wäre. Es stellte sich heraus, dass der Dozent gerade diesen Begriff anders definierte als die Mehrzahl der Teilnehmer.

Damit haben wir bereits die größte Gefahr erkannt, die in dieser Hinsicht droht. Wenn zwei Menschen denselben Begriff verwenden, darunter aber etwas anderes verstehen, kann die Kommunikation gestört sein. Es kann im Extremfall sogar Geld kosten.

Ein wichtiger Begriff ist in diesem Zusammenhang die Software. Noch immer verstehen manche Zeitgenossen darunter lediglich Programme. Software besteht aber aus Programmen, Dokumenten und zugehörigen Daten. In der Norm wird der Begriff Software-Produkt wie folgt definiert: Menge von Computerprogrammen, Verfahren und möglicherweise dazugehöriger Dokumente und Daten.

Im englischen Original steht für Verfahren der Ausdruck »procedures«. Daher kann man schließen, dass Verfahren gemeint sind, um ein Programm zu starten, etwa ein *Shell Script* oder Anweisungen in einer *Job Control Language* (JCL).

Neben Software ist Qualität der wichtigste Begriff, den wir definieren müssen. Drei Größen der Branche, nämlich Crosby, Deming und Juran, machen dazu die in Tabelle 3-4 aufgelisteten Vorschläge.

Definition	Crosby	Deming	Juran
Qualität	Erfüllung von Anforderungen	Eine vorhersehbare Uniformität des Produkts; niedrige Kosten, marktgerecht	Eignung für den Gebrauch
Verantwortung des Top Managements	Verantwortung für die Produktqualität	Für 94 Prozent aller Probleme mit der Qualität verantwortlich	Weniger als 20 Prozent der Qualitätsprobleme werden durch Mitarbeiter verursacht.
Forderung und Motivation	Null Fehler	Viele Maßstäbe für Qualität. Statistische Methoden einsetzen	Keine Kampagnen und Slogans

Definition	Crosby	Deming	Juran
Ansatz für QM	Fehlerverhinderung, nicht Inspektionen	Abweichungen durch kontinuierliche Verbesserungen vermindern. Keine Inspektionen.	Betonung des Managements, menschliche Faktoren
Struktur	14 Schritte zur Qualität	14 Punkte	10 Schritte
Statistische Methoden, Kennzahlen	Ablehnung	Unterstützung	Unterstützung; sich nicht alleine auf Werkzeuge verlassen
Basis für Verbesserungen	Der Prozess; Ziele setzen	Kontinuierliche Verbesserung durch Einsatz statistischer Methoden. Keine Ziele ohne Methoden.	Ziele setzen, Teams in Projekten
Teamwork	Qualitätsteams; Qualitätszirkel	Beteiligung der Mitarbeiter; Egoismus von Abteilungen brechen	Teams, Qualitätszirkel
Qualitätskosten	Fehlerkosten sind das Problem.	Kein Optimum, kontinuierliche Verbesserung	Qualität kostet zunächst Geld.
Beschaffung, Einkauf	Anforderungen festlegen; verlängerte Werkbank	Inspektionen kommen zu spät.	Komplexe Probleme; Untersuchungen
Lieferanten einstufen	Nach Fähigkeiten einstufen	Nein	Nach Fähigkeiten einstufen, aber Lieferanten Hilfe anbieten

Tabelle 3–4: Definitionen dreier Qualitätspäpste [43]

Deming, Crosby und Juran haben uns gewiss weiter gebracht, aber sie betonen durchaus verschiedene Aspekte der Qualität. Dass auch bedeutende Firmen im Verlauf ihrer Geschichte Probleme damit hatten, die Qualität richtig zu definieren, zeigt der Fall 3-1.

In manchen Ländern der dritten Welt blicken die Herrschenden auf Mitmenschen, die mit ihren Händen arbeiten, herab. Dabei gewinnt gerade in der ersten Welt der Dienstleistungssektor immer mehr an Bedeutung. In den USA trat bereits in den 20er Jahren ein Wandel ein, wie das Beispiel AT&T zeigt.

Fall 3–1:   *Der lange Weg zur Qualität [46]*

> Zu Beginn der 20er Jahre waren für AT&T die Techniker und Monteure, die außerhalb der Firma Telefone installierten und warteten, zu einem erheblichen Kostenfaktor geworden. Sie waren zudem ein Problem in Bezug auf die Qualität. Die Kunden waren unzufrieden mit ihnen.
>
> Es dauerte rund fünf Jahre, von 1920 bis 1925, bevor AT&T dieses Problem gelöst hatte. In dieser Zeit errang die Gesellschaft in den USA und Kanada ein Monopol für den Telefonmarkt. Der Durchbruch bei der Qualität gelang, weil man erkannte, dass es nicht die vordringliche Aufgabe von AT&T war, Telefone zu installieren, zu warten, zu reparieren oder zu ersetzen, falls sie kaputt waren. Die Aufgabe war es, zufriedene Kunden zu haben.
>
> Als diese Erkenntnis sich Bahn brach, war alles andere relativ einfach. Es bedeutete zunächst, dass die Techniker vor Ort selbst definieren mussten, was Kundenzufriedenheit bedeutete. Das Ergebnis war ein Standard, in dem stand, dass jede Order für einen neuen Telefonanschluss oder ein zusätzliches Telefon innerhalb von längstens 48 Stunden erfüllt werden musste. Reparaturen mussten bis zum Tagesende durchgeführt werden, falls der Anruf vor Mittag herein kam, oder bis Mittag des nächsten Tages, falls der Anruf am Nachmittag erfolgte.
>
> Dann musste entschieden werden, ob sich die Techniker vor Ort spezialisieren sollten oder ob ein Techniker für alle Arbeiten beim Kunden zuständig sein sollte. Man entschied sich letztlich für die zweite Lösung, weil sie besser war. Das bedeutete, dass man den Techniker viele theoretische Grundlagen in Schulungen beibringen musste. Das zu einer Zeit, als die meisten von ihnen nicht mehr als sechs Jahre Schule vorweisen konnten. Sie mussten verstehen, wie eine Vermittlung arbeitete. Sie mussten das gesamte Telefonsystem verstehen. Sie mussten lernen, mit unerwarteten Problemen umzugehen.
>
> Schließlich war AT&T erneut mit dem Problem konfrontiert, wie man Qualität definieren sollte. Zuerst überlegte man sich die folgende Lösung: Ein Vorgesetzter sollte jede 20. oder 30. Installation überwachen, indem er beim Kunden erschien und sich die Sache anschaute. Dieser Vorschlag stellte sich rasch als undurchführbar heraus. Sowohl dem Kunden als auch dem Techniker war es peinlich, wenn ein Dritter auftauchte, um sich wegen der Qualität zu vergewissern.
>
> Der zweite Ansatz bestand darin, Qualität als das Ausbleiben von Klagen und Reklamationen zu definieren. AT&T fand allerdings bald heraus, dass nur extrem unzufriedene Kunden sich die Mühe machten, zum Telefon zu greifen und zu reklamieren.
>
> Damit war die dritte Lösung vorgezeichnet. Man definierte Qualität als positive Kundenzufriedenheit. Das bedeutete in der Praxis, dass der Techniker vor einen Kunden, dem er ein Telefon installiert hatte, eine Woche oder zehn Tage nach diesem Termin anrief und fragte, ob der Apparat funktionierte und ob es irgendetwas gab, was er noch für den Kunden tun könne.

In DIN EN ISO 9000 finden wir für Qualität die folgende Definition: Grad, in dem ein Satz inhärenter Merkmale Anforderungen erfüllt.

Diese Definition ist so technisch, dass ich sie keinem Kunden eines Unternehmens zumuten möchte. Meistens handelt es sich nämlich nicht um Fachleute für Qualitätssicherung. Es sollte im Rahmen eines Unternehmens also nach einer Definition gesucht werden, die für Kunden und Anwender verständlich ist. Dafür kommen etwa die folgenden Formulierungen in Frage:

- Qualität heißt Kundenzufriedenheit.
- Qualität bedeutete Fehlerfreiheit des Produkts.
- Qualität ist die Erfüllung der dokumentierten Anforderungen des Kunden.

Die erste Definition schlägt alle anderen im Punkt Verständlichkeit. Sie leuchtet Kunden und Anwendern sofort ein. Man darf allerdings kritisch fragen: Wird es einem Massenhersteller immer gelingen, alle Kunden zufrieden zu stellen?

Die zweite Definition zielt auf die Fehlerfreiheit der Software. Sie ist wichtig, weil Fehler unmittelbar als Qualitätsmangel empfunden werden. Hier kann man kritisch fragen: Ist die Forderung nach Fehlerfreiheit beim gegenwärtigen Stand der Technik der Software-Entwicklung erreichbar?

Die dritte Definition zielt darauf ab, dass der Kunde Anforderungen in der Form einer Spezifikation vorlegt. Falls diese am Ende der Entwicklung erfüllt sind, hat das Produkt die geforderte Qualität erfüllt. Hier werden einige Praktiker natürlich sofort fragen: Welcher Kunde weiß schon, was er will?

Damit sind alle Definitionen nicht ohne Probleme. Mein Vorschlag geht dahin, auch die Branche und die Applikation einzubeziehen. Wenn das Triebwerk eines Verkehrsflugzeugs sich abstellt, weil die Software erkannt hat, dass es bei weiterem Betrieb zu einer Zerstörung kommen würde, dann liegt hier ohne Zweifel ein schwerwiegender Fehler in der Software oder dem System vor. Ein Qualitätsmangel, der zum Verlust von Menschenleben führen kann.

Wenn hingegen ein Textverarbeitungsprogramm abstürzt, so ist das ärgerlich und kostet unter Umständen die Daten von ein paar Stunden Arbeit, aber es ist nicht lebensbedrohend. Mein Vorschlag lautet also, bei der ersten Applikation Eigenschaften der Software wie Zuverlässigkeit oder Fehlerfreiheit in den Vordergrund zu stellen. Bei der zweiten Applikation kann man durchaus zulassen, dass Benutzerfreundlichkeit das wichtigste Merkmal wird.

Letztlich lautet mein Vorschlag, alle Definitionen auf den Prüfstand zu holen und im Licht des Unternehmens, für das das QM-System geschaffen wird, zu überprüfen. Dabei sollte man an die Kunden und die Applikationen denken. Falls notwendig, kann man durchaus von herkömmlichen Definitionen abweichen. Man muss dies allerdings dokumentieren.

3.4.6 Produkt oder Service?

The taxpayer: that's someone who works for the federal government but doesn't have to take a civil-service exam.
Ronald W. Reagan

Die Autoren der Norm haben es sich bezüglich des Service ziemlich einfach gemacht. In DIN EN ISO 9001 findet sich in Abschnitt *3 Begriffe* ganz am Ende der lakonische Hinweis: Wenn im Text der Ausdruck »Produkt« auftaucht, kann auch »Service« gemeint sein.

In der Tat ist es so, dass sich qualitative Merkmale für Dienstleistungen viel schwerer als für Produkte finden lassen. Die Leistung eines Arztes, eines Krankenhauses oder eines Restaurants lassen sich schwer quantifizieren. Dennoch gibt es seit Jahren Restaurantführer, und wer einen Arzt in der Verwandtschaft hat, erfährt schon, bei welchem Chirurgen man lieber vorsichtig sein sollte.

Es ist also durchaus möglich, auch Dienstleistungen unter quantitativen Gesichtspunkten zu beurteilen. Vergessen sollten wir dabei auch nicht, dass vor 20 Jahren einige Manager behauptet haben, ein Qualitätsmanagementsystem für Software wäre unmöglich.

Inzwischen ist das Gegenteil längst bewiesen. In den nächsten Jahren werden wir ohne Zweifel auch auf dem Gebiet der Dienstleistungen Fortschritte erzielen. Es bleibt aber ein schwieriges Feld, auf dem noch Pionierarbeit zu leisten ist.

3.5 Messungen im Prozess

When you can measure what you are speaking about, and express it in numbers, you know something about it; but when you cannot measure it, when you cannot express it in numbers, your knowledge is of a meager and unsatisfactory kind.
   Lord Kelvin

Eine der wesentlichen Neuerungen in der Ausgabe vom Dezember 2000 der DIN EN ISO 9001 ist der große Raum, der nun dem Gebiet *Messung, Analyse und Verbesserung* gegeben wird. In der 1994er Fassung der Norm war das nur ein Punkt unter 20 anderen.

W. Edwards Deming hat dagegen immer betont, dass eine dauerhafte und nachhaltige Verbesserung der Verhältnisse nur möglich ist, wenn gemessen wird. Nur mit Messungen können die Ursachen von Prozessveränderungen eindeutig bestimmt werden. Nur Messungen erlauben quantitative Aussagen.

Wenn man auf der anderen Seite die Unfälle untersucht, von denen einige im ersten Kapitel beleuchtet wurden, so stößt man in vielen Fällen auf das Management des Unternehmens als eine hauptsächliche Ursache. Wenn das Management die Entwicklung besser im Griff gehabt hätte, wenn Informationen aus dem Prozess zur Verfügung gestanden hätten, wären Entscheidungen anders ausgefallen.

Wir werden also in Zukunft messen müssen. Nicht nur, weil die Norm es verlangt. Messungen liegen im wohl verstandenen eigenen Interesse eines Unternehmens. Durch Messungen kann man herausfinden, wo es Schwachstellen gibt. Mittels der Ergebnisse von Messungen lässt sich feststellen, wo man Werkzeuge einsetzen und Geld investieren sollte.

Wenn man für eine Messung als Symbol ein Fieberthermometer benutzt, dann könnte unser Entwicklungsprozess in Zukunft so aussehen, wie in Abbildung 3-8 dargestellt.

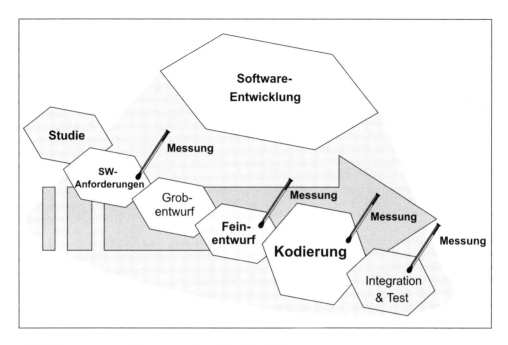

Abb. 3–8: *Messungen während der Entwicklung*

Wo die Messungen angesetzen, welche Größen erfasst werden, wie eine Software-Metrik im Detail aussieht, wer Daten liefert, wer die Daten analysiert und auswertet, das alles muss noch festgelegt werden. Wenn wir allerdings die Chance ergreifen, die DIN EN ISO 9001 in ihrer neuen Form bietet, dann wird unser Entwicklungsprozess in ein paar Jahren ein neues Gesicht haben.

Element 1: Management

Wir werden siegen, und der industrielle Westen wird verlieren. Es gibt nicht viel, was ihr im Westen dagegen tun könnt, denn die Ursache eures Niedergangs liegt in euch selbst. Eure Firmen basieren auf dem Taylor-Modell, euer ganzes Denken ist tayloristisch. Bei euch denken die Bosse, und die Arbeiter führen nur aus. Ihr seid zutiefst davon überzeugt, dass dies die beste Methode ist zu managen. Wir sind längst über das Taylor-Modell hinaus. Der heutige Wettbewerb ist so komplex und schwierig, das Überleben einer Firma ständig gefährdet, das Umfeld so unvorhersehbar, konkurrenzintensiv und riskant, dass dauerhafter Erfolg die allzeitige Mobilisierung der ganzen Intelligenz jedes einzelnen Mitarbeiters erfordert.

Konosuke Matsushita

In der 1994er Version der DIN EN ISO 9001 tauchte zwar das Wort Qualitätsmanagement im Titel auf, im Text selbst fand man aber wenig zu Tätigkeiten des Managements. Das hat sich mit der Fassung vom Dezember 2000 geändert. Nun widmet sich eines der wichtigsten Kapitel dem Management.

Das ist auch deswegen wichtig, weil Qualitätsmanagement nun eindeutig dem Management zugeordnet ist. Damit lässt sich die Verantwortung des gesamten Managements für die Qualität von Produkten und Prozessen nicht länger leugnen.

4.1 Verantwortung von Vorstand, Geschäftsleitung und Management

In DIN EN ISO 9001 wird gefordert, dass die Leitung des Unternehmens verpflichtet ist, ein Qualitätsmanagementsystem zu schaffen und kontinuierlich zu verbessern. Das schließt natürlich nicht aus, dass diese Aufgabe an ein einzelnes Mitglied der kollektiven Leitung, etwa den Qualitätsmanager oder QM-Beauftragten, delegiert werden kann. Diese Tätigkeit muss beweisbar sein. Im Einzelnen wird gefordert:

1. Dem Unternehmen und seinen Mitarbeitern muss die Bedeutung der Erfüllung von Kundenanforderungen kommuniziert werden. Dazu gehören auch gesetzliche Vorgaben.
2. Qualitätsziele müssen definiert werden.
3. Das Management muss die Ergebnisse des QM-Systems bewerten.
4. Zum Aufbau und zur Pflege des Qualitätsmanagementsystems müssen Ressourcen bereitgestellt werden.

Damit ist die Verantwortung des Managements eindeutig festgelegt. Auf der einen Seite wird eine Forderung zur Leistung ausgesprochen. Allerdings müssen dafür auch Ressourcen bereitgestellt werden. Dazu gehören nicht zuletzt ein Budget und die Bereitstellung von Mitarbeitern. Der Inhalt von Abschnitt 5.1 der Norm mit dem Titel *Verpflichtung der Leitung* ist in Abbildung 4-1 aufgezeigt.

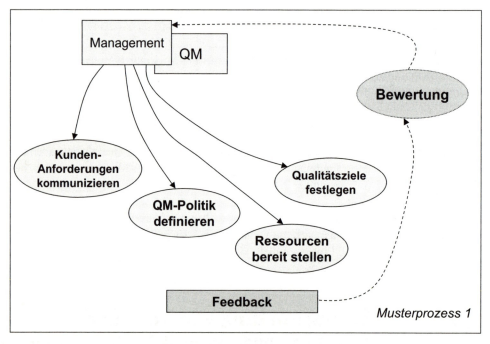

Abb. 4–1:   *Verpflichtung des Top Managements*

Damit haben wir schon unseren ersten Musterprozess geschaffen. In der Grafik ist bereits die Forderung in Abschnitt 5.1 mit dem Titel *Qualitätspolitik* eingearbeitet. Das Formulieren der Qualitätspolitik des Unternehmens ist eine Aufgabe, das die Geschäftsleitung nicht delegieren kann. Im Detail wird in der Norm zur Qualitätspolitik gefordert:

1. Sie muss dem Zweck des Unternehmens angemessen sein.
2. Die Verpflichtung zur Erfüllung der Anforderungen muss enthalten sein.
3. Die kontinuierliche Verbesserung des Qualitätsmanagementsystems muss angesprochen werden.

4. Sie muss einen Rahmen für das Festlegen und Bewerten von Qualitätszielen schaffen.
5. Die Qualitätspolitik muss den Mitarbeitern des Unternehmens bekannt gegeben und vermittelt werden.
6. Diese Politik muss periodisch überprüft werden.

Eine Qualitätspolitik muss auf das Unternehmen und seinen Kundenkreis ausgerichtet sein. Ein Unternehmen wie Motorola, das seine Chips jahrelang an die Hersteller von Computern, Telefon und Funkgeräten geliefert hat, wird hier andere Aussagen machen müssen als ein Unternehmen wie eine Telefongesellschaft, die Millionen von Kunden versorgt. Im Kreis des Chip-Herstellers ist der Kundenkreis eher überschaubar, und bei den Kunden hat man es mit Fachleuten zu tun. Eine Telefongesellschaft wendet sich an das breite Publikum, an Laien.

Die zweite Forderung berücksichtigt einen der Leitgedanken der Norm, den Fokus auf den Kunden. Deswegen wird hier verlangt, dass die vom Kunden gestellten Anforderungen erfüllt werden müssen.

Die dritte Forderung zielt auf kontinuierliche Verbesserung des QM-Systems im Sinne eines Regelkreises und ist sicherlich in Zusammenhang mit Abschnitt *8 Messung, Analyse und Verbesserung* zu sehen. Ohne Ergebnisse aus diesem Prozess hat das Management nämlich keine gefestigte Grundlage, auf der es entscheiden kann.

Die vierte Forderung stellt auf den organisatorischen Rahmen ab, in dem die Forderungen umgesetzt werden sollen. Die fünfte Forderung ist sehr wichtig. Ein QM-System ist ohne Nutzen, wenn es zwar dokumentiert ist, aber im Unternehmen nicht akzeptiert und gelebt wird. Deshalb wird hier gefordert, dass das Management die Belange des Qualitätsmanagements aktiv unterstützt, den Mitarbeitern die Ziele und die Qualitätspolitik nahe bringt und etwaige Unklarheiten ausräumt.

Die letzte Forderung läuft darauf hinaus, die Qualitätspolitik, und damit letztlich auch das Qualitätsmanagementsystem, periodisch zu überprüfen und gegebenenfalls anzupassen. Bevor wir auf das QM-System im Detail kommen, wollen wir gleich den Teil der Norm untersuchen, der sich mit der Bewertung des Systems befasst. Diese Forderungen finden sich in Abschnitt *5.6 Managementbewertung*.

Gegenüber der 1994er Fassung der Norm sind hier eine ganze Menge neue Instrumente hinzukommen. Im Einzelnen werden genannt:

1. Ergebnisse von Audits
2. Rückmeldungen von Kunden
3. Informationen aus Prozessen
4. Informationen über Produkte
5. Daten aus dem Fehlermeldesystem
6. Folgemaßnahmen früherer Bewertungen
7. Vorgeschlagene Änderungen
8. Verbesserungen

Damit stehen dem Management eine ganze Reihe von Informationsquellen zur Verfügung, die zur Verbesserung des Systems genutzt werden können. In Abbildung 4-2 ist dieser Prozess in grafischer Form aufgezeigt.

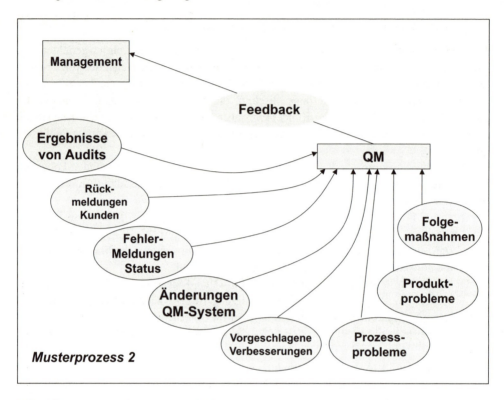

Abb. 4–2:   *Bewertung des QM-Systems*

Mein Rat geht dahin, ein QM-System in seinen Grundzügen nicht im Abstand von Monaten, sondern eher Jahren, zu verändern. Das heißt auf der anderen Seite nicht, dass vielleicht die eine oder andere Verfahrensanweisung hinzukommen kann, dass das System in Details verfeinert wird.

    Wenn man ein System zu oft ändert, dann verwirrt man nur die Mitarbeiter. Sie haben keine Zeit, Prozesse zu lernen und zu verinnerlichen. Deshalb sollte ein einmal geschaffenes QM-System in den ersten Jahren nach seiner Verabschiedung nicht grundlegend verändert werden. Das setzt natürlich voraus, dass das System vorher den Mitarbeitern vorgestellt, mit ihnen diskutiert und notwendige Änderungen eingebracht wurden.

    Weil wir uns gerade auf der obersten Ebene eines Unternehmens bewegen, muss gesagt werden, dass Qualitätspolitik und das damit verbundene System sich bei fortschrittlichen Firmen sich zu einer Reihe weiterer Bausteine gesellen werden, die zusammen dazu dienen sollen, die Organisation mittel- und langfristig zu einem Gewinner im Markt zu machen. Zu diesen Bausteinen gehören die Erarbeitung einer Vision, die Definition der Mission des Unternehmens und das Setzen von Zielen. Zu diesen Zielen könnten zum Beispiel gehören:

Ziel	Kurzzeitig 6 Monate	Langfristig 5 Jahre
Kundenzufriedenheit	60%	95%
Marktanteil	10%	15%
Wachstum, Umsatz in Millionen Euro	8	12
Gewinn	12%	16%
Gewinn der Aktionäre	1,40 €	1,90 €

Tabelle 4–1: Ziele der Unternehmensleitung [44]

Zum Marktanteil ist zu bemerken, dass Unternehmen im Bereich der Software fast immer einem Geschäftsmodell folgen, das auf die Beherrschung eines Marktsegments abzielt. Das Paradebeispiel dafür stellt Microsoft dar. Obwohl die Konkurrenten lautstark über die marktbeherrschende Stellung von Microsoft klagen, übernehmen sie doch das Geschäftsmodell. Dieses sieht vor, in den Anfangsjahren den Kunden das Produkt sehr billig zu überlassen, es ihnen manchmal sogar zu schenken. Kassiert wird, wenn eine genügend große Anhängerschaft gefunden wurde.

Firmen, die eine Vision erfolgreich entwickelt und umgesetzt haben, waren fast immer geprägt von einer starken Führungspersönlichkeit, die für Jahrzehnte an der Spitze stand. Denken wir nur an IBM oder Digital Equipment mit Ken Olsen. Auch der Begriff Unternehmenskultur fällt in diesen Rahmen. Wenn in dieser Richtung Ziele [43] formuliert werden, dann sollten die folgenden Punkte bedacht werden:

1. Eine klare Definition der Tätigkeiten und Geschäftsfelder des Unternehmens: Die Anforderungen und Wünsche der Kunden, die befriedigt werden, sowie der Nutzen für Kunden und Gesellschaft
2. Eine Verpflichtung zu einer effizienten Führung
3. Verpflichtung zur Qualität
4. Der Sektor der Wirtschaft, in dem das Unternehmen tätig sein will. Die Beziehungen mit den Kunden und eine Aussage zu Dienstleistungen.
5. Die strategische Ausrichtung der Organisation: Profitcenter, Dienstleister oder ein auf Wachstum ausgerichtetes Unternehmen in einem neuen Markt
6. Eine Aussage zur Kernkompetenz des Unternehmens: Fähigkeiten und Know-how, mit denen es anderen Wettbewerbern überlegen ist
7. Zukünftige Unternehmensentwicklung: Wohin soll die Reise gehen?
8. Eine Verpflichtung zur Messung der Unternehmensleistung und zur kontinuierlichen Verbesserung

Derartige Aussagen gehören nicht unbedingt zum Qualitätsmanagementsystem, tangieren es aber. Sie könnten zum Beispiel in einem Business Plan auftauchen. Kommen wir damit zurück zum Aufbau des QM-Systems. Wir wollen in unserem Fall von einem fiktiven Unternehmen namens SOFTCRAFT ausgehen, das auf dem Gebiet der Software-Erstellung tätig ist. Für diese Firma werden wir das QM-Handbuch erstellen. Dazu gehören Texte, Verfahrensanweisungen, Musterprozesse und Materialien in der Form von Vorlagen für Dokumente sowie Checklisten. Diese Bausteine finden sich auf der beiliegenden CD-ROM. Wenn im Text Ausdrücke auftauchen, die im Rahmen eines konkreten Unternehmens geändert oder angepasst werden müssen, so sind sie in geschweifte Klammern gesetzt.

Beim Aufbau des QM-Systems haben wir ein Unternehmen vor Auge, das sein System durch eine Reihe von Bausteinen realisiert. Wir werden dabei davon ausgehen, dass nicht jede Verfahrensanweisung jedem Kunden zugänglich gemacht wird. Bezüglich der Verpflichtung des Managements und der Kontrolle des Systems können wir dann den folgenden Text formulieren.

Kontrolle des Qualitätsmanagementsystems

Die Firmenleitung von {SOFTCRAFT} ist sich bewusst, dass nur durch Produkte und Dienstleistungen hoher Qualität das Vertrauen der Kunden gewonnen und dauerhaft gesichert werden kann. Davon hängt die Zukunft des Unternehmens und seiner Mitarbeiter in entscheidendem Maße ab. Um diese Verpflichtung im Betrieb umzusetzen, hat die Firmenleitung die Erstellung eines Qualitätsmanagementsystems in die Wege geleitet.

Die Verpflichtung der Firmenleitung bezieht sich auf die folgenden Punkte:

1. Kommunikation der Bedeutung der Erfüllung von Anforderungen der Kunden im Unternehmen
2. Formulierung der Qualitätspolitik
3. Festlegung von Qualitätszielen, auch in quantitativer Form
4. Stellung von Ressourcen zum Aufbau und zur Pflege des QM-Systems
5. Bewertung des QM-Systems in periodischen Abständen

Die Wirksamkeit, Effizienz und Angemessenheit angesichts veränderter Bedingungen im geschäftlichen und gesellschaftlichen Umfeld des Unternehmens wird von der Geschäftsführung periodisch beurteilt. Dazu bereitet das für die {Qualität zuständige Mitglied der Geschäftsleitung} die Daten auf und trägt vor. Bewertungen finden {vierteljährlich} jeweils gegen Ende eines {Quartals} statt.

Zu den eingesetzten Instrumenten im Rahmen der Bewertung des QM-Systems gehören mindestens:

1. Ergebnisse von Audits
2. Informationen von Kunden, auch gewonnen durch die Auswertung von Reklamationen oder Fehlermeldungen mit unseren Produkten
3. Fehler mit unseren Produkten
4. Schwächen in eingesetzten Prozessen
5. Daten aus dem Fehlermeldesystem
6. Statusberichte zu bereits veranlassten und in der Umsetzung befindlichen Veränderungen auf Grund früherer Managementbewertungen
7. Änderungen im QM-System, zum Beispiel veranlasst durch neue Normen, Erkenntnisse oder Änderungen von Gesetzen
8. Vorgeschlagene Verbesserungen aller Art, auch von Mitarbeitern oder Kunden

Durch die oben aufgeführten Maßnahmen wird es {SOFTCRAFT} gelingen, sein QM-System veränderten Bedingungen anzupassen und auf dem jeweiligen Stand der Technik zu halten. Verbesserungsvorschläge aller Art sind stets willkommen. Sie werden vom {Qualitätsmanagement-Beauftragten} entgegengenommen, bewertet und fließen bei Eignung in eine Revision des QM-Systems ein.

[txt_01]

Damit haben wir die Abschnitte 5.1 und 5.6 der DIN EN ISO 9001 abgedeckt. In grafischer Form ist die Vorgehensweise der Firma in den Musterprozessen 1 und 2 zu finden. Wir können hier auch gleich eine Verfahrensanweisung einfügen, nämlich die zur Durchführung von internen Audits. Zwar werden Audits in der Norm erst im Abschnitt 8.2.2 behandelt. Sie gehören als Instrumentarium des Qualitätsmanagements aber zu den Vorrausetzungen für eine Bewertung. Zunächst aber der Text für Audits im Handbuch selbst.

Durchführung von Audits

Zur Überprüfung der Wirksamkeit und Durchführung des Qualitätsmanagementsystems der {SOFTCRAFT} und der Anwendung dieser Regelungen in den Projekten werden durch den QM-Beauftragten interne Audits durchgeführt. Audits erfolgen in Abständen von {neun Monaten}. Der QM-Beauftragte legt den Termin eine Woche vorher fest, stimmt ihn mit dem zuständigen Manager oder Gruppenleiter in der Entwicklung ab und führt den Audit zum angegebenen Zeitpunkt durch.

Für den Audit wird die Checkliste verwendet, die Teil dieses Handbuchs ist. Der QM-Beauftragte wird zu den Ergebnissen des Audits einen Bericht anfertigen. Er geht an:

- den Manager oder Gruppenleiter, auf dessen Bereich oder Projekt der Audit durchgeführt wurde,
- dessen unmittelbaren Vorgesetzten,
- den Leiter der Entwicklung
- den Projektleiter, falls das EDV-Vorhaben als Projekt durchgeführt wird,
- die Geschäftsleitung.

Der QM-Beauftragte wird etwaige Mängel in dem Bericht nennen, Fristen für die Beseitigung setzen und unter Umständen einen weiteren Audit anberaumen, um die Beseitigung der dokumentierten Mängel zu überprüfen.

In ihrer Gesamtheit dienen Audits auch dazu, das Qualitätsmanagementsystem der {SOFTCRAFT} auf seine Wirksamkeit und Zweckmäßigkeit hin zu überprüfen. Falls in mehreren Projekten Mängel oder mögliche Verbesserungen identifiziert werden, die einer Verbesserung des Systems insgesamt dienen könnten, muss der QM-Beauftragte überlegen, ob er das Qualitätsmanagementsystem und das Handbuch anpassen oder ändern sollte. [txt_02]

Verfahrensanweisung VA-01: Durchführung von Audits

ZWECK:
Dieses Verfahren zeigt die Methode, die zur Prozessprüfung verwendet werden soll.

VERANTWORTLICH:
Verantwortlich ist das Qualitätsmanagement.

VORGEHENSWEISE:
Der Qualitätsmanager legt den Zeitplan für Audits fest. Eine Kopie des nach dem Audit verfassten Berichts geht an die Geschäftsleitung. Sie dient über der Beseitigung festgestellter Mängel hinaus auch der Bewertung des QM-Systems.

> Audits können sich auf diese Bereiche beziehen:
> a) Konfigurationskontrolle
> - Verwaltung von Dokumenten
> - Dokumente zu Änderungen
> - Berichte über Reviews
> - Action Items aus formellen Reviews mit Kunden oder Audits
>
> b) Software-Entwicklung
> - Entwicklungsumgebung, deren Software und Vorkehrungen zum Schutz dieser Ressourcen
> - Kontrolle der Programmbibliothek
> - Behandlung von Fehlerberichten (STRs)
> - Pflege der internen Dokumentation
> - Einhaltung von Kodierstandards, eines Style Guide oder Programmierrichtlinien
> - Pflege von Testaufzeichnungen
> - Interne Kontrolle von Änderungen
> - Einhaltung des Entwicklungsplans oder des Projekthandbuchs
>
> c) Lieferanten oder Unterauftragnehmer
> - Einhaltung des genehmigten Qualitätsmanagementplans
> - Das Qualitätsmanagementsystem
>
> Der Audit kann sich auf ein bestimmtes Projekt beziehen. Der Audit wird entsprechend den Vorschriften des QM-Handbuchs {mindestens eine Woche vorher schriftlich} angekündigt und durchgeführt. Der Qualitätsmanager wird nach dem Audit einen Bericht verfassen, in dem die Ergebnisse festgehalten werden. Dieser wird an die folgenden Personen verteilt:
>
> - Entwicklungsleiter
> - Leitung Qualitätsmanagement
> - Software Manager
> - Projektleiter
> - Leitung Qualitätsmanagement Software
> - Unterlieferant (falls zutreffend)
>
> Der Auditor darf solche Bereiche nicht auditieren, für die er selbst Verantwortung trägt. Bei allen Audits wird auch darauf geachtet, Fehler und Probleme in Prozessen identifizieren zu können.
>
> Der Audit-Bericht stellt eine Aufzeichnung dar, die vom Qualitätsmanagement {15 Jahre lang} aufbewahrt wird.

Im Normentwurf ISO/CD 9001:1999 war die Forderung nach ethischem Verhalten der Unternehmensleitung und der Mitarbeiter enthalten. In der verabschiedeten Fassung der DIN EN ISO 9001 ist diese Forderung entfallen. Trotzdem muss dieser Punkt in einem QM-System nicht unbedingt fehlen. Unsere Branche ist so international ausgerichtet wie kaum eine zweite, und manchen Märkten mag Ethik durchaus ein Thema sein. Amerikanische Manager können zum Beispiel für Bestechung in den USA bestraft werden, selbst wenn diese Bestechung in einem Land wie dem Jemen oder in Afrika stattgefunden hat.

Bei der Ethik geht man davon aus, dass es eine Reihe moralischer Standards gibt, die universell gültig sind. In der amerikanische Verfassung schlug sich dies in der Forderung nach »Leben, Freiheit und dem Streben nach Glück« nieder. In der Religion kann man die Forderung finden: Was du nicht willst, dass dir geschieht, das füge keinem anderen zu.

Im Detail können wir die folgenden Forderungen ausmachen, die die Grundlage für ethisches Verhalten – auch im Betrieb – bilden könnten:

1. Alle unsere Beziehungen gründen auf Ehrlichkeit und das Schaffen von Vertrauen gegenüber unseren Mitmenschen und Partnern.
2. Wir führen Tätigkeiten und Aufgaben zuverlässig aus.
3. Mündliche und schriftliche Aussagen entsprechen der Wahrheit und sind auch in den Einzelheiten genau.
4. Wir nehmen bei allen Aufgaben eine konstruktive und kooperative Haltung ein.
5. Wir verhalten uns gegenüber Kollegen, Auszubildenden, Kunden und Dritten fair.
6. Wir halten uns bei allen unseren Aktivitäten an das Gesetz.
7. Wir streben danach, alle Aufgaben in der bestmöglichen Weise auszuführen.
8. Wir versuchen, alle Ressourcen so einzusetzen, dass sie geschont werden. Verschwendung ist uns fremd.
9. Wir versuchen, die Qualität im Unternehmen zu fördern und streben darüber hinaus an, ganz allgemein die Lebensqualität zu verbessern.

Die Erfüllung dieser Forderungen dürfte in der Regel bei der Software-Erstellung nicht schwer fallen. Es handelt sich schließlich um ein immaterielles Produkt. Damit erwachsen im Bereich des Umweltschutzes wenige konkrete Forderungen.

Wir könnten den folgenden Text formulieren.

Ethisches Verhalten

{SOFTCRAFT} ist ein im Markt agierendes Unternehmen, das sich dem Wettbewerb stellt. Ziel ist es, Software hoher Qualität zu kreieren, die den Anforderungen der Kunden genügt oder sie sogar übertrifft. Wir streben einen hohen Gewinn an, weil so das Überleben des Unternehmens mittel- und langfristig gesichert werden kann. Dieser Gewinn ist auch notwendig, um unser Wachstum aus eigener Kraft zu gewährleisten. Wir versuchen, so weit wie möglich ohne Bankkredite auszukommen.

Das Unternehmen und seine Führungskräfte sind sich bewusst, dass die Ressourcen des Planeten Erde endlich sind und nicht unnötig verschwendet werden dürfen. Deswegen fühlt sich {SOFTCRAFT} auch dem Umweltschutz verpflichtet.

Das Unternehmen bemüht sich, in der Gemeinde, in der es angesiedelt ist, ein guter Bürger zu sein. Wir arbeiten mit der nahe gelegenen Universität zusammen, beschäftigen Studenten, betreuen Diplomarbeiten und stellen nicht mehr gebrauchte Rechner Kindergärten und Schulen zur Verfügung. Wir veranstalten einmal im Jahr ein Sommerfest, zu dem wir alle unsere Geschäftspartner, Freunde, Sponsoren und Gönner einladen. Die Geschäftsführung folgt dem Grundsatz: *Think globally, act locally.*

Konkret haben wir uns im Bezug auf Ethik [45] entschlossen, die vom *Institute of Electrical and Electronics Engineers* (IEEE) erarbeiteten Grundsätze zu übernehmen. Einzelheiten regelt eine Verfahrensanweisung. [txt_03]

Die zu diesem Textvorschlag gehörige Verfahrensanweisung lautet wie folgt:

> **Verfahrensanweisung VA-02: Ethisches Verhalten**
>
> ZWECK:
> Die Mitarbeiter und Manager zu ethischem Handeln zu veranlassen
>
> VERANTWORTLICH:
> Alle Mitarbeiter des Unternehmens
>
> VERFAHREN:
> Wir sind uns bewusst, dass die von uns geschaffene Software und die Geräte, in denen sie zum Einsatz kommt, die Lebensqualität unserer Mitbürger entscheidend beeinflussen kann. Wir fühlen eine Verpflichtung gegenüber unserem Berufsstand als Ingenieure, wir wollen gute Bürger sein und verpflichten uns deshalb, die folgenden Grundsätze ethischen Handelns bei unserer Arbeit zu berücksichtigen.
>
> 1. Wir akzeptieren die Verantwortung für unsere Entscheidungen als Ingenieure, die die Sicherheit und Gesundheit der Anwender unserer Produkte betreffen. Wir werden Informationen nicht zurückhalten, wenn durch von uns entworfene oder gefertigte Produkte die Gesellschaft oder die Umwelt bedroht sein könnte.
> 2. Wir werden versuchen, tatsächliche oder empfundene Interessenkonflikte wenn möglich zu vermeiden; falls sie existieren sollten, werden wir offen darüber reden, auch in der Öffentlichkeit.
> 3. Wir werden bei Behauptungen und Schätzungen zu Produkten ehrlich sein und realistische Zahlen nennen, basierend auf den uns zugänglichen Daten.
> 4. Wir lehnen Bestechung in jeder Form ab.
> 5. Wir verpflichten uns, das Verständnis für Technik und ihre Anwendungen zu fördern. Wir verschweigen potentielle Konflikte nicht.
> 6. Wir verpflichten uns, unsere technische Kompetenz zu erhalten und zu verbessern; Aufgaben im technischen Bereich für Dritte werden wir nur dann annehmen, wenn wir dafür auf Grund unseres Wissens und unserer Erfahrung geeignet sind. Wenn wir gewisse Gebiete nicht beherrschen, werden wir das offen sagen.
> 7. Wir akzeptieren Kritik an unserer Arbeit, gestehen Fehler ein, beurteilen die Arbeitsergebnisse unserer Mitstreiter, nennen mögliche Fehler und schmücken uns nicht mit fremden Federn, sondern erkennen die Beiträge anderer an.
> 8. Wir behandeln alle Menschen gleich und diskriminieren keinen Mitmenschen, sei es nun aufgrund seiner Rasse, seiner Religion, seines Geschlechts, seines Alters oder seiner Herkunft.
> 9. Wir werden andere nicht verletzen, respektieren das Eigentum anderer und ihren guten Ruf. Wir schädigen sie auch nicht, in dem wir sie am Arbeitsplatz oder gegenüber ihrem Arbeitgeber verleumden.
> 10. Wir unterstützen Kollegen und Mitarbeiter in ihrer professionellen Entwicklung und darin, diese ethischen Grundsätze bei der täglichen Arbeit umzusetzen.

Die oben aufgeführten Grundsätze sollten sich in der Praxis durchaus verwirklichen lassen, selbst wenn das Gebiet Ethik dem Ingenieur, Techniker oder Programmierer eher fremd sein mag.

4.2 Wer sind die Besitzer des Unternehmens?

In den letzten Jahren ist der Begriff *Shareholder Value* über den Atlantik geschwappt. Er bedeutet in seinem Kern, dass es die Pflicht eines Managers ist, möglichst hohe Gewinne für die Aktionäre zu erzielen. Das ist durchaus nicht falsch. In einem kapitalistischen System ist es legitim, 10 oder 15 Prozent Umsatzrendite zu erwarten. Wenn ein Anleger sein Geld in den USA auf die Bank legt, kann er bereits 6 Prozent Zinsen erwarten. Da ist es nur folgerichtig, dass er bei der Anlage in einem Unternehmen, die mit Risiken verbunden ist, mehr erwartet.

Allerdings wird von deutschen Managern leicht übersehen, dass der Begriff *Shareholder Value* in den USA eingebettet ist in bestimmte Wertvorstellungen und Traditionen. So wird zum Beispiel von einer Firma in den USA durchaus erwartet, dass sie lokale Wohltätigkeit unterstützt. Die meisten großen Konzerne bieten an, den Betrag, den ihre Mitarbeiter für wohltätige Organisationen spenden, aus eigenen Mitteln zu verdoppeln. Der Zusammenhalt von Gemeinden ist relativ stark, verursacht vor allem durch die langen Jahre der Depression in den 30er Jahren.

Deutsche Manager waren überrascht, als sie in South Carolina ein Werk aufmachen wollten und sie Besuch von Professoren der örtlichen Universität bekamen. Die Hochschullehrer fragten, was sie für das Unternehmen tun könnten. Die Professoren handelten dabei durchaus eigennützig: Das neue Werk schaffte Stellen für die Absolventen ihrer Hochschule.

Insofern muss man bei allen Begriffen fragen, in welchem kulturellen Kontext sie stehen. In Normen und der Fachliteratur [44] finden wir dabei häufig den Begriff *Stakeholder*. Damit können alle Organisation, Gruppen, Institutionen und Personen gemeint sein, die in irgendeiner Weise ein Interesse an einem Unternehmen haben. Dies ist in Tabelle 4-2 dargestellt.

Art des Einflusses Interesse	Direkter Einfluss	Wirtschaftlich	Politisch
Kapitalbeteiligung	Aktionäre oder Teilhaber	Inhaber, Beschäftigte und Mitarbeiter	Oftmals Kleinaktionäre, Minderheiten
Wirtschaftlich	Kapitalgeber, z.B. über Darlehen	Lieferanten, Partner, Kreditgeber, Banken, Kunden, Mitarbeiter, Konkurrenten	Rathaus, Bürgermeister, Regierungen, Interessenvertreter (Lobby), Gewerkschaften
Sonstiges Interesse	Aufsichtsräte, Lizenzgeber, Auditoren, Zertifizierer	Normungsgremien	Bundesregierung, Verbände, *Non-Government Organisations* (NGOs)

Tabelle 4–2:   *Stakeholder eines Unternehmens [44]*

Wenn man es sich genau überlegt, gibt es also eine ganze Reihe von Institutionen und Gruppen, die direkt oder indirekt Einfluss auf ein Unternehmen ausüben. Deswegen sollte man das Unternehmen und sein Qualitätsmanagementsystem auch darauf ausrichten. Je mehr es in seinem Umfeld geschickt agiert, desto erfolgreicher kann es sein.

4.3 Fokus auf den Kunden

If we provide real satisfaction to real customers, we will be profitable.
John Young

Märkte bestehen aus Menschen. Das Schicksal eines Unternehmens hängt davon ab, ob es ihm gelingt, die Forderungen, Wünsche und Erwartungen seiner Kunden zu erfüllen. Dabei sollten auch die Menschen nicht übersehen werden, die noch keine Kunden sind. Ein aggressiver Vertrieb wird sie einfach als potentielle Käufer einstufen.

DIN EN ISO 9001 fordert in Abschnitt 5.2 unter der Überschrift *Kundenorientierung*: Die Firmenleitung muss dafür sorgen, dass Kundenanforderungen ermittelt werden mit dem Ziel, die Kundenzufriedenheit zu erhöhen. Zu Einzelheiten wird auf Prozesse im Abschnitt Produktrealisierung und Messung, Analyse und Verbesserung verwiesen.

Die Stimme des Kunden klar zu hören ist oft schwierig, wenn ein Manager aus seiner Enklave im höchsten Stockwerk eines Wolkenkratzers nicht mehr herauskommt. Deswegen kann es gerade in diesem Fall ratsam sein, mit voller Absicht die Umgebung zu wechseln. Sehen wir dazu Fall 4.1.

Fall 4–1: *An die Front [46]*

> Englische Supermärkte versuchen seit Jahren, sich im benachbarten Irland zu etablieren. Allerdings sind sie damit bisher stets gescheitert. Die führende Supermarktkette in Irland heißt *Super Quinn* und gehört einem gewissen Fergal Quinn. Das Geheimnis dieses Unternehmers liegt nicht in niedrigeren Preisen oder anderer Ware. Vielmehr müssen alle leitenden Angestellten der Kette zwei Tage der Woche außerhalb ihres Büros verbringen.
>
> Ein Wochentag wird regelmäßig damit verbracht, eine Tätigkeit in einem Laden selbst auszuführen, etwa an der Kasse oder als Verkäufer verderblicher Ware wie Obst oder Fisch. Der zweite Tag dient dazu, sich in den Läden der Wettbewerber umzusehen, sich mit Verkäufern und Kunden zu unterhalten.

Im Einzelhandel gelingt es relativ leicht, an den Endkunden heranzukommen. In der modernen Volkswirtschaft erfolgt die Leistungserbringung allerdings oftmals in Ketten, die aus Lieferanten und deren Kunden bestehen. Das kann sich über viele Stufen erstrecken. In großen Firmen und Konzernen verlässt ein Produkt oft erst nach langer Zeit das Unternehmen. Deswegen hat man sich angewöhnt, von internen Kunden zu reden. Der Empfänger eines

Produkts oder Zwischenprodukts am Ende eines Prozesses wird dabei als interner Kunde betrachtet. Ziel muss es sein, zunächst seine Forderungen und Erwartungen zu erfüllen.

4.4 Qualitätspolitik

Die Qualitätspolitik ist das Mittel, mit dem die Unternehmensführung ihre Ziele für das Qualitätsmanagementsystem darlegt. DIN EN ISO 9001 gibt dazu die folgenden Vorgaben:

1. Die Qualitätspolitik muss sich am Zweck der Organisation orientieren.
2. Sie muss eine Verpflichtung zur Erfüllung der Anforderungen enthalten.
3. Sie muss auf kontinuierliche Verbesserung des QM-Systems ausgerichtet sein.
4. Sie muss einen Rahmen zum Festlegen und Bewerten von Qualitätszielen bieten.
5. Sie muss in der Organisation kommuniziert und verstanden werden.
6. Sie muss in einem angemessenen zeitlichen Rahmen auf ihre weitere Angemessenheit hin bewertet werden.

Im Rahmen von Total Quality Management [47] werden die folgenden Forderungen in Bezug auf die Qualitätspolitik eines Unternehmens erhoben:

1. Schaffung der organisatorischen Voraussetzungen
2. Identifizierung der Wünsche, Forderungen und Bedürfnisse der Kunden
3. Beurteilung der Fähigkeit des Unternehmens, Kundenforderungen zu erfüllen
4. Schaffung eines Systems, mit dem gewährleistet wird, dass eingekaufte Produkte und Dienstleistungen die Qualität der eigenen Produkte nicht negativ beeinflussen
5. Konzentration auf Fehlerverhinderung, nicht Fehlerbehebung
6. Einsatz von Schulungen in jeder Form, um Qualität zu fördern und Verbesserungen zu ermöglichen
7. Periodische Überprüfung des QM-Systems, um Fortschritte zu erzielen

Für die Formulierung der Qualitätspolitik eines Unternehmens gibt es eine Reihe von Vorschlägen. Die Zielrichtung und die Auswirkungen auf das Unternehmen können dabei durchaus unterschiedlich sein. Hierzu ein paar Beispiele:

Qualitätspolitik A

1. Qualitätsverbesserungen sind in erster Linie eine Aufgabe des Managements und liegen in dessen Verantwortung.
2. Um es allen Mitarbeiter im Unternehmen zu ermöglichen, Verbesserungen einzubringen, müssen alle Mitarbeiter in die Planung, Vorbereitung, Ausführung und Bewertung von Prozessen und Tätigkeiten einbezogen werden.
3. Qualitätsverbesserungen müssen in allen Teilen der Organisation in geplanter und systematischer Weise angepackt und durchgeführt werden.
4. Verbesserung ist ein kontinuierlicher Prozess.

5. Das Unternehmen muss sich mehr denn je auf Kunden und Anwender konzentrieren, sowohl außerhalb als auch innerhalb der Firma.
6. Die Leistungen und Produkte unserer Wettbewerber müssen den zuständigen Abteilungen im Hause bekannt sein.
7. Lieferanten müssen bei der Formulierung unserer Qualitätsziele einbezogen werden.
8. Ausbildung und Schulung spielen eine wichtige Rolle, um Qualitätsziele zu erreichen.
9. Diese Qualitätspolitik wird im Unternehmen verbreitet.
10. Über Fortschritte bei der Umsetzung der Qualitätspolitik wird der Firmenleitung regelmäßig berichtet.

Qualitätspolitik B

Die Firmenleitung betrachtet die Qualität unserer Produkte als äußerst bedeutsam, weil nur solche Produkte, die zu zufriedenen Kunden führen, langfristig das Überleben der Firma sichern können.

Das Management und jeder Mitarbeiter wird darauf hinwirken, eine termingerechte Auslieferung unserer Produkte an die Kunden zu gewährleisten. Dabei erfüllen unsere Produkte die an sie gestellten Anforderungen und können sich in preislicher Hinsicht mit Produkten von Wettbewerbern messen. Wir streben danach, Fehler zu vermeiden. Falls trotz aller Anstrengungen Fehler vorkommen, werden wir sie auf Kosten des Unternehmens beseitigen.

Um diese Qualitätspolitik durchzusetzen, wird ein Qualitätsmanagementhandbuch erstellt, das für alle unsere Standorte gültig ist. Dessen Regelungen sind für alle Mitarbeiter und deren Manager verbindlich.

Qualitätspolitik C

1. Es ist das Ziel des Unternehmens, die Forderungen, Wünsche und Bedürfnisse seiner Kunden besser zu erfüllen als jeder Wettbewerber. Dazu sind Anstrengungen jedes Mitarbeiters notwendig.
2. Die Qualität unserer Produkte wird letztlich vom Kunden empfunden und definiert. Der Kunde benötigt ein Produkt, das über seine gesamte Lebensdauer hinweg seine Erwartungen erfüllt oder sogar übertrifft. Dabei sollte der Preis so angesetzt sein, dass ihn der Kunde als ein gerechtes Entgeld für das Produkt betrachtet.
3. Hervorragende Qualität zeigt sich eher darin, Fehler zu vermeiden, als sie erst zu machen und sie nachher in ihren Auswirkungen zu beseitigen.
4. Alle Tätigkeiten, die von Lieferanten und eigenen Mitarbeitern ausgeführt werden, bilden den Teil einer Wertschöpfungskette. Jeder Mitarbeiter kann einen Teil dieses Prozesses, und damit die Produktqualität, beeinflussen. Damit liegt es auch an jedem Mitarbeiter, zur Zufriedenheit des Kunden beizutragen.
5. Selbst gute Produkte und Prozesse können verbessert werden.
6. Es sind unsere Mitarbeiter, die diese Verbesserungen aktiv einbringen.
7. Wer ein Produkt oder Teilprodukt für einen anderen Mitarbeiter im Unternehmen erstellt, hat in diesem Mitarbeiter einen internen Kunden.

Qualitätspolitik D

Qualität bedeutet, die Anforderungen, Wünsche und Bedürfnisse des Kunden zu erfüllen:

- Für externe und interne Kunden
- Für alle Produkte und Dienstleistungen
- Immer

Daraus ergibt sich:

- Die Beteiligung aller Mitarbeiter und ihrer Manager
- Die Verpflichtung des Managements zur Unterstützung dieser Ziele
- Eine Partnerschaft mit unseren Lieferanten und Unterauftragnehmern
- Ziele, Normen und ein QM-System, um das zu erreichen

Wir wollen dies durch folgende Maßnahmen erreichen:

- Erfüllung von Kundenforderungen
- Fehlerverhinderung, nicht das Ausbessern gemachter Fehler
- Es von Anfang an richtig machen.
- Messungen, um unsere Leistung qualitativ beurteilen zu können, einschließlich der Kosten

Manche Firmenleitung ist ehrgeiziger als die des Wettbewerbers, und das spiegelt sich in der Qualitätspolitik wider. Wer sich zum ersten Mal mit DIN EN ISO 9001 beschäftigt, wird nicht gleich im ersten Jahr alle Konkurrenten auf die Plätze verweisen können. Wer bereits ein funktionierendes QM-System besitzt, wird es nicht sofort völlig umkrempeln wollen. Auch die Qualitätspolitik muss auf das Unternehmen und sein Umfeld abgestimmt werden. Hierzu der folgende Vorschlag.

Qualitätspolitik

{SOFTCRAFT} strebt danach, Software hoher Qualität zu einem angemessenen Preis anbieten zu können. Zu diesem Zweck wird für jedes Projekt untersucht, welche Forderungen seitens des Kunden und der Anwender der Software bestehen. Es wird allerdings auch der Stand der Technik berücksichtigt, und möglicherweise vorhandene Restriktionen werden mit Vertretern des Kunden besprochen.

Dabei werden für jede Entwicklung qualitative Merkmale erarbeitet und nach Prioritäten geordnet. Stehen bei einem bestimmten Entwicklungsvorhaben Eigenschaften wie Zuverlässigkeit oder weitgehende Fehlerfreiheit der Software im Vordergrund, oder sind beim Versagen der Software Menschen an Leib und Leben in Gefahr, werden alle verfügbaren Techniken eingesetzt, um die gesteckten Ziele zu erreichen. Einzelheiten werden im Software-Entwicklungsplan des jeweiligen Projekts dokumentiert.

Das QM-System trägt zur Produktqualität bei, indem es Methoden, Techniken und Verfahren nennt, die kollektiv diesem Ziel dienen können. Die Firmenleitung ist sich bewusst, dass es bei Software einer Vielzahl einzelner Maßnahmen bedarf, um eine hohe Qualität des Produkts erreichen zu können. [txt_04]

Mit dieser Erklärung verlagern wir das Problem weitgehend auf die Projekte. Das ist dann sehr sinnvoll, wenn eine Firma in unterschiedlichen Marktsegmenten tätig ist. Während eine Gruppe beispielsweise ein Programm wartet, das der Personalverwaltung zuzurechnen ist und nicht als sicherheitskritisch gilt, entwickelt ein anderes Team ein Programm, mit dem ein medizinisches Gerät gesteuert wird. Würde in diesem Fall eine Strahlenquelle falsch angesteuert, könnte es zu einem Unfall kommen, der erhebliche Auswirkungen haben könnte. Es dürfte klar sein, dass eine einheitliche Behandlung der beiden Arten von Software nicht sinnvoll ist.

Wenn das Unternehmen nur eine Art von Software erstellt, die weitgehend den gleichen Bedingungen genügen muss, dann ist es durchaus möglich, bei der Formulierung der Qualitätspolitik an dieser Stelle konkreter zu werden.

Alternativ dazu ist der folgende Text möglich:

Qualitätspolitik

Es ist das Ziel der {SOFTCRAFT}, Software hoher Qualität zu entwickeln und auszuliefern. Zu diesem Zweck haben wir eine Reihe analytischer und konstruktiver Maßnahmen vorgeschrieben, die kollektiv dazu dienen sollen, dieses Ziel zu unterstützen.

Zu den konstruktiven Maßnahmen zählt zum Beispiel die Vorgabe eines Prozessmodells, das es uns erlaubt, Fehler relativ früh im Entwicklungsprozess zu finden. Dazu zählen auch Reviews, sowohl intern als auch mit unseren Kunden. Dazu zählt der Einsatz moderner und leistungsfähiger Hochsprachen. Dazu zählen nicht zuletzt Werkzeuge, die der Fehlersuche und -vermeidung dienen.

Zu den analytischen Maßnahmen zählt der Test der Software, aber auch Fagan Inspections und Walkthroughs. Alle Verifikations- und Validationsschritte haben das Ziel, Fehler zu finden und zu beseitigen. Wir sind bestrebt, Fehler in der Software möglichst früh im Entwicklungsprozess zu identifizieren, so dass wir sie noch vor der Auslieferung an unsere Kunden beseitigen können.

Ziel unserer Qualitätspolitik ist es auch, von Monat zu Monat, von Jahr zu Jahr besser zu werden. Zu diesem Zweck setzt das Qualitätsmanagement statistische Methoden bzw. Metriken ein, um die Fehlerzahl zu erfassen und die Entwicklung verfolgen zu können.

Wir stehen unseren Kunden und den Anwendern auch nach der Auslieferung der Software mit Rat und Tat zur Seite und sind bestrebt, ihnen bei allen Problemen mit von uns erstellter Software rasch und effektiv zu helfen. Qualität heißt für uns, die Zufriedenheit unserer Kunden zu unserem täglichen Anliegen zu machen. [txt_05]

Damit haben wir die Qualitätspolitik für das Unternehmen vorgegeben. Nun wird es darauf ankommen, im Qualitätsmanagementhandbuch Regelungen zu finden, die diesen Ansprüchen gerecht werden.

4.5 Definierte Erfassung der Anforderungen an das QM-System

Die Prioritäten mögen von Betrieb zu Betrieb andere sein, aber in der Regel lassen sich bei der Schaffung eines Qualitätsmanagementsystems für Software die folgenden Ziele aufstellen. Es soll ...

- den Anforderungen der Norm DIN EN ISO 9001 genügen
- darüber hinausgehende Forderungen, wie sie in DIN EN ISO 9004 stehen oder man sie in der Fachliteratur zu TQM findet, zumindest teilweise genügen
- den Forderungen unserer Kunden entsprechen
- für unsere Mitarbeiter akzeptabel sein
- die Firma als ein Unternehmen darstellen, das ihren Verpflichtungen gerecht wird
- dokumentiert sein
- für eine Zertifizierung geeignet sein

Darüber hinaus kann das QM-System in manchen Fällen noch einer zweiten oder dritten Norm genügen müssen. In der betrieblichen Praxis macht es manchmal sogar Sinn, das gesamte QM-System in der Form von Dateien im Netzwerk der Firma verfügbar zu haben. Das bringt bei der Akzeptanz durch die Mitarbeiter Pluspunkte. Allerdings muss man in diesem Fall darauf achten, dass nur dafür autorisierte Personen Änderungen vornehmen können.

Bezüglich der Planung des QM-Systems wird in der Norm zum einen auf Prozesse verwiesen, zum anderen wird auf den Zusammenhang mit der Produktrealisierung hingewiesen. Beide Forderungen dürften sich erfüllen lassen, wenn man ein QM-System aus einem Guss schafft. Gefordert wird allerdings auch, dass Qualitätsziele messbar sein müssen.

Nun kann man jedes Ziel messbar machen, selbst Kundenbefragungen, wenn man Antworten bestimmte numerische Werte zuweist. Die Frage ist an dieser Stelle natürlich, ob Qualitätsziele bereits in ihrer Formulierung numerische Werte enthalten müssen, oder ob es genügt, gemachte Fortschritte durch Statistiken zu untermauern.

Bezüglich der Unternehmensleitung wurden in der Norm zwei Forderungen formuliert:

1. Die Planung des QM-Systems muss unter Verwendung eines prozessorientierten Ansatzes erfolgen.
2. Das QM-System muss funktionsfähig bleiben, wenn Änderungen geplant und durchgeführt werden.

Der letzte Punkt unterstützt meine Ansicht. Ein einmal vorgestelltes QM-System sollte in den ersten Jahren nach seiner Einführung eher vorsichtig und mit Bedacht geändert werden. Allzu schnelle und unüberlegte Änderungen führen dazu, dass die Prozesse im Unternehmen und den einzelnen Projekten nicht oder nur sehr schwer etabliert werden können.

Auf jeden Fall muss aber sichergestellt werden, dass zum Beispiel bei einem Projekt auch noch Jahre später eruiert werden kann, nach welchen Regelungen ein Entwicklungsplan verfasst oder nach welcher Verfahrensanweisung Software-Module getestet wurden. Ist das nicht möglich, ist die Rückverfolgbarkeit nicht gewährleistet.

4.6 Dokumentation des QM-Systems

An unread, unused document communicates nothing. It answers no questions, enables no action, solves no problem.
Horton

Im Rahmen des Qualitätsmanagementhandbuchs sollte zunächst ein grober Überblick über das QM-System gegeben werden. Auf Einzelheiten wird dabei weitgehend verzichtet. Hierzu kann der folgende Text als Beispiel dienen.

Das Qualitätsmanagementsystem im Überblick

{SOFTCRAFT} besitzt ein dokumentiertes System zum Qualitätsmanagement, das eine Beurteilung durch Dritte ermöglicht. Dieses System zielt darauf ab, Software hoher Qualität zu einem für unsere Kunden erschwinglichen Preis zu erstellen.

Der Schwerpunkt der Tätigkeiten des Qualitätsmanagements und der ihm unterstellten Abteilungen ist darauf gerichtet, den Prozess der Software-Entwicklung zu beeinflussen und auf diese Weise ein Produkt hoher Qualität erst zu ermöglichen. Dazu werden sowohl analytische als auch konstruktive Maßnahmen eingesetzt.

Software-Entwicklungsprozess (Produktrealisierung)

Für alle Projekte wird ein projektspezifischer Entwicklungsplan erstellt, der im Detail das Vorgehen der Entwicklung aufzeichnet. Parallel dazu, oder mit geringer zeitlicher Verzögerung, entstehen die entsprechenden Pläne des Qualitätsmanagements und des Konfigurationsmanagements.

Die Anforderungen des Kunden werden nach einem dokumentierten Verfahren erfasst, das mit einem bestimmten Prozess verbunden ist. Diese Anforderungen münden in eine Spezifikation, die die Grundlage aller weiteren Schritte bei der Software-Entwicklung bildet. Die Software-Spezifikation wird vor ihrer Annahme überprüft.

Die Software-Entwicklung erfolgt nach einem Modell, das im Qualitätsmanagementhandbuch verbindlich vorgegeben ist. Einzelne Projekte müssen ihr Vorgehensmodell von diesem Modell nach einem dokumentierten Verfahren ableiten. Das Modell ist in Phasen gegliedert, mit definierten Eingaben für jede Phase und bestimmten Ergebnissen. Für jedes Projekt können dabei die erstellten Produkte, besonders die Dokumente, an die Erfordernisse des Projekts durch Tailoring angepasst werden. Am Ende jede Phase findet eine Verifizierung der Arbeitsergebnisse statt.

Die Beschaffung aller Software, besonders von Werkzeugen, ist darauf ausgerichtet, das Risiko für den Kunden und die {SOFTCRAFT} zu mindern. Dazu kommen eine Reihe von Verfahren zum Einsatz.

Vor der Übergabe der Software und aller damit verbundenen Produkte an den Kunden findet ein Akzeptanztest statt, in dem die Software gegen ihre Anforderungen geprüft wird. Nach bestandenem Akzeptanztest geht die Verantwortung für die Software an den Kunden über. Er markiert zugleich den Beginn der Wartungsphase.

Es gehört zur Politik der {SOFTCRAFT}, nach dem Akzeptanztest gefundene kleinere Fehler und Mängel in unseren Produkten für den Kunden kostenlos zu beseitigen. Änderungen, die vom Kunden gewünscht werden, sind dagegen kostenpflichtig. Alle Änderungen können so gebündelt werden, dass sie in bestimmte Releases einfließen. Die Entscheidung, in welchem Release ein Fehler beseitigt oder eine Änderung durchgeführt wird, liegt bei der {Geschäftsführung der SOFTCRAFT}.

{SOFTCRAFT} bietet für alle seine Produkte auf Wunsch des Kunden einen Wartungsvertrag an. Eigentum des Kunden wird in der Regel bei der Software-Erstellung nicht eingesetzt. Sollte dies ausnahmsweise der Fall sein, wird darüber eine vertragliche Regelung getroffen oder diese Tatsache wird im Entwicklungsplan erwähnt.

Um die Identifizierung und Verfolgbarkeit von Software, vor allem aber Software-Elementen, zu gewährleisten, wird während der Entwicklung Konfigurationsmanagement betrieben. Einzelheiten dazu werden projektspezifisch im Konfigurationsmanagementplan ausgeführt.

Mitarbeiter

{SOFTCRAFT} beschäftigt qualifizierte Mitarbeiter, darunter ein Großteil Ingenieure und Informatiker. Um deren Niveau während des Berufslebens in dem schnell wachsenden Feld, in dem wir tätig sind, zu halten, wird seitens des Managements großer Wert auf Fort- und Weiterbildung gelegt. Dies bezieht sich sowohl auf fachliche Themen als auch die Persönlichkeitsentwicklung und Sprachen. Einzelheiten regelt eine Verfahrensanweisung.

Die Infrastruktur in unseren Gebäuden ist darauf ausgelegt, eine möglichst hohe Produktivität unter Wahrung der Gesundheit des Mitarbeiters zu ermöglichen. Bezüglich der Software-Entwicklungsumgebung können projektspezifisch Regelungen im Entwicklungsplan getroffen werden.

QM-System

Das System ist so ausgelegt, dass es Mechanismen besitzt, die im Sinne eines Regelkreises zu einer kontinuierlichen Verbesserung führen. Der Fokus liegt auf dem Kunden und der Erfüllung seiner Forderungen, Wünsche und Erwartungen. Der Software-Qualitätsplan wird für jedes Projekt erstellt und ist aus dem Qualitätsmanagementhandbuch abgeleitet.

Der QM-Beauftragte und Mitarbeiter der Qualitätssicherung haben das Recht und die Pflicht, nicht konforme Produkte in jedem Stadium der Entwicklung zu identifizieren. Fehler werden so lange verfolgt, bis sie beseitigt sind. Alle damit zusammenhängenden Informationen stellen Qualitätsaufzeichnungen dar, die {mindestens 15 Jahre, gerechnet ab dem Tag ihrer Erstellung,} aufbewahrt werden.

Zur Verbesserung des Systems, zur Identifizierung von Trends und wiederholt auftretenden Störungen werden Software-Metriken eingesetzt. Deren Ergebnisse werden dem Management in geeigneter Form präsentiert, um Maßnahmen ableiten zu können. Einzelheiten regeln Verfahrensanweisungen.

Das Fehlermeldesystem ist auch darauf ausgelegt, im Sinne vorbeugender Fehlersuche solche Fehler in der Software zu finden, die noch nicht aufgetreten sind. Dies gilt auch für Fehler im Prozess. Einzelheiten regeln Verfahrensanweisungen.

Es ist das Ziel des Qualitätsmanagements, mit Unterstützung der Firmenleitung und der Mitarbeiter, ein System zu kreieren, mit dem Software hoher Qualität geschaffen werden kann, die von unseren Kunden geschätzt wird.

txt_06

Als eine Alternative könnten wir den folgenden Text einsetzen:

Das Qualitätsmanagementsystem für Software in der Übersicht

Um das Qualitätsmanagementsystem für Software zu erläutern und allen Beteiligten zugänglich zu machen, hat die {SOFTCRAFT} ihr Qualitätsmanagement-System in diesem Handbuch dokumentiert. Die Anwendung dieser Grundsätze, Verfahrens- und Arbeitsanweisungen ist innerhalb {des gesamten Unternehmens mit allen seinen Standorten} verbindliche Richtlinie zur Erstellung von Software. Dies erstreckt sich auf alle Fachbereiche, deren Manager und Mitarbeiter.

Die Erstellung von Software geschieht meist im Rahmen eines Vertrags zwischen {SOFTCRAFT} und einem externen Auftraggeber oder Kunden. Der Vertrag wird daraufhin überprüft, ob seine Forderungen in Bezug auf die Entwicklung der Software erfüllbar sind. Fehlende Ressourcen werden identifiziert. Die Bedürfnisse und Forderungen des Auftraggebers münden in eine Reihe dokumentierter Anforderungen an die Software, die zusammen mit anderen Merkmalen die Spezifikation bilden.

Ist kein externer Auftraggeber vorhanden, sondern wird für einen anonymen Markt entwickelt, so stellt gegenüber der Entwicklung und den anderen Fachbereichen der Vertrieb oder das Marketing den Kunden dar. Der Vertrieb wird sich zur Erforschung des Marktes, der Kundenbedürfnisse und -wünsche des Mittels der Marktforschung bedienen, seine Ergebnisse präsentieren und in tangibler Form in eine Spezifikation des Systems und/oder der Software einbringen.

Wird Software für eine Abteilung oder Gruppe im Hause entwickelt, so stellt die anfordernde Abteilung den Kunden dar. Der interne Kunde wird seine Forderungen an die Software in einem Lastenheft oder Spezifikation dokumentieren, das die Grundlage der Entwicklung bildet.

Die Forderungen des Qualitätssicherungssystems für Software werden bei jedem Projekt, das entweder ein reines Software-Projekt darstellt oder Software als Komponente eines größeren Systems enthält, bei Projektbeginn im Sinne eines Tailorings festgelegt. Tailoring sollte im kleineren Rahmen vor der Angebotsabgabe erfolgen und nach Gewinn der Ausschreibung detaillierter vorgenommen werden. Diese detaillierte Planung findet ihren Niederschlag im Software-Entwicklungsplan, dem *Software Quality Program Plan* (SQPP) und dem *Software Configuration Management Plan* (SCMP).

Zur Erstellung der Software wird ein Modell eingesetzt, das mindestens die Phasen Analyse der Anforderungen, Entwurf oder Design, Implementierung sowie Integration und Test enthält. Verifikation und Validation sind integrierte Teile dieses Systems. Vom Auftraggeber beigestellte Software oder zugekaufte Software gilt als Fremdsoftware. Dokumente gelten als Software-Produkte, für die es ein entsprechendes Verfahren gibt.

Projektspezifische Werkzeuge, Methoden und Techniken werden im Entwicklungsplan beschrieben. Regeln, Praktiken und Übereinkommen für ein Projekt stehen als Muster zur Verfügung und können projektspezifisch angepasst werden, zum Beispiel Programmierrichtlinien.

Die Entwicklung der Software endet mit einem Akzeptanztest. Ab diesem Zeitpunkt geht die Verantwortung für das identifizierte Produkt an den Kunden über. Die von der Entwicklungsphase abgegrenzte Phase Wartung und Pflege sollte vertraglich geregelt werden, besonders bei einem Auftrag für einen externen Kunden. Die Auslieferung von Software erfolgt durch das Konfigurationsmanagement, das auch die Vervielfältigung von Medien durchführt oder veranlasst.

Das Qualitätsmanagement und die Qualitätssicherung ist entwicklungsbegleitend tätig. Sie überwacht die Beseitigung von Fehlern in der Software, gibt das dafür anzuwendende System vor, erstellt Aufzeichnungen und Berichte zu ihrer Tätigkeit und unterstützt alle Bemühungen, den Prozess der Software-Erstellung in der Form von Metriken quantitativ beurteilbar zu machen.

Darüber hinaus unterstützt oder initiiert die Qualitätssicherung alle Aktionen, die der Fehlervermeidung dienen oder ein Potential zur Fehlerminderung besitzen. Die Einhaltung der im *Qualitätsmanagementhandbuch Software* vorgegebenen Regeln wird durch Audits überprüft. Das System zur Qualitätssicherung orientiert sich an den einschlägigen Normen, besonders an {DIN EN ISO 9001}. Es berücksichtigt den Stand der Technik in der globalen Software-Industrie und bezieht die langjährigen Erfahrungen des Unternehmens bei der Erstellung von Software mit ein.

Zur Erfüllung ihrer Aufgaben stehen den Mitarbeitern von {SOFTCRAFT} alle notwendigen Ressourcen zur Verfügung. {SOFTCRAFT} beschäftigt qualifizierte Mitarbeiter, deren vorhandenes Wissen durch interne und externe Schulungen erweitert wird. Im Rahmen eines neuen Projekts wird der Projektleiter in Zusammenarbeit mit der Entwicklung feststellen, ob Bedarf für weitere, projektspezifische Schulungen vorhanden ist. Es kann sich zum Beispiel um eine neuartige Methode, den Umgang mit einem Werkzeug oder eine bisher nicht eingesetzte Programmiersprache handeln. Werden projektspezifische Schulungen als notwendig erachtet, so sind die betroffenen Mitarbeiter dazu abzustellen. Die Fachbereiche Qualitätsmanagement und Konfigurationsmanagement sind bei der Planung und Durchführung von Schulungsmaßnahmen einzubeziehen. Das Management sorgt dafür, dass den Mitarbeitern notwendige Informationen zur Verfügung stehen und die Infrastruktur zur Erstellung der Software auf dem Stand der Technik ist. Die Arbeitsumgebung wird anregend gestaltet und trägt zu einer hohen Produktivität bei.

Software-Qualitätssicherung und -management wird als eine Aufgabe angesehen, die sich nicht im Finden und Beseitigen von Fehlern erschöpft, sondern im Sinne vorbeugender Maßnahmen bestimmte Richtlinien für alle beteiligten Disziplinen aufstellt, um Fehler vollständig zu vermeiden oder sie relativ früh im Entwicklungsprozess zu finden. Es wird also ein konstruktiver Ansatz zur Fehlervermeidung verfolgt. Das wichtigste Instrument zur kontinuierlichen Verbesserung stellen Metriken dar. Das QM-System wird dazu so ausgelegt, dass im gesamten Prozess der Software-Erstellung Daten erfasst werden, die später ausgewertet und analysiert werden können. Zweck der Analyse ist es, Trends zu identifizieren und zur Produkt- und Prozessverbesserung beizutragen. [txt_07]

Wollen wir speziell zum Thema Kundenorientierung weitere Informationen geben, so können wir zum Beispiel den folgenden Text verwenden:

Kundenbeziehungen

{SOFTCRAFT} arbeitet sowohl für feste Kunden, mit denen wir bereits seit Jahren gute Beziehungen pflegen, als auch für den Massenmarkt. Das im QM-Handbuch dokumentierte System ist auf beide Arten von Kunden abgestimmt.

Handelt es sich um Stammkunden, so bildet die Grundlage der Software-Entwicklung die Spezifikation. Sie kann sowohl vollständig vom Kunden kommen als auch von den Mitarbeitern der {SOFTCRAFT} erstellt werden. Die Vorgehensweise wird im Einzelfall im Vertrag geregelt und in den Einzelheiten im Entwicklungsplan dokumentiert.

> Handelt es sich um die Erstellung von Software für einen Massenmarkt, so bilden Marketing und Vertrieb der Software einen so genannten *Surrogate Customer*, das heißt, sie stehen für den anonymen Kunden ein. Ihre Aufgabe ist es also, die Wünsche, Forderungen und Notwendigkeiten des Kunden zu erfassen und zu dokumentieren. Sie können sich dazu geeigneter Instrumente bedienen, etwa Marktforschung, Kundenbefragungen, Berichte des Kundendienstes, Befragungen in Seminaren und der Analyse von nicht im Hause {SOFTCRAFT} erstellter Software. Auch in diesem Fall münden alle Informationsflüsse in die Erstellung einer Spezifikation, die die Grundlage der Software-Entwicklung bildet.
>
> Die Firmenleitung betrachtet die Beziehungen zu Kunden unter einem langfristigen Zeithorizont und ist bestrebt, aus Kunden Stammkunden zu machen, die immer wieder kommen. Um die Wünsche und Erwartungen von Kunden zu ergründen, kann sich das Qualitätsmanagement und das Marketing über das einzelne Projekt hinaus des Instruments Kundenbefragungen bedienen, um dieses Ziel zu erreichen. [txt_08]

An dieser Stelle ist es vielleicht an der Zeit, über die Organisation des Qualitätsmanagements ein paar Worte zu sagen. Nach dem Wortlaut der Norm ist klar, dass das Qualitätsmanagement ein Teil des Managements des Unternehmens darstellt. Damit ist gewährleistet, dass die Belange des Fachbereichs in der Firmenleitung vertreten sein müssen. Wenn man der Untergliederung folgt, wie er in DIN EN ISO 9000 steht, würde sich damit die folgende Organisation ergeben.

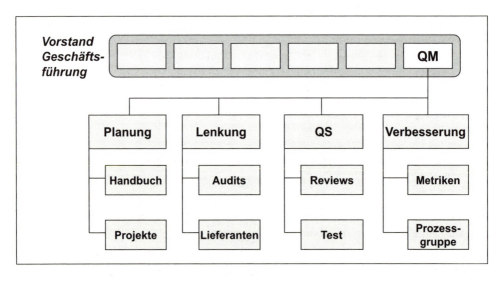

Abb. 4–3:   *Organisation des Qualitätsmanagements*

Nach dem Text in DIN EN ISO 9001 sind dabei die vier oben angesprochenen Fachbereiche wie folgt definiert:

- **Qualitätsplanung:** Teil des Qualitätsmanagements, der auf das Festlegen der Qualitätsziele und der notwendigen Ausführungsprozesse sowie der zugehörigen Ressourcen zur Erfüllung der Qualitätsziele gerichtet ist

- **Qualitätslenkung:** Teil des Qualitätsmanagements, der auf die Erfüllung von Qualitätsanforderungen gerichtet ist
- **Qualitätssicherung:** Teil des Qualitätsmanagements, der auf das Erzeugen von Vertrauen darauf gerichtet ist, dass Qualitätsanforderungen erfüllt werden
- **Qualitätsverbesserung:** Teil des Qualitätsmanagements, der auf die Erhöhung der Fähigkeit zur Erfüllung der Qualitätsanforderungen gerichtet ist

Die darunter liegenden Kästchen stehen nicht in der Norm, sind reine Interpretation. Interessant ist besonders die Gruppe Qualitätssicherung (QS). Man könnte daran denken, ihr den Test der Software zuzuordnen. Allerdings ist dabei zu bedenken, dass der Test der Software einen Umfang von 30 bis 50 Prozent der Kosten eines Projekts [48,3] ausmachen kann.

Weiterhin ist zu beachten, dass zwar das Qualitätsmanagement jederzeit in der Lage sein sollte, Bedenken und Einwände in der Geschäftsleitung vorzubringen. Andererseits sollten aber die operativen Abteilungen, und dazu zählt die Testgruppe, räumlich sehr nahe bei den Entwicklern sein. Insofern ist darauf zu achten, dass im Unternehmen kann Wasserkopf entsteht, sondern dass alle Beteiligten zum Betriebsergebnis beitragen.

Wem die vier Abteilungen zu viel sind, der kann daran denken, gleichartige Tätigkeiten zu einer Abteilung zusammenzufassen. Dabei sollte als Kriterium für eine Gliederung gelten, dass analytische und konstruktive Tätigkeiten unter einem Manager angeordnet werden. Die wenigsten Mitarbeiter sind auf beiden Gebieten gleich stark. Nimmt man diese Zuordnung vor, ergibt sich Abbildung 4-4.

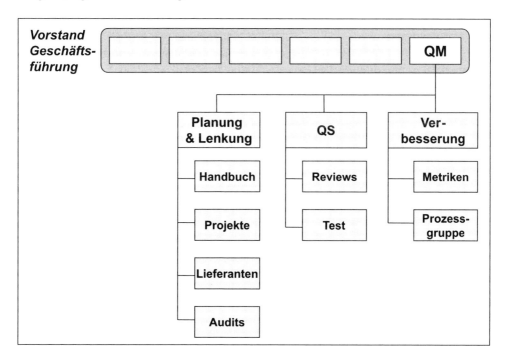

Abb. 4–4: Alternative Organisation des Qualitätsmanagements

Ob man eine zur Verbesserung im Unternehmen eingesetzte Prozessgruppe dem Qualitätsmanagement zuordnen sollte, kann man durchaus in Frage stellen. Das Qualitätsmanagement sollte aber auf alle Fälle vertreten sein, um den Prozess voranzutreiben und darüber aus erster Hand Informationen zu erhalten.

4.7 Rolle des QM-Beauftragten

Great Britain ... has lost an empire and not yet found a role.
Dean Acheson

Die Rolle des Qualitätsmanagement-Beauftragten wurde in der neuen Fassung der DIN EN ISO 9001 weiter gestärkt. In der Einleitung heißt es, dass die Geschäftsleitung dafür sorgen muss, dass seine Verantwortung und seine Befugnisse innerhalb des Unternehmens bekannt gemacht werden.

Weiterhin wird verlangt, dass die Geschäftsleitung ein Mitglied des Managements ernennt, das unabhängig von anderen Aufgaben für das Qualitätsmanagementsystem und seine Anwendung Verantwortung trägt. Interessant ist hier der englische Text: Die Geschäftsleitung wird als *Top Management* bezeichnet, während beim QM-Beauftragten nur vom Management die Rede ist. Das eröffnet die Möglichkeit, den QM-Beauftragten unterhalb der Geschäftsführung zu installieren. In diesem Fall ist natürlich darauf zu achten, dass er keinesfalls an ein Mitglied der Geschäftsführung berichtet, das für die kontrollierten Bereiche direkte Verantwortung trägt. Ich denke zum Beispiel an den für die Entwicklung zuständigen Vorstand. Unglücklich wäre auch eine Zuordnung zum Vertrieb, weil dieser Bereich oftmals unter Zeitdruck steht und unter diesen Umständen gelegentlich die Produktqualität auf der Strecke bleibt.

In ISO/CD 9000:1999 war noch davon die Rede, dass die Aufgabe des QM-Beauftragten von mehr als einer Person ausgefüllt werden kann. Diese Bestimmung ist weggefallen, allerdings spricht im Einzelfall auch nichts dagegen, die Aufgaben auf mehrere Schultern zu verteilen, wenn das den betrieblichen Gegebenheiten dient.

Im Detail werden dem Qualitätsmanagement-Beauftragten die folgenden Aufgaben zugeteilt:

1. Einführung der für das Qualitätsmanagementsystem erforderlichen Prozesse, Umsetzung und Pflege
2. Bericht an die Unternehmensleitung über die Leistung des QM-Systems sowie mögliche Verbesserungen
3. Förderung des Kundenbewusstseins und der Anforderungen in der gesamten Organisation

Weiterhin wird angemerkt, dass der QM-Beauftragte in seiner Funktion die Kontakte zu Organisationen außerhalb des Unternehmens wahrnimmt. Der Geschäftsführung wird auferlegt, innerhalb der Organisation dafür zu sorgen, dass das QM-System bekannt gemacht und seine Wirksamkeit beurteilt wird.

Damit hat der QM-Beauftragte zwar eine starke Stellung innerhalb des Unternehmens. In der Praxis wird es allerdings darauf ankommen zu beurteilen, wie groß seine Ressourcen im Vergleich zu denen der Entwicklung wirklich sind.

4.8 QM-System und Projekte

Im Bereich der Software-Entwicklung ist es üblich, Vorhaben in der Form von Projekten zu realisieren. Das erlaubt es dem Management, Ziele zu setzen, Mittel zuzuweisen und das Projekt durch die Ernennung eines Projektleiters an der kurzen Leine zu führen. Manche Projekte sind schließlich mit einem hohen Risiko für das Unternehmen verbunden.

Für die USA werden für Software-Projekte [36] die folgenden Zahlen genannt:

- Lediglich 1 Prozent aller Software-Projekte kommen mit ihrem Budget aus und liefern die Produkte rechtzeitig ab.
- 25 Prozent aller Projekte werden nie fertig.
- 31 Prozent aller Projekte werden abgebrochen und in anderer Form neu aufgesetzt.
- 62 Prozent aller Unternehmen hatten innerhalb eines Zeitraums von fünf Jahren mindestens ein gescheitertes Software-Projekt aufzuweisen.
- Über 50 Prozent aller Projekte versuchen, ohne Standards, Methoden oder Messungen auszukommen.

Die damit verbundenen Kosten werden auf rund zehn Milliarden Dollar pro Jahr geschätzt. Doch kommen wir zurück zu unserem Unternehmen. Wenn es sich dabei um eine Organisation handelt, die einen sehr homogenen Kundenkreis hat, die nur eine Art von Software entwickelt, dann kann man alle Regelungen in das Qualitätsmanagementhandbuch packen. Dies trifft auch zu, wenn die Software-Entwicklung lediglich für das eigene Unternehmen erfolgt.

Anders sieht es hingegen aus, wenn die Firma in einem sehr heterogenen Markt tätig ist. Sie erstellt zum Beispiel Applikationen für die Automobilindustrie, also Embedded Systems. Auf der anderen Seite stehen Kunden, die Software für ihre Fertigung brauchen, und es wird auch ein Tool zum Design angeboten. In diesem Fall sind die Projekte so verschieden, dass es kaum gelingen wird, alle Bereiche im QM-System vollständig abzudecken. Es bleibt nichts anderes übrig, als im Qualitätsmanagementhandbuch die wichtigsten Regelungen zu treffen. Weitere Einzelheiten müssen dann im Software-Entwicklungsplan diskutiert werden. Eine entsprechende Aussage gilt für den Qualitätsmanagementplan.

In grafischer Form ist die Ableitung des Qualitätsmanagementplans in Abbildung 4-5 gezeigt.

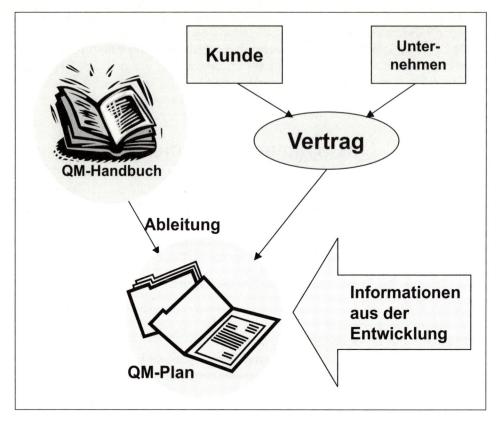

Abb. 4–5:   *Ableitung des Qualitätsmanagementplans*

Wichtige Quellen bei der Formulierung des Plans sind das QM-Handbuch, der Vertrag mit dem Kunden und nicht zuletzt der Entwicklungsplan. Wegen der technischen Einzelheiten und der Vorgehensweise ist dieser Plan unverzichtbar. Selbst wenn er nur im Entwurf vorliegt, ist er bereits eine große Hilfe.

Das Qualitätsmanagement kann in einem Unternehmen, in dem das QM-System von allen Mitarbeitern unterstützt und getragen wird, viele Tätigkeiten delegieren und sich auf die Überwachung beschränken. Es wird allerdings niemals darum herum kommen, dafür zu sorgen, dass Fehler in der Software beseitigt werden. Dies muss dokumentiert werden.

Die Forderungen in der DIN EN ISO 9001 dazu finden sich in Abschnitt 8.5.2 *Korrekturmaßnahmen*. Dabei wird verlangt:

1. Eine Fehlerbewertung, die sich auch auf Kundenbeschwerden erstrecken muss
2. Ermittlung der Ursache von Fehlern
3. Beurteilung des Handlungsbedarfs, um das erneute Auftreten des Fehlers zu verhindern
4. Ermittlung und Durchführung der notwendigen Maßnahmen zur Fehlerbeseitigung
5. Aufzeichnung der Ergebnisse der getroffenen Maßnahmen
6. Bewertung der ergriffenen Korrekturmaßnahmen

Dies sind in ihrer Summe Forderungen, die zwar vernünftig klingen, in der Praxis aber gar nicht leicht zu erfüllen sind. Wir müssen bei der Software davon ausgehen, dass wir während der Entwicklung Fehler in nicht geringer Zahl finden werden. Bereits bei einem Projekt von 20 000 Lines of Code (LOC) und einer Fehlerrate von 50 Fehlern pro KLOC können wir mit rund 1 000 Fehlern in der Software rechnen. Es wird also darauf ankommen, ein System zu schaffen, das diese große Zahl von Fehlern organisatorisch bewältigen kann. Jeder Fehler muss dokumentiert, bearbeitet und letztlich auch verwaltet werden.

Auf der anderen Seite sind in der Software nicht alle Fehler schwer wiegender Natur, und mancher Tippfehler kann für eine gewisse Zeit toleriert werden. Trotzdem muss er natürlich beseitigt werden.

Bei der Schaffung eines Systems zur Behandlung von Fehlern kann es zweckmäßig sein, Änderungen und Verbesserungen in der Software mit demselben System zu bearbeiten. Es ist bei Software nicht gerade selten, dass sich während der Entwicklung die Anforderungen ändern, und auch diese Änderungen müssen in unser System einfließen. Schreiben wir also eine Verfahrensanweisung, die ein solches System zum Inhalt hat:

Verfahrensanweisung VA-03:
Fehlerberichtungssystem (Corrective Action System)

ZWECK:
Aufgetretene Fehler in der Software zu erfassen, zu bewerten und für die Beseitigung des Fehlers zu sorgen; Änderungen in der Software zu erfassen und einzuarbeiten.

VERANTWORTLICH:
Software-Entwicklung, Konfigurationsmanagement, Qualitätsmanagement, Qualitätssicherung

VORGEHENSWEISE:
Fehler und Änderungen müssen dokumentiert werden. Jede Änderung bedarf der Zustimmung des *Software Change Control Board* (SCCB), nachdem die Software unter Konfigurationskontrolle gestellt worden ist. Der Änderungsprozess erfolgt nach dem Schema, das nachfolgend dargestellt ist.

Das Fehlerberichtungssystem ist offen für Fehlermeldungen durch alle interessierten Parteien. Dazu gehören auch der Kunde und die Anwender. Die Bewertung des Fehlers und die Festlegung von Maßnahmen zur Fehlerbeseitigung obliegt dem SCCB.

Das System (siehe Abbildung 4-6) ist in erster Linie darauf abgestellt, bekannte Fehler in der Software rasch zu beseitigen, damit der Kunde mit fehlerfreier Software arbeiten kann.

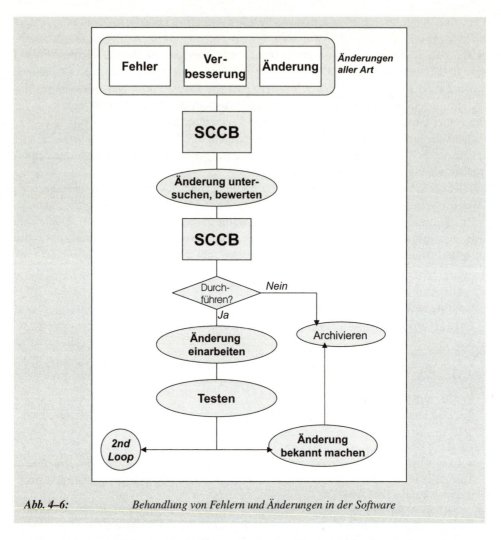

Abb. 4–6: Behandlung von Fehlern und Änderungen in der Software

In diesem Musterprozess taucht die Bezeichnung *2nd Loop* auf. Wir haben diese Neuerung eingeführt, um vorbeugend Fehler zu finden. Dabei wollen wir vorgehen, wie dies in Abbildung 4-7 dargestellt ist.

In Verfahrensanweisung VA-03 ist das Gremium, das die Entscheidung über den Fehlerbericht oder *Software Trouble Report* (STR) trifft, das *Software Change Control Board* (SCCB) genannt worden. Dieser Gruppe obliegt es, alle Fehler und Änderungen entgegenzunehmen, zu beurteilen und einer Lösung zuzuführen. Wir müssen es daher mit einer Verfahrensanweisung förmlich etablieren:

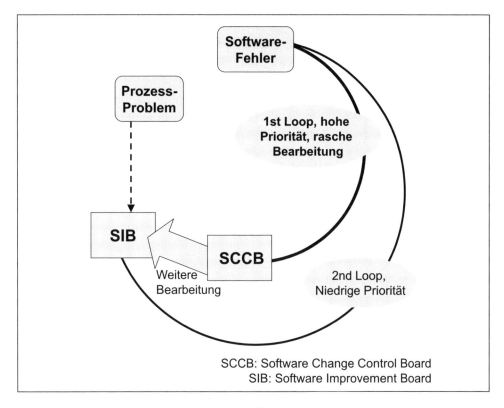

Abb. 4–7: Behandlung von Fehlern im Überblick

Verfahrensanweisung VA-04:
Software Change Control Board (SCCB)

ZWECK:
Ein Steuerungs- und Kontrollinstrument zur Behandlung von Fehlern und Änderungen in der Software unter der Mitarbeit und Verantwortung der Fachgruppen.

VERANTWORTLICH:
Management der Software-Entwicklung, Konfigurationsmanagement, Qualitätsmanagement

VORGEHENSWEISE:
Das SCCB ist die Zentralinstanz mit Entscheidungsbefugnis zur Bewertung von Fehlern in der Software. Es stuft den Fehler ein, fordert gegebenenfalls weitere Informationen an und ordnet Untersuchungen zum Fehlerbild an, falls das notwendig ist. Es stuft den Fehler bezüglich Fehlerklasse, Wichtigkeit und Priorität ein.

Um diese Aufgaben erfüllen zu können, sind im SCCB mindestens die folgenden Gruppen vertreten, ohne die das SCCB nicht beschlussfähig ist:

- Software-Entwicklung
- Software-Konfigurationsmanagement
- Qualitätsmanagement Software

Das Software-Konfigurationsmanagement fertigt die Protokolle über die Sitzungen des SCCB. In Abhängigkeit von den zur Entscheidung anstehenden Themen und den Fehlerberichten und Änderungsanträgen auf der Tagesordnung können weitere Personen eingeladen werden. Darunter sind die Fachbereiche Systems Engineering, Hardware-Entwicklung, Elektronik-Entwicklung, Projektmanagement und das Finanzwesen.

Das SCCB wird andere Gremien einschalten, wenn Fragen auftreten, die über den Rahmen des SCCB hinausgehen. Dies gilt besonders dann, wenn eine vorgeschlagene Änderung zu einer Verzögerung bei der Auslieferung der Software führen oder einen hohen Aufwand verursachen würde.

Die erste Priorität des SCCB gilt zunächst einmal der Beseitigung des Fehlers und der Einarbeitung einer Änderung. Im Sinne einer vorbeugenden Fehlersuche leitet das SCCB nach der Bearbeitung der Änderung den STR an das *Software Improvement Board* (SIB) weiter.

Der Zweck des SCCB ist es, mit Fehlern und Änderungen in der Software innerhalb eines begrenzten Zeitraums fertig zu werden. Dazu haben wir den Kreis der Personen, die zu Sitzungen des SCCB und zur Beschlussfassung notwendig sind, auf ein Minimum von drei Personen begrenzt. Stehen Punkte auf der Tagesordnung, die die Anwesenheit weiterer Fachleute erfordern, so müssen sie vom Konfigurationsmanagement eingeladen werden.

Das *Software Change Control Board* müssen wir in jedem Projekt installieren, in dem Software kreiert wird. Handelt es sich bei dem Projekt nicht ausschließlich um Software-Entwicklung, sondern um ein größeres System, so kann ein *Change Control Board* (CCB) geschaffen werden, das sich mit dem gesamten System befasst. Es ist unter Umständen zweckmäßig, den Entscheidungsspielraum des SCCB auf Fehler und Änderungen mit einem Aufwand von weniger als drei Tagen oder einer bestimmten Summe Geldes zu begrenzen. Überschreitet die Änderung dieses Limit, muss der Projektleiter eingeschaltet werden oder der STR wandert in die Zuständigkeit des CCB. Einzelheiten kann man projektspezifisch im Plan des Konfigurationsmanagements festlegen.

Nun fehlt uns in unserem System allerdings noch eine nicht unwichtige Einzelheit. Das Qualitätsmanagement wird sich zwar das Recht vorbehalten wollen, mangelhafte Software nicht freizugeben. Allerdings wird es in der Praxis nicht möglich sein, Programme zurückzuhalten, wenn die Fehler nur geringfügiger Natur sind und zumindest für eine Weile toleriert werden können. Es ist also sinnvoll, Fehlerklassen zu definieren. Wir tun dies für unser vorgeschlagenes System wie folgt:

Verfahrensanweisung VA-05: Fehlerklassen

ZWECK:
Die entdeckten Fehler in der Software nach ihren (potentiellen) Auswirkungen zu klassifizieren.

VERANTWORTLICH:
Der Entdecker eines Fehlers bzw. der Schreiber der Fehlermeldung ordnet den Fehler nach dem unten stehenden Schema ein und füllt die Fehlermeldung entsprechend aus. Fehlt die Fehlerklasse im STR, so entscheidet das Software Change Control Board. Kommt keine Einigung zustande, oder ist die vorgeschlagene Fehlerklasse offensichtlich falsch, so legt das Qualitätsmanagement eine Fehlerklasse fest.

VERFAHREN:
Ordnen Sie nach den nachfolgenden Kriterien den Fehler in eine der Fehlerklassen ein und dokumentieren Sie diese Entscheidung.

KLASSE 1: Kritische Fehler/Critical Errors

Durch solche Fehler kann die Hardware oder das System zerstört werden, die Mission scheitern, die Sicherheit von Menschen beeinflusst sein oder es kann zu Endlosschleifen oder Systemabstürzen kommen. Diese Fehler sind mit kritischen Fehlern von Hardware vergleichbar. Sie haben bei der Beseitigung des Fehlers die höchste Priorität.

KLASSE 2: Hauptfehler/Major Errors

Fehler dieser Art haben ebenfalls schwer wiegende Auswirkungen. Die Wirkung beschränkt sich aber auf ein Teilsystem oder ist für kurze Zeit tolerierbar.
Solche Fehler müssen beseitigt werden, bevor der nächste Meilenstein in dem Projekt erreicht wird. Sie haben bei der Beseitigung des Fehlers die zweithöchste Priorität.

KLASSE 3: Nebenfehler/Minor Errors

Fehler dieser Art sind unkritisch. Es handelt sich um kleinere Abweichungen, wie Fehler in Kommentaren oder Rechtschreibfehler. Solche Fehler haben keine Auswirkung auf den Erfolg der Mission oder die Abarbeitung des Programms.
Sie haben die niedrigste Priorität und können bearbeitet werden, wenn die anderen Fehler bereits beseitigt wurden, sie müssen jedoch vor dem Ende einer Projektphase bereinigt werden.

Da Fehler in der Software in großen Mengen auftreten, wird in den meisten Unternehmen das System zu ihrer Behandlung sehr bald automatisiert werden. Beim Entwurf eines derartigen Systems bieten sich zwei mögliche Vorgehensweisen an:

- ein Datenbanksystem
- eine *Finite State Machine*

Folgt man dem ersten Vorschlag, so lassen sich zwar alle Daten recht gut erfassen und die Auswertung nach bestimmten Kriterien und Suchbegriffen ist bei den gängigen Datenbanken ohne große Probleme möglich, der Zugriff auf bestimmte Felder durch dazu nicht berechtigte Personen ist allerdings schwieriger zu verhindern als beim zweiten Entwurfsprinzip. Es kommt nämlich auch darauf an, dass zum Beispiel ein bestimmter Eintrag in ein Datenfeld nicht mehr nachträglich geändert werden kann. Hat etwa das SCCB beschlossen, einen Fehler in einer definierten Art und Weise durch Änderung des Quellcodes zu beseitigen, so darf der damit betraute Programmierer nicht eigenmächtig eine andere Lösung wählen. Der Mechanismus der Datenbank muss also in gewissen Fällen verhindern, dass ein Eintrag nachträglich verändert wird.

Wählt man als Entwurf eine *Finite State Machine*, so lässt sich dieser Aspekt leichter realisieren. Andererseits erschließt sich unter Umständen bei einem Entwurf dieser Art die Auswertung der Daten nach bestimmten Suchkriterien nicht so leicht. Was im Einzelfall gewählt wird, hängt natürlich von den Möglichkeiten und Prioritäten des Betriebs ab, der sich ein solches System schafft. Hervorzuheben ist allerdings, dass die Forderungen der Norm nach der Verhinderung von Fehlern und vorbeugender Fehlerverhinderung mit einem automatisiertem System viel besser zu lösen sind. Steht ein derartiges System nicht zur Verfügung, muss das Qualitätsmanagement in Hunderten von handschriftlichen Fehlerberichten nach Trends und Gemeinsamkeiten suchen, ein nicht gerade leichtes Unterfangen.

Wenden wir uns damit Abschnitt 8.5.3 der Norm mit dem Titel *Vorbeugungsmaßnahmen* zu. Hier wird gefordert, dass auch potentielle Fehler aufgespürt werden sollen. Vorbeugemaßnahmen müssen auf die Auswirkungen beim Eintritt eines Fehlers abgestimmt sein. Es ist ein dokumentiertes Verfahren zu erarbeiten, für das die folgenden Forderungen erhoben werden:

1. Ermittlung potentieller Fehler und ihrer Ursachen
2. Beurteilung des Handlungsbedarfs, um das Auftreten derartiger Fehler zu verhindern
3. Durchführung der notwendigen Maßnahmen zum Beseitigen des Fehlers
4. Erstellung von Aufzeichnungen
5. Bewertung der ergriffenen vorbeugenden Maßnahmen

Wir wollen das Verfahren an das bewährte Vorgehen mit dem SCCB anlehnen, allerdings behandeln wir nur vermutete Fehler mit niedrigerer Priorität. Wir verwenden die folgende Verfahrensanweisung:

Verfahrensanweisung VA-06: Software Improvement Board (SIB)

ZWECK:
Ein Steuerungs- und Kontrollinstrument zur Behandlung von Fehlern und Änderungen in der Software unter der Mitarbeit und Verantwortung der Fachgruppen.

VERANTWORTLICH:
Management der Software-Entwicklung, Konfigurationsmanagement, Qualitätsmanagement

VORGEHENSWEISE:
Das SIB ist die Zentralinstanz mit Entscheidungsbefugnis zur Bewertung von potentiellen oder vermuteten Fehlern in der Software. Es stellt sich dabei auf Grund der Daten in STRs die Frage, ob ähnliche Fehler in verwandten Modulen der Software vorhanden sein könnten. Wird diese Frage bejaht, wird ein Entwickler mit der Suche beauftragt.

Findet dieser Entwickler tatsächlich einen oder mehrere Fehler, wird in jedem Fall ein STR geschrieben und in der üblichen Weise durch das SCCB behandelt. Wird kein Fehler gefunden, wird die Untersuchung beendet.

Das SIB untersucht auch die Frage, ob durch eine Fehlermeldung ganz generell ein Systemfehler in einem Produkt oder Prozess aufgedeckt wurde. Ist das der Fall, werden Produkte und Prozesse angepasst. Alle Änderungen sind zu dokumentieren und erfolgen unter der Federführung des Qualitätsmanagements. Es hat den Vorsitz im SIB.

Das SIB behandelt auch Fehlermeldungen oder Änderungsvorschläge, die unabhängig von einem konkret aufgetretenen Fehler gegen einen bestehenden Prozess gerichtet sind, die von einem Mitarbeiter kommen.

Um diese Aufgaben erfüllen zu können, sind im SIB mindestens die folgenden Gruppen vertreten, ohne die das SIB nicht beschlussfähig ist:

- Software-Entwicklung
- Software-Konfigurationsmanagement
- Qualitätsmanagement Software

Das Software-Konfigurationsmanagement fertigt die Protokolle über die Sitzungen des SIB. In Abhängigkeit von den zur Entscheidung anstehenden Themen, den Fehlerberichten und Änderungsanträgen auf der Tagesordnung können weitere Personen eingeladen werden. Darunter sind die Fachbereiche Systems Engineering, Hardware-Entwicklung, Elektronik-Entwicklung, Projektmanagement und das Finanzwesen.

Das *Software Improvement Board* kann projektspezifisch eingerichtet werden, falls die Größe des Projekts das rechtfertigt. Ansonsten ist es Projekt übergreifend tätig. Die Vorbeugemaßnahmen werden {vierteljährlich} in summarischer Form vom Qualitätsmanagement bewertet. Die Geschäftsleitung wird über das Ergebnis unterrichtet.

Damit haben wir bereits eine Reihe von Maßnahmen getroffen, die in DIN EN ISO 9001 unter *Messung, Analyse und Verbesserung* behandelt werden. Wenden wir uns damit der Qualitätsplanung in Projekten zu.

4.9 Qualitätsplanung

Do not plan a bridge by counting the number of people who swim across the river today.
Anonym

Wir wollen nun eine Verfahrensanweisung zur Erstellung des Qualitätsmanagementplans für Software formulieren. Wir bezeichnen ihn als *Software Quality Program Plan* (SQPP).

Verfahrensanweisung VA-07:
Erstellung des Software Quality Program Plan (SQPP)

ZWECK:
Der *Software Quality Program Plan* dient dazu, den Ansatz der Qualitätssicherung für ein bestimmtes Projekt und die dort geltenden Regelungen zu dokumentieren.

VERANTWORTLICH:
Qualitätsmanagement

VERFAHREN:
Erstellen Sie den *Software Quality Program Plan* (SQPP) unter Berücksichtigung der im Qualitätssicherungshandbuch Software erfolgten Vorgaben und Regelungen. Führen Sie vor der Erstellung des SQPP ein Review des Vertrags durch. Identifizieren Sie mögliche Unklarheiten und Widersprüche im Vertrag.

> Schreiben Sie den SQPP unter Berücksichtigung des Vertrags und der im Qualitätssicherungshandbuch Software gemachten Vorschriften. Stimmen Sie den *Software Quality Program Plan* mit der Entwicklung, dem Konfigurationsmanagement und deren Plänen ab. Sorgen Sie bei Joint Ventures auch für eine Abstimmung mit der Qualitätssicherung dieser Partnerfirmen.
>
> Berücksichtigen Sie bei der Form des SQPP das Produktmuster im Anhang zu diesem Handbuch. Lassen Sie alle beteiligten Manager im Projekt, insbesondere den Projektmanager und den Manager der Software-Entwicklung, auf dem Plan selbst unterschreiben. Bringen Sie den SQPP anschließend unter Konfigurationskontrolle.
>
> Ändern Sie den Plan im Laufe des Projekts nach Notwendigkeit und bringen Sie die neue Version erneut unter Konfigurationskontrolle.

In der 1994er Fassung der DIN EN ISO 9001 war Vertragsprüfung ein wichtiges Thema. In der neuen Version der Norm steht es nicht mehr im Vordergrund. Trotzdem kann es wichtig sein, gerade bei Verträgen mit Kunden, die mehrere Aktenordner umfassen. Wenn wir in einer solchen Situation den QM-Plan erstellen wollen, kann auf eine Prüfung des Vertrags nicht verzichtet werden. Die folgenden Punkte sollten bei der Vertragsprüfung im Auge behalten werden:

- Überprüfung des Vertragsumfangs und der Anforderungen
- Identifizieren von möglichen Risiken
- Schutz geistigen Eigentums
- Vergleich zwischen Anforderungen im Angebot und im unterschriebenen Vertrag
- Überprüfung der Fähigkeit des Auftragnehmers, vertragliche Verpflichtungen zu erfüllen
- Fähigkeit des Auftragnehmers, geeignete Unterauftragnehmer zu finden
- Abstimmung von Begriffen zwischen den Parteien
- Fähigkeit des Kunden, alle Vertragsverpflichtungen erfüllen zu können

Die oben genannten Punkte kann man dem Bereich Software-Entwicklung zuordnen. Bezüglich der Qualität sind besonders die folgenden Punkte zu beachten:

- Kriterien für den Akzeptanztest
- Änderungen während der Entwicklungszeitraums, besonders in der Spezifikation
- Behandlung von Fehlern und Mängeln, die nach der Abnahme der Software durch den Kunden entdeckt werden
- Tätigkeiten des Auftragnehmers bei der Definition der Anforderungen an die Software, der Installation des Programms und beim Akzeptanztest
- Benutzung von Räumen und Software, die der Auftraggeber beistellen soll
- Anzuwendende Normen und Verfahren
- Anforderungen an die Vervielfältigung der Software

Das sind ohne Zweifel alles Punkte, die bei dem einen oder anderen Projekt schon einmal schief gelaufen sind. Es ist daher immer zweckmäßig, einen Vertrag auf diese Punkte hin zu überprüfen. Wir wollen dies in einer Verfahrensanweisung formulieren:

> **Verfahrensanweisung VA-08: Vertragsüberprüfung**
>
> ZWECK:
> Den Vertrag hinsichtlich der für Software relevanten Bestimmungen und Vertragsklauseln zu überprüfen.
>
> VERANTWORTLICH:
> Software-Entwicklung, Qualitätsmanagement
>
> VERFAHREN:
> Der Vertrag wird nach Vertragsabschluss überprüft, um die Verpflichtungen der Firma detailliert bestimmen zu können. Dazu wird die Checkliste im Anhang dieses Handbuchs benutzt. Besondere Risiken bei der Erstellung der Software, Widersprüche oder fehlende Informationen werden dokumentiert und dem Management mitgeteilt.
> Die Überprüfung des Vertrags bezieht sich auch auf Schnittstellen der Software sowie Fremdsoftware.

Die Vertragsüberprüfung ist natürlich umso wichtiger, je größer und komplexer das Projekt wird. In solchen Fällen ist nicht immer gewährleistet, dass in einem großen Betrieb oder Konzern die notwendige Abstimmung zwischen den Abteilungen vor der Abgabe des Angebots stattgefunden hat.

Bei den Vertragsverhandlungen werden dann unter Umständen in Zeitnot vom Projektmanager Zugeständnisse gemacht, die von dem kleinen Verhandlungsteam in ihren technischen und finanziellen Auswirkungen nicht vollkommen überblickt werden. Deshalb ist es manchmal durchaus möglich, in Verträgen Ungereimtheiten zu finden und Bereiche aufzudecken, in denen die Firma ein relativ großes Risiko eingegangen ist. Sie weiß es vielleicht gar nicht.

4.10 Qualitätsaufzeichnungen

A foolish faith in authority is the worst enemy of truth.
   Albert Einstein

Im Text der Norm DIN EN ISO 9001 taucht an einer Reihe von Stellen der Begriff Aufzeichnung auf. In DIN EN ISO 9000 findet man dazu die folgende Definition: Eine Aufzeichnung ist ein Dokument, das erreichte Ergebnisse angibt oder einen Nachweis ausgeführter Tätigkeiten bereitstellt.

In ISO/CD 9001:1999 war noch von Qualitätsaufzeichnungen die Rede. Dies ist in der verabschiedeten Fassung der Norm genereller gefasst worden. In Abschnitt 4.2.4 wird unter dem Titel *Lenkung von Aufzeichnungen* gefordert:

1. Aufzeichnungen müssen erstellt und aufbewahrt werden, um einen Nachweis zur Konformität und dem Funktionieren des QM-Systems führen zu können.
2. Aufzeichnungen müssen lesbar sein.
3. Aufzeichnungen müssen identifizierbar und wieder auffindbar sein.
4. Dazu ist ein dokumentiertes Verfahren zu erstellen. Es bezieht sich auf die Punkte Identifizierung, Lagerung, Schutz gegen Zerstörung, Wiederauffindung, Aufbewahrungszeitraum und weitere Behandlung von Aufzeichnungen.

Aufzeichnungen werden in der Norm in verschiedenen Abschnitten erwähnt. Diese Forderungen zieht sich durch den gesamten Text der Norm. Im Einzelnen findet man Aufzeichnungen in den folgenden Abschnitten:

1. Bewertung des QM-Systems durch die Geschäftsführung
2. Aufzeichnung zu Schulungen, Kenntnissen und Fähigkeiten der Mitarbeiter in Abschnitt 6.2.2
3. Planung der Produktrealisierung in Kapitel 7.1: Die erforderlichen Aufzeichnungen dienen dem Nachweis, dass die Realisierungsprozesse und die resultierenden Produkte den Anforderungen entsprechen.
4. Bewertung der Produktanforderungen in Kapitel 7.2.2: Hier wird eine Bewertung der Anforderungen des Kunden verlangt.
5. Entwicklungsbewertung in Kapitel 7.3.4: Für die Ergebnisse von Reviews muss es Nachweise geben.
6. Lenkung von Entwicklungsänderungen in Kapitel 7.3.7: Änderungen im Entwicklungsverlauf müssen durch Aufzeichnungen dokumentiert werden.
7. Beschaffungsprozess in Kapitel 7.4.1: Zu Lieferanten, ihrer Auswahl und ihrer Leistung müssen Aufzeichnungen erstellt werden.
8. Validation der Prozesse zur Produktion und Dienstleistungserbringung in Kapitel 7.5.2: Hier werden Anforderungen zu Aufzeichnungen zur Validation von Prozessen verlangt. Das setzt voraus, dass Aufzeichnungen erstellt werden.
9. Eigentum des Kunden in Abschnitt 7.5.4: Hier werden ebenfalls Aufzeichnungen verlangt.
10. Lenkung und Überwachung von Messmitteln in Kapitel 7.6: Hier werden Aufzeichnungen zur Kalibrierung und Verifizierung gefordert.
11. Überwachung und Messung des Produkts in Kapitel 8.2.4: Es werden Aufzeichnungen zur Produktfreigabe gefordert.
12. Lenkung fehlerhafter Produkte in Kapitel 8.3: Über aufgetretene Fehler werden Aufzeichnungen gefordert.
13. Korrekturmaßnahmen in Kapitel 8.5.2: Hier werden ebenfalls Aufzeichnungen verlangt.
14. Vorbeugemaßnahmen in Kapitel 8.5.3: Wie bei allen Fehlern werden hier Aufzeichnungen gefordert.

Untersuchen wir diese Stellen im Text der Norm der Reihe nach. In Abschnitt 5.6 wird gefordert, dass die Ergebnisse der Managementbewertung des QM-Systems dokumentiert sein müssen. Bei Schulungen wird verlangt, dass darüber Aufzeichnungen angefertigt werden.

In Abschnitt 7.1 zielt der Text darauf ab, dass Produkte den Anforderungen entsprechen müssen. Diese Forderung können wir dadurch erfüllen, dass wir einen Testplan schreiben, die Tests dokumentiert und von der Qualitätssicherung bestätigt werden. Dazu können Protokolle dienen.

In Kapitel 7.2.2 wird verlangt, dass das Unternehmen die Anforderungen des Kunden kritisch prüft. Dies kann zum Beispiel in der Form einer Fagan Inspection geschehen, die dokumentiert wird, aber auch durch eine Prüfung des Dokuments am Schreibtisch. Die Prüfung muss, in welcher Form immer sie erfolgt, dokumentiert werden.

In Kapitel 7.3.4 geht es um Reviews im Verlauf von Entwicklung und Design. Auch hier können wir Protokolle einsetzen, um die Ergebnisse zu dokumentieren. Zwar wird in der Regel die Projektleitung ein Protokoll anfertigen. Das Qualitätsmanagement als unabhängige Instanz sollte jedoch an allen derartigen Reviews mit Kunden teilnehmen und darüber ein eigenes Protokoll verfassen.

Im Kapitel 7.3.7 ist das Problem, Änderungen zu erfassen, die während der Produktentwicklung eintreten. Hier haben wir es relativ leicht. Alle Dokumente eines Projekts fallen unter den Begriff Software, und Änderungen werden in einem formellen Verfahren vom SCCB behandelt, sobald das Produkt das erste Mal unter Konfigurationskontrolle gestellt wurde.

Im Abschnitt 7.4.1 geht es um Aufzeichnungen bei Beschaffungen und im Einkauf. Hier kann es durchaus vorkommen, dass das Qualitätsmanagement nicht immer vertreten ist. Es muss also eine Regelung gefunden werden, um den Forderungen der Norm zu genügen.

In Abschnitt 7.5.2 geht es um die Prüfung von Prozessen. Ich könnte mir vorstellen, dass im Rahmen der Software-Entwicklung dieser Punkt durch periodische interne Audits erledigt werden könnte.

Relativ einfach haben wir es mit Kapitel 7.6. Messmittel in dieser Form spielen bei Software keine Rolle. Wir können den ganzen Abschnitt ausschließen.

Gefordert ist das Qualitätsmanagement allerdings wieder bei Abschnitt 8.2.4 *Überwachung und Messung des Produkts*. Hier ist es zweckmäßig, auszuliefernde Produkte, die an den Kunden gehen, förmlich freizugeben und darüber Auszeichnungen anzufertigen und aufzubewahren.

Bei den restlichen drei Punkten geht es um das Fehlermeldesystem. Wenn wir dazu die oben eingeführten Verfahren verwenden, werden durch die Verwendung der Formulare automatisch Aufzeichnungen entstehen. Lassen Sie mich nun einen Text für das QM-Handbuch entwerfen:

Aufzeichnungen

Im Verlauf des Entwicklungsprozesses entstehen an einigen Stellen Aufzeichnungen. Diese werden als Qualitätsaufzeichnungen betrachtet, vom Qualitätsmanagement erstellt oder von ihm veranlasst. Diese Aufzeichnungen dienen dem Zweck, die Funktion des QM-Systems nachzuweisen. Bei möglichen Auseinandersetzungen stellen sie unter Umständen Beweismittel dar. Die Einzelheiten regeln Verfahrensanweisungen. txt_09

Verfahrensanweisung VA-09:
Anforderung an die Form von Qualitätsaufzeichnungen

ZWECK:
Die Funktion des QM-Systems zu demonstrieren und objektive Beweise zu Produkten, Prozessen und deren Status zu schaffen.

VERANTWORTLICH:
Qualitätsmanagement, andere Einheiten von {SOFTCRAFT}

VERFAHREN:
An Qualitätsaufzeichnungen werden die folgenden Anforderungen gestellt:

1. Sie sind auf Papier zu erstellen und müssen lesbar, aber nicht unbedingt mit einer Schreibmaschine oder einem Drucker erstellt sein. Handschriftliche Aufzeichnungen sind erlaubt.
2. Alle Dokumente dieser Art müssen den Namen des Verantwortlichen, zum Beispiel des Protokollführers, deutlich lesbar enthalten. Sie müssen mit dem Datum versehen sein und die Unterschrift des Verantwortlichen tragen.
3. Alle Qualitätsaufzeichnungen von {SOFTCRAFT} werden beim Qualitätsmanagement gesammelt, aufbewahrt und archiviert, selbst wenn sie nicht dort erstellt worden sein sollten.
4. Alle Qualitätsaufzeichnungen sind {15 Jahre lang} aufzubewahren. Diese Frist gilt ab {dem Datum der Erstellung}.
5. Nach dem Ablauf der {15-jährigen} Aufbewahrungsfrist werden diese Aufzeichnungen vernichtet.
6. Qualitätsaufzeichnungen sind in verschließbaren Schränken auf dem Firmengelände zu lagern. Ältere Aufzeichnungen {(älter als zwei Jahre)} können ausgelagert werden. Gegen den Zugriff durch unbefugte Dritte sind Vorkehrungen zu treffen.
7. Qualitätsaufzeichnungen können Anhänge enthalten, zum Beispiel Lieferscheine, Testausdrucke oder Fotos.

Über die Form hinaus interessiert natürlich vor allem die Frage, was in unserem System Qualitätsaufzeichnungen darstellen sollen. Dazu die nächste Verfahrensanweisung:

Verfahrensanweisung VA-10:
Anfertigen von Qualitätsaufzeichnungen

ZWECK:
Die Funktion des QM-Systems zu demonstrieren und objektive Beweise zu Produkten, Prozessen und deren Status zu schaffen.

VERANTWORTLICH:
Qualitätsmanagement, andere Einheiten von {SOFTCRAFT}

Qualitätsaufzeichnungen entstehen im Prozess der {SOFTCRAFT} an einer Reihe von Stellen im Prozessverlauf. Falls diese Dokumente nicht vom Qualitätsmanagement direkt erstellt werden, kann die Aufgabe delegiert werden. In diesem Fall wird die Aufzeichnung oder das Protokoll im Original nach der Erstellung an das Qualitätsmanagement übersandt. Eine Kopie verbleibt beim Ersteller.

Im Einzelnen stellen die folgenden Dokumente Qualitätsaufzeichnungen dar:
1. Alle Fehlermeldungen, Änderungsanträge und Verbesserungsvorschläge im Rahmen des Systems zur Fehlerbehandlung, wenn ein Produkt sich unter Konfigurationskontrolle befindet. Die Verantwortung dafür trägt in erster Linie das Konfigurationsmanagement. Einzelheiten regelt der jeweilige Konfigurationsmanagementplan. Bezüglich der Form gilt VA-09.
2. Alle Änderungsanträge gegen Prozesse, wie sie vom *Software Improvement Board* behandelt werden.
3. Protokolle der periodischen Überprüfung des QM-Systems durch die Geschäftsleitung.
4. Überprüfungen der Anforderungen des Kunden, auch die Vertragsprüfung.
5. Aufzeichnungen zu Schulungen. Diese werden vom Schulungsbeauftragten gesammelt und dem Qualitätsmanagement im Original zur Verfügung gestellt.
6. Testprotokolle: Diese sind dem Qualitätsmanagement im Original zur Verfügung zu stellen. Nähere Einzelheiten regelt der Testplan im jeweiligen Projekt.
7. Protokolle von Reviews im Entwicklungsverlauf, auch von Reviews mit Kunden: Diese werden vom Qualitätsmanagement erstellt.
8. Änderungen während der Entwicklung in der Spezifikation: Hierzu werden STRs verwendet.
9. Aufzeichnungen zur Beschaffung und über Unterauftragnehmer: Diese Aufzeichnungen werden vom Einkauf erstellt und im Original dem Qualitätsmanagement zur Verfügung gestellt. Das Qualitätsmanagement behält sich das Recht vor, bei Lieferanten und Unterauftragnehmern Audits durchzuführen. Erfolgt eine Verifizierung, stellen Testprotokolle Aufzeichnungen dar.
10. Aufzeichnungen über Akzeptanztests bei Unterauftragnehmern, falls zutreffend.
11. Aufzeichnungen zu Kundeneigentum, das bei {SOFTCRAFT} eingesetzt wird.
12. Falls zutreffend: Aufzeichnungen zur Kalibrierung von Messgeräten.
13. Aufzeichnungen zur Freigabe der Software durch das Qualitätsmanagement.

Damit haben wir sichergestellt, dass wir Aufzeichnungen aus vielen Prozessen unseres Systems zur Verfügung haben. Natürlich können Teile dieser Aufzeichnungen auf einem anderen Datenträger als Papier entstehen. In diesem Fall muss gesichert sein, dass derjenige unterschrieben hat, der dazu berechtigt ist. Alle anderen Forderungen, besonders die zur Aufbewahrung, gelten entsprechend.

4.11 Dokumente und deren Lenkung

Under electronic technology the entire business of man becomes learning and knowing. The problem of discovering occupations or employment may prove as difficult as wealth is easy.
Marshall McLuhan

Die Norm DIN EN ISO 9001 fordert im Abschnitt 4.2.3 unter dem Titel *Dokumentenlenkung*, dass alle geforderten Dokumente kontrolliert werden müssen. Unter geforderten Dokumenten kann man alle Dokumente verstehen, die im Rahmen eines Vertrags zum Auftragsumfang gehören.

Wir haben bereits Vorarbeiten geleistet und erklärt, dass Dokumente unter den Oberbegriff Software fallen. Damit können wir sie im Rahmen des SCCB behandeln wie alle anderen Produkte auch. In Abbildung 4-8 ist die Erstellung und Überprüfung eines Dokuments dargestellt. Danach wird es unter Konfigurationskontrolle gestellt, es wird die erste Baseline des Produkts gebildet.

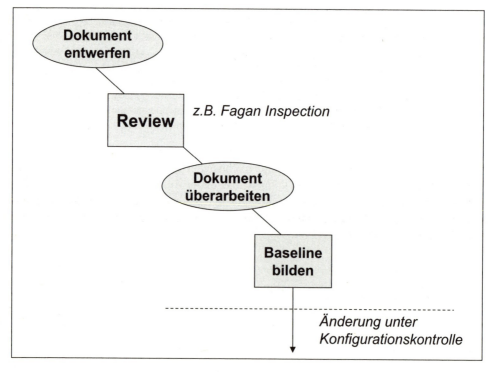

Abb. 4–8: Erstellung eines Dokuments

Bei Dokumenten, die nach ihrem ersten Entwurf einer gründlichen Überarbeitung bedürfen, kann man den Zeitpunkt hinauszögern, zu dem sie unter Konfigurationskontrolle gestellt werden. Allerdings wird der Kunde bei Reviews in der Regel fragen, ob die einer Phase zugehörigen Produkte bereits unter Konfigurationskontrolle stehen.

Gerade bei Dokumenten ist man oftmals mit einer Vielzahl kleiner Änderungen konfrontiert. Wenn man ein eigentlich nicht dafür reifes Dokument unter Konfigurationskontrolle stellen muss, würde jede Änderung bedeuten, dass die Versionsnummer erhöht werden muss. Das würde schnell zu hohen Zahlenwerten führen. Um das zu vermeiden, fasst man in vielen Fällen 20 oder 30 Änderungen zusammen und bringt sie geschlossen in das Dokument ein.

Die Auswahl der Dokumente muss immer dem Zweck und der Art der Software folgen. Trotzdem kann es nützlich sein, wenn wir uns einen Überblick zu den Dokumenten der Software verschaffen. Hierzu Tabelle 4-3:

	Software-Produkt	SWE	QM	KM	PM	TEST
1	System-Anforderungen	M			E	
2	System-Architektur	M			E	
3	System-Integrationsplan	M			E	
4	System-Prüfplan	M			E	
5	System-Prüfspezifikation	M			E	
6	System-Prüfprozedur	M			E	
	Planungsdokumente der Software					
7	Projekthandbuch	M			E	
8	Projektplan	M			E	
9	Entwicklungsplan	E			M	
10	Software Quality Program Plan		E			
11	Software Configuration Management Plan			E		
12	Risk Management Plan	M			E	
13	Feasibility Study	M			E	
14	Trade Study	E				
15	Software-Anforderungen	E				
16	Software-Anforderungen an Schnittstellen	E			M	
17	Testplan	M				E
18	Projekthistorie				E	
19	Software-Architektur	E				
20	Schnittstellenentwurf	E				

	Software-Produkt	SWE	QM	KM	PM	TEST
21	Detailliertes Design	E				
22	Timing & Sizing Document	E				
23	Style Guide, Programmierrichtlinien	E	M			
24	Naming Convention	E	M			
25	Bibliotheksprozeduren		M	E		
26	Software Development Folder	E				
27	Integrationsplan	M				E
28	Benutzerhandbuch	E			M	
29	Operator's Manual	E			M	
30	Diagnosehandbuch	E				
31	Prüfprozedur	E				M
32	Prüfprotokoll		E			
33	Wartungsplan	E			M	
34	Version Description Document	M		E		

Tabelle 4–3:   *Software-Dokumente in der Übersicht*

In der Tabelle ist auch angegeben, wer das Dokument erstellen sollte. Dabei steht *E* für Erstellung und *M* für Mitwirkung. Natürlich kann dies in einem Unternehmen mit gewachsenen Strukturen auch anders organisiert werden. Fragen wir uns nun, welche Aussagen die Norm zu Dokumenten macht.

In Abschnitt 4.2.3 der DIN EN ISO 9001 finden sich hierzu die folgenden Forderungen:

1. Überprüfung jedes Dokuments vor der Ausgabe
2. Dokumente im Projektverlauf zu überprüfen und wenn nötig neu herauszugeben *(update)*
3. Änderungen zu identifizieren
4. Dokumente den Nutzern zur Verfügung zu stellen
5. Die Lesbarkeit und Identifizierung von Dokumenten zu gewährleisten
6. Dokumente aus externen Quellen innerhalb des Unternehmens in geordneter Weise zu verwalten
7. Die unbeabsichtigte Verwendung veralteter Dokumente zu verhindern

Ein Großteil dieser Forderungen ist dadurch abgedeckt, dass wir Dokumente als eine andere Art von Software betrachten. Allerdings haben wir bei Dokumenten, die nicht im Haus entstanden sind, eine offene Flanke entdeckt. Wir schaffen dazu eine Verfahrensanweisung:

Verfahrensanweisung VA-11: Dokumente von Dritten

ZWECK:
Kontrolle von Dokumenten, die nicht im Hause erstellt wurden.

VERANTWORTLICH:
Konfigurationsmanagement, Entwicklung, Qualitätsmanagement

VERFAHREN:
Dokumente von dritter Seite, etwa von Kunden, werden nach ihrem Empfang im Original dem Konfigurationsmanagement ausgehändigt. Dort verbleibt das Dokument in sicherer Verwahrung.

Mitarbeiter von {SOFTCRAFT} im Unternehmen, die das Dokument benötigen, arbeiten mit Kopien, die sie vom Konfigurationsmanagement erhalten. Soweit der Kunde Anspruch auf sein im Dokument enthaltenes geistiges Eigentum erhebt, sind diese Bestimmungen im Rahmen des Vertrags zu beachten.

Mit Tools verbundene Dokumente, etwa Handbücher, fallen nicht unter diese Regelung.

Im Übrigen treffen wir für Software in der Form von Dokumenten die folgenden Regelungen:

Verfahrensanweisung VA-12: Erstellung und Pflege von Dokumenten

ZWECK:
Kontrolle von Dokumenten

VERANTWORTLICH:
Alle operativen Einheiten von {SOFTCRAFT}

VERFAHREN:
Für die Erstellung, Behandlung und den Umgang mit Dokumenten gelten die folgenden Punkte:

1. Zur Erstellung von Dokumenten gibt es Produktmuster, die einzusetzen sind. Falls für ein Dokument kein Produktmuster vorliegt, ist das Produktmuster eines ähnlichen Produkts zu verwenden und anzupassen.
2. Für alle Dokumente ist ein einheitliches Deckblatt zu verwenden. Ein Muster dazu findet sich im Anhang.
3. Alle Dokumente werden überprüft, bevor sie angenommen und unter Konfigurationskontrolle gestellt werden. Eine Methode dafür ist zum Beispiel die Fagan Inspection. Es kommt auch die Prüfung am Schreibtisch in Betracht.
4. Dokumente, die unter Konfigurationskontrolle stehen, werden nur nach dem dokumentierten formellen Verfahren via SCCB geändert. Damit wird die Verfolgbarkeit von Änderungen gesichert.

> 5. Mitarbeiter im Projekt, die bestimmte Dokumente für ihre Arbeit benötigen, erhalten diese als Kopie vom Konfigurationsmanagement. Das Original verbleibt beim Konfigurationsmanagement.
> 6. Für Dokumente externer Herkunft gibt es ein separates Verfahren.
> 7. Veraltete Dokumente werden eingezogen und vom Konfigurationsmanagement noch {zehn Jahre} aufbewahrt. Diese Frist bezieht sich auf das {Ausgabedatum} des Dokuments.
> 8. Nach dieser Frist werden die Dokumente vernichtet.

Abschließend wollen wir zu diesem Thema fragen, wo im Text der DIN EN ISO 9001 ein »dokumentiertes Verfahren« gefordert wird und ob wir dafür bereits ein Verfahren erarbeitet haben. Wir tun dies in Form einer Tabelle.

Abschnitt der DIN EN ISO 9001	Verfahrensanweisung
4.2.2 Qualitätsmanagementhandbuch	?
4.2.3 Lenkung von Dokumenten	VA-11, VA-12
4.2.4 Lenkung von Aufzeichnungen	VA-09, VA-10
8.5.2 Korrekturmaßnahmen	VA-03, VA-04, VA-05, VA-06
8.5.3 Vorbeugemaßnahmen	VA-03, VA-04, VA-05, VA-06

Tabelle 4–4: Forderung nach einem dokumentierten Verfahren

Durch diese Art der Selbstprüfung stellt sich heraus, dass ich noch kein Verfahren zur Erstellung und Pflege des QM-Handbuchs vorgegeben habe. Wir wollen dies rasch nachholen:

Verfahrensanweisung VA-13: Erstellung des Qualitätsmanagementhandbuchs für Software

ZWECK:
Erstellung und Pflege des Qualitätsmanagementhandbuchs

VERANTWORTLICH:
Qualitätsmanagement Software

VERFAHREN:
Das Handbuch wird unter Verwendung der folgenden Quellen erstellt:

- DIN EN ISO 9001
- DIN EN ISO 9000, Teil 3
- DIN EN ISO 9004
- DIN EN ISO 9000
- Weitere relevante Qualitätsnormen, soweit sie für das Unternehmen von Belang sind
- Weitere relevante Normen auf dem Gebiet *Software Engineering*
- Relevante Gesetze
- Unter Verwendung von Fachliteratur

> Inputs zum Inhalt und zur Gestaltung des Handbuchs kommen von den folgenden internen und externen Quellen:
> - Den Mitarbeitern
> - Der Geschäftsleitung
> - Den Kunden von {SOFTCRAFT} und Endanwendern
> - Kollegen in ähnlichen Positionen oder von beruflichen Vereinigungen
>
> Änderungen in das Handbuch fließen aus folgenden Quellen ein:
> - Ergebnisse der Managementbewertung
> - Feedback von Mitarbeitern bei der Anwendung des Systems
> - Neuere Entwicklungen, die den Stand der Technik voranbringen
> - Eigene Erfahrungen beim Einsatz des Systems
> - Neuere Fachliteratur
> - Neue Normen und Standards
> - Rückmeldungen von Kunden
> - Ergebnisse aus Metriken

Damit haben wir auch diese Forderung der DIN EN ISO 9001 genügt.

4.12 Vermittlung der Inhalte des QM-Systems

Me, I have a science fiction writer's conviction that the damn robot is supposed to speak human, not the other way round.
            Spider Robinson

Es ist die Aufgabe des Qualitätsmanagement eines Unternehmens, des QM-Beauftragten, das System zu kreieren und es im Handbuch zu dokumentieren. Darum wird diese Abteilung oder Gruppe nicht herumkommen. Auf der anderen Seite ist das natürlich viel Arbeit, und in der Norm selbst wird Wert darauf gelegt, das QM-System im Unternehmen zu kommunizieren.

Bei diesen Bedingungen kann man natürlich fragen, ob es sinnvoll ist, Teile des Handbuchs von anderen Mitarbeitern des Unternehmens, etwa im Bereich der Entwicklung, erarbeiten zu lassen. Das hätte die folgenden Vorteile:

1. Mitarbeiter in der Entwicklung sind mit den Details der dort angewandten Prozesse weit besser vertraut als mancher Kollege im Qualitätsmanagement.
2. Wer selbst die Verfahrensanweisungen schafft, identifiziert sich damit. Auf diese Weise gewinnt man Verbündete in der Entwicklung.
3. Die Arbeit wird auf mehrere Schultern verteilt, man kann unter Umständen das Werk früher fertig stellen und einführen.

Auf der anderen Seite gibt es, falls man diesem Ansatz folgt, auch ein paar Nachteile. Hier sind sie aufgelistet:

1. Es entsteht ein Zeitbedarf, um Tätigkeiten zu koordinieren.
2. Die Schreibstile können so verschieden sein, dass man dem Handbuch ansieht, dass verschiedene Autoren daran gearbeitet haben. Es gibt Widersprüche.

Ich will hier weder die eine noch die andere Methode ausschließen. Das muss von Fall zu Fall unter den Bedingungen eines Unternehmens entschieden werden. Wird allerdings der zweite Ansatz gewählt, muss das Qualitätsmanagement sicherstellen, dass Widersprüche beseitigt und Ungereimtheiten korrigiert werden. Eine redaktionelle Überarbeitung der gelieferten Texte ist zu empfehlen. Auch sollte die Federführung des Projekts immer beim Qualitätsmanagement liegen.

4.13 Mitarbeiter im Qualitätsmanagement

Wichtig ist es auch, neu eingestellte Mitarbeiter des Unternehmens im Rahmen ihrer Einarbeitung mit den Verfahren vertraut zu machen, die im Unternehmen in Bezug auf Qualitätsmanagement und Qualitätssicherung gelten. Dazu kann die folgende Verfahrensanweisung nützlich sein.

Verfahrensanweisung VA-14:
Schulung von Mitarbeitern im Qualitätsmanagement

ZWECK:
Den Schulungsbedarf zu ermitteln und das Wissen der Mitarbeiter auf dem Stand der Technik zu halten.

VERANTWORTLICH:
Leitung Qualitätsmanagement

VERFAHREN:
Der Schulungsbedarf wird ermittelt, indem das Gebiet des Software-Qualitätsmanagements, der Software-Entwicklung sowie angrenzender Fachbereiche beobachtet wird. Dabei sind alle technischen Neuerungen, Änderungen in Produkten, Prozessen, Methoden und Verfahren einzubeziehen, die für das System zur Qualitätssicherung Bedeutung erlangen könnten.
   Der Schulungsbedarf kann durch Teilnahme an internen und externen Kursen, Vorträgen, Kongressen und Workshops gedeckt werden. Die Unterlagen von derartigen Veranstaltungen sowie die Notizen des Teilnehmers sind aufzubewahren.
   Ziel des Verfahrens ist es, alle Mitarbeiter im Bereich Qualitätsmanagement mit aktuellem Wissen und Know-how zu versorgen, damit sie ihre Aufgabe erfolgreich erledigen können.

Weil Qualitätsmanagement im Bereich der Software eine relativ neue Disziplin ist, muss man Augen und Ohren offen halten, um die neueren Entwicklungen frühzeitig mitzubekommen.

4.14 Rückkopplung: Das QM-System mit Leben erfüllen

Each new impact (technology) shifts the ratios among all the senses.
Marshall McLuhan

Die revidierte Fassung der DIN EN ISO 9001 ist so strukturiert, dass das Qualitätsmanagementsystem auf Wandel und kontinuierliche Verbesserung ausgelegt ist. Das zeigt sich augenfällig in der Einbeziehung der Geschäftsleitung und der geforderten periodischen Bewertung des Systems.

Hier muss es gelingen, ein System zu bauen, das in seinen Grundpfeilern solide auf dem Boden unseres Wissens ruht, in seinen Bausteinen aber flexibel ist und sich veränderten Anforderungen stellt. Meiner Meinung nach lässt sich eine solche Forderung am ehesten mit einem System realisieren, das aus vielen Bausteinen besteht.

Änderungen werden im Lauf der Monate und Jahre nicht ausbleiben. In Abbildung 4-8 ist aufgezeigt, welche internen und externen Kräfte auf das QM-System einwirken.

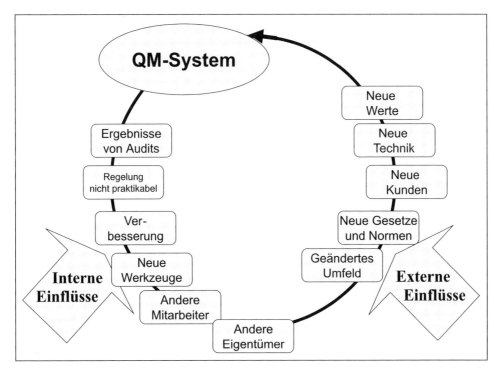

Abb. 4–9:   Einflüsse auf das QM-System

Bisher haben wir das QM-System in erster Linie durch die Brille des Qualitätsmanagements betrachtet. Nur gelegentlich haben wir Ausflüge in andere Fachbereiche gemacht. Wenn es uns allerdings gelingen soll, ein System zu kreieren, das die ganze Firma beeinflussen kann, dann müssen wir uns tief in die Materie diese Fachbereiche einarbeiten.

5

Element 2: Management der Ressourcen

In the long run, a society's strength depends on the way that ordinary people voluntarily behave. Ordinary people matter, because there are so many of them. Voluntary behaviour matters because it's too hard to supervise everyone all the time. This voluntary behaviour is what I mean by »culture«.
J. Fallows

Wenn man die 1994er Version der Norm DIN EN ISO 9001 betrachtet, so fällt auf, dass über Mitarbeiter und ihre Arbeitsbedingungen wenig gesagt wird. Zwar gibt es fast überhaupt keine dokumentierten Untersuchungen über die Bedingungen, unter denen Programmierer arbeiten müssen. Aber es darf dennoch vermutet werden, dass die Arbeitsbedingungen und das Umfeld in der Firma, auch die vorhandene Infrastruktur, entscheidend zum Erfolg beitragen können.

Andere Vorgehensmodelle waren in dieser Hinsicht weiter als DIN EN ISO 9001. So geht zum Beispiel das *Capability Maturity Model* (CMM) viel mehr ins Detail. Auf der Ebene 2 dieses Modells sind fünf *Key Process Areas* [33,49] definiert.

1. Management der Anforderungen
2. Software-Projekt-Planung
3. Fortschrittsverfolgung und Kontrolle
4. Management von Unteraufträgen
5. Qualitätssicherung
6. Konfigurationsmanagement

Wenn wir uns nur einen dieser Bereich herausnehmen, so ist dieser wiederum in eine Reihe von Tätigkeiten gegliedert. Dazu gehören für jeden Bereich auch Voraussetzungen, die gegeben sein müssen, damit die verlangte Leistung erbracht werden kann. Beim dritten Punkt, Fortschrittsverfolgung und Kontrolle, werden hierzu die folgenden Einzelheiten genannt:

1. Es existiert für jedes Projekt ein dokumentierter Software-Entwicklungsplan, der genehmigt wurde.
2. Der Leiter der Software-Entwicklungsgruppe weist jedem Mitarbeiter bestimmte Tätigkeiten und Teilprodukte zu.
3. Es werden Ressourcen bereitgestellt, um den Fortschritt des Projekts verfolgen zu können. Dazu können auch Tools gehören.

4. Leitende Mitarbeiter sind geschult worden, um ihre Aufgaben erfüllen zu können. Das erstreckt sich sowohl auf Führungsaufgaben als auch den technischen Aspekt von Software-Projekten.

Zum Glück hat im Bereich der Autoren der Norm DIN EN ISO 9001 ein Umdenkungsprozess eingesetzt, und das zeigt sich im Raum, den die Ressourcen nun im Text einnehmen. Die Norm fordert im Kapitel 6 *Management der Ressourcen* in den einleitenden Sätzen, dass die Mittel bereitgestellt werden müssen, um das Qualitätsmanagementsystem einzuführen und zu pflegen. Parallel dazu soll die Zufriedenheit der Kunden durch die Erfüllung ihrer Forderungen erhöht werden. Der zweite Punkt befasst sich mit den Mitarbeitern eines Unternehmens.

5.1 Mitarbeiter

The organisations that will excel in the future will be the organisations that discover how to tap people's commitment and capacity to learn at all levels in an organisation.
  Peter M. Senge

Eines der wenigen Experimente zum Thema Produktivität, Einfluss der Arbeitsumgebung und Fehlerzahl in der Software wurde von Tom DeMarco [50] und seinen Mitstreitern durchgeführt. Dabei nahmen 166 Programmierer aus 35 verschiedenen Organisationen teil. Das Experiment dauerte einen Tag.

Es wurde eine Spezifikation vorgegeben, nach der ein Programm erstellt werden sollte. Im Durchschnitt waren die Programme, die abgeliefert wurden, 220 Zeilen lang. Zwei Drittel der Programme lagen in einem Bereich zwischen 133 und 220 Zeilen. Bei der Durchführung gab es zwei klar definierte Meilensteine: 1) Kompilierung ohne Fehlermeldungen, 2) Alle Arbeiten beendet.

Die Teilnehmer führten zunächst eigene Tests durch. Diese Vorgehensweise kann man wohl als White Box Testing [48] bezeichnen. In einer zweiten Runde wurden zehn Testfälle vorgegeben. Diese Art des Test kann man unter Black Box einreihen.

Bereits beim Zeitverbrauch zur Erreichung von Meilenstein 1 gab es erhebliche Unterschiede in der Leistung. Der langsamste Programmierer brauchte 5,6-mal so viel Zeit wie der schnellste. Der Durchschnitt war zweimal so hoch wie der beste Programmierer.

Besonders interessant ist das Ergebnis des Experiments in Bezug auf die Zahl der gemachten Fehler. Es ließ sich keine Korrelation zwischen der Zahl der gemachten Fehler und der Schnelligkeit der Erledigung der Aufgabe feststellen. Schnellere Programmierer lieferten bessere Programme ab als solche, die länger dafür brauchten. Dieses Ergebnis ist in Abbildung 5-1 grafisch aufgezeigt.

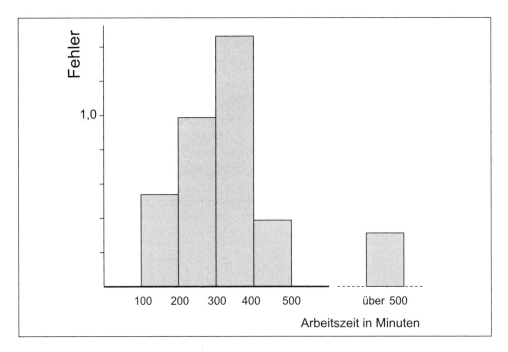

Abb. 5–1:   *Schnelligkeit und Häufigkeit von Fehlern*

Bei dem Experiment wurde auch untersucht, unter welchen Bedingungen die Programmierer in ihren Firmen arbeiten mussten. Die häufigste Klage war, dass sie dauernd unterbrochen würden und nicht dazu kämen, in Ruhe zu arbeiten. Die Aufzeichnung in Tabelle 5-1 ist typisch für eine derartige Situation

Zeitabschnitt	Art der Tätigkeit	Unterbrochen durch ...
2:13 – 2:17 Uhr	Programmieren	Telefonanruf
2:20 – 2:23 Uhr	Programmieren	Chef kommt herein, will plaudern
2:26 – 2:29 Uhr	Programmieren	Frage durch Kollegen
2:31 – 2:39 Uhr	Programmieren	Telefonanruf
2:41 – 2:44 Uhr	Programmieren	Telefonanruf

Tabelle 5–1:   *Aufzeichnungen aus einem Arbeitstag [50]*

Der größte Störenfried ist in diesem Fall das Telefon. Wenn man bedenkt, dass Programmierung eine intellektuell anstrengende Tätigkeit ist, kann man sich vorstellen, dass es nach einer Unterbrechung durch einen Anruf eine Zeit lang dauert, bis man das Problem wieder voll parat ab. Es lässt sich ausrechnen, wann durch die Zahl der Telefonanrufe die Produktivität gegen Null geht. Auch Fehler dürften durch Anrufe mit verursacht werden.

Bezüglich der Gestaltung des Arbeitsplatzes und der Umgebung wurden die folgenden Fragen erhoben. Die Antworten finden sich ebenfalls in Tabelle 5-2.

Frage	Prozentsatz der Nein-Antworten
Ist Ihr Arbeitsplatz ruhig genug?	58
Können Sie sich zurückziehen, die Tür schließen?	61
Werden Sie oft unnötig unterbrochen?	38
Ist es schwierig oder unmöglich, während der regulären Arbeitszeit effektiv zu arbeiten?	59
Ist der Arbeitslatz nach Ihren Bedürfnissen gestaltet?	51
Ist der Arbeitsplatz in der Firma so angenehm wie das Arbeitszimmer zu Hause?	54

Tabelle 5–2: Verhältnisse am Arbeitsplatz [50]

Ob diese Untersuchungen direkt auf die Verhältnisse in Deutschland und Europa zu übertragen sind, bleibt ungewiss. Aber aus diesem Raum liegen keine Zahlen vor, die auf einem kontrollierten Experiment beruhen. Immerhin sollten die Resultate den Verantwortlichen zu denken geben: Die Produktivität wird durch mehr Faktoren beeinflusst, als wir glauben mögen.

DIN EN ISO 9001 fordert in Bezug auf die Mitarbeiter, die Tätigkeiten ausführen, die die Produktqualität beeinflussen können: angemessene Ausbildung, Schulung, Fertigkeiten und Erfahrung. Im Einzelnen wird vom Unternehmen verlangt:

1. Ermittlung der notwendigen Fähigkeiten der Mitarbeiter in Bezug auf Tätigkeiten, die die Qualität beeinflussen
2. Organisation von Schulungen oder andere Maßnahmen
3. Beurteilung der Maßnahmen
4. Mitarbeiter motivieren
5. Erstellen von Aufzeichnungen zur Ausbildung, Schulung, Fertigkeiten und Erfahrung

DIN EN ISO 9004 geht auf diesem Feld noch weiter. Hier wird gefordert, die »Wirksamkeit und Effizienz der Organisation einschließlich des Qualitätsmanagementsystems durch die Einbeziehung und Unterstützung« der Mitarbeiter zu verbessern. Dazu können die folgenden Maßnahmen dienen:

- Berufsbegleitende Schulung und Karriereplanung
- Festlegung von Verantwortung und Befugnissen
- Festlegen von Zielen für Individuen und Gruppen von Mitarbeitern
- Anerkennung und Belohnung
- Ermöglichung der Kommunikation in beiden Richtungen
- Bewertung der Bedürfnisse von Mitarbeitern
- Schaffung innovationsfördernder Bedingungen

- Sicherstellung wirksamer Teamarbeit
- Kommunikation von Vorschlägen und Meinungen
- Untersuchung zur Ursache der Fluktuation

Wenn wir nach einem Weg suchen, die Forderungen im Kapitel 6 der DIN EN ISO 9001 in im Qualitätsmanagementhandbuch abzudecken, so können wir den folgenden Text verwenden:

> **Mitarbeiter**
>
> Die Geschäftsführung der {SOFTCRAFT} ist sich bewusst, dass der Erfolg des Unternehmens auf seinen Mitarbeitern beruht. Ihre Fähigkeiten, Talente, ihr Ehrgeiz und ihr Können ist der Schlüssel zum Erfolg, jetzt und in der Zukunft.
>
> {SOFTCRAFT} knüpft bereits während des Studiums Kontakte mit Studenten, die eventuell für eine Beschäftigung in Frage kommen. Dazu arbeiten wir mit Fachhochschulen und Universitäten in unserem Raum zusammen und betreuen auch Studienarbeiten. Wir beschäftigen zum überwiegenden Teil Informatiker und Ingenieure mit Hochschulabschluss.
>
> Die Geschäftsführung legt großen Wert darauf, das Wissen und Know-how unserer Mitarbeiter auf dem aktuellen Stand zu halten. Deswegen wurde als Zielgröße vorgegeben, dass jeder Mitarbeiter pro Jahr {eine Woche} für Schulungen zur Verfügung haben soll. Über die Ausgestaltung und Inhalte entscheidet der jeweilige fachliche Vorgesetzte nach einem Gespräch mit dem Mitarbeiter.
>
> Um alle Fragen, die mit Schulung und Weiterbildung zusammenhängen zu bündeln, hat die {SOFTCRAFT} einen Schulungsbeauftragten ernannt, der in dieser Funktion direkt an die Geschäftsleitung berichtet.
>
> Es ist die Absicht des Unternehmens, in ihren Räumen Bedingungen zu schaffen, die eine möglichst hohe Produktivität der Mitarbeiter ermöglicht. Dazu werden alle nötigen Mittel bereitgestellt. Anregungen der Mitarbeiter werden so weit wie möglich umgesetzt. txt_10

In der Praxis wird die Schulung, Fort- und Weiterbildung der Mitarbeiter einen breiten Raum einnehmen. Das Problem ist dabei bei schnell wachsenden Firmen im Bereich der Software-Erstellung oftmals nicht finanzieller Natur. Die Mittel würden bereitstehen. Wenn aber ein wichtiger Mitarbeiter eine Woche auf Schulung ist, dann fehlt diese Zeit im Projekt. Das lässt sich manchmal gegenüber dem Kunden nicht vertreten.

In dieser Situation sollte man in Betracht ziehen, dass sich die notwendigen Kenntnisse auch durch Studium der Fachliteratur erwerben lassen. Dies kann auch in der Freizeit geschehen. Zu bedenken ist allerdings, dass es verschiedene Lerntypen gibt. Manche Mitarbeiter brauchen einen Trainer, dem sie Fragen stellen können.

Als Prozess zur Ermittlung des Schulungsbedarfs und die daraus abzuleitenden Folgen können wir uns an Abbildung 5-2 orientieren.

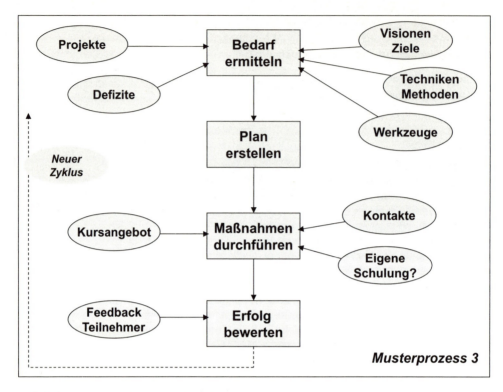

Abb. 5–2: *Ermittlung des Schulungsbedarfs*

Weil wir in unserem System einen Schulungsbeauftragten ernennen wollen, benötigen wir dazu noch eine Verfahrensanweisung. Wir formulieren sie so:

Verfahrensanweisung VA-15: Tätigkeit des Schulungsbeauftragten

ZWECK:
Alle Fragen in Zusammenhang mit der Schulung, Fort- und Weiterbildung der Mitarbeiter zu bearbeiten

VERANTWORTLICH:
Schulungsbeauftragter

VERFAHREN:
Es wird ein Schulungsbeauftragter ernannt, der – unabhängig von anderen Aufgaben – für Fragen zuständig ist, die sich in Bezug auf Fort- und Weiterbildung der Mitarbeiter ergeben.

Der Schulungsbeauftragte wird:

- In Zusammenarbeit mit den Mitarbeitern erarbeiten, welche Inhalte für Schulungen notwendig sind. Dies bezieht sich sowohl auf fachliche Themen als auch auf die Entwicklung der Persönlichkeit sowie das Erlernen von Fremdsprachen.
- Den Schulungsplan erstellen: Dieser Plan wird {jährlich} erstellt und ist bis zum {30. Januar} des laufenden Jahres mit der Geschäftsführung abzustimmen und zu verabschieden.

> - Die Informationen zu Schulungen sichten, einordnen und nach Themen sortieren. Gegebenenfalls müssen bei einem Gebiet, für das ein Bedarf besteht, aber kein Kurs angeboten wird, alternative Lehrangebote in Betracht gezogen werden.
> - Schulungsmaßnahmen in Absprache mit dem unmittelbaren Vorgesetzten des Mitarbeiters oder des Projektleiters terminieren und veranlassen
> - Den Teilnehmer an einer Schulungsmaßnahme zu einer Bewertung des Inhalts auffordern.
> - Bewertungen von Schulungen sammeln, auswerten und der Geschäftsleitung berichten. Das Qualitätsmanagement bekommt das Original der Bewertung von Schulungen.
>
> Falls sich aus einem Projekt heraus ein Bedarf für eine Schulung ergibt, die speziell für dieses Projekt notwendig ist, so wird der Projektleiter diese in Abstimmung mit dem Schulungsbeauftragten veranlassen und durchführen.

DIN EN ISO 9004 enthält in Abschnitt 6.2.2.2 *Bewusstsein und Schulung* für Schulungspläne die folgenden Forderungen:

1. Formulierung der Ziele
2. Methoden
3. Benötigte Ressourcen
4. Interne Unterstützung
5. Beurteilung der Schulung in Bezug auf die Persönlichkeitsentwicklung
6. Wirksamkeit der Schulung und ihr Nutzen für das Unternehmen

Die Vorlage für einen Schulungsplan findet sich im Anhang. Gehen wir nun kurz auf die Einstellung neuer Mitarbeiter ein. Tom DeMarco hat einmal gesagt:»Wenn ein Opernsänger ein Engagement will, muss er vorsingen. Wie ist das eigentlich in unserer Branche?«

In der Tat hat Tom DeMarco da den Finger in eine offene Wunde gelegt. Man hat manchmal den Eindruck, Mitarbeiter werden deswegen eingestellt, weil sie die Akronyme beherrschen, die gerade en vogue sind.

Nun ist es natürlich innerhalb eines halben Tages nicht möglich, ein Programm zu schreiben, zu testen und zu beurteilen. Aber es ist durchaus möglich und realistisch, für einen Bewerber ein kleines Design-Problem vorzubereiten und ihn zu bitten, dazu einen Lösungsvorschlag zu machen. Dazu genügen Papier und Bleistift, und es dauert weniger als eine Stunde. Dafür sollte Zeit sein, wenn es um ein Jahresgehalt geht, das an die 50 000 Euro heran reicht.

Amerikanische Manager im Bereich der Software-Entwicklung [51] geben an, dass sie nach den folgenden Fähigkeiten und Kenntnissen suchen, wenn es um die Einstellung neuer Mitarbeiter geht:

1. **Fähigkeit zur Kommunikation:** Dies bezieht sich sowohl auf die Sprache als auch auf Dokumente. Erkunden kann man als Manager diese Fähigkeit, indem man Methoden und Techniken diskutiert. Dabei wird beurteilt, wie der Bewerber bestimmte Begriffe erklärt.
2. **Fähigkeit zur Arbeit in einem Team:** Dabei wird vor allem darauf Wert gelegt, dass der künftige Mitarbeiter sich in eine Gruppe einfügen kann und bereit ist, die Ziele des Teams zu unterstützen. Kritisch zu sehen sind in diesem Zusammenhang

oftmals starke Persönlichkeiten wie Gurus. Es kann bezweifelt werden, ob sie sich in ein Team integrieren lassen würden. Techniken kann ein Bewerber lernen, die Einordnung in ein Team ist dagegen weitgehend eine Frage der Persönlichkeit. Eingefahrene Verhaltensmuster zu ändern ist sehr schwer.

3. **Persönlichkeit:** Hier fragen Manager, ob eine bestimmte Person zu der Firma mit ihren Wertvorstellungen und Traditionen passen würde.
4. **Motivation:** Mehr als Kenntnisse und Know-how kommt es darauf an, dass ein Bewerber fähig ist, weiter zu lernen. Das ist für das Unternehmen selbst bei ausgesprochenen Spezialisten, die in einem bestimmten Projekt gerade gebraucht werden, wichtig. Schließlich soll der Mitarbeiter mittel- und langfristig an das Unternehmen gebunden werden.
5. **Initiative:** Gefragt sind Leute, die bereit sind, bis zu einem gewissen Grad Risiken einzugehen. Keine Abenteurer, aber bestimmt auch keine Duckmäuser und Zauderer.
6. **Akademiker:** In diesem Fall ist zu fragen, wie lange nach der Beendigung des Studiums ein Bewerber weiter an der Uni verbracht hat. In manchen Fällen gelingt der Übergang in ein Unternehmen, das härtere Forderungen stellt, nur schwer oder gar nicht.
7. **Verpflichtung:** Gesucht sind Mitarbeiter, die nicht so leicht die Flinte ins Korn werfen. Man will vermeiden, dass ein Projektmanager während der heißen Phase der Entwicklung einen Großteil seiner Zeit mit der Suche nach Mitarbeitern verbringen muss. Eine gewisse Mobilität, so lange sie im Rahmen bleibt, ist dagegen durchaus ein Plus.
8. **Vertrautheit mit den Methoden von *Software Engineering*:** Hier kommt es darauf an, ob ein Bewerber mit den Themen vertraut ist, die gegenwärtig die Branche bewegen. Man kann zum Beispiel fragen, welche Bücher der Bewerber im letzten Jahren gelesen und was er daraus gelernt hat.

Mit der Einstellung eines Mitarbeiters tätigt ein Unternehmen eine Investition. Schließlich kann es ein halbes bis ein Jahr dauern, bis der Mitarbeiter seine volle Produktivität erreicht hat. Falsche Einschätzungen können sich daher finanziell schmerzhaft bemerkbar machen. Einen etwas anderen Weg bei der Einstellung von Mitarbeitern [52] geht der Schindlerhof in Boxdorf bei Nürnberg. Dies ist in Abbildung 5-3 aufgezeigt.

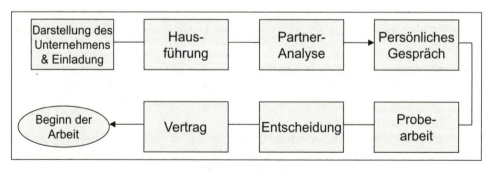

Abb. 5–3:   *Weg zur Einstellung im Schindlerhof [52]*

Bemerkenswert ist, dass bei diesem Modell vor der Einstellung und einem Vertrag eine Probearbeit steht. Wenden wir uns nun dem zweiten wichtigen Gebiet in Kapitel 6 der Norm zu.

5.2 Arbeitsbedingungen und Infrastruktur

Wenn viele kleine Leute an vielen kleinen Orten kleine Dinge tun, dann wird dies die Welt verändern.
Afrikanisches Sprichwort

Die Norm fordert in Abschnitt 6.3, dass das Unternehmen eine Infrastruktur ermitteln, bereitstellen und aufrechterhalten muss, mit der die Erreichung der Anforderungen an das Produkt gewährleistet werden kann. Zur Infrastruktur zählen dabei:

1. Gebäude
2. Arbeitsstätte
3. Zugehörige Versorgungseinrichtungen
4. Ausrüstungen für alle Prozesse, darunter Hard- und Software
5. Unterstützende Dienstleistungen, etwa im Bereich Transport oder Kommunikation

Bezüglich der Arbeitsumgebung gelten die gleichen Forderungen wie für die Infrastruktur. Zu beachten ist in der Praxis auch, dass man bestimmte Forderungen zur Infrastruktur auch im Entwicklungsplan geltend machen kann. Das ist oftmals eine gute Gelegenheit, der Geschäftsleitung deutlich zu machen, dass die neue Workstation, der große Bildschirm oder das flimmerfreie Display gerade für dieses Projekt angeschafft werden muss.

Dass man mit einer guten Infrastruktur die Leistung der Mitarbeiter positiv beeinflussen kann, zeigt der folgende Fall.

Fall 5–1: *Mehr Geld? – Nein, danke!* [53]

Ein Manager bat einen sehr fähigen Mitarbeiter zur jährlichen Bewertung der Leistung in sein Büro. Er war sehr erstaunt, als der Programmierer die angebotene Gehaltserhöhung gar nicht haben wollte. Er erklärte, dass er zu Hause oft gute Ideen habe, dass sein langsames Wählmodem aber wirklich veraltet wäre. Könne die Firma ihm nicht eine zusätzliche Telefonleitung installieren lassen und ihm ein leistungsfähiges Modem zur Verfügung stellen?

Die Firma konnte. Im folgenden Jahr richteten sie ihm sogar ein kleines Büro in seiner Wohnung ein. Aber würde sich jeder Arbeitgeber so verhalten, oder ist das die große Ausnahme?

In der Tat ist es erschreckend, dass im Deutschlandfunk die Länge der Staumeldungen langsam die Länge der Nachrichten übersteigt. Wenn man sich ausrechnet, wie viel Zeit jeden Tag bei Tausenden von Arbeitnehmern auf dem Weg von der Arbeitsstätte und wieder nach Hause verbraucht wird, dann ist das volkswirtschaftlich eine gewaltige Verschwendung.

Fragen wir uns nun, was DIN EN ISO 9004 ergänzend zu sagen hat. Hier wird bemerkt, dass die Arbeitsumgebung einen positiven Einfluss auf die Motivation und Leistung der Mitarbeiter ausüben kann. Beim Arbeitsplatz sollten die folgenden Faktoren berücksichtigt werden:

- Kreative Arbeitsmethoden, um das Potential der Mitarbeiter ausschöpfen zu können
- Beachtung von Sicherheitsvorschriften
- Beachtung ergonomischer Forderungen
- Lage des Arbeitsorts
- Soziale Wechselwirkungen
- Hitze, Luftfeuchtigkeit, Licht und Belüftung
- Hygiene, Sauberkeit, Lärm, Vibration und Verschmutzung

Bei Teams [53] ist zu beachten, dass die räumliche Trennung der Mitglieder für ein erfolgreiches Team tödlich sein kann. Teams brauchen die Möglichkeit zur unmittelbaren spontanen Kommunikation. Ist das nicht gewährleistet, kann das Team rasch zerfallen. So haben auch Bedingungen, die auf der Liste eines Managers nicht unbedingt ganz oben stehen, manchmal einen Einfluss auf die Mitarbeiter und den Erfolg des Unternehmens.

5.3 Wirtschaftlicher Erfolg

For a Spaniard, the success lies in the title as much as in the salary, and much more than in the work.
Helen Wattley Ames

Gelegentlich hört man immer noch die Frage, ob sich Qualitätsmanagement für ein Unternehmen denn auszahlt. Natürlich kostet Qualitätsmanagement oder Qualitätssicherung zunächst einmal Geld. Aber die Frage ist falsch gestellt. Sie sollte besser lauten: Was kostet es das Unternehmen, wenn es nicht auf Qualität achtet?

Crosby [54] hat das Problem umgedreht und erklärt: Die Kosten der Qualität sind die Kosten dafür, nach der Produktion für Qualität zu sorgen. Diese Kosten bestehen aus den Aufwendungen für Nachbesserungen, Fehlerbeseitigung, Beratung der Kunden bei auftretenden Fehlern sowie Kunden, die mit der Firma nichts mehr zu tun haben wollen und in Zukunft woanders kaufen.

Die Software-Branche ist relativ jung, und deshalb trifft sie diese Bewegung nicht im gleichen Ausmaß wie traditionelle Industrien. Es wird aber der Tag kommen, wo auch bei Software die Kunden Fehler nicht mehr tolerieren werden. Crosby gibt für die Kosten der

Nicht-Qualität einen Rahmen von 20 bis 2,5 Prozent vom Umsatz an. Ich fürchte, bei der Software kann die erste Zahl sogar noch übertroffen werden.

Natürlich ist es leicht, solche Zahlen vom Tisch zu wischen, wenn man keine Messungen anstellt. Das ist wie bei BSE-Krise: Solange wir in Deutschland nicht getestet haben, war die Bundesrepublik ein BSE-freies Land. Aber hatten wir nicht alle, tief verborgen im Unterbewusstsein, den Verdacht, dass dieses Land mitten in Europa nicht eine Insel der Seeligen sein könnte?

So ähnlich ist es mit den Kosten, die wir dafür aufwenden, um gemachte Fehler zu beseitigen. Sie sind in den meisten Unternehmen weit höher, als das Management ahnt.

In DIN EN ISO 9004 wird unter 6.8 *Finanzielle Ressourcen* gefordert, dass die Geschäftsführung die finanziellen Mittel für das Qualitätsmanagementsystem bereitstellt. Wenn dieses System erst in Gang kommt, wird es diese Mittel durchaus wieder einfahren. Dies kann sich in den folgenden Situationen zeigen:

- Intern: Durch bessere und effizientere Prozesse, bessere Produkte und eine höhere Produktivität der Mitarbeiter; durch geringere Fluktuation; durch eine geringere Fehlerrate bei der Software und weniger Aufwendungen für Reparaturen
- Extern: Durch zufriedenere Kunden, ein besseres Image in der Branche und mehr Aufträge

Auch solche Dinge kann man messen. Es muss allerdings der Wille da sein, zunächst einmal den IST-Zustand des Unternehmens schonungslos zu untersuchen und zu dokumentieren. Erst auf dieser Basis kann man wirkliche Erfolge erzielen.

Element 3: Produkt-Entwicklung

Abschnitt 7 der DIN EN ISO 9001 mit dem Titel *Produktrealisierung* bildet das eigentliche Kernstück der Norm. Das ist durchaus gerechtfertigt, denn diese Tätigkeiten dienen der Leistungserbringung des Unternehmens. Wir beginnen mit einem Gebiet, das nicht direkt im Text der Norm steht, für das Unternehmen aber sehr wichtig ist: der Kalkulation.

6.1 Effektive Software-Erstellung

Not everything that counts can be counted.
Not everything that is counted counts.
Albert Einstein

Wenn ein Projekt geplant wird, müssen wir dessen Umfang abschätzen. Dazu orientiert man sich in der Branche meistens an vergleichbaren Applikationen. Gebräuchlich ist in erster Linie ein Verfahren, das sich COCOMO nennt. Diese Abkürzung steht für **Co**nstructive **Co**st **Mo**del. Die zweite wichtige Methode ist unter der Bezeichnung *Function Points* bekannt geworden.

Die Vorgehensweise ist in den zwei folgenden Verfahrensanweisungen beschrieben:

> **Verfahrensanweisung VA-16:**
> **Aufwandsschätzung nach dem COCOMO-Verfahren**
>
> ZWECK:
> Den Aufwand zur Durchführung von Software-Projekten zu ermitteln
>
> VERANTWORTLICH:
> Projektmanagement, Software-Entwicklung
>
> VERFAHREN:
> Ermitteln Sie den Aufwand für die Software-Entwicklung, basierend auf den Angaben der Entwicklung zum Umfang der Software. Hinterfragen Sie immer, ob alle Arten der Software erfasst wurden. Weisen Sie gegebenenfalls auf die Notwendigkeit von Test-Software hin. Dafür ist eine separate Rechnung durchzuführen.

Reihen Sie das Projekt in eine bestimmte Klasse ein und errechnen Sie den Aufwand nach den unten angegebenen Gleichungen.

MODELLE:
Es werden drei Modelle für die Kostenberechnung der Software-Entwicklung bei unterschiedlichem Schwierigkeitsgrad angewandt:

- Organic
- Semidetached
- Embedded

Das erste Modell behandelt Fälle, in denen ein Programmierer ein gut bekanntes Problem in Software umsetzt, also z.B. der Buchhalter, der eine Programmiersprache gelernt hat und nun das System auf EDV umstellt.

Das dritte Modell dagegen behandelt Fahrzeuge oder Flugkörper, bei denen die Software Steuerungs- und/oder Regelungsfunktionen für das System durchführt, oft in Echtzeit. Das zweite Modell liegt zwischen diesen beiden Extremen.

Es gelten die folgenden Gleichungen:

I. $D_{NOM} = 3{,}2 \; KLOC^{1{,}05}$ (Organic)
II. $D_{NOM} = 3{,}0 \; KLOC^{1{,}12}$ (Semidetached)
III. $D_{NOM} = 2{,}8 \; KLOC^{1{,}20}$ (Embedded)

wobei D_{NOM} = Nomineller Zeitaufwand in Mannmonaten [MM]
KLOC = Programmumfang in 1000 Programmzeilen [KLOC]

ANPASSUNG AN PROJEKTE:
Da für Projekte die unterschiedlichsten Bedingungen gelten mögen, wird der tatsächlich notwendige Aufwand durch Korrekturfaktoren ermittelt. Aus den einzelnen Faktoren wird ein Gesamtmultiplikator gebildet. Der korrigierte Aufwand ergibt sich dann aus:

IV. $D_k = D_{NOM} \times f_{k\text{-}gesamt}$

wobei D_k = korrigierter Aufwand in Mannmonaten [MM]

V. $f_{k\text{-}gesamt} = f_{k1} \times f_{k2} \times \ldots f_{kn}$

Der Gesamtkorrekturfaktor $f_{k\text{-}gesamt}$ ergibt sich dabei aus der Multiplikation der einzelnen Faktoren f_k. Die Korrekturfaktoren können aus nachfolgender Tabelle entnommen werden.

Geforderte Software-Attribute	sehr niedrig	niedrig	nominal	hoch	sehr hoch	extrem hoch
Produkteigenschaften						
Geforderte Zuverlässigkeit	0,75	0,88	1	1,15	1,4	–
Umfang der Datenbasis	–	0,94	1	1,08	1,16	–
Komplexität der Software	0,70	0,85	1	1,15	1,30	1,65
Eigenschaften des Computers						
Forderungen an die Ausführungszeit	–	–	1	1,11	1,30	1,66
Forderungen an den Speicherbedarf	–	–	1	1,06	1,21	1,56

Geforderte Software-Attribute	sehr niedrig	niedrig	nominal	hoch	sehr hoch	extrem hoch
Forderungen an die virtuelle Maschine	–	0,87	1	1,15	1,30	–
Erwartete Änderungen	–	0,87	1	1,07	1,15	-
Fähigkeiten der Mitarbeiter						
Fähigkeit des Analytikers	1,46	1,19	1	0,86	0,71	–
Anwendungserfahrung	1,29	1,13	1	0,91	0,82	–
Fähigkeiten des Programmierers	1,42	1,17	1	0,86	0,70	–
Erfahrungen mit einer virtuellen Maschine	1,21	1,10	1	0,90	–	–
Erfahrungen mit der Programmiersprache	1,14	1,07	1	0,95	–	–
Projekteigenschaften						
Einsatz moderner Programmiermethoden	1,24	1,10	1	0,91	0,82	–
Einsatz von Werkzeugen	1,24	1,10	1	0,91	0,83	–
Termintreue	1,23	1,08	1	1,04	1,10	–

Tabelle 6–1: Korrekturfaktoren f_k für den Software-Aufwand

PROJEKTDAUER:
Die Projektdauer kann nach der folgenden Formel berechnet werden:
VI. TDEV = 2,5 MM ^{0,38} (organic)
VII. TDEV = 2,5 MM ^{0,35} (semidetached)
VIII. TDEV = 2,5 MM ^{0,32} (embedded)
wobei PD = Projektdauer in Monaten

Während bei COCOMO die geschätzten Lines of Code die Eingangsgröße für das Verfahren bilden, benötigt man bei den Function Points [55] zumindest den Grobentwurf, um die Berechnung durchführen zu können. Andererseits ist das Verfahren unabhängig von einer bestimmten Programmiersprache.

Verfahrensanweisung VA-17:
Aufwandsschätzung mit Function Points

ZWECK:
- Die Berechnung des Aufwands auf eine anerkannte und nachprüfbare Grundlage zu stellen
- Eine Basis für die Nachkalkulation zu schaffen

VERANTWORTLICH:
Projektmanagement, Entwicklung

VERFAHREN:
Berechnen Sie den Aufwand in Function Points nach der folgenden Methode: Legen Sie den Entwurf der Software zugrunde und ermitteln Sie die Größen INPUT, OUTPUT, die Zahl der internen Dateizugriffe, die Zahl der Schnittstellen und die Zahl der externen Anfragen. Orientieren Sie sich dabei an dem folgenden Modell.

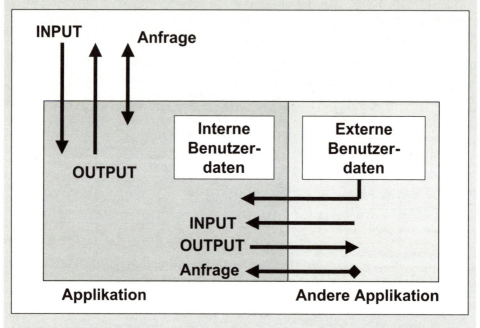

Abb. 6–1:   *Ermittlung der Function Points*

Ermitteln Sie dann die Function Points nach der folgenden Gleichung:

$$FP = IT\, W_1 + OT\, W_2 + FT\, W_3 + EI\, W_4 + QT\, W_5$$

wobei

	FP:	Function Points
	IT:	Anzahl der Eingaben
	OT:	Anzahl der Ausgaben
	FT:	Anzahl der internen Dateizugriffe
	EI:	Externe Schnittstellen
	IQ:	Anzahl der externen Anfragen

Die Multiplikatoren W_1 bis W_5 in der obigen Gleichung stellen Wichtungsfaktoren dar. Sie sind in der folgenden Tabelle zusammengefasst.

		Wichtungsfaktor		
Englische Bezeichnung	Deutsche Bezeichnung	Komplexität niedrig	Komplexität mittel	Komplexität hoch
External INPUT (IT)	Externe Eingaben	3	4	6
External OUTPUT (OT)	Externe Ausgaben	4	5	7
Logical Internal File (FT)	Interne Dateizugriffe	7	10	15
External Interface File (EI)	Externe Dateizugriffe	5	7	10
External Inquiry (QT)	Externe Anfragen	3	4	6

Tabelle 6–2: Wichtungsfaktoren bei Function Points

Korrigieren Sie die ermittelten Function Points anschließend durch die Berücksichtigung von Korrekturfaktoren. Bewerten Sie jeden der folgenden Faktoren mit einem Wert zwischen 0 und 5. Dabei gilt:

- 0 Faktor nicht vorhanden oder kein Einfluss
- 1 Einfluss nicht signifikant
- 2 Einfluss moderat
- 3 Durchschnittlicher Einfluss
- 4 Signifikanter Einfluss
- 5 Starker Einfluss

Faktor	Englische Bezeichnung	Deutsche Bezeichnung und Erläuterung
C1	Data communications	Datenkommunikation: Das Senden und der Empfang von Daten über Modem
C2	Distributed Functions	Verteilte Verarbeitung: Dieser Korrekturfaktor trifft zu, wenn die Applikation auf mehr als einem Prozessor arbeitet.
C3	Performance Objectives	Leistungsziele: Es werden besondere Leistungen velangt, die große Anstrengungen bei der Entwicklung erfordern.
C4	Heavily used configuration	Häufig benutzte Konfiguration: Dieser Faktor trifft zu, wenn die Applikation stark beansprucht wird.
C5	Transaction rate	Transaktionsrate: Viele Transaktionen in relativ kurzer Zeit
C6	On-line data entry	Interaktiver Betrieb
C7	End-user efficiency	Bedienerführung: Hier werden besondere Entwickluns-anstrengungen zur Benutzerführung notwendig.
C8	On-line update	On-line Update: Es werden besondere Anforderungen an den zeitgerechten Update von Daten gestellt, u.U. zusammen mit Forderungen zur sofortigen Datensicherung.
C9	Complex processing	Komplexe Verarbeitung: Die Verarbeitung ist komplex, zum Beispiel wegen der Algorithmen.
C10	Reusability	Wiederverwendbarkeit: Falls Wiederwendbarkeit des Codes gefordert ist und dazu Vorkehrungen zu treffen sind

Faktor	Englische Bezeichnung	Deutsche Bezeichnung und Erläuterung
C11	Installation ease	Leichte Installierbarkeit
C12	Operational use	Bedienerfreundliches Programm
C13	Multiple sites	Mehrere Installationsstätten: Mehr als eine Installation, u.U. mit Modifikationen
C14	Facilitate change	Häufige Änderungen der Applikation

Tabelle 6–3: Korrekturfaktoren bei Function Points

Ermitteln Sie die korrigierten Function Points durch Einsetzen der Korrekturfaktoren in die folgende Gleichung:

$$Fp_{korr} = FP\,((C_1 + C_2 \ldots + C_{14}) \times 0{,}01 + 0{,}65)$$

Innerhalb eines Unternehmens ist es nicht sinnvoll, beide Verfahren anzuwenden. Man muss sich für eines entscheiden. Das erste Verfahren hat den Vorteil, dass Lines of Code eine recht griffige Größe ist, die sich mit Hilfe eines Werkzeugs leicht ermitteln lässt. Zudem gibt es das Verfahren seit den Anfangstagen der Branche. Es liegen also viele Werte dazu vor.

Function Points sind andererseits unabhängig von einer bestimmten Programmiersprache. Es gibt auch Kunden, die die Wahl der Programmiersprache vollkommen dem Auftragnehmer überlassen.

Die Produktivität schwankt in unserer Branche in weiten Grenzen. Sie hängt in erster Linie von der Schwierigkeit der Applikation und der verlangten Zuverlässigkeit ab. In Tabelle 6-4 finden sich Angaben zur Produktivität.

Quelle	Art der Software	Produktivität in LOC/MM
Ware Myers, *The Need for Software Engineering*, in IEEE Tutorial: Software Management, Project Planning and Control, Ergebnisse aus IBM's Federal Systems Division	Kommerzielle Software	165 – 400
W. E. Stephenson, *An Analysis of the Resources used in the Safeguard Sytem Software Development*, in IEEE Tutorial: Software Management, Project Planning and Control	Real-Time Software	29 – 160
Belford, Berg and Hannan, *Central Flow Software Development*, FAA Real-Time Transaction System, in IEEE Tutorial: Software Management, Project Planning and Control	Real-Time Software	76
Lyle A. Anderson III, *Letter to the Editor*, Mitre Corporation, IEEE Software, May 1990, average productivity for Real-Time Software	Real-Time Software	250
LTV, *Software in FORTRAN for on-board monitoring system for aircraft*	Real-Time Software	275

Quelle	Art der Software	Produktivität in LOC/MM
Letter to the editor, CACM, June 1990, Software in der Medizintechnik, COBOL	Kommerzielle Software	118
Seminarunterlagen, *Ada Project Management*, Magnavox Electronics System, 1988		
1st Ada release		242
2nd Ada release		704
3rd Ada Release		814
Software System Design, Verkäufer des Tools AISLE, Durchschnitt in der amerikanischen Industrie im militärischen Bereich	Waffensysteme	176 – 220
Ada Letters, Sept./Okt. 1989	Waffensysteme	
1st Ada		432
2nd Ada		513
3rd Ada		674
Ware Myers, *Transfering Technology is tough*, in IEEE Computer, Juni 1990, Werte vom Jet Propulsion Laboratory (JPL), Ground System Code	Raumfahrt	186
Werbebroschüre von RATIONAL, *Produktivität in einem Ada Projekt für die schwedische Marine*	Real-Time Software	688
US AIR FORCE Report, *Ada and C++: A Business Analysis*, in AdaIC Newsletter, Sept. '91, Durchschnitt für alle Sprachen	Waffensysteme	183
erstes Projekt mit Ada		152
Durchschnitt beim Einsatz von Ada		210
erstes Projekt mit C++		161
Durchschnitt beim Einsatz von C++		187
Knut Ripken, 6. Deutscher Ada Anwenderkongress, 27./28. November 1991 in München, Projekt STANFINS-R, Abrechnungssystem für die US ARMY, 1,2 Mill. LOC, 3,7 LOC/h	Kommerzielle Software	622
Herman P. Schultz, *Software Management Metrics*, Mitre, Mai 1988	Waffensysteme	
Leichter Code		150
Schwieriger Code (Command & Control)		70
Sehr schwieriger Code (SECURITY)		30
Erich Pfeiffer und Jason Disch, *Using Ada with Embedded DSPs*, Dezember 1993, RADAR mit LASER für Helikopter zum Erkennen von Hindernissen wie Stromleitungen, 6000 LOC, 40 MM, erstes Ada Projekt	Luftfahrt	125
Bruce D. Nordwall, *Sanders slashes Time, Costs of Development*, in AW&ST, February 28, 1994, Lockheed Sanders, 10 LOC/MD with improved and integrated tools	Luftfahrt	220 880

Quelle	Art der Software	Produktivität in LOC/MM
Software zur Steuerung des Kernkraftwerks Chooz B in Frankreich, 1.5 Mill. LOC in ADA, Aufwand 4000 MM	Regelung und Steuerung	375
Hewlett-Packard, über alle Projekte	EDV-Geräte	200 – 700

Tabelle 6–4:   Veröffentlichte Werte zur Produktivität bei der Software-Entwicklung

An den Zahlenwerten der obigen Tabelle kann man sich orientieren. Besser als solche Werte sind allerdings Zahlen aus dem eigenen Betrieb, weil sie die dort vorhandene Kostenstruktur besser wiedergeben.

Wenn wir uns nun dem Prozess zuwenden, mit dem das Unternehmen Aufträge hereinholt, so könnten wir uns das vorstellen, wie in Abbildung 6-2 aufgezeigt.

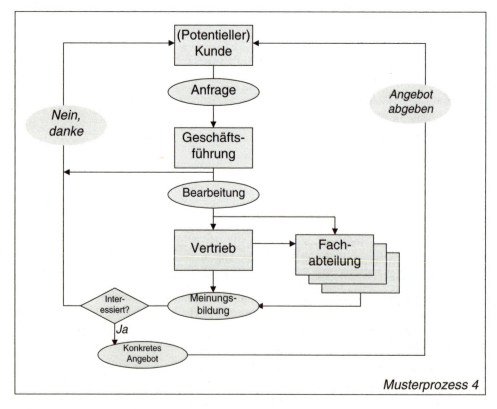

Abb. 6–2:   Aufträge hereinholen

Dieser Prozess mag für den einen oder anderen Betrieb passen, in der Regel ist es aber komplizierter. Bei SOFTCRAFT wollen wir davon ausgehen, dass es verschiedene Arten von Produkten gibt. Das reicht von Standard-Software, die wir ab Lager auf CD-ROM verschicken, bis hin zur individuellen Software-Entwicklung im Auftrag eines Kunden. Deswegen können wir nicht alle Aufträge über einen Kamm scheren. Wir müssen auch bedenken, dass das Risiko für das Unternehmen unterschiedlich hoch ist. Nicht zuletzt kostet die Ausarbeitung von Angeboten Zeit, die wir in der Regel nicht bezahlt bekommen. Deswegen definieren wir die folgenden Fälle:

1. Der Kunde will ein Standard-Produkt. Wir verschicken ein vorgefertigtes Angebot oder liefern nach Katalog aus.
2. Der Kunde weiß nicht genau, was er will. Wir haben das, was ihm vorschwebt, noch nie gemacht. Wir überreden den Kunden zu einer bezahlten Machbarkeitsstudie. Wenn sie fertig ist, sehen wir weiter.
3. Der Kunde weiß nicht genau, was er will, hat aber immerhin schon ein paar Funktionen zu Papier gebracht. Für das ganze Projekt will sich seine Geschäftsleitung noch nicht an unsere Firma binden. Wir schließen einen Vertrag über das erste Produkt ab: die Spezifikation.
4. Es handelt sich beim Kunden um ein Unternehmen, das eine Spezifikation vorlegt, die professionellen Ansprüchen genügt. Wir machen auf der Grundlage dieser Spezifikation ein Angebot.
5. Der Kunde weiß nicht genau, was er will, ist aber bereit, einen Vertrag über die gesamte Software-Entwicklung abzuschließen. Wir machen ihm ein Angebot.

Diese fünf unterschiedlichen Vorgehensweisen stellen wir mit Hilfe eines *Use Case Diagram* [56] dar.

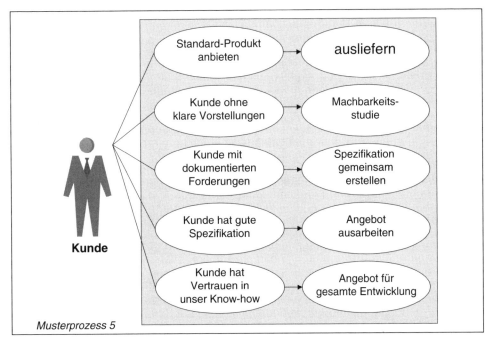

Abb. 6–3:   *Interface zum Kunden*

Damit können wir den zuerst gezeigten Prozess so verändern, dass alle fünf Fälle abgedeckt werden. An dieser Stelle ist auch an die Vertragsprüfung zu denken. Gerade bei sehr umfangreichen Verträgen und großen Firmen, bei denen viele Abteilungen am gleichen Angebot arbeiten, kann es zu Ungereimtheiten im Vertrag kommen. Deshalb kann es durchaus ratsam sein, den Vertrag vor und nach dem Abschluss einem Review zu unterziehen. Eine Verfahrensanweisung dafür haben wir bereits geschaffen.

6.2 Prozessmodelle zur Software-Entwicklung

Bevor wir uns konkret Projekten zuwenden, müssen wir noch eine Auswahl unter den zur Verfügung stehenden Modellen zur Software-Entwicklung treffen. Die Norm schreibt kein bestimmtes Modell vor, geht aber davon aus, dass das verwendete Modell in bestimmte Phasen gegliedert ist.

Wir haben also die Auswahl. Sehen wir uns an, welche Prozessmodelle uns zur Verfügung stehen.

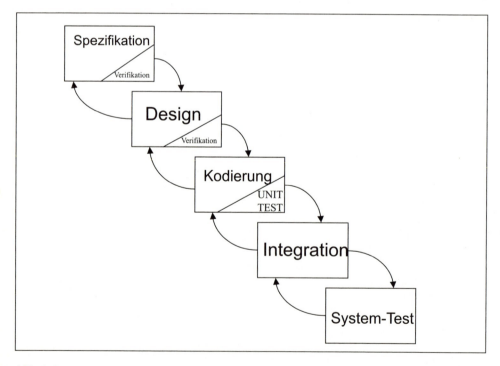

Abb. 6–4: *Wasserfall-Modell der Software-Entwicklung*

Das älteste und wohl bekannteste dieser Modelle ist das Wasserfall-Modell. Der Name kommt daher, weil wie bei einem Wasserfall die Produkte von einer Phase in die darunter liegende fallen. Das Wasserfall-Modell wird oft wegen seiner starren Abfolge der Phasen kritisiert. Es sah aber immer eine Verifizierung am Ende der jeweiligen Phase vor, und nichtkonforme Software-Produkte flossen in die vorhergehende Phase zurück.

Das Wasserfall-Modell erlaubt auch eine Reihe von Varianten. Üblicherweise wird man die Designphase in die zwei Phasen Grob- und Feinentwurf aufteilen. Auch bei der Integration kann man die Phase in Software/Software- und Software/Hardware-Integration aufsplitten. Dies macht bei vielen Projekten gewiss Sinn.

Im Vorfeld der Entwicklung ist es oft nicht möglich, von den Anwendern klare Anforderungen zu bekommen. Dies gilt besonders für Anforderungen, die sich schwer in Worte fassen lassen, zum Beispiel die Eigenschaften einer grafischen Oberfläche. Hier würde sich anbieten, diesen Teil der Software mit der Methode *Rapid Prototyping* zu erstellen. Diese Variante des Wasserfall-Modells stellt sich so dar:

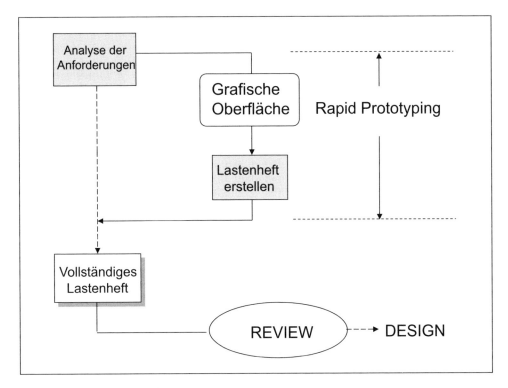

Abb. 6–5:   *Rapid Prototyping*

Allerdings eignet sich Rapid Prototyping eben nur für bestimmte Teile der Software. Es ist keine vollständige Entwicklungsmethode, und nach der Erkundung der Anforderungen für die grafische Oberfläche müssen diese in das Lastenheft oder die Spezifikation einfließen.

Das zweite Modell, das größere Bedeutung erlangt hat, ist das V-Modell. Es wird meist als stehendes V dargestellt und zeigt besonders deutlich, wie Entwicklungstätigkeiten und

Validation der Software zusammenhängen. In seiner Substanz ist es natürlich ebenfalls ein Wasserfall-Modell. Wir wollen es bei unserem System benutzen, und deswegen brauche ich es hier nicht näher zu beleuchten. Das dritte Modell ist das Spiral-Modell von Barry Boehm. Es stellt sich wie folgt dar:

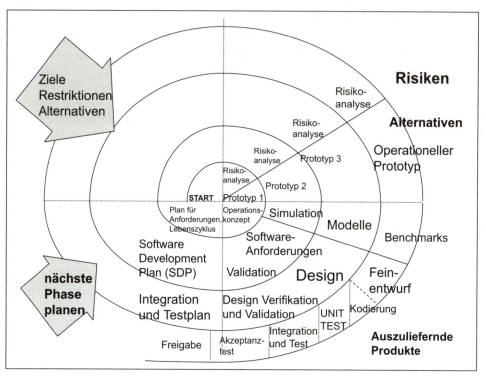

Abb. 6–6:   *Spiral-Modell nach Barry Boehm*

Das Spiral-Modell ist weit weniger gegliedert als die anderen Modelle. Es eignet sich besonders für sehr große und langwierige EDV-Vorhaben, also die Projekte mit Millionen Lines of Code. Im Grundsatz enthält es alle Elemente, die wir auch in den anderen Modellen finden. Es erlaubt auch den Einschub von Risikoanalysen, Simulationen und Benchmarks, ist also relativ flexibel.

Ein weiteres interessantes Modell stellt das Wasserfall-Modell mit Subprojekten dar. Es handelt sich dabei um ein vom bewährtem Wasserfall-Modell direkt ableitbares Prozessmodell. Es stellt sich so dar (siehe Abbildung 6-7).

Der Vorteil des oben gezeigten Modells liegt darin, dass Subprojekte gebildet werden können, sobald die Architektur der Software definiert wurde. Diese Eigenschaft des Prozessmodells macht es für das Management bei größeren Projekten attraktiv, weil diese Subprojekte relativ autonom arbeiten können, wenn sie erst einmal die Vorgaben für ihre Komponenten und Module besitzen. Dadurch ist es leichter, ein Projekt mit Dutzenden von Mitarbeitern zu steuern.

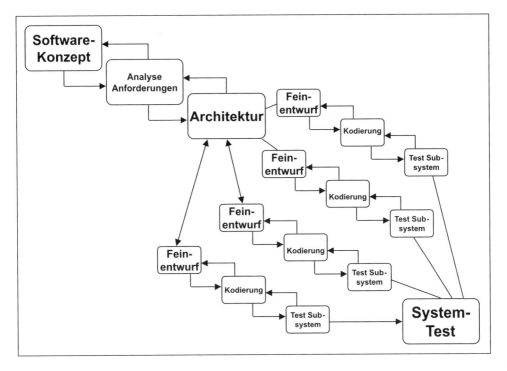

Abb. 6–7: *Wasserfall-Modell mit Subprojekten*

Das Risiko bei diesem Ansatz liegt natürlich darin, dass unvorhergesehene Abhängigkeiten zwischen Komponenten und Modulen auftreten können. Um das zu verhindern, muss die Architektur des Systems sorgfältig und im Detail ausgearbeitet werden.

Ein weiteres Modell, das den tatsächlichen Verhältnissen bei der Software-Entwicklung Rechnung trägt, fällt im Grunde unter Prototyping. Allerdings ist das Bauen von Prototypen der Software an das Ende des Prozesszyklus verlegt. Dieses Modell stellt sich so dar (siehe Abbildung 6-8).

Dieses Modell hat den Vorteil, dass der Auftragnehmer dem Kunden oder den Anwendern die fertig gestellte Software im Betrieb zeigen, deren Meinungen einholen kann und in mehreren Schritten zu einer Version der Software kommt, die den Erwartungen des Kunden und der Anwender entspricht. Natürlich fragt man sich als Praktiker bei diesem Modell, wie groß die Zahl n der Durchläufe wohl sein mag. Wie viele Prototypen erstellt werden, ist schließlich auch eine Frage der Kosten. Das Management des Unternehmens muss also bei Anwendung dieses Modells bestrebt sein, die Zahl der Iterationen zu begrenzen.

Ich kann mir allerdings vorstellen, dass sich das oben gezeigte Prozessmodell bei kleineren Projekten gut eignet. Das mag auch dann der Fall sein, wenn die Software einen hohen Anteil interaktiver Komponenten enthält. Ferner eignet sich das Modell auch dann, wenn es darum geht, bestimmte Lösungen zum ersten Mal mittels Software zu realisieren.

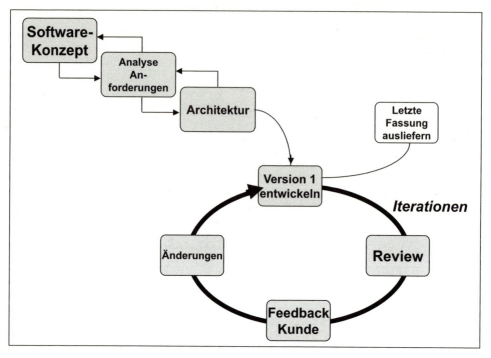

Abb. 6–8: Prototyping am Ende der Phase

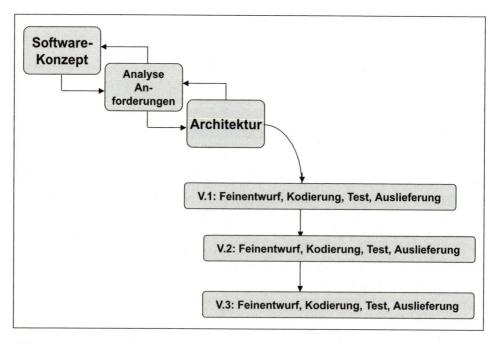

Abb. 6–9: Incremental Delivery

Ein weiteres Modell kann man am besten mit dem Ausdruck *Incremental Delivery* bezeichnen. Dem liegt der folgende Sachverhalt zugrunde: Bei relativ großen Projekten stellt sich manchmal heraus, dass die Entwicklungszeit bei realistischer Kalkulation drei bis vier Jahre beträgt. Dies ist dem Kunden allerdings zu lange, denn er würde erst nach vier Jahren aus der Software-Entwicklung einen Nutzen für sein Geschäft ziehen können. Um sowohl den Interessen des Kunden entgegenzukommen als auch den berechtigten Vorbehalten des Auftragnehmers zu genügen, einigt man sich darauf, zunächst eine abgemagerte Version der Software mit reduziertem Funktionsumfang zu bauen. Diese Vorgehensweise erlaubt es in der Regel, nach zweieinhalb bis drei Jahren Entwicklungszeit ein erstes Release der Software auszuliefern. Die Vorgehensweise ist in Abbildung 6-9 dargestellt.

Eine Gefahr für den Auftragnehmer beim Einsatz dieses Prozessmodells liegt sicherlich darin, dass die Anwender mit immer neuen Forderungen an die Funktionalität der Software kommen werden, wenn sie erst einmal mit dem ersten Release arbeiten können.

Für die meisten Unternehmen, deren Software-Projekte wahrscheinlich nicht gleich riesig sein werden, halte ich allerdings das V-Modell für geeigneter. Wir wollen es daher als unser Standardmodell für den Lebenszyklus der Software-Entwicklung wählen und schreiben dazu die folgende Verfahrensanweisung:

Verfahrensanweisung VA-18:
Prozessmodell

ZWECK:
Den Prozess der Software-Erstellung zu gliedern und der Kontrolle durch das Management zugänglich zu machen

VERANTWORTLICH:
Software-Entwicklung, Projektmanagement

VERFAHREN:
Der Standard-Prozess der {SOFTCRAFT} ist das V-Modell. Er ist bei allen Projekten anzuwenden, für die keine anderen Vereinbarungen mit dem Kunden getroffen werden.
  Der Prozess ist im Entwicklungsplan zu nennen und gegebenenfalls anzupassen. Das V-Modell stellt sich wie folgt dar (siehe Abbildung 6-10).
  Es sind Modifikationen des V-Modells möglich, wenn dafür sachliche Gründe vorliegen. Die folgenden Varianten können angewandt werden (siehe Abbildung 6-11).
  Die Phasen Grobentwurf und Feinentwurf können zur Phase Entwurf zusammengefasst werden, wenn die Software nicht mehr als {5 000 Lines of Code oder 60 Function Points} ausmacht.
  Vor der Phase Entwurf kann die Methode Rapid Prototyping eingeschoben werden, wenn das Management der Software-Entwicklung bestimmte Teile der Software vorab erstellen will. Es ist evolutionäres Prototyping möglich, es kann aber auch ein Wegwerf-Prototyp erstellt werden.
  Änderungen des Standard-Prozesses bedürfen der Zustimmung der Qualitätssicherung und des Projektmanagers. Sie sind im Entwicklungsplan zu dokumentieren.

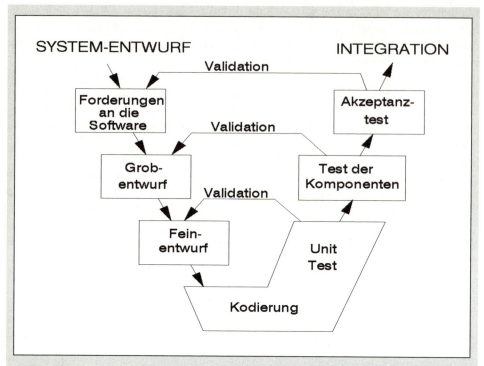

Abb. 6–10:   *V-Modell der Software-Entwicklung*

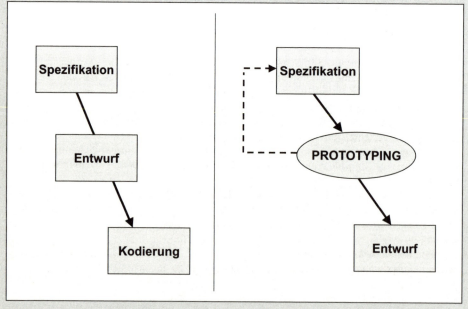

Abb. 6–11:   *Varianten zum V-Modell*

Damit haben wir die Forderungen der Norm erfüllt, den einzelnen Projekten jedoch so viel Spielraum gelassen, dass sie ihr Modell anpassen können, wenn das notwendig wird. Durch den Entwicklungsplan hat das Qualitätsmanagement immer noch Möglichkeiten, auf die Planung in den einzelnen Projekten Einfluss zu nehmen.

6.3 Denken und Planen in Prozessen

Zu Beginn eines Projekts finden wir fast immer eine Situation vor, in der wenige Festlegungen existieren. Noch ist nichts in Stein gemeißelt, vieles bleibt änderbar. Es gibt jedoch einen Vertrag mit dem Kunden, und über die wichtigsten Funktionen der zu schaffenden Software besteht Einigkeit. Es sieht also so aus, wie in Abbildung 6-12 dargestellt.

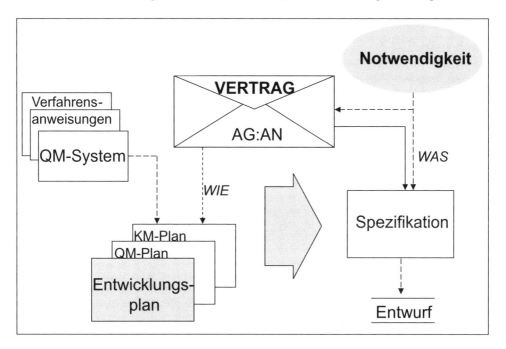

Abb. 6–12:   *Situation zu Projektbeginn*

In dieser Phase unserer Zusammenarbeit mit dem Kunden sind die zwei wichtigsten Aufgaben die Erstellung der Spezifikation und das Schreiben des Entwicklungsplans der Software. Welches Dokument wichtiger, darüber lässt sich streiten. Oftmals ist es zweckmäßig, beide Aufgaben parallel voran zu treiben.

DIN EN ISO 9001 gibt zum Thema Planung der Produktrealisierung die folgenden Vorgaben:

- Qualitätsziele und Anforderungen für das Produkt festlegen
- Bereitstellung produktspezifischer Ressourcen
- Festlegung produktspezifischer Maßnahmen im Bereich Verifikation, Validation, Test und Kontrolle
- Erstellung von Aufzeichnungen

Um diese Dinge für ein Projekt eindeutig festzulegen, wird die Erstellung eines Entwicklungsplans empfohlen. Wir verwenden dazu die folgende Verfahrensanweisung:

Verfahrensanweisung VA-19:
Erstellung des Entwicklungsplans

ZWECK:
Das Software-Projekt in geplanter Art und Weise durchzuführen, um es kontrollieren zu können.

VERANTWORTLICH:
Gruppenleiter Entwicklung, Teamleiter

VERFAHREN:
Erstellen Sie den Entwicklungsplan für das Projekt und benutzen Sie dazu das Produktmuster im Anhang zu diesem Handbuch. Berücksichtigen Sie beim Inhalt des Entwicklungsplans den Vertrag mit dem Kunden, die Systemspezifikation, falls vorhanden, und die entsprechenden Pläne der Qualitätssicherung und des Konfigurationsmanagements. Gehen Sie auf die Organisation, die benötigten Ressourcen, die Aufwands- und Terminschätzung, den Ablauf des Projekts, die einzelnen Tätigkeiten, Meilensteine und Reviews ein. Beschreiben Sie die Einbindung des Kunden und der Anwender, besonders bei der auszuliefernden Software.
    Betrachten Sie alle Ressourcen des Projekts und identifizieren Sie Engpässe und Risiken. Stimmen Sie den Entwicklungsplan mit den Fachabteilungen und dem Management ab und stellen Sie ihn anschließend unter Konfigurationskontrolle.

Der Entwicklungsplan sollte in seiner Wichtigkeit vom Management des Unternehmens nicht unterschätzt werden. Zwar existiert ein Vertrag mit dem Kunden, doch darin stehen selten Einzelheiten. Es wäre auch gar nicht sinnvoll, Einzelheiten zur Entwicklung der Software in den Vertrag zu schreiben, weil sonst jede kleine Änderung zu einer Vertragsänderung führen würde.

    Mit der Vorlage des Entwicklungsplans legt der Auftraggeber zum ersten Mal detailliert dar, wie er die Software kreieren will. Deshalb kann ein gut durchdachter Entwicklungsplan beim Kunden viel Vertrauen schaffen.

    Wenden wir uns damit der anderen Seite der Medaille zu, der Spezifikation.

6.4 Erfassung der Anforderungen

The Master Shipwright of the yard where the same is to be performed to transmit to the Board not only a Model of such ships as to their Dimensions, but how they propose to finish them as well within board as without so that we may inspect thereto and either dignify our approval of what shall be so proposed or order such alteration to be made there as shall be judged necessary ...
W. G. Perrin, Admirality Orders of June 1716

In DIN EN ISO 9001 werden unter der Überschrift *Kundenbezogene Prozesse* die folgenden Forderungen aufgestellt:

1. Ermittlung der vom Kunden festgelegten Anforderungen
2. Ermittlung von Anforderungen, die vom Kunden nicht explizit erwähnt wurden, für den Einsatz und die Funktion des Produkts jedoch unumgänglich sind
3. Ermittlung gesetzlicher Anforderungen
4. Weitere Anforderungen des Auftragnehmers

Interessant ist hier vor allem, dass die Norm verlangt, dass der Auftragnehmer auch solche Forderungen berücksichtigen muss, die der Kunde nicht in seinem Forderungskatalog aufgenommen hat. Das kann im Bereich der Software bedeuten, dass ein Betriebssystem notwendig ist, um die Applikation überhaupt zum Laufen bringen zu können. Man sollte also in diesem Punkt für klare Abgrenzungen sorgen.

Ob der Auftragnehmer weitere Anforderungen hinzufügen will, kann man bezweifeln. Schließlich erfordern zusätzliche Funktionen in der Software auch Ressourcen wie Speicherplatz und Rechnerleistung. Zumindest sollte der Auftragnehmer, wenn er denn weitere Funktionen für notwendig hält, diese in die Spezifikation schreiben.

Ferner fordert DIN EN ISO 9001 eine Bewertung der Anforderungen an das Produkt. Im Einzelnen wird verlangt:

1. Definition der Produktanforderungen
2. Beseitigung von Unterschieden in den Anforderungen im Vertrag oder Auftrag mit früheren Angeboten
3. Fähigkeit und Kapazität des Unternehmens zur Erfüllung des Auftrags

Über diese Tätigkeiten müssen Aufzeichnungen angefertigt werden. Dazu kann zum einen die Vertragsprüfung dienen. Dies wird man intern durchführen wollen. Zum anderen kann man über das Review der fertig gestellten Spezifikation mit dem Kunden ein Protokoll erstellen.

Ferner verlangt die Norm, dass im Entwicklungsverlauf Änderungen sich in Dokumenten widerspiegeln und den Mitarbeitern derartige Änderungen mitgeteilt werden müssen. Wir können das in unserem System dadurch gewährleisten, dass wir alle Änderungen im *Software Change Control Board* bearbeiten.

Ein Prozessmodell zur Software-Entwicklung haben wir bereits vorgegeben. Wir können allerdings die Phase, in den die Spezifikation entsteht, noch weiter gliedern und so ein detaillierteres Modell schaffen. Dies ist in Abbildung 6-13 geschehen.

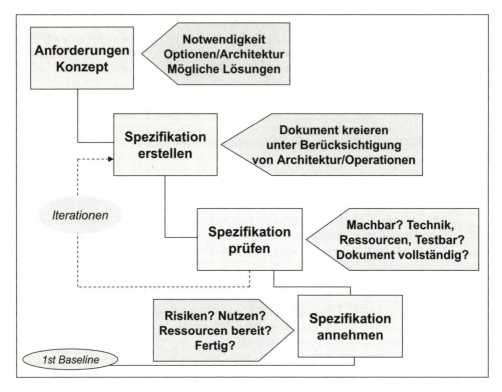

Abb. 6–13:   *Prozess zur Erstellung der Spezifikation*

In der Praxis haben Kunden gelegentlich Vorstellungen, die mit dem gegenwärtigen Stand der Technik nicht zu realisieren sind. In einem solchen Fall obliegt es dem Auftragnehmer, den Kunden taktvoll darauf hinzuweisen, dass seine Forderungen überzogen sind.

Es gibt allerdings Situationen, da befindet sich der Auftragnehmer wirklich in einer schwierigen Lage. Das gilt umso mehr, wenn er nur einen Kunden hat: die Regierung.

Fall 6–1:   ***Die Notwendigkeit zur Verwendung von Lamadung [57]***

> Anfang der 40er Jahre, also während des Zweiten Weltkriegs, benötigte die amerikanische Armee Lamadünger. Die Notwendigkeit zur Beschaffung ergab sich aus einer Spezifikation zur Behandlung von Sitzen aus Leder, die in Flugzeugen eingesetzt werden sollten. Da sich die Beschaffung aus Südamerika wegen der Angriffe deutscher U-Boote als problematisch erwies, machte man den Versuch, eine Herde von Lamas in New Jersey anzusiedeln.

> Erst als die Lamas in den USA sich nicht recht eingewöhnen wollten und dieses Experiment fehlschlug, stellte jemand die funktionelle Anforderung zur Behandlung des Leders in Frage. Wie sich herausstellte, hatte die US-Armee eine britische Spezifikation kopiert, die aus einer Zeit stammte, als das britische Empire sich auf der Höhe seiner Macht und globalen Ausdehnung befand. Die ursprüngliche Spezifikation bezog sich auf Sattelleder. Die Beherrschung des riesigen britischen Reichs in vielen Kolonien verlangte es, untrainierte Rekruten, wilde Pferde und neue Sättel zusammenzubringen, etwa in Indien. Der Geruch des Leders machte die Pferde scheu, und es brach leicht ein Chaos aus. Behandelte man die Sättel dagegen mit Lamadung aus Chile, so kam ihnen der Geruch des Sattels nicht mehr fremd vor.
> Aus diesem Grund wanderte die Forderung nach der Behandlung von Sätteln mit Lamadung in die Spezifikation zur Behandlung von Leder in der britischen Armee. Sie wurde ein ganzes Jahrhundert lang nicht mehr geändert.

Es kann sich also durchaus lohnen zu fragen, wie der Kunde eigentlich auf eine bestimmte Forderung in der Spezifikation gekommen ist. Eine Forderung der DIN EN ISO 9001 ist widersprüchlich. In Abschnitt 7.2.2 finden wir folgenden Satz: »Wenn der Kunde keine dokumentierten Anforderungen vorlegt, müssen die Kundenanforderungen vor der Annahme von der Organisation bestätigt werden.«

Der englische Originaltext ist in diesem Fall genauso widersprüchlich. Das könnte bedeuten, dass der Auftragnehmer an relativ vage und auslegungsfähige Anforderungen des Kunden gebunden ist, falls er das schriftlich bestätigt. Wir haben jedoch für unser Unternehmen fünf Fälle ausgearbeitet, um die Schnittstelle mit dem Kunden nicht zu einem Problem werden zu lassen und die Interessen des Unternehmens zu wahren.

Zur Erstellung der Spezifikation [58] setzen wir die folgende Verfahrensanweisung ein:

Verfahrensanweisung VA-20:
Software-Anforderungen

ZWECK:
Richtlinie zum Erstellen der Software-Anforderungen

VERANTWORTLICH:
Systems Engineering, Software-Entwicklung oder Projektmanagement

VERFAHREN:
Erstellen Sie das Dokument mit den Anforderungen an die Software unter Berücksichtigung der Vorstellungen des Auftraggebers. Ziehen Sie dazu bereits bestehende Dokumente wie die Systemanforderungen heran.

Die Spezifikation soll die funktionellen Anforderungen an die Software enthalten. Dazu kommen Leistungsanforderungen, spezifische Forderungen an die Qualität sowie andere Forderungen, die für den Benutzer der Software und den Kunden relevant sind. Bei der Erstellung der Software-Spezifikation sollen Auftragnehmer und Auftraggeber zusammenarbeiten. Der Inhalt des Dokuments ist abzustimmen, einem gemeinsamen Review zu unterziehen und anschließend unter Konfigurationskontrolle zu stellen.

Verwenden Sie für die Form des Dokuments das Produktmuster, das sich im Anhang dieses Handbuchs befindet. Ziehen Sie zum Inhalt der Software-Anforderungen den IEEE-Standard 830-1993 heran.

> Beschreiben Sie in den Software-Anforderungen die funktionellen Anforderungen an die Software unter Berücksichtigung von Leistungsmerkmalen. Gehen Sie auch auf externe Schnittstellen der Software ein oder beschreiben Sie diese *Interfaces* in einem separaten Dokument. Überlegen Sie, welche Qualitätsattribute bei dieser spezifischen Software-Entwicklung zum Tragen kommen, und dokumentieren Sie dies in den Anforderungen.
>
> Stimmen Sie nach der Erstellung des Entwurfs die Software-Anforderungen mit den beteiligten Parteien und Gruppen ab und arbeiten Sie Kommentare ein. Legen Sie das Dokument der Qualitätssicherung vor und bringen Sie es unter Konfigurationskontrolle.

Zur Erstellung des Dokuments ist im Anhang ein Produktmuster vorhanden. In grafischer Form kann man den Inhalt der Spezifikation darstellen wie in Abbildung 6-14.

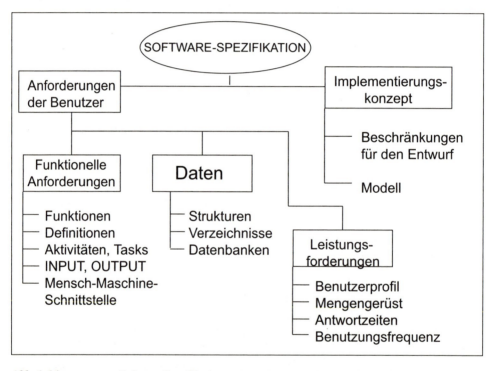

Abb. 6–14:   *Software-Spezifikation*

Die Software-Spezifikation bildet die Grundlage der Entwicklung. Deswegen ist es wichtig, ein Dokument zu schaffen, dessen Sprache klar und eindeutig ist. Bei sehr großen Projekten erstellt man gelegentlich noch ein zweites Dokument, die Schnittstellen-Spezifikation. Bei den meisten Projekten kommt man allerdings mit einem Dokument aus.

Wir wollen die detaillierte Überprüfung der Spezifikation im Rahmen der Verifikation behandeln und vorläufig zurückstellen. Vielmehr fragen wir uns an dieser Stelle, wie wir bestimmte qualitative Eigenschaften in die Software einbringen können.

6.5 Qualitätsziele einbringen

Eines der Probleme bei der Software-Entwicklung liegt darin, dass bestimmte Forderungen nach Abschluss der Entwicklungsarbeiten fast überhaupt nicht mehr einzubringen sind. Wer im Nachhinein bei einem Programm, das auf Batch-Verarbeitung ausgelegt wurde, eine großartige grafische Oberfläche fordert, der muss mit einem erheblichen Mehraufwand rechnen. Auch Merkmale wie Zuverlässigkeit und Sicherheit gegen Ausfall müssen von vornherein im konstruktiven Ansatz berücksichtigt werden, wenn das Projekt ein Erfolg werden soll.

Um das zu realisieren, müssen wir derartige Merkmale oder Qualitätsattribute bereits zu dem Zeitpunkt nennen und einarbeiten, an dem die Spezifikation erstellt wird. Dazu die folgende Verfahrensanweisung:

Verfahrensanweisung VA-21:
Qualitätsattribute der Software

ZWECK:
Berücksichtigung der Qualitätsattribute in den Anforderungen an die Software

VERANTWORTLICH:
Software-Entwicklung, Projektmanagement

VERFAHREN:
Machen Sie sich Gedanken darüber, welche Art der Software Sie kreieren wollen und welche Anforderungen an die Qualität zu stellen sind. Beziehen Sie die definierten Wünsche und Forderungen des Kunden, unter Umständen auch vorliegende Gesetze und Normen, in Ihre Überlegungen ein. Berücksichtigen Sie bei der Software die folgenden Merkmale:

- Zuverlässigkeit
- Austauschbarkeit
- Leistungsfähigkeit und Effizienz
- Bedienbarkeit
- Testbarkeit
- Verständlichkeit
- Veränderbarkeit
- Wartbarkeit

Zuverlässigkeit von Software: Zuverlässigkeit erlaubt bei Software eine gewisses Maß an Fehlern von Seiten des menschlichen Benutzers. Ein Programm ist zuverlässig, wenn es trotz falscher Eingaben, Divisionen durch Null oder Stromausfall die Programmausführung in einer intelligenten Weise fortsetzt oder an einer bestimmten Stelle die Ausführung des Codes unterbricht.

Zuverlässigkeit ist bei Software anders definiert als sonst üblich, zum Beispiel in der Mechanik oder Elektronik. Programme altern nicht. Sie können allenfalls zerstört werden, wenn das Trägermedium (Magnetplatte oder -bänder) durch unsachgemäße Lagerung beeinträchtigt wird.

Austauschbarkeit (Portability): Damit ist die Lauffähigkeit eines Programms auf anderer als der ursprünglich verwendeten Hardware gemeint.

Leistungsfähigkeit (Efficiency): Die Leistungsfähigkeit und Schnelligkeit der Programmausführung ist besonders bei einem Echtzeitsystem von größter Wichtigkeit.

Bedienbarkeit: Damit ist die Schnittstelle zum menschlichen Benutzer umschrieben, die den Fähigkeiten eines Menschen angepasst werden muss.

Testbarkeit: Um sich ein Urteil über neu entwickelte Software bilden zu können, muss diese getestet werden. Die Fähigkeit, bestimmte Anforderungen an die Software überhaupt testen zu können, muss ein Entwurfsziel sein.

Verständlichkeit: Der Programmcode selbst muss klar gegliedert und verständlich sein. Dies trifft zwar nicht für den Laien zu, aber für einen anderen Programmierer.

Veränderbarkeit: Es muss möglich sein, Programme zu ändern und den Quellcode zu modifizieren.

Wartbarkeit: Die drei vorher behandelten Begriffe können als Wartbarkeit zusammengefasst werden.

Passen Sie die Qualitätsmerkmale für eine spezifische Art von Software an, wobei Sie einzelne Attribute stärker oder schwächer wichten können. Dokumentieren Sie Ihre Entscheidung in der Spezifikation der Software oder im Software-Entwicklungsplan und stimmen Sie Ihre Vorgaben mit dem Qualitätsmanagement ab.

Die Art der Software kann Auswirkungen auf die Art der Entwicklung haben, zum Beispiel im Bereich Verifikation und Validation. Auch der gewählte Entwicklungsprozess kann bei Software, für die eine hohe Zuverlässigkeit gefordert wird, beeinträchtigt sein. Derartige Forderungen müssen im Entwicklungsplan diskutiert werden.

6.6 Schnittstellen zu externen Partnern

Wenn der Entwicklungsplan ausgearbeitet ist, dann wird man sich in der Entwicklung des Auftragnehmers oftmals erstmals wirklich darüber klar, dass die Ressourcen knapp werden könnten. In einer solchen Situation keimt leicht die Hoffnung, dass man durch *Outsourcing*, die Vergabe von Unteraufträgen, diese Situation entspannen könnte.

Eine derartige Überlegung ist durchaus legitim, aber man sollte sich im Unternehmen allerdings darüber einig sein, dass damit auch Risiken verbunden sind. Die Entwicklung eines Teils der Software bei einem externen Partner hat man nie so im Griff wie im eigenen Hause. Der Rat kann daher nur lauten, die auszulagernden Teile der Software zu spezifizieren und mit dem Unterauftragnehmer klare vertragliche Regelungen zu treffen.

Ein zweites Thema, das während der ersten Phasen der Entwicklung auftaucht, ist die Beschaffung neuer Werkzeuge. Sie haben ein Potential zur Erhöhung der Produktivität, sind daher für das Projektmanagement interessant. Auch in diesem Fall sollte man alle Anforderungen zusammenstellen, bevor man an die Auswahl geht. Dieser Prozess ist in Abbildung 6-15 dargestellt.

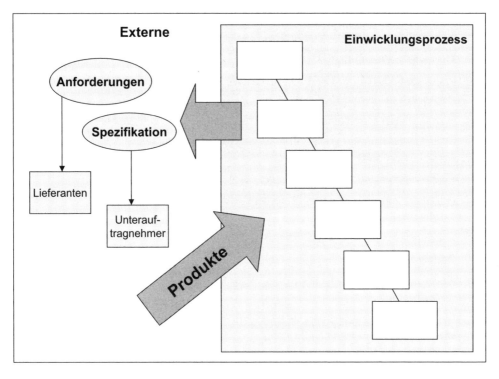

Abb. 6–15:   *Behandlung externer Partner*

Speziell für die Auswahl von Tools gibt es in den USA ein Verfahren, das unter den Namen *Trade Study* bekannt geworden ist. Bei der Anschaffung dieser Werkzeuge gehen wir nicht anders vor als bei der Software-Entwicklung selbst. Wir stellen zunächst unsere funktionellen Anforderungen zusammen. Im zweiten Schritt formulieren wir diese Punkte als Fragen, die wir den Anbietern vorlegen können. Beim Kauf eines Ada-Compilers könnte ein Fragenkatalog wie in Tabelle 6-6 gezeigt aussehen.

Natürlich wird die Gewichtung der Fragen bei einem Echtzeitsystem anders ausfallen als bei einem System, das für eine kaufmännische Anwendung entwickelt wird. Bei einem Compiler für C++ sind andere Schwerpunkte zu setzen als bei Ada, und eine bereits seit 20 Jahren am Markt verfügbare Programmiersprache wird die Kinderkrankheiten des Compilers hoffentlich längst hinter sich gelassen haben.

In jedem Fall kreieren wir einen derartigen Fragenkatalog und legen ihn den vier Anbietern vor, die uns nach einer Vorauswahl als ernsthafte Kandidaten erscheinen.

Frage	Wichtung 1..3	Punkte 1..10	Σ
1.0 Eigenschaften des Compilers			
1.1 Besitzt der Compiler eine Oberfläche, die für den Programmierer verständlich und leicht zu bedienen ist?	2	8	16
1.2 Ist der Compiler bereits längere Zeit am Markt?	3	5	15
1.3 Ist der Compiler flexibel genug, um durch verschiedene Optionen den Objektcode aufbereiten zu können?	2	7	14
1.4 Unterstützt der Compiler alle Interrupts des Zielprozessors?	3	10	30
1.5 Erlaubt der Compiler eine Optimierung des Codes, und kann dies auch unterdrückt werden?	3	8	24
1.6 Ist es möglich, Code in C und Assembler zu linken?	2	5	10
2.0 Optimierung			
2.1 Bindet der Linker nur solche Module ein, die auch tatsächlich gebraucht werden?	3	8	24
2.2 Ist der Codeumfang nicht größer als 130 Prozent vergleichbaren Codes in Assembler?	3	9	27
2.3 Ist das Laufzeitverhalten nicht langsamer als vergleichbarer Code in Assembler?	2	10	20
2.4 Besteht die Möglichkeit, wahlweise auf die Optimierung von Speicherplatz oder kurze Laufzeit zu optimieren?	2	8	16
2.5 Wird Low-Level-I/O unterstützt?	3	9	27
3.0 Vertragliche Verpflichtungen			
3.1 Sind alle Forderungen des Ada-Standards erfüllt?	3	8	24
3.2 Ist der Compiler validiert?	3	10	30
4.0 Run-Time-Eigenschaften			
4.1 Wird ein Run-Time-Kernel mitgeliefert?	2	7	14
4.2 Unterstützt der Compiler Multi-Processing auf mehreren Prozessoren?	3	9	27
4.3 Ist die Strategie des Schedulers geeignet und schnell genug, besonders beim Rendezvous?	2	8	16
5.0 Unterstützung durch Werkzeuge			
5.1 Ist ein Linker verfügbar und mit dem Compiler integriert?	3	8	24
5.2 Ist ein Debugger verfügbar?	2	8	16
6.0 Support			
6.1 Ist ein Kundendienst in Europa verfügbar?	3	9	27

Frage		Wichtung 1..3	Punkte 1..10	Σ
6.2	Ist sichergestellt, dass Fehler im Compiler fristgerecht beseitigt werden?	3	7	21
7.0	**Sonstiges**			
7.1	Ist die Lizenzgebühr angemessen?	1	7	7
7.2	Ist die Dokumentation verständlich?	2	10	20
7.3	Ist zu erwarten, dass der Anbieter des Compilers in den nächsten Monaten und Jahren im Markt bleiben wird?	2	10	20
	Summe			469

Tabelle 6–5:   *Fragenkatalog zur Auswahl eines Ada-Compilers*

Die Antworten unserer Fragebogenaktion werten wir aus, und gegen Ende unserer *Trade Study* haben wir die folgende Übersicht:

Anbieter	Countess L	Ada ART	Ada PROS	Ada Magic
Punktzahl	320	220	469	197
Prozentsatz der maximal erreichbaren Punktzahl	46	32	68	29

Tabelle 6–6:   *Ergebnisse der Trade Study*

Die Firma Ada PROS macht nach unserer Bewertung tatsächlich den besten Eindruck, und unser Urteil beruht schließlich auf einer professionellen und nachprüfbaren Grundlage. Wir werden dem Management also empfehlen, den Ada-Compiler von Ada PROS anzuschaffen.

Diese Technik lässt sich nicht nur im Bereich der Software anwenden, sondern auch zur Auswahl von Bauteilen. Auf jeden Fall ist eine derartige Vorgehensweise überprüfbar und nachvollziehbar.

6.7   Kerntätigkeiten der Entwicklung

At Group L. Stoffel oversees six first-rate programmers, a managerial challenge roughly comparable to herding cats.
The Washington Post Magazine, 9. Juni 1985

Wenn die Spezifikation erstellt und mit dem Kunden abgestimmt, wenn der Entwicklungsplan angenommen ist, wenn vielleicht das eine oder andere Tool angeschafft und die Frage von Unteraufträgen entschieden worden ist, dann können wir uns den eigentlichen Kerntätigkeiten der Entwicklung [59] zuwenden, dem Design und der Kodierung.

Die Norm geht dabei von einem Modell aus, das für jede Phase der Entwicklung bestimmte Vorgaben enthält. Die Phase endet mit definierten Ergebnissen, die verifiziert und nach bestimmten Kriterien beurteilt werden können. Die Ergebnisse einer Phase können dabei nach der Verifizierung die Eingaben der nächsten Phase werden. Im englischen Text ist von *Inputs* und *Outputs* die Rede. Für die Entwicklungseingaben wird gefordert:

- Aufzeichnung von Funktions- und Leistungsanforderungen
- Zugehörige gesetzliche Anforderungen
- Eventuell Informationen zu Produkten aus früheren Projekten
- Andere wesentliche Anforderungen

Für die Entwicklungsergebnisse wird verlangt, dass sie verifizierbar sind. Das setzt voraus, dass bestimmte Kriterien für ihre Prüfung vorhanden sein müssen. Zu den Mitteln der Bewertung können auch Reviews gerechnet werden. Damit geht die Norm von einem Modell aus, wie es in Abbildung 6-16 skizziert ist.

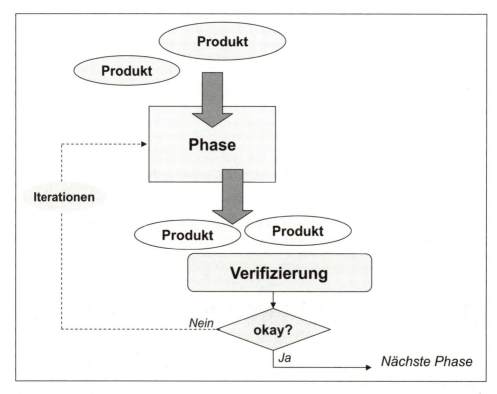

Abb. 6–16: *Inputs und Outputs einer Phase*

Wie viele Phasen oder Schritte eine Entwicklung umfasst, ist nicht Gegenstand der Norm. Aber man wird nichts falsch machen, wenn man zumindest mit den folgenden Phasen rechnet:

1. Erstellung der Anforderungen (Requirements Analysis)
2. Entwurfsphase (Design)
3. Implementierung (Kodierung)
4. Test
5. Integration und Systemtest

Bei Bedarf kann man ein Modell auch feiner gliedern. Wenden wir uns damit dem Entwurf der Software zu.

6.7.1 Der Entwurf

There are two ways of constructing a software design. One way is to make it so simple that there are obviously no deficiencies. And the other way is to make it so complicated that here are no obvious deficiencies.
C. A. R. Hoare

Für die Designphase kommt derzeit meistens ein objektorientierter Entwurf [56] zum Tragen. Grundsätzlich macht die Norm aber in Bezug auf Methoden keinerlei Vorschriften. Der Entwurf muss aus der Spezifikation abgeleitet sein und alle dort vorhandenen Funktionen vollständig abdecken. Dies gilt in gleichem Umfang für dokumentierte Leistungsmerkmale der Software.

Bei sicherheitskritischer Software [9] wird manchmal gefordert, dass der Nachweis erbracht wird, dass alle Funktionen der Spezifikation im Entwurf tatsächlich vorhanden sind. In einem solchen Fall ist diese Umsetzung zu dokumentieren. Nicht verlangen kann man, dass sich der Entwickler an die Reihenfolge in der Spezifikation hält. Er hat das Recht, diese vollkommen zu ändern. Das Design soll effizient sein, und dazu muss der Entwickler unter Umständen Module identifizieren, die besonders wichtig sind oder häufig aufgerufen werden.

Der Entwurf muss dokumentiert werden, und natürlich steht auch bei diesem Produkt eine Verifizierung an. Wir haben dazu die folgende Verfahrensanweisung geschrieben:

Verfahrensanweisung VA-22:
Überprüfung des Entwurfs

ZWECK:
Methode zur Überprüfung des Software-Entwurfs

VERANTWORTLICH:
Verantwortlich für die Erstellung des Dokuments ist die Software-Entwicklung. Für die Überprüfung ist die Qualitätssicherung verantwortlich. Ob für die Beschreibung der Schnittstellen ein eigenes Dokument erstellt oder ob die Schnittstelle im Entwurfsdokument mit beschrieben wird, kann projektspezifisch entschieden werden.

VORGEHENSWEISE:
Überprüfen Sie den Software-Entwurf nach der jeweils vorgegebenen Richtlinie zur Erstellung des Dokuments. Überprüfen Sie den Software-Grobentwurf auf Konsistenz zu den Software-Anforderungen. Überprüfen Sie das Dokument selbst auf die Einhaltung der vorgegebenen Richtlinie und des Produktmusters.

Achten Sie auf innere Konsistenz des Entwurfs und darauf, dass die an Schnittstellen übergebenen Parameter der Software richtig sind. Benutzen Sie dazu gegebenenfalls ein Werkzeug oder stellen Sie sicher, dass das von der Entwicklung eingesetzte Werkzeug diese Prüfung vornimmt und die Prüfung nachvollziehbar ist.

Verfahren Sie bei der Beurteilung des Software-Feinentwurfs entsprechend. Achten Sie auf die Herleitung der Module aus Komponenten. Prüfen Sie die Schnittstellen.

Überprüfen Sie, ob der Entwurf den Datenfluss, den Kontrollfluss und externe Ereignisse berücksichtigt und ob dies alles dokumentiert ist.

Nehmen Sie zur Beurteilung des Software-Entwurfs den entsprechenden Fragebogen zur Hand, füllen Sie ein Exemplar aus und heften Sie es zu den übrigen Kommentaren. Formulieren Sie Ihre Kommentare zu den einzelnen Kapiteln des Dokuments und geben Sie Ihre Kommentare an den Verfasser des Dokuments weiter.

Die obige Verfahrensanweisung bezieht sich auf die Entwurfsüberprüfung durch einen einzelnen Bearbeiter. Daneben besteht die Möglichkeit, einen Entwurf der Software im Rahmen einer Gruppe von Entwicklern zu prüfen. In diesem Fall spricht man von einer Fagan Inspection.

**Verfahrensanweisung VA-23:
Vorbereitung und Durchführung einer FAGAN INSPECTION**

ZWECK:
Fehler in der Software früh zu finden

VERANTWORTLICH:
Software-Entwicklung

VORGEHENSWEISE:
Durch das Management der Software-Entwicklung wird festgelegt, welche Produkte einer Inspektion unterzogen werden. Als Kriterium kann zum Beispiel gelten, dass es sich um Funktionen handelt, bei deren Ausfall die Software funktionsunfähig wäre.

Wenn der Entwickler sein Produkt fertiggestellt hat, legt er es dem Moderator vor. Der Moderator ist für seine Aufgabe zu schulen und wird vom Management der Software-Entwicklung eingesetzt. Der Moderator wählt die Teilnehmer am Review aus, verteilt Kopien des Produkts und reserviert einen ruhigen Raum für die Inspektion.

Der Moderator leitet die Sitzung, sorgt dafür, dass Diskussionen in sachlichen Bahnen bleiben, und ermuntert die Teilnehmer, sich zu dem untersuchten Produkt zu äußern. Er notiert gefundene Fehler und Mängel. Die Dauer der Sitzung wird durch den Moderator auf zwei Stunden begrenzt.

Kommen während der Inspektion Themen auf, die nicht direkt der Kritik an dem untersuchten Produkt zugeordnet werden können, handelt es sich offensichtlich um Lösungsvorschläge oder interessiert ein Thema nur zwei Teilnehmer, so kann der Moderator diese Diskussion beenden und dafür eine Nachsitzung vorschlagen.

Der Ersteller erhält vom Moderator nach der Inspektion eine Liste mit den Änderungen, die er einzuarbeiten hat. Der Moderator entscheidet anhand der ausgeführten Änderungen, ob der Inspektionsprozess für dieses Produkt abgeschlossen werden kann oder ob eine weitere Inspektion notwendig ist. Nach erfolgreichem Abschluss verteilt der Moderator den Ergebnisbericht an Projektleiter, Qualitätssicherung, Prozessgruppe und den Ersteller des Produkts.

Die folgende Liste enthält die Tätigkeiten der Beteiligten.

Was ist zu tun?	Ergebnis	Verantwortlich	Abgeschlossen am
Termin mit allen Teilnehmern abstimmen und ein Besprechungszimmer reservieren	Termin und Ort für Inspektion	Moderator	Etwa 1 Woche vor der Inspektion
Ausdruck/Zugriff auf das zu inspizierende Objekt beschaffen	Ausdruck des Objekts bzw. Zugriff auf das Objekt (Dokument oder Source Code)	Moderator	Etwa 1 Woche vor der Inspektion
Einladung mit Ausdruck an alle Teilnehmer mit Hinweis auf mögliche Risikofaktoren, anzuwendende Richtlinien und Standards verteilen	Jedem Teilnehmer liegen die benötigten Inputs vor.	Moderator	Etwa 1 Woche vor der Inspektion
Durchlesen des zu inspizierenden Dokuments bzw. Source Code	Kommentare zum Objekt	Moderator und Inspektoren	Vor der Inspektion abschließen
Teilnahme an der Inspektion und Durcharbeiten des Dokuments bzw. der Software-Pakete	Liste mit Action Items (Kommentaren, Unklarheiten etc.)	Alle Teilnehmer	
Verteilen des Inspektionsberichts an Projektmanager, Ablage und an alle Teilnehmer	Ergebnis verfügbar	Moderator	3 Tage nach der Inspektion

Tabelle 6–7: *Tätigkeiten bei der Fagan Inspection*

Einige Regeln für Inspektoren/Reviewer:
- Bereiten Sie sich sorgfältig auf das Review vor.
- Empfinden Sie es nicht als lästige Pflicht, an der Inspektion teilnehmen zu müssen.
- Seien Sie höflich und objektiv und zurückhaltend in der Wortwahl.
- Weisen Sie auf Probleme und Fehler hin, versuchen Sie aber nicht, diese während der Inspektion zu lösen.
- Nur technisch kompetente Mitarbeiter nehmen am Review teil.
- Diskutieren Sie nicht die Prozeduren und Regeln zur Durchführung von Inspektionen.
- Kritisieren Sie nur die erstellte Software bzw. das erstellte Dokument und nicht den Autor. Es ist nicht Sinn und Zweck der Inspektion, den Autor »in die Pfanne zu hauen«!
- Auch Lob für gute Arbeit, z.B. Lösungsansätze, verständliche Darstellungsweise, kann und soll angebracht werden.

Einige Regeln für den Autor des Entwurfs:
- Er oder sie muss sicherstellen, dass das Software-Produkt für das Review fertig ist.
- Das Vorbereitungsmaterial muss für alle Teilnehmer rechtzeitig verfügbar sein.
- Alle während der Inspektion gefundenen Fehler und Mängel sind so schnell wie möglich zu korrigieren.
- Ideen und Vorschläge der Teilnehmer sind zu erörtern und zu überprüfen.
- Seien Sie objektiv und vermeiden Sie es, eine defensive Haltung einzunehmen. Die Reviewer wollen Ihnen helfen, die Qualität Ihrer Arbeit zu verbessern; sie erwarten die gleiche Objektivität auch von Ihnen, wenn Sie ihre Arbeit überprüfen.

Einige Regeln für den Moderator:
- Er muss das zu behandelnde Thema technisch verstanden haben.
- Die Fähigkeit, eine Diskussion zu leiten und zu lenken, sollte er sich angeeignet haben.
- Nicht er soll das Produkt bewerten, sondern in erster Linie die Reviewer.
- Er sollte das Vermögen besitzen, schwere Fehler und deren Ursachen zu erkennen und das Review gezielt auf diese Punkte zu lenken.

Einige Regeln für das Management:
- Der Inspektionsprozess muss im Unternehmen akzeptiert sein.
- Die zusätzlichen Kosten und die zusätzliche Zeit müssen eingeplant werden.
- Die Auswahl von qualifizierten Mitarbeitern muss durch die Leitung der Entwicklung erfolgen.
- Das Management sollte den Prozess so gut wie möglich unterstützen (Raum- und Zeitplanung, Ressourcen).

Während Fagan Inspections und Code Walkthroughs interne Reviews darstellen, bei denen der Kunde und die Anwender nicht einbezogen werden, sind die später besprochenen Design-Reviews in der Form des *Preliminary Design Review* und *Critical Design Review* Veranstaltungen, zu denen der Kunde eingeladen wird, in denen seine Kritik gefragt ist.

In der zweiten Hälfte der Entwurfsphase werden bereits Module kodiert werden. Deswegen tut man gut daran, in dieser Phase an Vorgaben zu denken, die für den Quellcode gelten. Dazu die nächste Verfahrensanweisung.

Verfahrensanweisung VA-24:
Erstellung von Programmierrichtlinien

ZWECK:
Einheitlicher Programmierstil

VERANTWORTLICH:
Management der Software-Entwicklung, Programmierteam

VORGEHENSWEISE:
Beachten Sie bei der Implementierung die folgenden Richtlinien:
- Wählen Sie bedeutungsvolle Namen aus. Der Name sollte die Variable, Konstante oder Marke möglichst treffend beschreiben. Dies gilt auch für auf Dateinamen.

Für Abkürzungen gilt:
- Konsonanten sind wichtiger als Vokale.
- Der Beginn eines Wortes ist wichtiger als das Ende.
- Vermeiden Sie ähnliche Namen und Konstrukte, in denen sich Einzahl und Mehrzahl nur durch die Endung unterscheiden.
- Vermeiden Sie bekannte Abkürzungen und Synonyme.
- Verwenden Sie niemals reservierte Wörter der Syntax einer Sprache als Variablen oder Konstanten.
- Setzen Sie immer das am besten geeignete Sprachkonstrukt ein.
- Vermeiden Sie Tricks!
- Machen Sie sich zunächst keine Gedanken über die Effizienz eines Programms. Die Software muss zuerst einmal richtig sein. Später können Sie an die Optimierung denken. Die Optimierung sollte immer auf Messungen der Laufzeit und/oder des Codeumfangs beruhen. Häufig laufende Module sind vorrangig zu optimieren.
- Setzen Sie zur Optimierung soweit wie möglich den Compiler ein.

Programmierrichtlinien werden projektspezifisch zugeschnitten, um die Eigenheiten der verwendeten Programmiersprache berücksichtigen zu können. Es ist möglich, bestimmte Sprachkonstrukte (z.B. GOTO-Statement, *use clause*) auszuschließen.

Die Programmierrichtlinien oder der *Style Guide* sind zu dokumentieren.

Für Programmierrichtlinien gibt es eine Reihe von Regeln, die über alle wichtigen Programmiersprachen hinweg gleichermaßen gelten. Daneben muss man bedenken, dass jede Programmiersprache ihre eigenen Tücken hat. Bei C sieht das anders aus als bei Java. Deswegen kann es vorkommen, dass die oben genannten Regeln im Rahmen eines Projekts in Abhängigkeit von der verwendeten Programmiersprache ausgeweitet und ergänzt werden müssen.

6.7.2 Implementierung

The sooner you start to code, the longer the program will take.
   Roy Carlson

Die Implementierungsphase ist in den meisten Projekten noch immer der zeitliche Abschnitt, der am längsten dauert und die größten personellen Ressourcen braucht. Die Tendenz geht allerdings dahin, diese Phase zu verkürzen. Unerfahrene Projektleiter werden oft nervös, wenn ihre Mitarbeiter nicht vor ihren Terminals sitzen und programmieren. Erfahrene Kollegen haben dagegen gelernt, dass ein guter Entwurf sich in der Kodierphase auszahlt.

Auch für diese Phase gibt es eine Reihe von Verfahrensanweisungen. Die erste befasst sich mit Kommentaren.

Verfahrensanweisung VA-25:
Kommentare im Quellcode

ZWECK:
Den Quellcode zu erläutern und besser verständlich zu machen

VERANTWORTLICH:
Der Software-Entwickler, der den Quellcode schreibt

VORGEHENSWEISE:
Bei der Schaffung des Quellcodes oder in unmittelbarem zeitlichen Zusammenhang damit wird der Code mit Kommentaren versehen. Dafür gelten die folgenden Grundsätze:

- Erklären Sie nicht die internen Auswirkungen einer Anweisung. Sie sollten vielmehr erklären, was die Anweisung in *diesem* Zusammenhang bewirken soll.
- Schreiben Sie Kommentare so deutlich wie möglich.
- Kommentieren Sie kurz und treffend.
- Schreiben Sie keine Romane. Im Durchschnitt sollte ein Kommentar pro zehn Zeilen Quellcode ausreichen.
- Kommentieren Sie, um die Fragen eines *sachverständigen* Lesers zu beantworten.
- Kommentieren Sie Variablen, falls der Name nicht selbst erklärend ist.
- Ziehen Sie auch die Regeln zum Programmierstil in Betracht.
- Kommentieren Sie in erster Linie wichtige und schwierige Stellen im Quellcode.
- Kommentieren Sie nicht das Selbstverständliche.
- Schreiben Sie Kommentare in die Zeile, zu der sie gehören.
- Halten Sie Kommentare aktuell. Zu einer Programmänderung gehört auch eine Änderung in den Kommentaren.
- Gebrauchen Sie in Kommentaren die üblichen Fachausdrücke.
- Erklären Sie komplizierte und langwierige Sachverhalte anderswo.
- Benutzen Sie Überschriften, um den Code in Blöcke zu gliedern.
- Fragen Sie sich, was Sie selbst über ein fremdes Programm wissen möchten. Kommentieren Sie dann Ihr eigenes Programm.

In Abhängigkeit von der benutzten Programmiersprache des Projekts können diese Regeln erweitert oder eingeschränkt werden.

Bei Kommentaren sollte man beachten, dass sie für einen erfahrenen Programmierer bestimmt sind, nicht für einen Laien. Sie sind in erster Linie ein Hilfsmittel für den Kollegen des ursprünglichen Entwicklers, der später ein Modul der Software warten muss.

Auch der ursprüngliche Entwickler wird froh sein, Kommentare geschrieben zu haben, wenn er nach Wochen und Monaten ein eigenes Modul ändern muss. Man vergisst die Einzelheiten eines Programms relativ schnell wieder.

An dieser Stelle gehört aus rein praktischen Gründen auch die Verfahrensanweisung zu den Headern in Software-Modulen herein. Eigentlich handelt es sich dabei um eine Forderung, die das Konfigurationsmanagement stellt. Weil sie aber die Programmierer realisieren müssen, behandeln wir sie an diese Stelle.

Verfahrensanweisung VA-26:
Modul-Header im Quellcode

ZWECK:
Die eindeutige Kennzeichnung von Quellcode

VERANTWORTLICH:
Der Software-Entwickler, der das Modul schreibt, sowie das Konfigurationsmanagement

VORGEHENSWEISE:
Jedes Modul muss mit einem Textblock beginnen, der die folgenden Daten enthält:

1. Copyright " 200x by {SOFTCRAFT} oder eine andere Klausel zum Schutz des geistigen Eigentums in Übereinstimmung mit dem Vertrag
2. Verwendete Programmiersprache, Compiler und Versionsnummer des verwendeten Compilers
3. Name und Versionsnummer des Moduls
4. Entstehungsdatum des Moduls
5. Vollständiger Name des Erstellers
6. Name des Programmierers, der Änderungen durchgeführt hat
7. In multinationalen Projekten ist zusätzlich die Firma zu nennen.
8. STR-Nummer bei Änderungen
9. Eine kurze Beschreibung der Funktion des Moduls
10. Kommentare zu Parametern, also z.B. Format und Typ der übergebenen Daten.
11. Aufgerufene Unterprogramme
12. Unter Umständen benutzte Semaphore und Flags
13. Fehlerbehandlung, falls zutreffend

Bei jeder Änderung in einem Modul, das bereits unter Konfigurationskontrolle steht, muss angegeben werden, auf welchem *Software Trouble Report* (STR) diese Änderung beschrieben ist. Dadurch kann man sicherstellen, dass alle Änderungen lückenlos verfolgbar sind.

Kommen wir damit zu einer Methode, die eine gewisse Ähnlichkeit mit Fagan Inspections hat, sich aber speziell auf die Prüfung von Quellcode bezieht. Sie zählt wie die Fagan Inspection zu den Peer Reviews. Das bedeutet, dass die Prüfung durch Kollegen des Entwicklers durchgeführt wird. Dazu die folgende Verfahrensanweisung:

Verfahrensanweisung VA-27:
Code Walkthrough

ZWECK:
Durch intensives Durcharbeiten des Source Code Fehler in der Software frühzeitig zu finden.

VERANTWORTLICH:
Software-Entwicklung, Testgruppe

VERFAHREN:
Ein Mitglied des Teams spielt den Moderator. Er muss ein kompetenter Programmierer sein, darf aber das untersuchte Modul nicht geschrieben haben. Zu den Pflichten des Moderators gehören:

- Das Material (Quellcode Listing) vor dem Treffen zu verteilen
- Den Termin festzusetzen
- Einen Raum zu reservieren
- Fehler und Abweichungen festzuhalten oder festhalten zu lassen
- Dafür zu sorgen, dass gefundene Fehler beseitigt werden

Teammitglieder sind:
- Der Moderator
- Der Programmierer des Moduls
- Der Sekretär *(scribe)*, der die gefundenen Fehler notiert
- Ein Spezialist für den Test

Weitere Teammitglieder können sein:
- Ein Fachmann für die verwendete Programmiersprache
- Ein Spezialist für eine bestimmte Methode, etwa Objektorientiertes Design
- Ein erfahrener Programmierer
- Ein junger (nicht vorbelasteter) Programmierer
- Ein Programmierer, der Module an der Schnittstelle bearbeitet
- Ein Fachmann aus einem anderen Projekt

Insgesamt sollten nicht mehr als sieben Personen an einem Walkthrough teilnehmen. Die Dauer der Sitzung ist auf zwei Stunden begrenzt.

DAS WALKTHROUGH LÄUFT SO AB:

Die Teilnehmer *spielen Computer*. Der Tester kommt mit einer kleinen Anzahl Testfälle (auf dem Papier). Die Teilnehmer arbeiten mit diesen Testdaten, als wären sie ein Computer. Jeder Testfall wird im Geist von der Gruppe durchexerziert. Die Testdaten durchlaufen also die Kontrollstruktur des Programms. Der Status des Moduls wird an der Tafel notiert.

Die Testfälle sollen einfach und die Zahl klein sein. Sie dienen hauptsächlich dazu, die Mitglieder des Teams in Fahrt zu bringen. Auch bei Walkthroughs muss der Moderator darauf achten, dass die Diskussion nicht ausufert und sachlich bleibt.

Walkthroughs sind zwar recht zeitaufwendig, die Teilnehmer finden jedoch häufig Fehler, die man mittels Test am Computer nicht gefunden hätte. Insofern sind Walkthroughs eine Methode, die man in einem Projekt im Entwicklungsplan oder im Testplan vorschreiben sollte. Gewiss kann sie auch das Qualitätsmanagement in seinem Plan fordern. Es besteht bei Zeitmangel im Projekt die Möglichkeit, Walkthroughs auf kritische Module der Software zu beschränken.

Walkthroughs können sehr effektiv sein, wenn in einer Gruppe ein Teamgeist herrscht, der auf gegenseitige Achtung und Vertrauen unter gleichberechtigten Partnern basiert. Manches Unternehmen hat solche Teams, wie der folgende Fall zeigt.

Fall 6–2:   *Egoless Programming [60]*

Nachdem Bill sein Programm weitgehend fertig gestellt hatte, fand er, dass es langsam Zeit wurde, dass sich seinen Source Code jemand anders anschaute. Marylin erklärte sich bereit, die Aufgabe zu übernehmen.

> Bill hatte offenbar nicht seinen besten Tag gehabt, denn Marylin fand 17 Fehler in 13 Lines of Code. Bill war überrascht, und er erklärte den anderen Programmierern in der Gruppe, wie er das geschafft hatte.
> Während sich der Rest der Gruppe auf Kosten von Bill amüsierte, machte Marylin mit ein paar Kollegen weiter und brachte es fertig, vor Ende des Tages noch drei weitere Fehler zu finden.

Neben dem Quellcode ist der *Unit Development Folder* (UDF) oder *Software Development Folder* (SDF) das Dokument, das in der Implementierungsphase für jedes einzelne Modul entsteht. Zu dessen Aufbau und Struktur gehört die folgende Anweisung:

Verfahrensanweisung VA-28:
Software Development Folder (SDF)

ZWECK:
Alle Unterlagen zu einem Modul der Software an zentraler Stelle zu sammeln und die Implementierung der Software und den Modultest zu dokumentieren.

VERANTWORTLICH:
Software-Entwicklung, Konfigurations-Management, Qualitätssicherung

VORGEHENSWEISE:
Erstellen Sie den SDF nach dem folgenden Vorgaben:

Abschnitt 0:	*Deckblatt und Zeitplan*
	Dazu gehören auch die Änderungen während der Entwicklung.
Abschnitt 1	*Anforderungen (Requirements)*
	Das sind die ursprünglichen Anforderungen an das Modul und alle aufeinander folgenden Baselines.
Abschnitt 2:	*Entwurf*
	Dazu gehört der Grobentwurf und der detaillierte Entwurf.
Abschnitt 3:	*Funktionen (Functional Capabilities List)*
	Es müssen die funktionellen Eigenschaften des Moduls aufgeführt werden. Diese müssen testbar sein.
Abschnitt 4:	*Code*
	Dies ist ein Listing des Quellcodes einschließlich der Änderungen.
Abschnitt 5:	*Testplan und Testverfahren*
	Dieser Teil des SDF muss den neuesten Testplan einschließlich aller bisherigen Änderungen enthalten.
Abschnitt 6:	*Überprüfung des Testplans*
	Der Testplan muss durch eine unabhängige Instanz überprüft werden. Dazu zählt die Qualitätssicherung.
Abschnitt 7:	*Testergebnisse*
	Die Ergebnisse des Tests müssen verfügbar sein. Dazu gehört eine eindeutige Aussage, ob der Test bestanden wurde.

> Abschnitt 8: *Fehlerberichte*
> Dazu gehören alle Mängel, die über den gesamten Lebenszyklus (*life cycle*) der Software hinweg auftreten.
>
> Abschnitt 9: *Sonstiges*
> Dazu gehören zum Beispiel die Ergebnisse von Fagan Inspections und Walkthroughs.
>
> Pro Modul ist ein *Software Development Folder* zu erstellen. Alle SDFs sind der Qualitätssicherung zur Prüfung vorzulegen.

Die *Software Development Folders* können in der üblichen Weise auf Papier, aber auch auf dem Rechner selbst erstellt und gepflegt werden. In diesem Fall spricht man von einer *Software Development File*. Das Akronym bleibt das gleiche.

Während der Entwicklung werden eine ganze Reihe von Fehlern aufgedeckt werden. Das kann man mit einem weinenden und einem lachenden Auge sehen, aber jeder bekannte Fehler ist einer, den der Kunde nicht mehr finden kann. Deshalb benötigen wir im Verlauf der Implementierungsphase auch ein Verfahren zum Finden von Fehlern im Code:

> **Verfahrensanweisung VA-29:**
> **Vorgehensweise beim Debugging**
>
> ZWECK:
> Das Einkreisen von Fehlern in der Software in systematischer Weise anzugehen und die Einführung neuer Fehler bei der Fehlerbeseitigung zu vermeiden.
>
> VERANTWORTLICH:
> Der ursprüngliche Software-Entwickler
>
> VERFAHREN:
> Um Fehler einzukreisen, werden die Methoden INDUKTION und DEDUKTION empfohlen:
>
> INDUKTION:
> Bei dieser Methode wird der ursprüngliche Programmierer seine Gedankengänge bei der ersten Erstellung des Programmcodes nochmals analysieren und kritisch prüfen. Das kann allein oder im Gespräch mit einem Kollegen geschehen.
>
> Wenn der Programmierer dann einen Verdacht hat, aber sich nicht sicher ist, wo der Fehler genau liegt, können zusätzliche Testfälle notwendig werden. Diese sollen vom Tester nach den Vorgaben des Programmierers geschaffen werden. Der Fehler wird eingekreist und endlich beseitigt.
>
> DEDUKTION:
> Wie im Fall zuvor beginnen Sie mit einer Anzahl möglicher Fehlerursachen. Sie versuchen, eine Ursache nach der anderen zu eliminieren. Dies geschieht durch eine sorgfältige Analyse der Testdaten. Es kann notwendig werden, weitere Testfälle zu kreieren.
>
> Schließlich wird eine mögliche Ursache des Fehlers übrig bleiben. Das Programm wird geändert. Tritt der Fehler dann nicht mehr auf, war die Hypothese zur Fehlerursache richtig.
>
> REGELN ZUM DEBUGGING:
> - Denken Sie nach!
> - Wenn Sie einen toten Punkt erreicht haben, schlafen Sie erst einmal darüber.

- Sie sind nicht der einzige Problemlöser. Vielleicht folgen Sie einem ausgetretenen Pfad. Diskutieren Sie Ihr Problem mit einem Kollegen.
- Experimentieren Sie nicht, sondern gehen Sie planmäßig vor.

REGELN BEI DER FEHLERBESEITIGUNG:
Fehlerbeseitigung heißt, den Programmcode zu verändern. Dieser Vorgang ist extrem fehleranfällig. Deswegen die folgenden Warnungen:
- Fehler kommen in Haufen. Achten Sie darauf, ob in unmittelbarer Nähe des gefundenen Fehlers ein gleichartiger Fehler verborgen liegt.
- Beseitigen Sie die Ursache des Fehlers!
- Nach der Beseitigung des Fehlers ist erneutes Testen notwendig.
- Die Schnittstellen zu anderen Modulen sind zu berücksichtigen.

In dem hier skizzierten System laufen Fehlermeldungen natürlich immer über das *Software Change Control Board* (SCCB). Deshalb ist gewährleistet, dass das Management der Entwicklung eingeschaltet ist und auch das Qualitätsmanagement Bescheid weiß.

Schließlich wollen wir uns an dieser Stelle noch mit Beistellungen befassen. Es kann gelegentlich vorkommen, dass der Kunde darauf besteht, selbst bestimmte materielle oder immaterielle Güter bereitzustellen, die in das erstellte Produkt einfließen sollen. Auf Seiten des Auftragnehmers ist man oftmals darüber nicht gerade glücklich, stimmt aber zu, wenn man auf einen Auftrag Wert legt. In diesem Fall muss darauf geachtet werden, dass durch die beigestellte Software die eigene Entwicklung nicht leiden kann. Deswegen die folgende Verfahrensanweisung:

Verfahrensanweisung VA-30:
Behandlung beigestellter Software

ZWECK:
Vom Auftraggeber beigestellte Software auf ihre Eignung untersuchen zu können

VERANTWORTLICH:
Software-Entwicklung, Projektmanagement

VORGEHENSWEISE:
Beigestellte Software stellt Fremdsoftware dar und ist entsprechend der dort beschriebenen Regelung zu behandeln.

Sie ist insbesondere daraufhin zu prüfen, ob sie für den vorgesehenen Einsatz geeignet ist. Falls der Auftraggeber keine ausreichenden, dokumentierten Informationen über die Verifikation und Validation der beigestellten Software vorlegen kann, ist eine Prüfung im Hause zu veranlassen.

Es ist auch zu prüfen, ob der Kunde alle Rechte an der Software besitzt. Falls es sich um lizenzierte Software handelt, ist zu klären, ob der Kunde diese Software an Dritte weitergeben darf.

Falls die beigestellte Software für den vorgesehenen Einsatz offensichtlich nicht geeignet ist, wird von einer Verwendung abgesehen. Dem Auftraggeber wird in diesem Fall schriftlich mitgeteilt, welche Fehler und Mängel zu dieser Entscheidung geführt haben.

Schließlich noch eine Verfahrensanweisung, die für die Entwicklung gilt, aber auch alle anderen Gliederungen der Organisation. Wir müssen daran denken, dass neu eingestellte Mitarbeiter aus anderen Firmen bisher nicht zwangsläufig mit Qualitätsmanagement und dessen Anliegen vertraut sind. Deshalb ist notwendig, sie auf diese Regelungen in unserem Unternehmen hinzuweisen:

> **Verfahrensanweisung VA-31:**
> **Schulung neu eingestellter Mitarbeiter in die Verfahren zum Qualitätsmanagement**
>
> ZWECK:
> Neu eingestellte Mitarbeitern mit den QM-System des Unternehmens vertraut zu machen
>
> VERANTWORTLICH:
> Qualitätsmanagement, alle anderen Abteilungen und Gliederungen der Organisation
>
> VERFAHREN:
> Neu eingestellte Mitarbeiter werden von ihrem unmittelbaren Vorgesetzten auf das geltende QM-System der {SOFTCRAFT} hingewiesen. Im Rahmen ihrer Einarbeitung durchlaufen sie auch die Abteilung Qualitätsmanagement und lernen dort die angewandten Verfahren kennen. Der Aufwand dafür soll in der Regel nicht mehr als einen halben Tag betragen.
>   Falls eine größere Einstellungsaktion erfolgt, kann das Qualitätsmanagement für die neu eingestellten Mitarbeiter eine interne Schulungsmaßnahme durchführen. Jeder Mitarbeiter bekommt ein Exemplar des QM-Handbuchs ausgehändigt.

Bisher haben wir so getan, als ob der Kunde uns in aller Ruhe arbeiten lassen würde und wir eines Tages den Programmcode abliefern könnten. Das ist natürlich nicht der Fall. Auch in den heißen Phasen von Design und Implementierung möchte der Kunde gelegentlich wissen, was Sache ist.

6.8 Kundenbeteiligung während der Entwicklung

Es ist ja nicht alles, was ich den Bürgern sage, gelogen.
                      Konrad Adenauer

DIN EN ISO 9001 fordert in Abschnitt 7.2.3 *Kommunikation mit dem Kunden*, dass wirksame Regeln zur Kommunikation mit dem Kunden festgelegt werden müssen. Das bezieht sich auf die Gebiete Produktinformationen, Anfragen, Verträge, Änderungen während der Entwicklung und Rückmeldungen vom Kunden.

Im Bereich Software-Entwicklung können wir den größten Teil dieser Forderungen durch Reviews mit dem Kunden erledigen. Änderungen am Produkt behandeln wir allerdings im SCCB, um stets die Auswirkungen auf Kosten und Zeitplan abschätzen zu können.

Der Begriff Review ist selbst im englischen Sprachraum nicht immer gleich zu interpretieren. Deshalb hier eine Grafik, um uns die Einordnung im Rahmen unserer Tätigkeit klarzumachen.

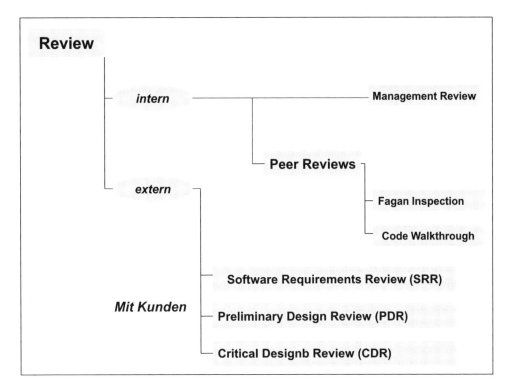

Abb. 6–17:   *Verschiedene Ausprägungen von Reviews*

Falls es sich bei dem zu erstellenden System nicht nur um Software handelt, wird das erste große Review mit dem Kunden [61] immer das *System Requirements Review* sein. Aus den Anforderungen an das System werden bei solchen Projekten die Forderungen an die Software abgeleitet. Das für die Software-Entwickler vor allem wichtige Review ist dann das *Software Requirements Review* (SRR).

Die Norm fordert bei Reviews, dass die in der Norm enthaltenen Forderungen beachtet werden und der Entwurfs- oder Implementierungsprozess nicht fortschreitet, bevor in den Reviews festgestellte Fehler und Mängel beseitigt sind. Falls man trotz gewisser Mängel in der Entwicklung fortfahren will, müssen die Risiken dieser Verfahrensweise bekannt sein und verstanden werden. Alle Reviews müssen protokolliert werden. Es handelt sich im Sinne der DIN EN ISO 9001 dabei um Aufzeichnungen.

Bei den internen Reviews wäre zunächst das Management-Review zu nennen. Es dient dazu, dem eigenen Management des Unternehmens einen Überblick zu einem Projekt zu verschaffen. Es kann auf bestimmte Themen beschränkt werden.

Wichtiger sind die *Peer Reviews*. Sie dienen bei Unternehmen, die das Potential zum Aufspüren von Fehlern mit traditionellen Methoden [48] weitgehend ausgeschöpft haben, dazu Fehler in der Software und ihren Produkten in einem frühen Stadium der Entwicklung zu finden. Wenn eine Organisation diese Techniken beherrscht, können damit große Erfolge erzielt werden.

Bei den Reviews mit dem Kunden organisiert man üblicherweise drei Veranstaltungen dieser Art. Das SRR ist dabei das erste Review und dient dazu, die Spezifikation zu überprüfen. Schwierig ist es dabei zuweilen, Sachverhalte darzustellen, wenn die Spezifikation nur aus reinem Text besteht. Mit Grafiken tut man sich in einer Veranstaltung, an der bei großen Projekten schon zwei Dutzend Teilnehmer kommen können, viel leichter.

Das *Preliminary Design Review* (PDR) markiert den Abschluss des Grobentwurfs. Damit ist die Architektur der Software weitgehend festgelegt. Das *Critical Design Review* (CDR) folgt unmittelbar vor dem Beginn der Kodierung. Es heißt nicht zuletzt deshalb so, weil der Kunde nach diesem Review kaum noch zurück kann. Nach diesem Punkt muss er bis zum Ende der Entwicklung durchhalten, oder er bekommt für sein Geld überhaupt nichts.

Sehen wir uns anhand des Zeitplans eines kleinen Projekts einmal die üblichen Reviews bei der Erstellung von Software im Zusammenhang an (Abbildung 6-18).

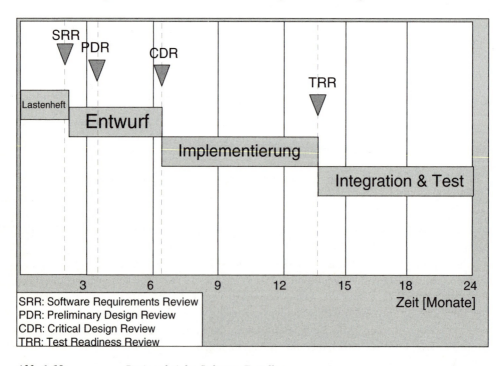

Abb. 6–18:   *Reviews bei der Software-Erstellung*

Das *Test Readiness Review* (TRR) ist kein Review, das in der Norm gefordert wird. Dennoch ist es sinnvoll, den Abschluss der Implementierungsphase förmlich durch ein Review festzulegen. Es ist durchaus möglich, TRRs auf der Ebene jedes einzelnen Moduls zu veranstalten. Ähnlich wie bei den Sitzungen des *Software Change Control Boards* (SCCBs) setzt dies allerdings voraus, dass man den Kreis der Teilnehmer auf einen Vertreter der Entwicklung und die Qualitätssicherung begrenzt.

Bei langwierigen Projekten, die sich über Jahre hinziehen, ist das Einschieben von *In-Process-Reviews* möglich, um dem Kunden und den Anwendern Einblick in den Projektfortschritt zu ermöglichen.

6.9 Konfigurationsmanagement

Eine dicke Haut ist eine Gabe Gottes.
Konrad Adenauer

In Abschnitt 7.5.3 der DIN EN ISO 9001 steht in einer Anmerkung, dass in einigen Wirtschaftszweigen Konfigurationsmanagement ein Mittel zur Kennzeichnung und Rückverfolgbarkeit darstellt. In DIN EN ISO 9000, Teil 3, findet man den Begriff Konfigurationsmanagement dagegen öfter. In Anschnitt 4.8 ist unter dem Titel *Kennzeichnung und Rückverfolgbarkeit von Produkten* aufgeführt, welche Produkte darunter fallen können:

- Zum Vertrag, Prozess, Planung und Produkt gehörende Daten
- Quell-, Objekt- und ausführbarer Code (Binary)
- Tools
- Wiederverwendbare Software, einschließlich Bibliotheken
- Eingekaufte Software
- Vom Kunden beigestellte Software

Man kann das Konfigurationsmanagement bei Software auch, populär ausgedrückt, als die Buchhaltung der Entwickler bezeichnen. Damit sollte diese Disziplin die folgenden Punkte abdecken:

- Eindeutige Identifikation aller Versionen jedes Software-Elements
- Eindeutige Identifikation jedes Software-Produkts, auch wenn dies aus mehreren Elementen oder Teilen bestehen mag
- Eindeutige Identifikation von Software-Produkten während der Entwicklung (Module, Komponenten, *Builds*) sowie nach der Auslieferung und im Feld
- Versionskontrolle, falls *Updates* am gleichen Software-Element von mehr als einer Person ausgeführt werden
- Koordination der Tätigkeiten, falls *Updates* an mehr als einer Betriebsstätte durchgeführt werden

■ Identifizieren und Verfolgen aller Änderungen, die sich aus Änderungsanträgen oder Fehlerberichten ergeben, vom Beginn der Änderung bis zum Release der Software

Die eindeutige Identifikation aller Elemente oder Teile der Software, vom kleinsten Modul bis hin zum ausgelieferten Binärcode, ist gewiss wichtig. Besonders die letzte Forderung – Identifizieren und Verfolgen aller Änderungen – ist es aber, die eine Menge Arbeit macht. Bereits bei einem eher bescheidenen Programmumfang von 20 000 LOC muss man während der Entwicklung mit Fehlern und Änderungen in der Größenordnung von 600 bis 1 000 Anträgen rechnen. Dabei ist es zweckmäßig, wenn man Fehler und Änderungen weitgehend gleich behandelt und durch dasselbe System schleust. In unserem Fall ist hier vor allem das *Software Change Control Board* (SCCB) zu nennen, das sich mit allen Fehlern und Änderungen in der Software befassen wird.

Lassen Sie mich, bevor wir die Norm weiter behandeln, einen einführenden Text zur der Tätigkeit des Konfigurationsmanagements im Bereich der Software vorstellen:

Software-Konfigurationsmanagement

Der Zweck des Konfigurationsmanagements besteht in der eindeutigen Identifizierung aller Software-Produkte, dem Verfolgen von Änderungen und der objektiven Berichterstattung über den Status der Software an das Management.

Die eindeutige Identifizierung dient der Integrität der Software-Produkte, die im Regelfall aus einer Vielzahl von Einzelteilen (Modulen) unterschiedlicher Art und Funktion bestehen. Die Identifizierung erstreckt sich auch auf Fremdsoftware und Elemente der Software-Entwicklungsumgebung.

Das Verfolgen von Änderungen dient dazu, von einer einmal eindeutig identifizierten Basiskonfiguration (Baseline) aus alle nachfolgenden Änderungen nachvollziehbar zu gestalten. Deshalb ist die Beteiligung des Konfigurationsmanagements am Fehlerberichtswesen und der Arbeit des *Software Change Control Board* (SCCB) ein Muss.

Die Nachvollziehbarkeit von Änderungen stellt beim Eintreten eines Fehlers nach der Auslieferung der Software eine unschätzbare Hilfe bei der Suche nach der Ursache des Fehlers dar. Der objektiven Berichterstattung an das Management können Listen zum Status der Software-Produkte, die unter Konfigurationskontrolle stehen, Aufstellungen zu offenen Fehlern und ähnliche Zusammenstellungen dienen, die auf den Protokollen und Aufzeichnungen des Konfigurationsmanagements beruhen. Der Einsatz der EDV bei der Arbeit des Konfigurationsmanagements ist anzustreben.

Im Sinne des eingesetzten V-Modells verwaltet das Konfigurationsmanagement Produkte, die von der Qualitätssicherung bereits akzeptiert wurden. Es kann sich dabei um Dokumente, Programmcode oder Daten handeln. Das Konfigurationsmanagement ist daher auch für die kontrollierte Bibliothek der Software zuständig. Das Konfigurationsmanagement führt die Datensicherung in der Software-Entwicklungsumgebung der einzelnen Projekte durch oder sorgt für deren Durchführung.

Die Datensicherung muss sich immer auf die gesamte Software einer Entwicklungsumgebung beziehen, nicht nur die in der Bibliothek befindliche Software. Bei auszuliefernder Software erstellt das Konfigurationsmanagement das *Version Description Document* (VDD), das im Sinne eines Lieferscheins detaillierte Angaben über den ausgelieferten Programmcode und die einzelnen Module enthalten muss. Die Angaben im VDD müssen sich auch auf den Versionsstand der Module beziehen.

Falls die Software an unterschiedlichen Einsatzorten genutzt wird und Unterschiede bezüglich der Ausprägungen der Software bestehen, so sind unterschiedliche Varianten mit zugehörigem VDD zu kreieren und freizugeben. Auf Unterschiede zwischen verschiedenen Varianten und Releases ist im VDD eindeutig hinzuweisen. Inkompatibilitäten und mögliche Fehler bei der Installation sind anzusprechen. Falls der Programmcode zwar freigegeben wird, gewisse *Software Trouble Reports* (STRs) jedoch noch nicht eingearbeitet sind, so ist dies im VDD zu vermerken. Die bereits eingearbeiteten STRs, bezogen auf das letzte Release, sind aufzuführen.

Freigegebene Software darf nur über das Konfigurationsmanagement ausgeliefert und verteilt werden. Das Konfigurationsmanagement fertigt bei Bedarf zusätzliche Kopien an oder veranlasst deren Anfertigung. Sie verteilt diese Kopien an den externen oder internen Auftraggeber.

Das Konfigurationsmanagement wird seine Arbeit projektspezifisch im *Software Configuration Management Plan* (SCMP) dokumentieren. Dieser Plan ist mit den entsprechenden Dokumenten der Entwicklung und des Qualitätsmanagements abzustimmen. [txt_11]

Bei der Identifizierung der Software und ihrer Elemente kommt natürlich oft die Frage auf, wann die Tätigkeit des Konfigurationsmanagements einsetzen soll. Hier besteht in der Entwicklung oft die Tendenz, diesen Zeitpunkt möglichst weit hinauszuschieben. Dies liegt auf der anderen Seite gewiss nicht im Sinne des Qualitätsmanagements und des Konfigurationsmanagements, die meistens personell schwach besetzt sind und Zeit brauchen, um Software-Produkte beurteilen zu können.

Eng verbunden mit der ersten Identifikation von Software-Produkten ist das Konzept der *Baseline*. Es bedeutet im Grunde, ein Produkt zum ersten Mal zu identifizieren und es unter Konfigurationskontrolle zu bringen. Die Baseline ist also die Startlinie, auf der alle zukünftigen Änderungen aufsetzen werden. In Abbildung 6-19 sind die wichtigsten Baselines dargestellt.

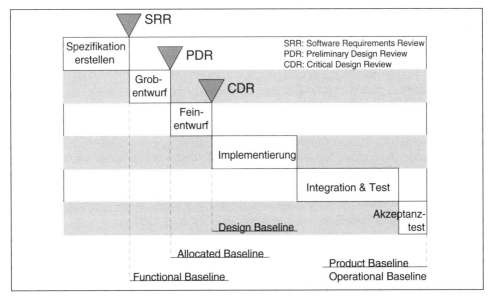

Abb. 6–19:   *Baselines bei Software*

Durch das Festlegen von Baselines ist das Konfigurationsmanagement in der Lage, im Projektverlauf zum ersten Male Software-Produkte auch physikalisch in Besitz zu nehmen. Gewiss ist es zweckmäßig, derartige Baselines an Meilensteine der Entwicklung und Reviews mit dem Kunden zu knüpfen. Während bei den ersten Baselines das Produkt in der Form von Texten auf Papier vorliegen wird, müssen beim Entstehen von Programmcode andere Verfahren eingeführt werden. Es ist für das Konfigurationsmanagement gerade bei Software wichtig, für eine eindeutige Kennzeichnung aller Produkte und ihrer Versionen zu sorgen.

Bevor wir uns mit diesen Einzelheiten befassen, wollen wir noch die Verfahrensanweisung für den Konfigurationsmanagementplan aufstellen. Er wird für jedes Projekt gefordert und steht in einer Reihe mit dem Entwicklungsplan und dem Qualitätsmanagementplan.

Verfahrensanweisung VA-32:
Erstellen des *Software Configuration Management Plan* (SCMP)

ZWECK:
Der *Software Configuration Management Plan* dokumentiert das Vorgehen des Konfigurationsmanagements für ein spezifisches Projekt.

VERANTWORTLICH:
Konfigurationsmanagement

VERFAHREN:
Erstellen Sie den *Software Configuration Management Plan* unter Verwendung des Produktmusterteils im Anhang zu diesem Handbuch. Berücksichtigen Sie dabei die Art der Software und die Bedingungen, unter denen sie entsteht. Gehen Sie auf relevante Vertragsklauseln ein. Stimmen Sie den Inhalt des *Software Configuration Management Plans* mit dem Entwicklungsplan und dem Qualitätsmanagementplan ab.

Legen Sie den *Software Configuration Management Plan* der Qualitätssicherung vor und bringen Sie ihn anschließend unter Konfigurationskontrolle. Ändern Sie im Laufe des Projekts den *Software Configuration Management Plan* bei Bedarf.

Mit dem KM-Plan haben wir also ein Instrument, um auf der einen Seite die unternehmensweit geltenden Regelungen zu bekräftigen, auf der anderen Seite aber auch projektspezifische Erweiterungen und Ergänzungen zu berücksichtigen. Das gibt uns die Flexibilität, die wir bei der Durchführung von Projekten brauchen.

Kommen wir damit zu der Identifizierung von Software. Dies bezieht sich sowohl auf Programmcode als auch auf Dokumente aller Art. Während bei Dokumenten die Identifizierung durch eine Dokumentennummer und einen Release-Stand oder eine Versionsnummer relativ leicht zu bewerkstelligen ist, haben wir es bei Quellcode mit einer Fülle von Modulen zu tun. Trotzdem muss diese Arbeit erledigt werden. Hierzu die folgende Verfahrensanweisung.

Verfahrensanweisung VA-33:
Identifikation von Software-Produkten

ZWECK:
Alle Software-Produkte eindeutig zu identifizieren

VERANTWORTLICH:
Konfigurationsmanagement, Software-Entwicklung

VERFAHREN:
Sorgen Sie dafür, dass alle Teile und Versionen der Software eindeutig identifiziert werden können. Arbeiten Sie diese Regelungen projektspezifisch in den *Software Configuration Management Plan* ein.

Die Identifikation von Software bezieht sich sowohl auf äußere als auch innere Merkmale. Unterstützen Sie Regelungen wie eine *Naming Convention* oder *Programmierrichtlinien*. Schreiben Sie Informationen im *Header* des Quellcode vor, die der Identifikation von Modulen dienen.

Geben Sie Nummerierungssysteme vor, bei denen die einzelnen Versionen lückenlos durchnummeriert werden. Berücksichtigen Sie – falls notwendig – die Erfordernisse der Sicherheit *(Security)*.

Beziehen Sie auch Fremdsoftware ein und sorgen Sie dafür, dass nachvollzogen werden kann, in welche im Hause erstellte Software-Produkte Fremdsoftware einfließt. Gestalten Sie das System zur Identifikation von Software so, dass auch Varianten des Programmcodes einbezogen werden können.

Nehmen Sie Dokumente, die vom Kunden zur Verfügung gestellt werden, sofort nach ihrer Ankunft im Hause unter Konfigurationskontrolle. Treffen Sie im SCMP dafür Regelungen.

Beginnen Sie die Identifikation der Software-Produkte mit einer *Baseline* oder Referenzkonfiguration. Spätere Änderungen bauen auf einer bestimmten *Baseline* auf.

In der Regel gibt es die folgenden *Baselines* oder Referenzkonfigurationen:

- Functional Baseline (SRR)
- Allocated Baseline (PDR)
- Design Baseline (CDR)
- Product Baseline
- Operational Baseline

Zusätzliche Baselines können bei Bedarf definiert werden.

Sorgen Sie bei Dokumenten der Software für eindeutige Identifikation auf dem Deckblatt. Schreiben Sie projektspezifische Regelungen im *Software Configuration Management Plan* fest.

KENNZEICHNUNG VON DATENTRÄGERN:
Um magnetische Datenträger eindeutig zu kennzeichnen, sind alle verwendeten Datenträger mit einem Aufkleber zu versehen. Er ist auszufüllen und auf der Hülle und/oder dem Behälter des Mediums anzubringen.

Folgender Aufkleber ist zu verwenden:

```
{SOFTCRAFT}
Projekt: ..................................................................
SW ID: ..................................................................
Version #: ............................ Date: ........................
Vertrag: ................................................................
Label #: .............................. 1st init: .......................
Name of Media: .....................................................
SQA Approval: ......................................................
```

Um die Software unterscheidbar zu machen, werden drei Farben für die Aufkleber verwendet. Dabei gilt:

Rot   Datenträger, die für auszuliefernde Software eingesetzt werden
Grün   Alle nur intern verwendete Software
Weiß   Datensicherungsmedien aller Art

Auf dem Aufkleber des Software-Mediums muss das zugehörige *Version Description Document* (VDD) referenziert werden. Falls die Software auf mehreren Datenträgern ausgeliefert wird, so sind diese durchzunummerieren. Dies gilt auch für mehrere Sätze von Datenträgern.

Die Kennzeichnungspflicht bezieht sich auch auf elektronische Komponenten, die Software enthalten, also z.B. EPROMs und EEPROMs. Bei beschränktem Raumangebot auf dem Gehäuse kann der Inhalt der Angaben auf essentielle Teile beschränkt werden. Die oben beschriebene Farbkennzeichnung ist beizubehalten.

Das Konfigurationsmanagement hat auch einen Sitz im SCCB. Seine Tätigkeit dort beschränkt sich im Wesentlichen auf verwaltende Tätigkeiten.

Verfahrensanweisung VA-34:
Mitarbeit im *Software Change Control Board* (SCCB)

ZWECK:
Die Verfolgbarkeit von Änderungen in der Software zu sichern

VERANTWORTLICH:
Konfigurationsmanagement, Qualitätsmanagement, Entwicklung

VERFAHREN:
Organisieren Sie die Sitzungen des *Software Change Control Board* (SCCB). Schreiben Sie projektspezifische Regelungen dazu im *Software Configuration Management Plan* fest.

Bereiten Sie Sitzungen vor, indem Sie die Teilnehmer mit Informationen zu den Punkten auf der Tagesordnung versorgen. Verteilen Sie dazu Kopien von *Software Trouble Reports* oder Änderungsanträgen. Berufen Sie die Sitzung ein, verständigen Sie alle Teilnehmer, sorgen Sie für einen Raum und führen Sie während der Beratungen das Protokoll.

Die Teilnehmer an Sitzungen des SCCB sind mindestens je ein Vertreter:
- der Software-Entwicklung
- des Konfigurationsmanagement
- des Qualitätsmanagements

Bei Bedarf und je nach den Themen auf der Tagesordnung können Vertreter der Disziplinen Elektronikentwicklung, Planung, des Projektmanagements oder des Finanzwesens hinzugezogen werden.

Bewahren Sie Änderungsanträge, *Software Trouble Reports* und zugehörige Unterlagen in geordneter Form auf. Die Aufbewahrungsfrist für Dokumente beträgt {zehn} Jahre. Schreiben Sie das Protokoll der SCCB-Sitzungen und verteilen Sie es an die Teilnehmer und das Management.

Die Identifikation von Produkten wäre nicht vollständig, wenn wir die Maßnahmen des Konfigurationsmanagements nicht auch auf Programmcode ausdehnen würden. Gerade in dieser Form ist Software schwer fassbar. Subtile Änderungen können jedoch zu massiven Fehlern führen. Deshalb die folgenden Verfahrensanweisungen:

Verfahrensanweisung VA-35:
Identifikation von Programmcode

ZWECK:
Quell-, Objekt- und Binärcode sowie zugehörige Testfälle unter Konfigurationskontrolle zu bringen

VERANTWORTLICH:
Management der Software-Entwicklung, Konfigurationsmanagement, Qualitätssicherung

VORGEHENSWEISE:
Um einmal erreichte Entwicklungsergebnisse eindeutig festzuhalten und Änderungen zu einer Basiskonfiguration (Baseline) verfolgbar zu machen, werden Produkte unter Konfigurationskontrolle gestellt. Bei Dokumenten geschieht das, indem das Konfigurationsmanagement ein genehmigtes Exemplar physikalisch in Verwahrung nimmt.

Bei Programmcode muss das Verfahren rechnergestützt erfolgen. Es ist nach dem folgenden Schema zu verfahren (siehe Abbildung 6-20).

Die Software-Entwickler bearbeiten die ihnen zugewiesenen Teile eines Programmpakets in ihrem Arbeitsbereich (*Account*) auf dem Computer, der für die Entwicklung eingesetzt wird. Ist ein Produkt oder Teilprodukt (Modul, Unit, Komponente) einschließlich der zugehörigen Testprogramme und -daten fertig gestellt, so werden diese Dateien in einem Zwischenbereich auf dem Rechner (Testzone) kopiert.

Der Test wird in diesem Bereich im Beisein der Qualitätssicherung durchgeführt. Er ist zu protokollieren, wobei dieses Protokoll eine Aufzeichnung darstellt. Besteht das Produkt den Test, dann kann es in die kontrollierte Bibliothek kopiert werden. Dies ist im Wesentlichen ein Archiv, in dem nichts verändert werden darf. Tritt später ein Fehler auf oder muss eine Änderung eingearbeitet werden, so wird eine Kopie des Moduls an den Bearbeiter in der Entwicklung zurückgegeben.

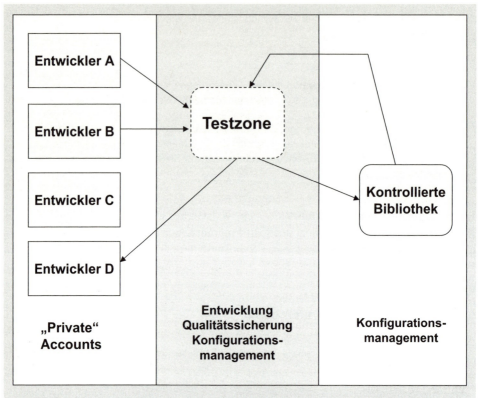

Abb. 6–20:   *Zugang zur kontrollierten SW-Bibliothek*

Einzelheiten des Verfahrens müssen in Zusammenarbeit von Entwicklung, Konfigurationsmanagement und Qualitätssicherung jeweils projektspezifisch abgestimmt werden. Die projektspezifische Vorgehensweise wird im *Software Configuration Management Plan* beschrieben.

Bei manchen Projekten kann es durchaus sinnvoll sein, auch den ausgelieferten Binarcode eindeutig zu kennzeichnen. Dazu benutzt man zum Beispiel eine Zeichenkette, die aus dem Kurznamen der Software, dem Datum und einer Versionsnummer besteht. Bei Verwendung einer höheren Programmiersprache wie C wird der Compiler diesen String in aller Regel im Zuge der Optimierung des Codes entfernen. Es bleibt oftmals nichts anderes übrig, als ein kurzes Modul in Assembler zu schaffen, das die Zeichenkette mit der Identifizierung enthält.

Wichtig ist eine derartige Vorgehensweise, wenn man erwartet, dass das Gerät, in dem die Software residiert, bei Versuchen im Feld zerstört werden kann und mehrere Prototypen gleichzeitig erprobt werden. Die erfolgte Kennzeichnung braucht man nicht unbedingt an die große Glocke zu hängen.

Es ist sinnvoll, bei größeren Projekten dem Konfigurationsmanagement auch die Bibliothek der Software anzuvertrauen. Schließlich soll aus dieser Bibliothek ausgeliefert werden. Dazu dient die folgende Verfahrensanweisung:

Verfahrensanweisung VA-36:
Verwaltung der kontrollierten Bibliothek der Software

ZWECK:
Den Programmcode sowie zugehörige Daten nach dem Test zu erfassen, in geordneter Art und Weise zu verwalten und an den Auftraggeber ausgelieferte Software eindeutig zu identifizieren.

VERANTWORTLICH:
Konfigurationsmanagement, Software-Entwicklung

VERFAHREN:
Die Verfahren zur Einbringung von Programmcode in die kontrollierte Bibliothek werden mit der Entwicklung und der Qualitätssicherung projektspezifisch abgestimmt. Dabei wird auch der Umfang der aufzunehmenden Software festgelegt: Quellcode, Objektcode, Testdateien und Dokumente.

Die kontrollierte Bibliothek kann sich, abhängig vom Projekt und der Art der Software, physikalisch auf einem oder mehreren Rechnern befinden. Die Rechte zum Zugriff auf Dateien und Objekte der kontrollierten Bibliothek sind dabei so zu setzen, dass die Entwicklung keine Veränderungen an Dateien und Objekten vornehmen kann, die von der Qualitätssicherung bereits akzeptiert wurden. Dies schließt eine geordnete Änderung im Rahmen einer neuen Version nicht aus. Die kontrollierte Bibliothek ist in das Verfahren zur Datensicherung einzubeziehen.

Das bei Auslieferungen zu erstellende *Version Description Document* (VDD) muss sich auf Module aus der kontrollierten Bibliothek beziehen.

Falls virenverseuchter Programmcode festgestellt wird, so sind derartige Datenträger eindeutig und auffällig zu kennzeichnen (z.B. mit einem Totenkopfsymbol) und auszusondern. Sie sind von der anderen Software zu trennen und aufzubewahren, jedoch nicht zu vernichten.

Von Auslieferungen aus der kontrollierten Bibliothek sind Sicherungskopien anzufertigen, und der Inhalt der kontrollierten Bibliothek ist bei Projektende zu archivieren.

Weil das Konfigurationsmanagement sowieso dafür verantwortlich ist, Software-Medien zu archivieren und zu verwalten, ist es zweckmäßig, ihm auch die Durchführung der Datensicherung zu übertragen. Dazu dient die folgende Verfahrensanweisung:

Verfahrensanweisung VA-37:
Datensicherung von Software

ZWECK:
Unbeabsichtigte oder beabsichtigte Zerstörung der Software zu vermeiden

VERANTWORTLICH:
Konfigurationsmanagement, Entwicklung

> **VERFAHREN:**
> Es ist zu gewährleisten, dass die Software regelmäßig und in geplanter Art und Weise auf geeigneten Datenträgern gesichert wird, um bei Zerstörung des Originals mit der Sicherungskopie weiter arbeiten zu können. Dies gilt für alle Arten von Software und alle Entwicklungsumgebungen. Die Datenträger sind zu beschriften, um die Identifizierung zu ermöglichen.
>
> Die Datenträger sind in verschließbaren, gegen Feuer und Wasser residenten Behältnissen (wie einem Tresor) zu lagern. Datenträger und Medien mit gleicher Software (z.B. der Entwicklung und des Konfigurationsmanagements) sind nicht im selben Tresor und im gleichen Gebäude zu lagern.
>
> Soweit technisch möglich, sind zur Datensicherung verwendete Datenträger mit einem Schreibschutz zu versehen.

Wenn man in der Praxis der Software-Entwicklung einen Programmierer fragt, wie weit er mit seiner Arbeit ist, wird man in den meisten Fällen hören, dass er gut vorankommt. Auch wenn der Abgabetermin in drei Tagen ist, wenn ein Review mit dem Kunden unmittelbar bevorsteht, hört man nur optimistische Aussagen. Sieht man sich allerdings die Produkte genauer an, stellt man gelegentlich fest, dass sie nicht den Anforderungen genügen.

Auch das Management hat mit diesen Schwierigkeiten zu kämpfen, und deswegen ist es oftmals besser, gleich das Konfigurationsmanagement zu fragen, ob ein bestimmtes Produkt unter Konfigurationskontrolle steht. Weil die Qualitätssicherung die Software prüfen wird, bevor sie unter Konfigurationskontrolle gestellt wird, kann man auf diese Weise sicher sein, dass es sich um ein verifiziertes Produkt handelt.

Wenn man diese Vorgehensweise im Unternehmen einführt, wird das Konfigurationsmanagement bald auch damit beauftragt werden, objektiv über den Fortschritt eines Projekts zu berichten:

> **Verfahrensanweisung VA-38:**
> **Objektives Berichten über den Status der Software**
>
> **ZWECK:**
> Über den Status der Software an das Management zu berichten
>
> **VERANTWORTLICH:**
> Konfigurationsmanagement
>
> **VERFAHREN:**
> Das Konfigurationsmanagement wird über den Status der ihr vorliegenden Produkte und genehmigter Änderungen berichten. Die Berichte des Konfigurationsmanagements können sich auch auf Änderungsanträge oder Fehlerberichte (STRs) – z.B. deren Zahl und Klassifikation – beziehen.
>
> Die Anwendung der EDV zur Erfassung der Fehlerdaten und deren Verwaltung, etwa in Form einer Datenbank, wird empfohlen. Einzelheiten werden projektspezifisch festgelegt.

Damit haben wir die Tätigkeiten, die dem Konfigurationsmanagement zugeordnet werden sollen, alle erfasst. Natürlich kann in einem konkreten Unternehmen die eine oder andere Tätigkeit auch einer anderen Gruppe zugeordnet werden. Es schadet allerdings bei kleineren

Projekten nicht, wenn ein Mitarbeiter des Konfigurationsmanagements nur ein paar Stunden am Tag für das Projekt arbeitet. Weil es sich um eine Verwaltungstätigkeit handelt, die nicht unbedingt ein Wissen über die Inhalte der Software erfordert, können auch mehrere Projekte gleichzeitig betreut werden.

Selbst wenn die Disziplin in Deutschland bisher nicht sehr bekannt ist, kann sie doch zuweilen sehr nützlich sein. Es ist wie bei einer Versicherung: Man schätzt sie erst, wenn der Fall eingetreten ist.

6.10 Verifikation und Validation

Testing can show the presence of bugs, not their absence.
Edsger W. Dijkstra

In DIN EN ISO 9001 tauchen die Begriffe Verifikation und Validation häufig auf. Sie werden weitgehend gleich definiert. In der Welt der Software gibt es allerdings einen wichtigen Unterschied. Verifikation bezeichnet eine Überprüfung oder einen Test am Ende einer Entwicklungsphase. Validation dagegen ist die Überprüfung eines Produkts gegen seine Anforderungen, also die Spezifikation. Mit einem kleinen Wortspiel lässt sich das so ausdrücken:

- Bei Verifikation lautet die Frage: Ist das Produkt richtig?
- Bei der Validation fragt man: Haben wir das richtige Produkt entwickelt?

Dieses Wortspiel enthüllt einen wichtigen Unterschied zwischen Verifikation und Validation. Bei Verifikation zielen wir auf Einzelheiten ab. Wir können zum Test auch Kriterien berücksichtigen, die intern gelten, etwa ein Produktmuster für ein Dokument oder Programmierrichtlinien bei Code. Bei der Validation ist unsere Richtschnur hingegen fast ausschließlich die Spezifikation.

Kommen wir damit zu einem Text, der in allgemeiner Form zu Verifikation und Validation bei den Produkten des Unternehmens Stellung nimmt.

Verifikation und Validation

Der Prüfung der Software kommt angesichts zunehmender Komplexität und Größe der Programme enorme Bedeutung zu. Dies gilt besonders für sicherheitskritische Software.

Verifikation ist definiert als Prüfung eines Software-Produkts am Ende einer Phase oder Aktivität, während Validation die Prüfung des Codes gegen seine Spezifikation am Ende des Entwicklungszyklus meint.

In ihrer Bedeutung nicht zu unterschätzen sind Techniken wie Fagan Inspection und Walkthroughs, die ein bedeutendes Potential zum Finden von Fehlern in den frühen Phasen der Entwicklung besitzen. Beim Test sind für den Modultest die Methoden *White Box Test* und *Black Box Test* anzuwenden. Diese Methoden sind komplementär.

> Testfälle sind eine nicht geringe Investition zur Verbesserung der Qualität der Software. Sie sind aufzubewahren und zu pflegen.
> Die Vorgehensweise beim Test ist in einem übergreifenden Testplan zu dokumentieren. Er muss alle Ebenen des Tests umfassen, vom Modultest bis zum abschließenden Systemtest. Ziel ist es, Funktionen der Software möglichst früh zu testen, um vorhandene Fehler mit geringem Aufwand beseitigen zu können.
> Der Akzeptanztest mit dem Kunden ist ein Systemtest. Er ist zu planen und zu dokumentieren. [txt_12]

Die Norm DIN EN ISO 9000, Teil 3, fordert das Erstellen eines Testplans und dessen Überprüfung. Natürlich fußt der Testplan in seinen Forderungen immer auf einer Testspezifikation oder den Anforderungen an die Software. In einer Grafik (Abbildung 6-21) können wir uns den Zusammenhang so klarmachen.

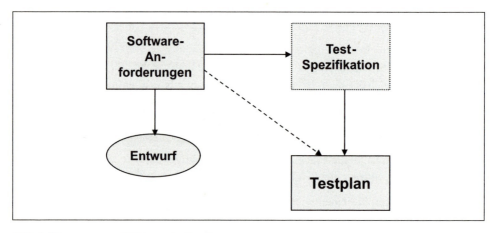

Abb. 6–21: *Ableitung des Testplans*

Bei kleinen Projekten ist die Erstellung der Testspezifikation nicht unbedingt notwendig. Die Forderungen für den Test der Software können auch aus den Software-Anforderungen oder deren Spezifikation extrahiert werden.

Die Norm macht für die Testplanung auf die folgenden Punkte aufmerksam:

1. Der Test sollte verschiedene Ebenen umfassen, also Software-Module, Komponenten, den Systemtest und den Akzeptanztest mit dem Kunden.
2. Es sollten verschiedene Arten von Tests geplant und durchgeführt werden, also zum Beispiel funktionale Tests, Tests mit Grenzwerten und zur Messung der Systemleistung.
3. Tests sollten für alle Arten der erstellten Software vorgenommen werden, etwa auch für Test-Software selbst.
4. Die Kriterien für das Ende des Tests sollten definiert werden.
5. Die Dokumentation für den Benutzer des Systems und/oder der Software sollte einbezogen werden.

6. Die für die Durchführung des Tests benötigten Mitarbeiter müssen in die Planung einbezogen werden.

Der Test der Software [48] ist in der Tat eine Aktivität, die leicht 30 bis 50 Prozent der Entwicklungszeit beanspruchen kann. Entwurfs- und Testtätigkeiten sind eng miteinander verzahnt, so dass man den Test nicht richtig planen kann, ohne etwas vom Vorgehen beim Entwurf zu wissen. Dem trägt die folgende Anweisung Rechnung:

Verfahrensanweisung VA-39:
Vorgehen beim Test

ZWECK:
Dieses Verfahren diskutiert die Vorgehensweise beim Test von Software-Modulen.

Verantwortlich:
Testgruppe, Software-Entwicklung, Projektmanagement

Verfahren:
Die Vorgehensweise beim Test der Software ist unter Beachtung des Typs der Software, der Projektziele und der Integrationsart zu planen und festzulegen. Dabei sind die folgenden Gesichtspunkte zu bedenken: Die Integration der Module zu Komponenten und Programmen ist unter Berücksichtigung der Vorgehensweise bei der Entwicklung (Bottom-up- oder Top-down-Entwurf) zu planen.

Es ist zu entscheiden, ob *Incremental Testing* oder die Big-Bang-Methode angewandt werden soll. Im Regelfall ist Incremental Testing vorzuziehen. Die Alternativen bei der Entwicklung der Module der Software, deren Integration und Test lassen sich in der nachfolgenden Grafik leicht erkennen.

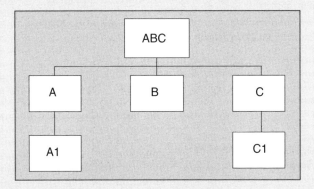

Abb. 6–22:   *Vorgehensweise bei Integration und Test*

Bei der Big-Bang-Methode wird jedes Modul zunächst für sich getestet. Zum Schluss werden alle Module gebunden und diese Komponente wird getestet.

Bei Incremental Testing wird jedes Modul einzeln getestet. Dann werden schrittweise einzelne Module hinzugenommen. Eine Struktur von Modulen kann sowohl nach der Bottom-up- als auch nach der Top-down-Methode getestet werden. Im ersten Fall benötigt man Treiber, im zweiten Fall braucht man Stubs.

Die Entscheidung über die Vorgehensweise beim Test muss projektspezifisch getroffen werden. Sie ist im Testplan zu dokumentieren.

Über die oben aufgeworfenen Fragen hinaus braucht man gewiss eine Vorlage für den Testplan. Dazu kann die folgende Verfahrensanweisung dienen:

Verfahrensanweisung VA-40:
Planung des Tests der Software

ZWECK:
Dieses Verfahren beschreibt das Vorgehen beim Test der Software.

VERANTWORTLICH:
Testgruppe, Software-Entwicklung, Projektmanagement

VERFAHREN:
Die Vorgehensweise ist projektspezifisch im Testplan zu beschreiben. Der Testplan sollte die folgenden Punkte adressieren:

- Ziele für jeden Testschritt
- Kriterium für das Ende des Tests
- Zeitplan
- Verantwortung und Zuständigkeiten
- Dokumentation von Testfällen
- Werkzeuge für den Test
- Rechenzeit
- Benötigte Hardware
- Integration der Software
- Teststrategie
- Berichte zum Test, Protokolle und Aufzeichnungen
- Debugging
- Wiederholtes Testen (Regression Testing) nach bereinigten Fehlern

Der Testplan ist nach dem Produktmuster im Anhang dieses Handbuchs zu erstellen. Projektspezifische Anpassungen sind möglich.

Der gebräuchlichste Test ist der White Box Test. Bei dieser Art des Tests ist dem Tester der Quellcode bekannt. Er kann damit Testfälle entwerfen, die sich an der Struktur eines Moduls orientieren. Wir verwenden für diese Testart die folgende Verfahrensanweisung:

Verfahrensanweisung VA-41:
White Box Testing

ZWECK:
Durch intensives Testen des Codes nach bestimmten Kriterien möglichst viele Fehler in den frühen Stadien der Entwicklung zu finden

VERANTWORTLICH:
Testgruppe, Software-Entwicklung

VERFAHREN:
Der White Box Test dient dazu, die Programmlogik möglichst vollständig durch Tests abzudecken, also Testfälle so zu kreieren, dass jeder Pfad durch ein Modul mindestens einmal ausgeführt wird.

Es muss beachtet werden, dass sich gewisse logische Bedingungen gegenseitig ausschließen. Deshalb müssen die Testfälle kurz sein.

Bei der Testabdeckung sind die folgenden Maße definiert worden:

C0	Alle Anweisungen eines Moduls werden mindestens einmal ausgeführt.
C1	Alle Pfade eines Programms werden bei der Ausführung mindestens einmal durchlaufen.
C2	Eine Erweiterung von C1, wobei für jede Schleife der untere und obere Wert des Zählers sowie das Nichtabarbeiten der Schleife ausgeführt werden müssen.

Tabelle 6–8:   *Maße der Testabdeckung*

Die Qualitätssicherung kann projektspezifisch ein bestimmtes Maß der Testabdeckung vorschreiben.

Die andere wichtige Methode zur Überprüfung des Programmcode stellt Black Box Testing dar. Dabei ist dem Tester der Code nicht bekannt. Er testet nach Kriterien, die im Testplan stehen oder aus der Spezifikation stammen. Falls zum Zeitpunkt des Tests ein Benutzerhandbuch zumindest in einer ersten Version vorliegt, kann es zur Erstellung der Testfälle und Szenarios dienen.

Wir setzen für den Black Box Test die folgende Verfahrensanweisung ein:

Verfahrensanweisung VA-42:
Black Box Testing

ZWECK:
Durch Modultest im Vergleich zwischen externer Spezifikation und Verhalten des Moduls möglichst viele Fehler zu finden

VERANTWORTLICH:
Testgruppe, Software-Entwicklung

VERFAHREN:
Der Test eines Moduls der Software ist unter Beachtung der nachfolgend aufgeführten Prinzipien zu planen und durchzuführen. Formulierte Testfälle sind als Investition zu betrachten, aufzubewahren und gegebenenfalls nach dem Test des Moduls unter Konfigurationskontrolle zu stellen. Bei Änderungen des Moduls sind die Testfälle anzupassen bzw. zu erweitern.

PRINZIPIEN:
Die grundlegenden Regeln für eine Testgruppe sind die Erfahrungen aus vielen Projekten. Sie lauten wie folgt:

1. Das erwartete Ergebnis des Tests ist ein notwendiger Teil des Testfalls. Das erwartete Resultat des Testlaufs muss im Voraus festgelegt werden.
2. Das Testprogramm muss von einem unabhängigen Testingenieur geschrieben werden, der mit der Erstellung des getesteten Moduls nichts zu tun hatte.
3. Die Resultate von Tests müssen gründlich untersucht werden, um mögliche Fehler oder Unklarheiten im Umfeld aufzudecken.

4. Testfälle müssen sowohl für richtige als auch falsche Eingabewerte geschrieben werden.
5. Ein Modul soll lediglich die spezifizierten Funktionen ausführen. Es soll darüber hinaus nichts tun. Es sollen also keine zusätzlichen Funktionen realisiert sein.
6. Testfälle müssen reproduzierbar sein. Sie sind deshalb aufzubewahren.
7. Fehler kommen in Haufen. Wenn in einem Modul ein Fehler entdeckt wurde, ist in der unmittelbaren Umgebung des Fehlers nach weiteren Fehlern zu suchen.

EQUIVALENCE PARTITIONING:
Angesichts der wirtschaftlichen Grenzen des Testens müssen Testfälle diese zwei Eigenschaften besitzen:
1. Sie reduzieren die Anzahl der möglichen Testfälle überdurchschnittlich mit dem Ziel, einen vernünftigen Testumfang zu erreichen.
2. Sie decken eine große Zahl anderer gleichartiger Testfälle ab. Das heißt, es wird über den unmittelbaren Testfall hinaus eine Aussage über das Vorhandensein oder das Fehlen von Fehlern gemacht.

Die erste Aussage unterstellt, dass ein Testfall möglichst viele Eingabewerte abdecken soll. Bei der zweiten Forderung geht es um repräsentative Werte. Ein Wert soll für eine ganze Klasse von Werten stehen.

DAS FINDEN GEEIGNETER WERTE:
Unter Berücksichtigung der vorher genannten Prinzipien kann man leicht zwei Fälle unterscheiden:
1. Gültige Eingabewerte
2. Ungültige Eingabewerte

Bei ungültigen Eingabewerten sind solche Werte zu verwenden, die ein »naiver« Benutzer aus Versehen oder Unkenntnis verwenden könnte.

FORMULIEREN DER GRENZFÄLLE:
Es ist wie folgt vorzugehen:
1. Schreiben Sie neue Testfälle mit dem Ziel, möglichst alle gültigen Werte abzudecken.
2. Machen Sie dasselbe für ungültige Werte. Diese Werte dürfen nur einen einzigen Wert pro Testfall abdecken.

ANALYSE VON GRENZWERTEN:
Eine Untersuchung zur Aufdeckung von Fehlern zeigt, dass Testfälle mit Grenzwerten eine besonders hohe Wahrscheinlichkeit zur Aufdeckung von Fehlern haben. Grenzwerte liegen dabei direkt auf, unter oder über den Grenzen gültiger Werte. Das gilt für Ein- und Ausgaben. Die Grenzwertbetrachtung ist aber auch auf Schleifen, Felder, Listen, Tabellen und Dateien auszudehnen.

Der White Box Test ist in erster Linie darauf ausgerichtet, kleine und kleinste Einheiten der Software zu überprüfen, also Module. Diese sind selten länger als 100 Lines of Code. Beim Black Box Test werden die geprüften Einheiten oftmals bereits größer, aber immer noch nimmt man sich relativ bescheidene Einheiten vor. Das hat vor allem den Vorteil, dass man beim Auftreten eines Fehlers weiß, wo man suchen muss.

Wichtig beim Test ist auch die Form der Organisation. Man könnte zum Beispiel in einem Unternehmen die folgende Organisation finden.

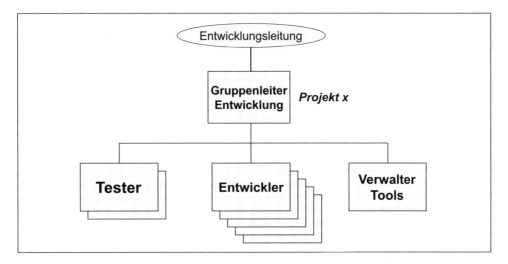

Abb. 6–23:   *Einbindung der Software-Tester*

Bei dieser Organisation unterstehen einem Gruppenleiter, der für ein bestimmtes Projekt zuständig ist, sowohl eine Reihe von Entwicklern als auch die Mitarbeiter, die für das Testen Verantwortung tragen. Diese Organisation ist nicht optimal, weil bei Terminverzögerungen die Gefahr besteht, dass die Belange der Testgruppe vernachlässigt werden.

Das gleiche Argument würde gelten, wenn man die Testgruppe nicht dem Gruppenleiter Entwicklung unterstellt, sondern dem Projektleiter. Etwas besser ist bereits die folgende Art der Organisation.

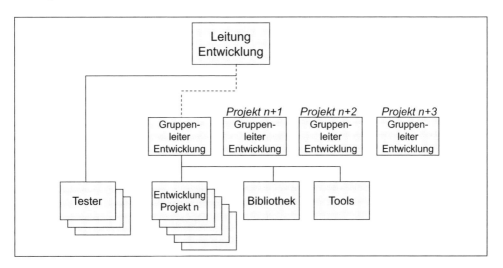

Abb. 6–24:   *Software-Tester unter dem Leiter Entwicklung*

In diesem Fall berichten die Tester, obwohl sie für ein bestimmtes Projekt einer Gruppe von Entwicklern zugeordnet sind, direkt an den Leiter der Entwicklung. Damit ist zumindest gewährleistet, dass ihre Argumente auf höherer Ebene des Managements zum Tragen kommen. Verbunden mit einer restriktiven Release-Politik kann man diese Art der Organisation durchaus verteidigen.

Noch besser wäre es allerdings, wenn man die Tester gleich einem Bereich zuordnen würde, der nicht zur Entwicklungsgruppe gehört. Das ist in Abbildung 6-25 aufgezeigt.

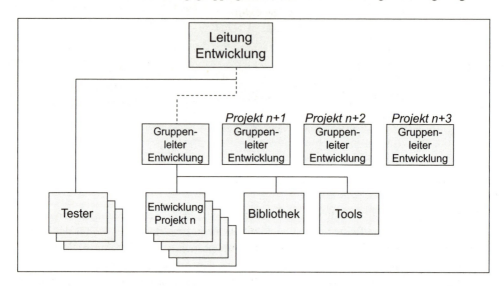

Abb. 6–25:   *Tester beim Qualitätsmanagement*

Gewiss kann man die Testgruppe auch über eine Zwischenstation, etwa die Qualitätssicherung, beim Qualitätsmanagement einordnen. Nun ist noch zu fragen, wem organisatorisch der White Box und Black Box Test zugeordnet wird. Bei allen größeren Unternehmen ist es sinnvoll, den Black Box Test einer eigenständigen Testgruppe zu geben. In diesem Fall überlässt man zwar dem White Box Test den Entwicklern, setzt für den Black Box Test als die zweite Stufe des Tests aber eine Gruppe ein, die nicht direkt an die Entwicklungsleitung berichtet. Dies ist in Abbildung 6-26 gezeigt.

Falls es sich bei einem Projekt um sicherheitskritische Software handelt, mag auch dieser Ansatz nicht ausreichen. Unter Umständen [9,48] muss das Management weiter gehende Maßnahmen treffen.

Nicht jeder Entwickler ist ein guter Tester. Wenn ein Unternehmen allerdings einen Mitarbeiter gefunden hat, dem diese Tätigkeit Spaß macht und der wirklich Fehler in großer Zahl findet, dann sollte es einen solchen Mitarbeiter auf keinen Fall gehen lassen. Fehler, die in der Firma aufgespürt werden, kann der Kunde nicht finden.

Ein Tester ist motiviert, Fehler zu finden. Einen guten Tester [62] zeichnen die folgenden Eigenschaften aus:

1. Er ist ein Entdecker. Neugier ist eine seiner wichtigsten Eigenschaften.
2. Es macht ihm Spaß, Rätsel zu lösen. Wenn ein Fehler auch nur kleinste Spuren seiner Anwesenheit zeigt, dann möchte er wissen, was dahinter steckt.

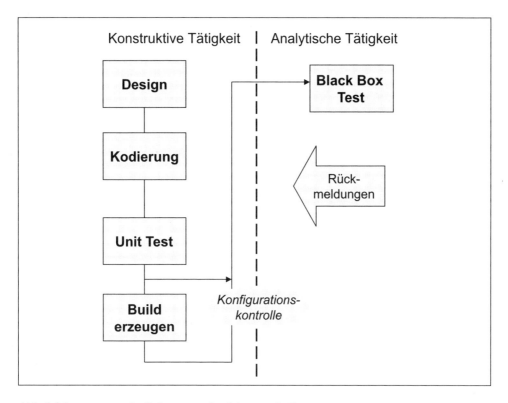

Abb. 6–26: *Auslieferung von Produkten an die Testgruppe*

3. Er ist hartnäckig.
4. Er ist kreativ. Er kann sich vorstellen, warum ein Fehler zu Stande gekommen ist. Er denkt sich Szenarios aus, die einen Fehler exponieren könnten.
5. Er ist ein Perfektionist, weiß aber auch, dass nicht alle Fehler gleich geschaffen wurden.
6. Er ist ein guter Richter. Das heißt, dass er verschiedene Arten von Fehlern richtig einordnen kann.
7. Er besitzt Takt und Fingerspitzengefühl.

In der Praxis ist festzustellen, dass junge Informatiker oftmals keine Neigung verspüren, sich ausschließlich dem Test der Software zu widmen. Ihnen ist das Gebiet nicht glamourös genug. Für das Unternehmen sind gute Tester allerdings sehr wichtig.

Sehen wir uns nun noch an, wie Fehler im Verlauf der Entwicklung gefunden und beseitig werden (siehe Abbildung 6-27).

In diesem Fall legt das Unternehmen großen Wert darauf, die Fehler zu finden. Damit sinkt die Restfehlerrate bei der Auslieferung auf rund 3 Fehler/KLOC. Firmen, die keine oder nur geringe Ressourcen darauf verwenden, Fehler in der Software im Verlauf der Entwicklung aufzuspüren, haben schlechtere Restfehlerraten. Sie sprechen allerdings selten öffentlich darüber.

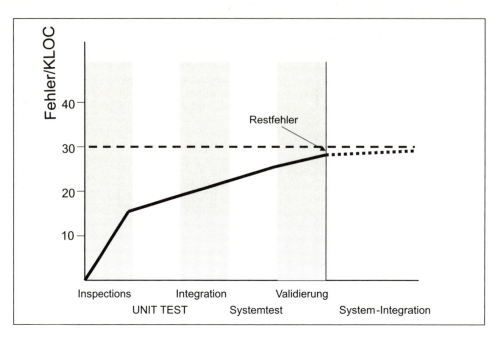

Abb. 6–27:   *Gefundene Fehler*

Machen wir jetzt den Schritt von der Verifikation zur Validation. Wir wenden uns also dem größeren Bild zu. Bei der Validation steht der Tester auf Seiten der Endanwender und des Kunden. Einzelheiten der Programmierung spielen keine sehr große Rolle mehr.

In dem in unserem *Qualitätssicherungshandbuch Software* verwendeten V-Modell stellt sich Validation als die Überprüfung festgelegter Anforderungen an die Software dar. Im V-Modell zeigt sich das fast spiegelbildlich als die Überprüfung der Ergebnisse und Produkte auf der linken Seite des Modells. Bei der Validation kümmern wir uns nicht mehr um einzelne Module und deren Realisierung im Programmcode, sondern nehmen eher den Standpunkt des Kunden und Benutzers der Software ein. Wir fragen also: Tut das Programm das, was wir von ihm erwarten?

Allerdings bedeutet die Einnahme dieses Standpunkts auch, dass man mit einer begrenzten Falschheitsvermutung in Bezug auf das Programm arbeiten muss. Man kreiert also unter Umständen Tests, die das Programm überfordern. Das ist durchaus realistisch, denn wir können nicht davon ausgehen, dass der vielzitierte Endanwender immer nur das tut, was die Programmierer von ihm erwarten.

Für den Systemtest habe ich die folgende Verfahrensanweisung vorgesehen:

Verfahrensanweisung VA-43:
Planung des Systemtests

ZWECK:
Vorgehen beim Systemtest

VERANTWORTLICH:
Testgruppe, Software-Entwicklung, Projektmanagement

VERFAHREN:
Beim Systemtest wird ein Software-Paket gegen seine Spezifikation getestet. Es handelt sich also um die Validation der Software. Ein Akzeptanztest ist immer ein Systemtest der Software.
  Beim Systemtest können verschiedene Schwerpunkte gesetzt und einzelne Funktionen untersucht werden. Es sind die folgenden Schwerpunkte beim Test möglich:

Volume Testing
Während des Tests werden dem Programm große Mengen Daten zugeführt. Der Volume Test ist geeignet, die Grenzen der Belastbarkeit des Systems auszuloten.

Stress Testing
Bei dieser Art des Tests wird das System kurzzeitig stark belastet. Besonders geeignet ist dieser Test bei interaktiven Systemen, Software in Echtzeit und zur Prozesskontrolle.

Facility Testing
Bei diesem Test geht es darum zu prüfen, ob alle spezifizierten Funktionen in der Software tatsächlich realisiert worden sind.

Test der Verwendbarkeit (Useability)
Bei diesem Test wird die Schnittstelle zum menschlichen Benutzer überprüft. Dabei ist auf folgende Punkte zu achten:

- Ist die Schnittstelle so ausgelegt, dass sie der Intelligenz und der Ausbildung des Benutzers angemessen ist?
- Sind Ausgaben und Fehlermeldungen klar verständlich?
- Gibt es ein einheitliches Format für Ausgaben?
- Lässt das System Fehlbedienungen im begrenzten Umfang zu?
- Führt das System den Benutzer?
- Werden Eingaben sofort überprüft?

Security Testing
Bei diesem Test geht es darum, die in einem Programm vorhandenen Vorkehrungen zum Schutz von Ressourcen auf ihre Wirksamkeit zu überprüfen.

Performance Testing
Hier geht es darum, die Erfüllung bestimmter spezifizierter Forderungen an das Zeitverhalten des Systems zu überprüfen.

Benchmarks
Mit derartigen Programmen wird überprüft, ob bestimmte zeitliche Vorgaben eingehalten werden oder wie schnell ein gegebenes System ist.

Compatibilty/Conversion Testing
Bei diesem Test wird überprüft, ob durch die Auswechslung einzelner Programmteile oder Module keine negativen Auswirkungen auf den Rest des Systems verursacht wurden.

Recovery Testing
Bei diesem Test wird untersucht, wie sich das Programm beim Ausfall einer Teilfunktion verhält oder wie das System nach einem Absturz neu gestartet werden kann.

Serviceability Testing
Es geht darum, die Wartbarkeit der Software zu testen.

Testen von Prozeduren
Hier geht es darum, die mit dem Aufruf oder der Abarbeitung eines Programms verbundenen Prozeduren und Arbeitsverfahren zu testen.

Welche Tests man vorschreiben wird, hängt von der Art der Software und der Umgebung ab, in der sie zum Einsatz kommt. Es schadet aber nie, beim Test der Software über das hinauszugehen, was man eigentlich als »vernünftige« Eingaben erwartet.

In der obigen Liste fehlt mit Absicht der Mutationstest. Bei diesem Test [48] handelt es sich nämlich nicht um einen Test der Software, sondern um den Test des Tests. Dabei werden aus dem Quellcode eines Moduls oder einer Komponente Statements entfernt. Anschließend wird erneut übersetzt und gelinkt. Wenn dann wieder getestet wird, müsste sich eigentlich in den Ergebnissen eine Änderung zeigen. Ist das nicht der Fall, war der Test der Software nicht optimal.

Weil mit Tests zwar die Anwesenheit von Fehlern bewiesen werden kann, nicht aber die Fehlerfreiheit der Software, ist es zweckmäßig, eine klare Vereinbarung darüber zu treffen, wann das Ende des Tests erreicht ist. Sorgt das Management dafür nicht, kommt es allzu leicht zu langwierigen Diskussionen, die am Ende zu nichts führen und nur eine Zeitverschwendung darstellen. Dazu dient die folgende Verfahrensanweisung:

Verfahrensanweisung VA-44:
Kriterium für das Ende des Tests

ZWECK:
Die gefundenen Fehler in der Software aufzuzeichnen und ihren zeitlichen Verlauf zu verfolgen, um das Ende des Tests festlegen zu können

VERANTWORTLICH:
Testgruppe, Qualitätsmanagement

VERFAHREN:
Die gefundenen Fehler in der Software, die unter Konfigurationskontrolle steht, werden während der Entwicklungsphase über einer Zeitachse aufgetragen und kumuliert.

Die Gesamtzahl der Fehler in der Software wird mit der Zahl der erwarteten Fehler verglichen. Aus dem Verlauf der Fehlerkurve können Schlüsse in Bezug auf die Freigabe der Software gezogen werden (siehe Abbildung 6-28).

Der Test der Software kann beendet werden, wenn die Zahl der erwarteten Fehler während des Entwicklungszeitraums in etwa gefunden wurde und die Zahl der gefundenen Fehler trotz weiteren intensiven Tests nicht weiter ansteigt, sondern die Kurve eher flach verläuft.

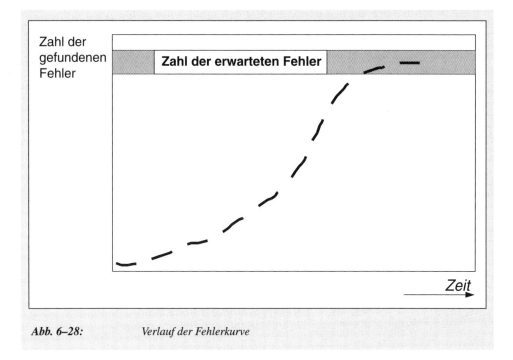

Abb. 6–28: *Verlauf der Fehlerkurve*

Es gibt gewiss einige Verfahren, um die Zahl der zu erwartenden Fehler in der Software zu ermitteln. Wichtig ist es jedoch, den Zeitpunkt der Freigabe nicht vom nächsten Messetermin oder dem Verhandlungsgeschick des Projektmanagers abhängig zu machen, sondern dafür objektive und nachvollziehbare Kriterien zu finden.

Kreieren wir zum Schluss noch ein Dokument, dass die Freigabe-Politik unseres Unternehmens definiert:

Verfahrensanweisung VA-45:
Freigabe-Politik der {SOFTCRAFT}

ZWECK:
Klare und nachvollziehbare Kriterien für die Freigabe der Software zu schaffen

VERANTWORTLICH:
Qualitätsmanagement, Geschäftsführung

VERFAHREN:
Für die Freigabe der Software und aller Teile von Software ist bei {SOFTCRAFT} das Qualitätsmanagement zuständig. Für alle Software oder Software-Teile, die an Kunden ausgeliefert werden, muss eine förmliche Freigabe durch das Qualitätsmanagement erfolgen. Diese ist zu protokollieren.

Für die Freigabe gilt die folgende Politik:
1. Falls ein Programm einen oder mehrere Fehler der Klasse I besitzt, findet eine Freigabe nicht statt.

> 2. Falls ein Programm eine Reihe von Fehlern der Klasse II besitzt, kann eine Freigabe erfolgen, wenn die Zahl und der Umfang dieser Fehler es trotz gewisser Mängel einem Anwender gestattet, dieses Programm ohne größere Probleme einzusetzen. Voraussetzung dabei ist, dass weitere Releases in absehbarer Zukunft zu erwarten sind.
> 3. Falls ein Programm Fehler der Klasse III besitzt, steht dies einer Freigabe in der Regel nicht im Wege. Diese Fehler sind zu beseitigen.
>
> Die oben genannten Fehler in Programmen beziehen sich stets auf Fehler, die bei {SOFTCRAFT} zum Zeitpunkt der Beurteilung bekannt waren und dokumentiert sind.

Wenn in einer Firma derartige Regeln gelten, dann werden Fehler der Klasse I erfahrungsgemäss sehr schnell behandelt. Kein Entwickler will daran Schuld sein, dass die Software nicht zum vereinbarten Termin an den Kunden ausgeliefert werden kann.

Mit der Auslieferung der Software und dem Akzeptanztest wollen wir uns später befassen. Wenden wir uns jetzt noch einmal dem Einkauf zu.

6.11   Der Einkauf als Prozess

DIN EN ISO 9001 fordert für den Beschaffungsprozess, dass die eingekauften Produkte den festgelegten Anforderungen entsprechen müssen. Art und Umfang der für ein Produkt geforderten Überwachung müssen dabei davon abhängig sein, welchen Einfluss dieses Produkt auf die Produktrealisierung und das Endprodukt ausüben kann.

Lieferanten, und das schließt wohl Unterauftragnehmer ein, sollen nach ihren Fähigkeiten beurteilt werden, die Forderungen des eigenen Unternehmens zu erfüllen. Dafür sind Kriterien zu nennen und zu dokumentieren. Die Organisation muss Aufzeichnungen anfertigen.

Man muss beim Einkauf von Software trennen zwischen relativ unproblematischen Werkzeugen wie einem Textverarbeitungssystem, bei dem ein Fehler unter Umständen dazu führt, dass der in der letzten Viertelstunde eingetippte Text verloren geht, und einem Fehler in einem Werkzeug, der sich auf ausgelieferte Programme bezieht und sich unter Umständen in Tausenden von Kopien wiederfindet. Dementsprechend müssen Maßnahmen getroffen werden. Ein Text zu diesem Abschnitt der Norm könnte wie folgt lauten:

> **Einkauf fertiger Software (Commercial off-the-shelf)**
>
> {SOFTCRAFT} ermittelt seine Anforderungen an Produkte der Software und sucht sich unter den Anbietern im Markt einen geeigneten Lieferanten aus. Wird das Software-Produkt oder Werkzeug von mehr als einer Gruppe benutzt, zum Beispiel Entwicklung, Qualitätssicherung und Konfigurationsmanagement, so werden diese Bereiche ihre Anforderungen gemeinsam formulieren. Zur Ermittlung der Anforderungen und Auswahl eines Lieferanten kann, soweit die anstehende Beschaffung das rechtfertigt, eine *Trade Study* durchgeführt werden.

Die Daten zu Lieferanten werden gesammelt und aufbereitet, um mittelfristig eine Liste bevorzugter Lieferanten zu erhalten. Dabei sollen neben dem Preis auch Punkte wie Liefertreue, Support, Zufriedenheit mit dem Produkt und Erfahrungen bei der Anwendung eingehen. Die Sammlung von Daten zu Lieferanten wird vom Einkauf erstellt und gepflegt, kann aber auch technische Daten von allen Bereichen der {SOFTCRAFT} enthalten, darunter die Ergebnisse von Tests. Lieferanten, die über einen längeren Zeitraum hin Produkte liefern, die nicht den Anforderungen entsprechen, können von weiteren Aufträgen ausgeschlossen werden.

Die technische Beurteilung zugekaufter Software obliegt der Abteilung Software-Entwicklung und kann im Einzelfall an bestimmte Projekte delegiert werden. Die Qualitätssicherung ist einzubeziehen und über die Ergebnisse zu unterrichten. Falls es das bei der Entwicklung eingegangene Risiko rechtfertigt, kann das Qualitätsmanagement Software auch einen Audit beim Anbieter des Tools durchführen.

Bei der Beschaffung von Software werden drei Kategorien unterschieden, die nach der nachstehenden Grafik zu ermitteln sind.

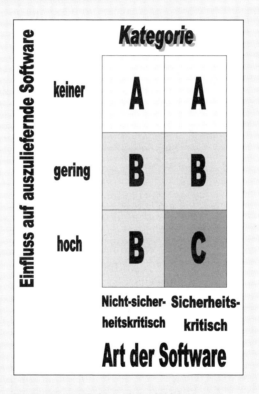

Abb. 6–29: *Kategorien von Software beim Einkauf*

Für die Einstufung der zu beschaffenden Software in eine der Kategorien ist die Abteilung Software-Entwicklung zuständig. Die Entscheidung bedarf der Zustimmung des Qualitätsmanagements. Etwaige vertragliche Verpflichtungen sind zu berücksichtigen. Einzelheiten regelt eine Verfahrensanweisung. [txt_13]

Eine *Trade Study* [58] kann dazu dienen, unter den Angeboten mehrerer Anbieter auszuwählen. Dazu werden systematisch bestimmte Eigenschaften des Produkts untersucht und bewertet. Es kann zweckmäßig sein, alle Daten zu den Zulieferern einer Firma in Form einer Datenbank systematisch zu erfassen und nach einiger Zeit auszuwerten. Dabei sollte nicht allein der Preis eine Rolle spielen, sondern auch Kriterien wie Qualität des Produkts, Liefertreue, Güte der Beratung, Verfügbarkeit der Hotline und Brauchbarkeit der Ratschläge am Telefon. Wir unterscheiden deshalb in unserem System für die Beschaffung von Standard-Software die folgenden drei Fälle:

1. Einkauf von Software, *Commercial off-the-shelf*, Kategorie A
2. Einkauf von Software, *Commercial off-the-shelf*, Kategorie B
3. Einkauf von Software, *Commercial off-the-shelf*, Kategorie C

Dazu kommt ein vierter Fall, nämlich die Beschaffung individuell für unser Haus erstellter Software im Unterauftrag. Mit einer Grafik können wir das so darstellen:

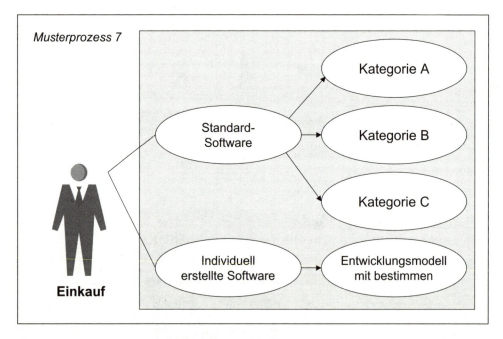

Abb. 6–30:   *Einkauf von Software*

Wir formulieren zunächst für die drei Kategorien zugekaufter Software die folgenden Verfahrensanweisungen:

Verfahrensanweisung VA-46:
Einkauf von Software (Commercial off-the-shelf), Kategorie A

ZWECK:
Einkauf von Software im Bereich von Werkzeugen

VERANTWORTLICH:
Software-Entwicklung, Einkauf, Projektmanagement, Qualitätsmanagement

VERFAHREN:
Bei dieser Art von Software handelt es sich um ein Produkt, das keinen Einfluss auf die auszuliefernde Software des Unternehmens besitzt. Diese Art von Software kommt zwar bei der Erstellung der auszuliefernden Software zum Einsatz, dient darüber hinaus aber in allen Bereichen des Unternehmens zur Erledigung der laufenden Geschäfte. Typisch für diese Art der Software ist ein Textverarbeitungssystem oder ein Editor.

Für die Auswahl der Lieferanten derartiger Software sind die folgenden Kriterien zu berücksichtigen:

- Qualität des Produkts
- Bisherige Erfahrungen mit dem Produkt, Vorgängerversion
- Kompabilität zu anderen Systemen innerhalb des Unternehmens
- Kundenforderungen, etwa bei Formaten für den Datenaustausch
- Liefertreue
- Beratung
- Verfügbarkeit der Hotline
- Brauchbarkeit der Ratschläge der Mitarbeiter der Hotline
- Preis

Ein Lieferant ist systematisch zu bewerten, etwa in Listenform unter der Vergabe von Punkten für jedes Kriterium. Die Lieferantenauswahl ist zu dokumentieren.

Verfahrensanweisung VA-47:
Einkauf von Software (Commercial off-the-shelf), Kategorie B

ZWECK:
Einkauf von Software im Bereich von Werkzeugen

VERANTWORTLICH:
Software-Entwicklung, Einkauf, Projektmanagement, Qualitätsmanagement

VERFAHREN:
Bei dieser Art von Software handelt es sich um ein Produkt, das einen geringen oder hohen Einfluss auf die auszuliefernde Software des Unternehmens ausüben kann. Bei der auszuliefernden Software kann es sich dabei auch um sicherheitskritische Software handeln. Typisch für diese Art der Software ist zum Beispiel ein Werkzeug zur Testabdeckung beim White Box Test oder ein Static Analyser.

Für die Auswahl der Lieferanten derartiger Software sind die folgenden Kriterien zu berücksichtigen:

- Qualität des Produkts
- Bisherige Erfahrungen mit dem Produkt, Vorgängerversion
- Kompabilität zu anderen Systemen innerhalb des Unternehmens

- Kundenforderungen, etwa bei Formaten für den Datenaustausch
- Liefertreue
- Beratung
- Verfügbarkeit der Hotline
- Brauchbarkeit der Ratschläge der Mitarbeiter der Hotline
- Unterstützung vor Ort
- Preis

Ein Lieferant ist systematisch zu bewerten, etwa in Listenform unter der Vergabe von Punkten für jedes Kriterium. Die Lieferantenauswahl ist zu dokumentieren. Über die oben genannte Lieferantenauswahl hinaus ist bei der Auswahl des Werkzeugs eine *Trade Study* anzufertigen, wenn es das mit der Erstellung der auszuliefernden Software verbundene Risiko rechtfertigt. Einzelheiten sind im Software-Entwicklungsplan und im *Software Quality Program Plan* zu dokumentieren.

Verfahrensanweisung VA-48:
Einkauf von Software (Commercial off-the-shelf), Kategorie C

ZWECK:
Einkauf von Software im Bereich von Werkzeugen

Verantwortlich:
Software-Entwicklung, Einkauf, Projektmanagement, Qualitätsmanagement

Verfahren:
Bei dieser Art von Software handelt es sich um ein Produkt, das einen hohen Einfluss auf die auszuliefernde Software des Unternehmens ausüben kann. Bei der auszuliefernden Software handelt es sich dabei um sicherheitskritische Software. Typisch für diese Art der Software ist zum Beispiel ein Compiler.

Für die Auswahl der Lieferanten derartiger Software sind die folgenden Kriterien zu berücksichtigen:

- Qualität des Produkts
- Bisherige Erfahrungen mit dem Produkt, Vorgängerversion
- Kompabilität zu anderen Systemen innerhalb des Unternehmens
- Kundenforderungen, etwa bei Formaten für den Datenaustausch
- Liefertreue
- Beratung
- Verfügbarkeit der Hotline
- Brauchbarkeit der Ratschläge der Mitarbeiter der Hotline
- Support
- Verfügbarkeit des Supports in Deutschland oder Europa
- Unterstützung vor Ort
- Finanzielle Lage des Herstellers, geschäftliche Überlebenschancen
- Preis des Produkts

Ein Lieferant ist systematisch zu bewerten, etwa in Listenform unter der Vergabe von Punkten für jedes Kriterium. Die Lieferantenauswahl ist zu dokumentieren. Über die oben genannte Lieferantenauswahl hinaus ist bei der Auswahl des Werkzeugs bei sicherheitskritischer Software in jedem Fall eine *Trade Study* anzufertigen. Zuständig für die Erstellung der Trade Study ist die Entwicklung. Das Qualitätsmanagement sollte einen Audit bei dem in Aussicht genommenen Lieferanten durchführen. Das Qualitätsmanagement kann gegen den Kauf sein Veto einlegen, wenn ein vorgeschlagener Lieferant den Anforderungen offensichtlich nicht entspricht.

Die Vorgehensweise bei der Lieferantenauswahl ist im Software-Entwicklungsplan und im *Software Quality Program Plan* zu dokumentieren. Die durchgeführte Trade Study und der Audits des Qualitätsmanagements beim Lieferanten sind ebenfalls zu dokumentieren.

Damit haben wir ein Instrument geschaffen, um Standard-Software zu gliedern und einordnen zu können. Das Risiko, das das Unternehmen bei Fremd-Software eingeht, ist angemessen berücksichtigt worden.

Für Software, die bei einem Unterauftragnehmer nach unseren Vorgaben erstellt wird, schaffen wir dagegen eine weitere Verfahrensanweisung.

Verfahrensanweisung VA-49: Einkauf individuell erstellter Software

ZWECK:
Einkauf von Software, wenn beim Lieferanten eine individuelle Erstellung nach unseren Forderungen und Vorgaben in Betracht kommt

VERANTWORTLICH:
Software-Entwicklung, Einkauf, Projektmanagement, Qualitätsmanagement, Konfigurationsmanagement

VERFAHREN:
Die Software-Entwicklung beim ausgewählten Unterauftragnehmer erfolgt auf der Basis eines Vertrags zwischen dem Unterauftragnehmer und {SOFTCRAFT}. Bei langjähriger Zusammenarbeit ist der Abschluss eines Rahmenvertrags möglich.

Basis der Software-Entwicklung ist die Spezifikation. Die Erstellung der Software beim Unterauftragnehmer erfolgt nach einem Prozessmodell. Der Unterauftragnehmer wird bei jedem Projekt einen Software-Entwicklungsplan schreiben, in dem er seine Vorgehensweise detailliert aufzeigt. Dieser Plan bedarf der Genehmigung der {SOFTCRAFT}.

{SOFTCRAFT} wird für jeden Unterauftragnehmer einen Manager benennen, der – ungeachtet anderer Aufgaben – dafür verantwortlich ist, den Unterauftragnehmer während der Vertragszeit zu betreuen. In der Entwicklungszeit nehmen Mitarbeiter der {SOFTCRAFT} an Reviews beim Auftragnehmer teil, um den Arbeitsfortschritt und die Qualität des Produkts beurteilen zu können.

Die Übergabe der Software nach Abschluss der Entwicklung erfolgt im Rahmen eines Akzeptanztests. Dazu ist vom Unterauftragnehmer ein Testplan zu erstellen, der der Genehmigung der {SOFTCRAFT} bedarf. Kriterien für das Bestehen des Tests sind spätestens nach dem *Critical Design Review* festzulegen.

> Das Qualitätsmanagement des Unternehmens kann in alle Verträge und Dokumente Einblick nehmen, die Unterauftragnehmer betreffen. Es kann Audits bei Auftragnehmern durchführen und gegen eine Auftragsvergabe sein Veto einlegen, falls schwer wiegende Bedenken gegen den in Aussicht genommenen Unterauftragnehmer bestehen. Ein Vertreter des Qualitätsmanagements kann an allen Reviews beim Unterauftragnehmer teilnehmen. Die Software-Entwicklung und die Projektleitung haben die Pflicht, das Qualitätsmanagement über alle Termine dieser Art zu unterrichten.
>
> Falls während der Laufzeit eines Vertrags mit einem Unterauftragnehmer der begründete Verdacht besteht, dass mit der Auslieferung von Software am Ende der Laufzeit nicht zu rechnen ist, kann das Qualitätsmanagement die Aufstellung eines Notfallplans verlangen.
>
> Es ist nicht das primäre Ziel der Beschäftigung von Unterauftragnehmern, die billigste Software zu erwerben. Vielmehr ist es das Ziel, Unterauftragnehmer zu finden, die kostengünstige Software hoher Qualität (vergleichbar mit der von {SOFTCRAFT}) entwickeln können. Es ist auf eine langfristige Zusammenarbeit abzustellen.

Mit dieser Vorgehensweise haben wir es geschafft, das mit dem Einkauf von Fremdsoftware immer verbundene Risiko zu kanalisieren. Natürlich wird es nicht ausbleiben, dass unsere Wahlmöglichkeiten gelegentlich sehr begrenzt sein mögen, etwa bei einem vorherrschenden Monopolisten oder einer geringen Anzahl von Anbietern in einem Marktsegment oder einer Marktnische.

DIN EN ISO 9001 sieht vor, dass Verifizierungstätigkeiten beim Lieferanten durchgeführt werden können. Sollte dies der Fall sein, muss dies in den Beschaffungsdokumenten spezifiziert werden.

6.12 Kundeneigentum

When one of our employees must deal with a customer, that's the 'moment of truth«.
Jan Carlzon

DIN EN ISO 9001 fordert in Abschnitt 7.5.4, dass Eigentum des Kunden sorgfältig behandelt wird. Dazu gehört eine Kennzeichnung solcher Produkte, gegebenenfalls auch eine Verifizierung. Eigentum des Kunden muss geschützt werden, solange es sich im Unternehmen befindet. Falls Kundeneigentum beschädigt wird, müssen darüber Aufzeichnungen erstellt werden. Bei Eigentum des Kunden kann es sich auch um geistiges Eigentum handeln.

Im Bereich der Software-Entwicklung kann es durchaus sein, dass die Forderungen dieses Teils der Norm nicht zum Tragen kommen. Allerdings kann man nie völlig ausschließen, dass auch bei der Software-Entwicklung mal ein Messgerät gebraucht wird, das man nicht im Hause hat und auch nicht rasch beschaffen kann. In diesem Fall kann unter Umständen der Kunde aushelfen. Wir formulieren daher den folgenden Text:

Umgang mit Eigentum des Kunden

In der Regel ist es nicht die Politik der {SOFTCRAFT}, bei eigenen Entwicklungen Kundeneigentum einzubeziehen. Falls dies jedoch unumgänglich ist, werden wir mit Eigentum des Kunden pfleglich umgehen, es als fremdes Eigentum kennzeichnen und im gleichen Umfang wie unsere eigenen Betriebsmittel schützen.

Falls Kundeneigentum während der Arbeit in unserem Unternehmen beschädigt oder zerstört werden sollte, übernimmt {SOFTCRAFT} die Kosten für das Gerät bis zur Höhe des Zeitwerts.

Werden vom Kunden Dokumente bereitgestellt, die für eine Entwicklung in einem Projekt benötigt werden, so werden diese bei {SOFTCRAFT} unter Konfigurationskontrolle gestellt.

txt_14

Schreiben wir nun noch eine Verfahrensanweisung, um die Details deutlicher herauszuarbeiten.

Verfahrensanweisung VA-50:
Umgang mit Eigentum des Kunden

ZWECK:
Schutz fremden Eigentums

VERANTWORTLICH:
Software-Entwicklung, Projektmanagement, Qualitätsmanagement, Konfigurationsmanagement

VERFAHREN:
Falls im Rahmen eines Projekts Kundeneigentum eingesetzt werden muss, dann ist wie folgt zu verfahren:

1. Das Gerät des Kunden ist in das dafür vorgesehene Buch einzutragen. Dieses Buch zählt mit seinen Eintragungen zu den Qualitätsaufzeichnungen. Die Eintragungen müssen sich auf den Kunden beziehen, darunter sein Name, Abteilung, Bearbeiter, Adresse und Telefonnummer. Ferner ist der Name und die Bezeichnung des Geräts, sein Typ und gegebenenfalls eine Kennzeichnung wie eine Gerätenummer zu notieren. Es ist auch aufzuschreiben, wann das Gerät ins Haus gekommen und dem Kunden zurückgegeben wurde. Der Verantwortliche innerhalb unseres Hauses ist zu benennen.
2. Das Gerät des Kunden wird mit einem roten Aufkleber versehen, auf dem der Name des Kunden vermerkt ist.
3. Es wird innerhalb der {SOFTCRAFT} ein Verantwortlicher benannt, der für das Gerät zuständig ist.
4. Das Gerät ist gegen Diebstahl zu schützen. Besondere Maßnahmen gegen Diebstahl kommen allerdings nur in Betracht, falls das Gerät einen hohen Wert besitzt. In diesem Fall ist mit der Verwaltung abzuklären, inwieweit unsere Versicherung greift, falls das Gerät des Kunden entwendet werden sollte.
5. Fristen des Kunden bezüglich der Ausleihung sind korrekt einzuhalten.
6. Bei der Rückgabe des Geräts ist der Aufkleber wieder zu entfernen.
7. Eine Kalibrierung von Geräten, die der Kunde stellt, kommt nicht in Betracht.

> 8. Für Messen und Ausstellungen gelten besondere Bedingungen, die nicht Teil dieser Verfahrensanweisung sind.
> 9. Falls Kundeneigentum bei der Arbeit beschädigt wird, ist der Fall mit dem Projektleiter zu besprechen. Dieser schaltet unter Umständen die Geschäftsleitung ein. Es wird in jedem Fall eine kulante Regelung angestrebt.

Damit dürften wir dieses Kapitel der Norm abgedeckt haben. Wenden wir uns den Dokumenten zu.

6.13 Dokumente

Giving people the wrong material, says a ghostwriter, is like teaching a pig to sing. It not only wastes your time, it annoys the pig.
Anonym

Ein Teil der Software-Produkte bei jedem Projekt besteht aus Dokumenten. Dazu gehören Dokumente, die das Qualitätsmanagementsystem definieren und es beschreiben. Eine zweite Gruppe von Dokumenten ist der Planung zuzurechnen, etwa der Entwicklungsplan, der Qualitätsmanagementplan und der Konfigurationsmanagementplan. Eine vierte Gruppe dient vor allem dazu, den Informationsaustausch zwischen Auftraggeber und Auftragnehmer zu fördern. Die letzte Einteilung gilt den Phasen der Software-Entwicklung. Sie reicht von Inputs der Entwicklung bis zu Dokumenten der Wartungsphase.

Zur Erstellung und Verwaltung von Dokumenten schlage ich den folgenden Text im Handbuch vor.

> **Dokumenten-Lenkung**
>
> Software in der Form von Dokumenten unterliegt demselben Änderungsverfahren wie alle anderen Teile der Software. Nachdem durch ein Dokument eine Baseline gebildet oder es anderweitig unter Konfigurationskontrolle gestellt wurde, sind Änderungen nur mittels Änderungsantrag oder Fehlerbericht möglich. Der Antrag oder Fehlerbericht wird dem *Software Change Control Board* (SCCB) zugeleitet, das über Annahme und Ablehnung bzw. das weitere Vorgehen entscheidet.
>
> Über den Umfang der zu erstellenden Dokumente wird projektspezifisch entschieden. Dabei sind die Vorstellungen des Kunden und im Vertrag gemachte Vorgaben zu berücksichtigen. Kerndokumente sind die Software-Spezifikation, der Testplan, Entwicklungsplan, Qualitätsmanagementplan, Konfigurationsmanagementplan, *Software Development Folder* (SDF), *Version Description Document* (VDD) und ein Bedienerhandbuch. Diese Dokumente sind bei jedem Projekt zu erstellen. Ausnahmen bedürfen der Zustimmung des Qualitätsmanagements. Weitere Dokumente sollten erstellt werden, wenn sie im Zusammenhang des Projekts, nach der Art der Software und bei einer bestimmten Applikation notwendig sind. Der

gesamte Satz von Dokumenten wird im Konfigurationsmanagementplan aufgeführt. Dokumente werden an den Kunden ausgeliefert, wenn dies vertraglich vereinbart wurde und Teil des Lieferumfangs der Software ist.

Einzelheiten der Kennzeichnung von Dokumenten mit Titeln und Versionsnummern regelt der Plan des Konfigurationsmanagements. Vorgaben zur *Corporate Identity* sind einzuhalten.

Bei jedem Dokument muss aus dem Dokument selbst hervorgehen, wer es verfasst, wer es genehmigt und wer es überprüft hat. Diese Angaben sollten direkt auf dem Deckblatt des Dokuments gemacht werden. Ungewöhnliche Formate und Schrifttypen sind zu vermeiden.

[txt_15]

Für das Schreiben von Dokumenten ist es zweckmäßig, im Unternehmen gewisse Vorgaben zu machen. Dazu dienen in unserem System Produktmuster, wie sie im Anhang zu finden sind. Für die Erstellung aller Dokumente gilt die nachstehende Verfahrensanweisung:

Verfahrensanweisung VA-51: Erstellung von Dokumenten

ZWECK:
Vorgehen beim Erstellen von Dokumenten

VERANTWORTLICH:
Software-Entwicklung, andere Einheiten der {SOFTCRAFT}

VERFAHREN:
Erstellen Sie das Dokument unter Berücksichtigung eines Produktmusters, falls eines vorliegt. Überprüfen Sie, ob ein ähnliches Produktmuster verwendet werden kann, falls kein spezifisches Produktmuster für das Dokument verfügbar ist. Passen Sie die Struktur des Dokuments an, falls notwendig. Stützen Sie sich notfalls auf ein Dokument aus einem anderen Projekt und passen Sie den Text an.

Verwenden Sie als Deckblatt das Muster im Anhang.

Ziehen Sie verwandte Dokumente bei der Erstellung des Software-Dokuments heran, um Widersprüche zu vermeiden. Stimmen Sie den Inhalt des Dokuments mit den Entwicklern ab, die Schnittstellen bearbeiten.

Legen Sie das Dokument dem Qualitätsmanagement vor und bringen Sie es anschließend unter Konfigurationskontrolle.

Die meisten der hier vorgestellten Dokumente, etwa der Entwicklungsplan, sind für einen sachverständigen Leserkreis bestimmt. Davon abzugrenzen sind Dokumente, die für Anwender geschrieben werden. In diesem Fall [58] muss darauf geachtet werden, dass der Inhalt für den Leser angemessen ist. Oftmals wird nicht der Entwickler diese Dokumente schreiben, sondern ein technischer Autor. Die Arbeit lässt sich auch so aufteilen, dass ein Entwickler die Vorlage liefert und ein technischer Autor den Text aufbereitet und redaktionell überarbeitet.

Bei Software, die nicht in den Bereich Standard-Software fällt, wird vielfach ein so genanntes *Version Description Document* (VDD) erstellt. Es handelt sich, populär ausgedrückt, um eine Gebrauchsanleitung der Software für einen sachverständigen Leserkreis. Dazu die folgende Verfahrensanleitung:

> **Verfahrensanweisung VA-52:**
> **Erstellung des *Version Description Document* (VDD)**
>
> ZWECK:
> Ausgelieferte Software eindeutig und nachvollziehbar zu identifizieren
>
> VERANTWORTLICH:
> Konfigurationsmanagement, Entwicklung
>
> VERFAHREN:
> Das *Version Description Document* (VDD) ist nach der Vorlage (Produktmuster) zu erstellen, die sich im Anhang zu diesem Handbuch befindet.
> Es muss mindestens enthalten:
> - Namen der Software
> - Versionsnummer der Software
> - Datum der Freigabe
> - Namen aller enthaltenen Module einschließlich deren Versionsnummer
> - Bezeichnung der Plattformen, auf denen die Software installiert werden kann
> - Seit dem letzten Release beseitigte Fehler, einschließlich STR-Nummern
> - Falls dies zutrifft: im aktuellen Release noch nicht beseitigte Fehler, einschließlich STR-Nummern
> - Bekannte Work-Arounds
> - Inkompatibilitäten zu früheren Releases
>
> Bei größeren Projekten ist eine EDV-gestützte Erstellung anzustreben. Die Einbindung von Listen, die mit Hilfe des Rechners oder eines geeigneten Werkzeugs erstellt werden, wird empfohlen.

Software-Produkte in der Form von Dokumenten müssen vor ihrer Auslieferung an den Kunden und die Anwender verifiziert werden wie andere Produkte auch. Bei der Überprüfung eines Dokuments, das für einen Anwender bestimmt ist, sollten die folgenden Punkte [62] beachtet werden:

1. Ist der Inhalt und die Sprache auf den Leserkreis zugeschnitten?
2. Passt die verwendete Terminologie für den erwarteten Leserkreis?
3. Werden Fachausdrücke über das gesamte Dokument hinweg konsistent benutzt?
4. Werden Akronyme am Anfang definiert?
5. Gibt es eine Liste von Akronymen im Anhang?
6. Befasst sich das Dokument mit allen wichtigen Themen, die ein durchschnittlicher Leser erwarten kann?
7. Werden die gewählten Themen im Dokument genügend tief abgehandelt?
8. Sind die Informationen richtig?
9. Sind die Informationen neueren Datums, etwa in Beispielen?
10. Falls im Dokument die Nummer des Support angegeben ist: Handelt es sich um die richtige Telefonnummer?

11. Wurden die Anleitungen im Handbuch von einem Mitarbeiter ausgeführt, der das Produkt nicht entwickelt hat?
12. Sind die Abbildungen im Handbuch, darunter *Screen Shots*, korrekt?
13. Orientiert sich der Text am Duden oder einem anderen Referenzwerk zur deutschen Sprache?
14. Bei Dokumenten, die in fremde Sprachen übersetzt werden sollen: Ist darauf geachtet worden, keine Inhalte oder Beispiele zu verwenden, die Mitglieder anderer Kulturen in ihren Gefühlen verletzen könnten?

Ein Programm ohne begleitende Dokumentation ist für den Anwender weitgehend wertlos. Deshalb ist im Produktrealisierungsprozess darauf zu achten, dass mit der Erstellung der Benutzerdokumentation rechtzeitig begonnen wird.

6.14 Produktauslieferung, Akzeptanztest und Wartungsphase

Um Marketing zu lernen, genügt ein Tag. Dummerweise braucht man ein Leben lang, um es wirklich zu beherrschen.
Philip Kotler

In Bezug auf die Auslieferung der Software macht DIN EN ISO 9001 in der Fassung vom Dezember 2000 weit weniger Vorschriften als frühere Ausgaben. Trotzdem kann es nicht falsch sein, sich über diese Frage rechtzeitig Gedanken zu machen. Dazu können die folgenden Gesichtspunkte gehören:

- Anzahl der auszuliefernden Kopien
- Art des Datenträgers für jedes Software-Produkt, einschließlich des Formats und der Versionsnummer in für Menschen verständlicher Form
- Festsetzung zugehöriger Dokumente, etwa Manuals und Benutzerhandbuch
- Beachtung von Schutzrechten im Bereich des Urheberrechts und in Bezug auf Lizenzen
- Verwahrung von Originalen und Sicherungskopien
- Wiederherstellung der Software aus Sicherungskopien nach einer Katastrophe
- Festlegung einer Zeitspanne, in der der Auftragnehmer verpflichtet ist, Kopien zu liefern

Es kann vorkommen, dass der Auftragnehmer die vertragliche Verpflichtung eingegangen ist, die Software auf der Anlage des Kunden zu installieren. Weiterhin ist es möglich, dass in dieser Umgebung auch ein Test, eine Validation, durchgeführt werden muss. Weil dies für den Betrieb des Kunden in der Regel außergewöhnliche Umstände sind und oftmals eine vorhandene Produktionsumgebung nicht negativ beeinträchtigt werden darf, sind besondere Vorkehrungen zu treffen. Dabei sind die folgenden Punkte zu beachten:

- Zeitplan, darunter auch die Berücksichtigung von Arbeiten außerhalb der üblichen Arbeitszeiten, zum Beispiel nach Dienstschluss oder am Wochenende
- Vorkehrungen bezüglich Zugangs zum Gelände und den EDV-Räumen des Kunden, dazu Ausweise, Passwörter und Begleiter
- Verfügbarkeit von Fachleuten auf Seiten des Kunden
- Bereitstellung und Zugang zu Einrichtungen und Systemen des Kunden
- Notwendigkeit zur Validation jeder Installation sollte vertraglich vereinbart werden.
- Ein formelles Verfahren zur Anerkennung der Fertigstellung bei jeder Installation der Software

Die Installation des Programms würde ich organisatorisch bei der Entwicklung oder dem Kundendienst ansiedeln, während ich die Vervielfältigung und Verwahrung der Datenträger eher dem Konfigurationsmanagement zuschlagen will. Nicht zu vergessen ist im Zusammenhang mit der Auslieferung der Software, dass der Programmcode vorher getestet werden muss. Um dies sicherzustellen, sollte der Programmcode aus der kontrollierten Bibliothek der Software kopiert werden. Dazu Abbildung 6-31.

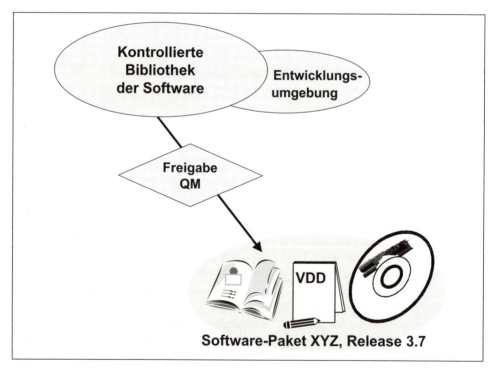

Abb. 6–31:   *Auslieferung der Software*

Die Kennzeichnung der Software auf dem Datenträger ist wichtig, weil es oft dazu kommt, dass im Feld einfach die falsche Version eines Produkts verwendet wird. Zweckmäßig ist es allerdings auch, diese Kennzeichnung intern anzubringen, also zu einem Teil des Programmcodes zu machen. Wenn man will, kann man dem Anwender dann ein einfaches

Kommando zur Verfügung stellen, mit dem die aktuell installierte Konfiguration abgefragt werden kann. Bei Betriebssystemen ist dies häufig der Fall.

Für die Auslieferung der Software können wir im Handbuch den folgenden Text verwenden:

> **Auslieferung der Software**
>
> Innerhalb der {SOFTCRAFT} wird der Programmcode vom Konfigurationsmanagement verwaltet, vervielfältigt und ausgeliefert. Für die Installation bei Kunden arbeiten die Entwicklung und der Kundendienst mit Kopien, die sie vom Konfigurationsmanagement erhalten.
>
> Die Software wird intern und extern gekennzeichnet. Zu der externen Kennzeichnung gehören Aufkleber auf allen Datenträgern, die Software eindeutig als ein von der {SOFTCRAFT} erstelltes Produkt kennzeichnen.
>
> Die genaue Art der Kennzeichnung von Produkten, die Art des Datenträgers und das Format von Programmen und Daten wird im Konfigurationsmanagementplan festgelegt. Dazu sind Vertragsklauseln zu berücksichtigen, die derartige Forderungen enthalten. Zur Überprüfung, ob alle notwendigen Punkte berücksichtigt wurden, kann eine Checkliste verwendet werden.
>
> Software-Produkte der {SOFTCRAFT} werden stets mit einem *Version Description Document* (VDD) ausgeliefert, in dem Einzelheiten zum Inhalt der Software sowie Installationshinweise enthalten sind. Der Aufbau und Inhalt des VDD ist nach dem Produktmuster im Anhang zu diesem Handbuch zu gestalten. Zusätzlich zum VDD wird ein Bedienerhandbuch ausgeliefert, wenn dies bei dem Typ der Software notwendig ist. Einzelheiten zum Umfang der auszuliefernden Software regelt der Vertrag.
>
> Nimmt ein Mitarbeiter der {SOFTCRAFT} die Installation in den Büroräumen des Kunden vor, so wird das Vorgehen vom Mitarbeiter mit zuständigen Vertretern des Kunden abgestimmt. Erfolgt eine Installation auf dem Rechner des Kunden im Rahmen eines Tests, so sind Einzelheiten im Testplan zu beschreiben. [txt_16]

Obwohl die Vorgehensweise bei der Auslieferung je nach Typ der Software sehr verschieden sein mag, so ist doch wichtig, dass der Auftragnehmer immer weiß, welche Version der Software beim Kunden gerade installiert ist. Deshalb liegt es in seinem ureigensten Interesse, dies so zu organisieren, dass er dies jederzeit feststellen kann. Eine gezielte Fehlersuche bei Problemen im Feld ist im Grunde nur dann mit Aussicht auf Erfolg möglich, wenn man die beim Kunden installierte Software genau identifizieren kann. Das bedeutet, dass Informationen bis hinunter auf die Ebene des Moduls verfügbar sein müssen.

Exakte Information zur Konfiguration des Kunden sind nicht zuletzt wichtig für die Wartung der Software. Wartung und Kundendienst gehören zu jenen Bereichen, die bei der Fassung aus dem Jahr 1994 der DIN ISO 9001 unkritisch in die Welt der Software übertragen wurden. Man muss in diesem Zusammenhang natürlich immer bedenken, dass Software nicht altert. Eine Wartung im Sinne ausgeleierter Getriebe oder abgenutzter Bremsbeläge wie beim Auto ist daher beim Programmcode nicht zu erwarten. Bei der neuen Fassung der DIN EN ISO 9001 wurde dieser Teil signifikant gekürzt.

Auf der anderen Seite müssen wir zugeben, dass ausgelieferte Software in den seltensten Fällen keine Fehler enthält, wie das bei vielen industriell gefertigten Produkten durchaus vorkommt. Mit einer gewissen Restfehlerrate ist beim gegenwärtigen Stand der Technik durchaus zu rechnen, und in dieser Hinsicht bleibt viel zu tun.

Es muss allerdings hinzugefügt werden, dass Software mit einer gewissen Restfehlerrate in vielen Fällen durchaus einsatzfähig ist, dass also nicht jeder Fehler das gesamte Produkt beeinflusst und es total unbrauchbar für den Einsatz macht. Wir leben als Entwickler von Software und deren Benutzer hier in einer Grauzone, die schwer abzugrenzen ist. Was als Restfehlerrate bei Software für ein Textverarbeitungsprogramm noch tolerierbar erscheint, ist bei einem Programm zur Steuerung eines Flugzeugs oder medizinisch-technischen Geräts nicht mehr erlaubt, weil fatale Konsequenzen drohen. Gerade weil dies aber so ist, muss der Zeitpunkt exakt abgegrenzt werden, zu dem die Entwicklung abgeschlossen wird, die Wartungsphase der Software beginnt.

Im Bild (Abbildung 6-32) können wir uns das so vorstellen.

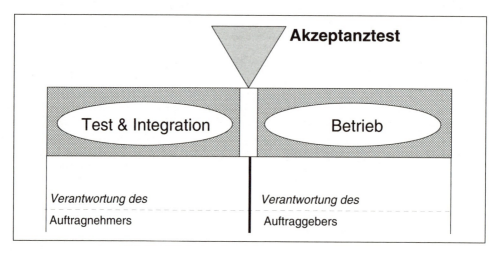

Abb. 6–32: *Abgrenzung zwischen Entwicklung und Wartung*

Die Abgrenzung der Bereiche Entwicklung und Wartung liegt im ureigenen Interesse eines Unternehmens, das im Bereich der Software-Erstellung tätig ist. Falls es in dieser Hinsicht keine klaren und nachvollziehbaren Kriterien gibt, kann sich die Entwicklung unter Umständen sehr lange hinziehen. Deshalb macht es Sinn, relativ früh im Entwicklungszyklus dafür einen Testplan zu erarbeiten und mit Vertretern des Kunden abzustimmen. Darin sollte klar gesagt werden, dass nach einem erfolgreichen Akzeptanztest die Software in das Eigentum des Kunden übergeht. Was nach diesem Zeitpunkt kommt, seien es nun Änderungswünsche, Erweiterungen oder Verbesserungsvorschläge, ist der Wartung zuzurechnen. Und dafür wird in aller Regel eine Vergütung erfolgen müssen.

Element 4: Messung, Analyse und Verbesserung

Measurements are not to provide numbers but insight.
Ingrid Bucher

In der Vergangenheit war der Wettbewerb oft lokal, die Märkte geschützt durch hohe Zölle und andere Barrieren für den Handel. Inzwischen ist unser Markt der Weltmarkt, und deutsche Anbieter finden unter ihren Wettbewerbern Firmen aus Russland und Indien: Willkommen im Zeitalter der Globalisierung.

In DIN EN ISO 9001 wird erklärt, warum *Messung, Analyse und Verbesserung* plötzlich so breiten Raum in der Normenreihe einnimmt: »Daten aus Messungen sind wichtig, um Entscheidungen auf Grund von Fakten treffen zu können«, heißt es da. Gerade in unserer Branche haben viele Manager jahrelang geglaubt, Messungen in diesem Bereich wären nicht möglich.

Software ist zwar ein immaterielles Produkt, aber das heißt auf der anderen Seite nicht, dass es einer Messung und Beurteilung nicht zugänglich wäre. Andere Branchen haben uns das längst vorgemacht.

7.1 Zweck des Prozesses

In fortschrittlichen Unternehmen in den USA setzte in den 80er und 90er Jahren ein Prozess ein, der als *Benchmarking* bezeichnet wird. Bei *Competitive Benchmarking* [43,44] geht es darum zu analysieren, was die besten Firmen der Branche tun, um die Produkte, Prozesse und Verfahren zu finden, mit denen sie ihre Kunden erfreuen können. Es handelt sich also um einen Wettbewerb, bei dem wir uns mit den Besten der Branche messen wollen. Das geht nicht ohne Messwerte.

Im Bereich der Software-Erstellung ist das selbstverständlich auch möglich. Halten wir nicht ein Unternehmen, das Software mit einer Restfehlerrate von 2 Fehlern/KLOC ausliefert für besser als einen Konkurrenten, der nicht mehr als 3 Fehler/KLOC schafft?

Bei Autos kann man die Methode dazu benutzen, um herauszufinden, wer für ein bestimmtes Bauteil oder Subsystem die beste Lösung gefunden hat. Es ist jeweils der Hersteller genannt, der im Vergleich am besten abgeschnitten hat.

Teil	Typ
Am leichtesten zu bedienende Zündung	Ford
Bestes Gaspedal	Audi 100
Beste Anordnung des Gaspedals	Chevrolet
Leichtgängige Sonnenblende	Honda Accord
Geringster Kraftaufwand zur Verstellung des Innenspiegels	Toyota Cressida
Beste Anordnung der von Hand zu bedienenden Elemente	Opel Senator
Anordnung der Anzeigeinstrumente zum Ablesen	Honda Accord
Beste Beleuchtung von Schaltern	Honda Accord
Beste Ablesung der Uhr	Audi 100
Genaueste Tankanzeige	Toyota Supra
Beste Zugänglichkeit des Ölfilters	Nissan Maxima
Niedrigster Geräuschpegel beim Schalten	Ford Escort/Supra
Gefühl, wenn man das Lenkrad anfasst	Porsche 924
Verstellung des Außenspiegels	Mazda 626
Größter Kofferraum	Chevrolet Celebrity

Tabelle 7–1:   *Competitive Benchmarking [44]*

Interessant ist, dass in der Tabelle auch Angaben auftauchen, die man nur schwer messen kann, etwa die Frage nach dem Lenkrad. In der Tat ist es aber so, dass Kunden beim Kauf eines Wagens ein schepperndes Geräusch beim Zuschlagen der Tür unweigerlich mit einem minderwertigen Auto in Verbindung bringen. Deswegen beschäftigt Ford in Köln zum Beispiel einen *Sound Designer*. Einen Großteil seiner Zeit verbringt dieser Ingenieur mit Messungen (siehe Abbildung 7-1).

Wenn man Unternehmen, die Benchmarking betreiben, mit solchen vergleicht, die sich nicht mit dem Wettbewerb messen, dann kann man die folgenden Unterschiede feststellen (siehe Tabelle 7-2).

Man kann vier Arten von Benchmarking unterscheiden:

1. Intern: Vergleich interner Operationen, Prozesse, Verfahren oder Praktiken
2. Mit dem Wettbewerb: Im Bereich Produkte, Funktionen, Kundendienst
3. Funktional: Vergleich ähnlicher Funktionen in einem Segment der Industrie
4. Generisch: Vergleich von Geschäftsprozessen oder Funktionen über alle Industrien hinweg

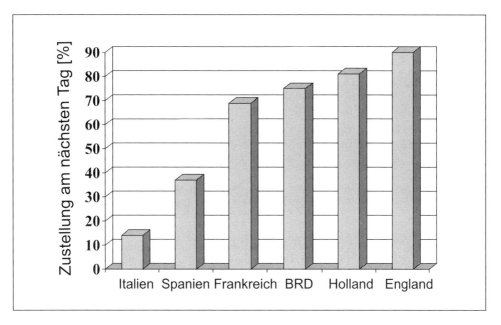

Abb. 7–1: Vergleich von Brieflaufzeiten [44]

Ziel	Ohne Benchmarking	Mit Benchmarking
Stärkung im Wettbewerb	Fokus auf sich selbst, mit sich selbst beschäftigt Evolutionäre Veränderungen	Versteht den Wettbewerb Ideen von bewährten Praktiken
Beste Praktiken der Industrie	Wenige Lösungen Hektische Aufholjagd	Viele Optionen Überlegene Leistung
Anforderungen der Kunden definieren	Aus der eigenen Tradition heraus Entscheidungen »aus dem Bauch heraus« Eigene Auffassung	Realität des Markts Objektive Einschätzung
Effektive Ziele festlegen	Fokus nicht auf dem Markt Reagiert	Auf Fakten beruhend Pro-aktiv
Richtiges Maß der Produktivität entwickeln	Lieblingsprojekte vorantreiben Eigene Stärken und Schwächen werden nicht verstanden Weg des geringsten Widerstands	Lösung tatsächlicher Probleme Output wird verstanden, Wert für den Kunden Basierend auf den besten Praktiken der Branche

Tabelle 7–2: Gründe für Benchmarking [43]

Gerade im Bereich der Software-Erstellung würde es sich anbieten, verschiedene Projekte miteinander zu vergleichen. Auf diese Art und Weise kann man Schwächen und Stärken identifizieren und Praktiken finden, die sich im gesamten Unternehmen anwenden lassen.

In DIN EN ISO 9001 wird gefordert, dass das Unternehmen Überwachungs-, Mess-, Analyse- und Verbesserungsprozesse plant und durchführt. Dies dient den folgenden Zielen:

- Beweis der Produktkonformität
- Wirksamkeit des Qualitätsmanagementsystems
- Verbesserung des Qualitätsmanagementsystems

Wir können als einleitenden Text zu diesen Normforderungen die folgenden Sätze verwenden:

> **Messung, Analyse und Verbesserung**
>
> Die Geschäftsleitung der {SOFTCRAFT} ist sich bewusst, dass das Unternehmen im Wettbewerb bestehen muss. Das gilt nicht nur innerhalb der Grenzen der Bundesrepublik Deutschland, sondern auch im internationalen Rahmen. Nur durch den Verkauf unserer Produkte auf dem gesamten Globus können die hohen Entwicklungskosten wieder eingespielt werden. Außerdem ist es eine Tatsache, dass in den USA beheimatete Unternehmen auf den Weltmarkt ausgerichtet sind. Wir müssen in dieser Hinsicht mithalten können.
>
> Deshalb werden wir Metriken einführen, um unsere Produkte quantitativ beurteilen zu können. Auch für Prozesse werden Metriken eingesetzt. Alle damit zusammenhängenden Messungen, Daten, Analysen, Ergebnisse und Auswertungen sind vertraulich zu behandeln.
>
> Zweck der Metriken ist es, Produkte und Prozesse quantitativ beurteilen zu können und Investitionen gezielt da einzusetzen, wo sie den größten Ertrag für unser Unternehmen bringen.
>
> txt_17

In diesem Text wird Vertraulichkeit gefordert. Das ist deshalb notwendig, weil eine Unternehmensleitung, die zum Beispiel die Restfehlerrate ermitteln lässt, bei einem Wert von 10 Fehlern/KLOC kaum glücklich über das Ergebnis sein wird. Aber nur auf Grund einer tatsächlich durchgeführten Messung lassen sich Veränderungen einleiten, realisieren und in ihren Auswirkungen bewerten.

7.2 Instrumente

Give us the tools, and we will finish the job.
Winston Churchill

In den Details zielt die DIN EN ISO 9001 auf vier Punkte: Kundenzufriedenheit, Interne Audits, Prozess- und Produktüberwachung. Damit wollen wir uns jetzt beschäftigen.

7.2.1 Kundenzufriedenheit

Good customer relations double productivity.
Larry Bernstein

DIN EN ISO 9001 fordert in Bezug auf die Kundenzufriedenheit, dass als einer der Leistungsmerkmale des Qualitätsmanagementsystems ermittelt wird, ob und wie weit das Unternehmen die Erwartungen der Kunden erfüllt. Dazu müssen Methoden festgelegt werden.

Wenn man sich fragt, ob das Unternehmen bereits auf seine Kunden ausgerichtet ist, dann kann der folgende Fragenkatalog als Richtschnur des Handelns dienen:

1. Haben wir so viele Kunden, wie wir gern hätten?
2. Stehen alle unsere Kunden loyal zu uns?
3. Machen wir mit jedem unserer Kunden so viel Umsatz und Gewinn, wie wir das gerne hätten?
4. Wissen wir wirklich, was unsere Kunden von uns erwarten?
5. Wissen alle unsere Mitarbeiter und deren Manager, was die Kunden wollen?
6. Haben wir das Unternehmen, und da vor allem die kundennahen Bereiche und Abteilungen, so ausgerichtet, dass wir eine Chance haben, die Stimme des Kunden zu hören?
7. Können wir rasch auf Forderungen unserer Kunden und des Markts reagieren?
8. Sind wir pro-aktiv? Sind unsere Bemühungen also nicht nur darauf ausgerichtet, gegenwärtige Anforderungen unserer Kunden zu erfüllen, sondern auch solche, die sie Morgen und Übermorgen haben wollen?
9. Gilt das für alle Gliederungen unserer Organisation, auch die Filialen vor Ort?
10. Sind wir uns bewusst, dass unsere Firma vom Kunden vor allem durch die Mitarbeiter wahrgenommen wird, die mit dem Kunden direkt in Kontakt kommen?

Wer alle diese Fragen mit einem ehrlichen Ja beantworten kann, braucht den Rest des Buches nicht zu lesen. Die verbleibenden Leser sollten am Ball bleiben.

In vielen Unternehmen weiß das Management in der Tat nicht, wie es von seinen Kunden wahrgenommen. Bei Florida Power & Light (FP&L), einem Energieversorger [2] in Florida, scherzte man zum Beispiel, dass sich eine Kilowattstunde Strom seit den 20er Jahren um keinen Deut verändert habe. Der Versorger war stolz darauf, dass seine Kraftwerke zu über 90 Prozent am Netz waren. Das war eine stolze Zahl, aber nicht das, was die Kunden erwarteten.

Erst als man die Kunden des Unternehmens wirklich fragte, stellte sich heraus, was sie als Problem empfanden: Wenn das Netz ausfiel, wenn der Strom einmal ausblieb, dann dauerte es Stunden, bis die Versorgung wieder einsetzte. Ein Grund für die häufigen und lang andauernden Stromausfälle lag darin, dass der Energieversorger die Aufträge zur Versorgung von Siedlungen an Unterauftragnehmer vergab, die die elektrischen Leitungen ziemlich willkürlich in die dafür geschaufelten Gräben warfen. Dadurch waren die Leitungen bei

Änderungen schwer zu trennen, und es musste immer gleich ein ganzer Block für Stunden abgeschaltet werden.

Dieses Problem wurde dadurch gelöst, dass der Energieversorger seinen Unterauftragnehmern relativ billige Plastikteile gab, mit denen die einzelnen Leitungen sauber auf Abstand gehalten werden konnten. Die zweite Ursache für die Stromausfälle war weit schwieriger zu finden.

Mit welcher Hartnäckigkeit FP&L das Ziel der Qualitätsverbesserung verfolgte, zeigt das folgende Beispiel.

Fall 7–1:   *Der rotschwänzige Habicht [2]*

> Ende der 70er Jahre wurde offensichtlich, dass die Kurzschlüsse bei den Fernleitungen von FP&L überhand nahmen. Der Großteil der Ingenieure bei FP&L führten diese Kurzschlüsse auf Blitzeinschläge zurück. Wer das Wetter in Florida kennt, wird diese Begründung durchaus für plausibel halten: In den Sommermonaten gibt es am späten Nachmittag mit schöner Regelmäßigkeit ein Gewitter mit Blitz und Donner.
>
> Das Problem war jedoch so häufig, dass man sich in der Unternehmensleitung entschloss, es systematisch zu untersuchen. Damit wurde ein Mitarbeiter namens Harry Hansen beauftragt. Er stammte aus einer Abteilung, deren Aufgabe es war, Strommasten, Transformatoren und Leitungen zu beschaffen. Hansen, damals Ende 40, malte in seiner Freizeit Portraits. Er war in seiner Jugend bei der Air Force gewesen und hatte die Liebe zur Fliegerei mitgenommen. Hansen glaubte bald nicht mehr daran, dass Blitzschlag die Ursache der Stromausfälle war. Er verdächtigte hingegen Vögel. Florida liegt auf ihrer Flugroute von Norden nach Süden, und Strommasten bilden in den Sümpfen Floridas einen idealen Rastplatz. Eine bloße Vermutung war allerdings nicht genug.
>
> Hansen studierte die Fachliteratur und fand heraus, dass es im Jahr 1936 einen Vorfall in Oregon gegeben hatte. Damals hatte man beobachtet, dass der rotschwänzige Habicht sich auf der Spitze von Strommasten ausruhte. Wenn der Vogel dabei auf die Leitungen schiss, kam es durch die wässerige Lösung der Fäkalien zu einem Kurzschluss. Hansen ging nun daran, aufgetretene Kurzschlüsse und Gewitter in Florida in eine Karte einzutragen und die Zeiten zu vergleichen. Er fand heraus, dass auch dann Kurzschlüsse aufgetreten waren, wenn in einer bestimmten Gegend überhaupt kein Gewitter gewesen war.
>
> Die Abhilfemaßnahme bestand darin, ein spitz zulaufendes Plastikteil zu entwerfen, das man auf die Spitze der Strommasten steckte. Um diese Teile zu installieren, setzte Hansen einen Hubschrauber ein. Das war, angesichts des weitgehend unzugänglichen Geländes in den Sümpfen Floridas, die billigste Möglichkeit. Die Kurzschlüsse im Leitungsnetz von FP&L gingen zurück.

Die Zeitspanne, in der die Kunden des Stromversorgers durchschnittlich ohne Strom waren, verringerte sich von 75,8 Minuten im Jahr 1983 auf weniger als 40 Minuten im Jahr 1992. Das Unternehmen bewarb sich schließlich um den Deming Award und gewann den begehrten Qualitätspreis im Jahr 1989.

In den USA ist gelegentlich gefragt worden, ob sich die Anstrengungen des Unternehmens, die sich schließlich in erheblichen Aufwendungen zeigten, überhaupt gelohnt haben. FP&L erkannte allerdings, was die Japaner schon lange wussten: Es lohnt sich, in die Qualitätssicherung zu investieren. Ken Sterett schätzt die Aufwendungen von FP&L zur

Qualitätsverbesserung für das erste Halbjahr 1988 auf 2,48 Millionen US$. Im selben Zeitraum sparte das Unternehmen allerdings durch früher eingeleitete Qualitätsverbesserungen 13,5 Millionen US$ ein. Damit liegt das Verhältnis bei 5,4 zu 1.

Eine Kundenbefragung sollte sich auf die folgenden Bereiche erstrecken:

1. Darstellung des Unternehmens in der Öffentlichkeit: sein Image
2. Grad der Dienstleistung und dessen Wahrnehmung durch den Kunden
3. Freundlichkeit und Hilfsbereitschaft der Mitarbeiter, vor allem in kundennahen Abteilungen
4. Erfüllung der Anforderungen der Kunden

Um die Forderungen der Norm umzusetzen, schreiben wir eine Verfahrensanweisung. Der Text sieht so aus:

Verfahrensanweisung VA-53:
Ermittlung der Kundenzufriedenheit

ZWECK:
Ein objektives Bild darüber zu gewinnen, wie unsere Kunden {SOFTCRAFT} wahrnehmen

VERANTWORTLICH:
Qualitätsmanagement, Geschäftsleitung

VERFAHREN:
Das Qualitätsmanagement wird einmal im Jahr eine Untersuchung zur Kundenzufriedenheit durchführen oder veranlassen. Dabei ist auf eine professionelle Ermittlung der Kundenzufriedenheit abzustellen, damit das Ergebnis wenig Raum für Interpretation lässt. In diesem Sinne ist es zweckmäßig, ein Meinungsforschungsinstitut einzusetzen.

Zu den untersuchten Aspekten der Kundenzufriedenheit sollen gehören:

- Nutzen unserer Produkte für den Kunden
- Zahl der Probleme mit Produkten
- Auswirkungen von Problemen auf die Arbeit der Endanwender
- Wirksamkeit des Kundendienstes oder Supports
- Verfügbarkeit des Supports
- Beurteilung unserer Handbücher
- Schnelligkeit der Fehlerbeseitigung
- Zahl der Releases von Software
- Preis/Leistungs-Verhältnis
- Behandlung von Reklamationen

Zur Befragung von Kunden und Endanwendern sollen sowohl geschlossene als auch offene Fragen eingesetzt werden.

Es wird bei Unternehmen, die in einem von der Technik geprägten Umfeld arbeiten, einige Zeit dauern, bis sie mit einem Instrument wie der Kundenbefragung richtig umgehen können. Deswegen wurde in der obigen Verfahrensanweisung die Möglichkeit offen gelassen, sich der Hilfe eines Marktforschungsinstituts zu bedienen.

Der Hintergrund ist folgender: Eine Frage so zu formulieren, dass sie von allen Befragten in gleicher Weise verstanden wird, ist schwierig. Das lässt sich an der Arbeit von Meinungsforschern leicht demonstrieren. Dabei wird eine Frage im Institut formuliert. Die Befragung selbst wird von freiberuflichen Mitarbeitern durchgeführt, zum Beispiel Studenten. Wenn der Befragte eine Frage nicht versteht, wird er entweder so antworten, wie er die Frage verstanden hat, ohne auf die missverständliche Frage hinzuweisen. Eine andere Gruppe von Kunden wird den Interviewer dagegen fragen, wie die Frage zu verstehen ist. Damit entsteht ein Potential zur Interpretation, weil auch der Interviewer die Frage so oder so auslegen kann.

Das Ergebnis kann sein, dass der Auftraggeber der Befragung mit einem Ergebnis konfrontiert wird, das so nicht stimmt. Deswegen wurden in der obigen Verfahrensanweisung auch offene Fragen gefordert. Dabei handelt es sich um Fragen, bei denen der Interviewte nicht nur mit Ja oder Nein antworten kann, sondern seine Meinung ausdrücken darf.

Relativ gut in der Befragung von Kunden ist die Automobilindustrie. Sie führt vor der Einführung neuer Modelle Experimente durch, die in der Branche unter dem Begriff Produktklinik bekannt sind. Dabei werden (potentielle) Kunden gezielt zu neuen Funktionen und Verbesserungen im Produkt befragt. In dieser Hinsicht können wir von der Automobilindustrie durchaus lernen.

7.2.2 Interne Audits

Audits gehören zu den Instrumenten, mit denen die Geschäftsführung in die Lage versetzt werden sollen, die Angemessenheit und Wirksamkeit des Qualitätsmanagementsystems zu beurteilen. Wir haben die dazu notwendigen Verfahren bereits früher geschaffen.

Es ist an dieser Stelle darauf hinzuweisen, dass ein Auditor die eigene Tätigkeit nicht auditieren darf. Dieser Forderung findet sich in Abschnitt 8.2.2 der DIN EN ISO 9001. Eigentlich ist sie selbstverständlich, aber sie schafft in der Praxis möglicherweise ein Problem. Schließlich sollten auch die mit dem Qualitätsmanagement und der Qualitätssicherung beauftragten Abteilungen und Gruppen überprüft werden.

Eine Möglichkeit besteht darin, dass diese Aufgabe die Geschäftsleitung in eigener Verantwortung wahrnimmt. Ein Problem dürfte dabei oftmals sein, dass deren Mitglieder mit den Verfahren bei einem Audit nicht besonders gut vertraut sind. Ein weiteres Problem stellt manchmal Zeitmangel dar.

Falls das Unternehmen allerdings aus einer Holding mit mehreren Geschäftsbereichen besteht oder in eine Reihe von Werken gegliedert ist, dann eröffnet sich die Möglichkeit, über Kreuz Audits durchzuführen. In dieser Konstruktion auditiert der Qualitätsmanager des einen Werks das QM-System des anderen Werks und umgekehrt. Dies ist in Abbildung 7-2 dargestellt.

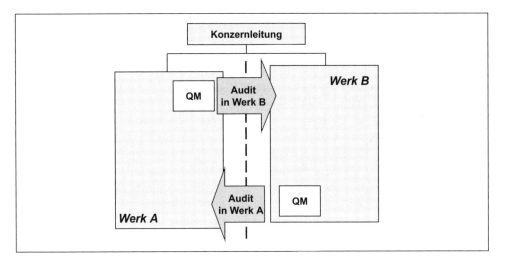

Abb. 7–2:   Audits über Kreuz

Der Vorteil dieser Lösung liegt darin, dass der Audit von einem Fachmann vorgenommen wird. Über den eigentlichen Audit und dessen Zweck hinaus gewinnt der Auditor einen Einblick in einen anderen Bereich des Konzerns, kommt vielleicht mit neuen Ideen und Anregungen nach Hause. Für den Konzern liegt einer der Vorteile darin, dass der Audit von einem Mitarbeiter durchgeführt wird, der zur Vertraulichkeit verpflichtet ist. Deswegen können auch Problemzonen untersucht werden, die es hin und wieder geben mag.

7.2.3   Prozessüberwachung

Facilitating the change process is like sculpting a block of wood. Although we who envision the change may have images of the results we want, we do not have control; there is interplay with the wood.
                                        F. Peavey

In Abschnitt 8.2.3 fordert DIN EN ISO 9001 unter der Überschrift *Überwachung und Messung von Prozessen*, dass geeignete Methoden zur Überwachung und Messung der Prozesse angewandt werden, die das Qualitätsmanagementsystem bilden. Damit soll gezeigt werden, dass die Prozesse in der Lage sind, die geplanten Ergebnisse zu erreichen.

Falls die geplanten Ergebnisse nicht erreicht werden, müssen Korrekturen eingeleitet und durchgeführt werden.

Auch hier finden wir also wieder einen Regelkreis, der darauf ausgerichtet ist, das System und seine Elemente kontinuierlich zu verbessern. Wir werden später Metriken schaffen, mit denen dieser Punkt der Norm erfüllt werden kann.

7.2.4 Produktüberwachung

In Abschnitt 8.2.4 werden unter dem Titel *Überwachung und Messung des Produkts* ähnliche Forderungen aufgestellt wie im vorherigen Abschnitt bei den Prozessen. Es wird auch auf die Verifizierung von Produkten hingewiesen.

Bemerkenswert ist, dass ausdrücklich ein Nachweis über die Konformität mit den Annahmekriterien verlangt wird. Weil diese Kriterien letztlich nur von den Anforderungen an das Produkt abgeleitet werden können, läuft dies auf eine Übereinstimmung mit den dokumentierten Anforderungen hinaus. Es muss für jedes Produkt eine förmliche Freigabe erfolgen. Dabei ist die Person zu nennen, die für die Freigabe Verantwortung trägt. Nach Lage der Dinge kann man hier nur das Qualitätsmanagement einsetzen.

Wenn das Produkt nicht den dokumentierten Anforderungen genügt, dann gibt es nur einen Ausweg, falls es dennoch sofort ausgeliefert werden soll: Der Kunde muss es akzeptieren, wie es ist.

Diese Möglichkeit sollte natürlich die seltene Ausnahme bleiben. Wir haben für unser System bereits Vorkehrungen getroffen, um diese Normforderung erfüllen zu können, und bereits eine Freigabe-Politik festgelegt.

7.3 Kontinuierliche Verbesserung

Kaizen ist ein japanisches Wort, das für kontinuierliche Verbesserung in vielen kleinen Schritten steht. In Deutschland wurde das Konzept, in erster Linie in der Automobilindustrie, unter der Bezeichnung *Kontinuierlicher Verbesserungs-Prozess* (KVP) bekannt.

Kaizen heißt Verbesserung, kontinuierliche Verbesserung, in die alle Mitarbeiter und Manager eines Unternehmens einbezogen sind, bis hin zur Geschäftsführung.

Kaizen [63] war das Konzept, das es der Halbleiterindustrie Japans ermöglichte, die Prozesse zur Herstellung von Speicherchips so zu verbessern, dass Intel und Texas Instruments gezwungen waren, den Kampf um diesen Markt für verloren zu erklären. Kaizen ist also eine Methode, die ihre Bewährungsprobe in der Industrie längst abgelegt hat.

Traditionell war es in der Wirtschaft der westlichen Industrienationen, vor allem aber in den USA, üblich, die Fabriken dann zu modernisieren, wenn neue Technologie zur Verfügung stand. Kam aus dieser Richtung kein Schub, ließ man einfach alles beim Alten. Diese Art der Erneuerung funktioniert dann gut, wenn die folgenden Bedingungen herrschen:

1. Schnell wachsende Märkte
2. Die Verbraucher verlangen nach großen Mengen von Konsumgütern; die Qualität ist nicht so wichtig.
3. Rohmaterialien stehen in großer Menge zu niedrigen Preisen zur Verfügung.
4. Die Überzeugung des Managements, dass neue und innovative Produkte den eigenen Markt kaputt machen würden

5. Das Management ist mehr damit beschäftigt, den Umsatz zu steigern als die Produktionskosten zu senken.

Die oben geschilderten Bedingungen treffen zum Beispiel auf die Automobilindustrie der Vereinigten Staaten in den 50er und 60er Jahren zu. Obwohl eine derartige Situation durchaus zu Erfolgen führen kann, liegt darin oftmals der Keim des späteren Untergangs. In Europa können wir das derzeit mit dem Niedergang der englischen Automobilindustrie beobachten.

Kaizen ist dagegen besser geeignet, wenn das wirtschaftliche Klima durch die folgenden Faktoren gekennzeichnet ist:

1. Große Steigerungen bei den Kosten für Rohmaterialien, Energie, Löhnen und Gehältern
2. Überkapazität in Fabriken
3. Verschärfter Wettbewerb zwischen Unternehmen in gesättigten oder kleiner werdenden Märkten
4. Verändertes Verhalten der Verbraucher und größere Beachtung der Qualität von Produkten
5. Die Notwendigkeit zur Einführung neuer Produkte in immer kürzeren Abständen
6. Die Notwendigkeit zur Senkung der Kosten

Ein Großteil der traditionellen Industrien eignet sich somit für Kaizen. Im Bereich der Software-Erstellung gibt es derzeit noch eine Reihe von Unternehmen, die glauben, mindere Qualität würde von ihren Kunden toleriert werden. Die historischen Beispiele zeigen, dass sich das früher oder später stets als Irrtum herausgestellt hat.

Man kann Kaizen im Vergleich zur Einführung neuer Technologien durch die folgenden Faktoren kennzeichnen.

Faktor	Kaizen	Neue Technologie
Effekt	Langfristig und dauerhaft, aber undramatisch	Kurzfristig, dramatisch
Schritt	Kurze Schritte	Gewaltige Veränderung
Änderung	Kontinuierlich	Abrupt, umwerfend
Beteiligung	Alle Mitarbeiter, Manager	Wenige Auserwählte
Modus	Pflege und Verbesserung	Verschrottung und Neuaufbau
Anstoß	Vorhandenes Wissen	Technologische Neuerungen, Erfindungen, neue Theorien
Anforderungen	Kleiner Finanzbedarf, aber ständige Anstrengungen	Große Investitionen, dann geringe Aufwendungen zur Pflege und Wartung
Orientiert sich an ...	Menschen	Technologie
Bewertungskriterien	Prozess, Erzielung besserer Ergebnisse	Profit
Vorteil	Funktioniert gut in gesättigten Märkten.	Passt besser zu schnell wachsender Volkswirtschaft oder Branche.

Tabelle 7–3:   *Kaizen vs. neue Technologie [63]*

Man sollte die Methode *Kaizen* in ihren Auswirkungen nicht unterschätzen. Es gibt eine Reihe erfolgreicher Unternehmen, die diese Technik einsetzen, um noch erfolgreicher zu werden. DIN EN ISO 9001 fordert in Abschnitt 8.5.1 unter dem Titel *Ständige Verbesserung*: Das Unternehmen muss die Wirksamkeit des QM-Systems durch den Einsatz der Qualitätspolitik, Qualitätsziele, Auditergebnisse, Datenanalyse, Korrektur- und Vorbeugemaßnahmen sowie Managementbewertung ständig verbessern.

In unserem Fall haben wir durch das Fehlermeldesystem und die Tätigkeit des SCCB in jedem Projekt dafür die Voraussetzungen geschaffen. Nun wird es darauf ankommen, aus diesen Prozess Daten zu gewinnen, sie auszuwerten, Schlüsse zu ziehen und anschließend Maßnahmen einzuleiten, um Produkte und Prozesse zu verbessern.

7.4 Fehlerbeseitigung

Truth emerges more readily from error than from confusion.
Sir Francis Bacon

Wir haben unser System zur Behandlung von Fehlern in der Software bereits so modifiziert, dass es auch den Anforderungen der neuen Fassung der DIN EN ISO 9001 vom Dezember 2000 gerecht werden kann. Mit dem geänderten System können wir vorbeugend Fehler bekämpfen.

Es gibt allerdings eine Alternative zu diesem System. Wir können noch stärker gliedern und einen auftretenden Fehler in mehreren Schritten beseitigen. Dann sehen wir die folgenden Stufen vor:

1. Im ersten Schritt wird der Fehler oder das Problem mit der Software vom *Software Change Control Board* untersucht. Das Fehlerbild wird bei Bedarf zunächst mit dem Schreiber der Fehlermeldung abgeklärt. Es werden für jeden Fehler die Kosten seiner Beseitigung hinsichtlich des zeitlichen Aufwands bestimmt. Terminänderungen durch die Fehlerbeseitigung werden, falls zutreffend, genannt. Die höchste Priorität hat in dieser Schleife die unmittelbare Beseitigung des Fehlers. Ursachenforschung und die Analyse von Trends stehen nicht im Vordergrund.
2. Im zweiten Schritt wird gefragt, ob der Fehler in ähnlicher Form in anderen Modulen oder Komponenten der Software enthalten sein könnte. Falls diese Frage vom zuständigen Ausschuss bejaht wird, aber unmittelbar keine bestimmten Einheiten der Software identifiziert werden können, wird ein Entwickler damit beauftragt, diese Untersuchung durchzuführen. Er berichtet nach Abschluss seiner Arbeit an den zuständigen Ausschuss, in dem neben einem leitenden Mitarbeiter der Software-Entwicklung auch das Qualitätsmanagement vertreten sein muss.

3. Im dritten Schritt wird untersucht, ob der Fehler durch einen fehlerhaften oder unvollständigen Prozess verursacht wurde. Im Übrigen wird verfahren wie beim zweiten Schritt.
4. Im vierten Schritt wird analysiert, ob der Fehler durch ein falsches Verfahren, eine falsche Tätigkeit oder sonst eine Einzelheit im Prozess des Unternehmens bedingt war, die einer Änderung wert ist. Ansonsten wird verfahren wie im Schritt 2.

Endgültig geschlossen wird ein Fehlerbericht erst dann, wenn alle vier Schleifen durchlaufen worden sind. Dies ist in Abbildung 7-3 gezeigt.

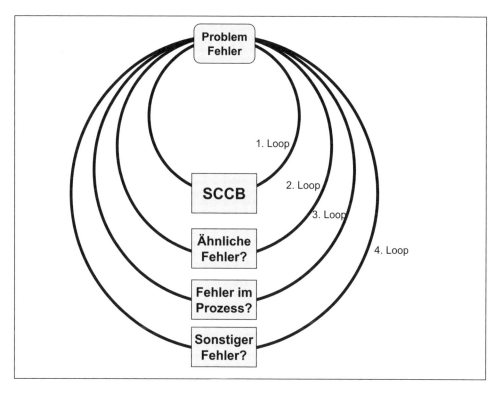

Abb. 7–3:   *System zur Behandlung von Fehlern*

Natürlich wird man diesen vier Schleifen in der Praxis unterschiedliche Prioritäten zuweisen. Zunächst geht es schließlich darum, dem Kunden möglichst rasch bei einem Problem zu helfen. Die zwei äußeren Schleifen braucht man nicht unbedingt einem SCCB zuzuordnen, weil dieses Gremium stets projektspezifisch tätig ist. Man kann sie auch einem zentralen Ausschuss zuweisen, der dann für alle derartigen Fragen im gesamten Unternehmen zuständig ist.

Schaffen wir für einen derartigen Prozess eine geeignete Verfahrensanweisung. Sie könnte so aussehen:

Verfahrensanweisung VA-54:
Fehlerbeseitigung in einem mehrstufigen Prozess

ZWECK:
Fehlerbeseitigung und kontinuierliche Verbesserung

VERANTWORTLICH:
Qualitätsmanagement, Entwicklung, Konfigurationsmanagement

VERFAHREN:
Jeder Fehler und jedes Problem mit der Software, einem Prozess, einem dokumentierten Verfahren oder einer Tätigkeit wird in einem vierstufigen Verfahren untersucht. Dabei ist das *Software Change Control Board* (SCCB), das für jedes Projekt einzurichten ist, für zwei dieser Stufen zuständig. Es ist für die folgenden Tätigkeiten zuständig:

1. Erste Bewertung jeder Fehlermeldung. Unter Umständen ordnet das SCCB weitere Erkundigungen beim Schreiber der Fehlermeldung an, veranlasst Tätigkeiten zur Eingrenzung des Fehlerbilds, macht Abschätzungen zum Verbrauch von Ressourcen und ordnet die Beseitigung des Fehlers und die Änderung der Software verbindlich an. Das SCCB sorgt auch dafür, dass Tests oder Regression-Tests durchgeführt und dokumentiert werden. Nach Beseitigung des Fehlers und dem durchgeführten Test bestätigt der Vertreter des Qualitätsmanagements im SCCB durch seine Unterschrift, dass der Fehler tatsächlich beseitigt wurde.
2. Im zweiten Schritt untersucht das SCCB, ob sich ähnliche Fehler in der Software befinden könnten. Es kann zu diesem Zweck weitere Untersuchungen durch die Entwicklung anordnen. Falls sich einer oder mehrere Fehler finden, werden STRs geöffnet, und die Fehlermeldungen werden vom SCCB wie oben beschrieben behandelt.

Es wird ein *Software Improvement Board* (SIB) eingerichtet, das Projekt übergreifend {firmenweit} tätig ist. Es befasst sich mit Fehlermeldungen, die von einem SCCB bereits bearbeitet wurden. Die unmittelbare Auswirkung eines Fehlers ist zu dem Zeitpunkt, an dem sich das SIB damit befasst, in der Regel bereits beseitigt.

1. Das SIB untersucht, ob der Fehler durch einen fehlerhaften oder unvollständigen Prozess verursacht wurde. Falls dies nicht sofort festgestellt werden kann, hat das SIB das Recht, dazu ergänzende Untersuchungen anzustellen oder anzuordnen.
2. Das SIB analysiert, ob der Fehler durch ein falsches Verfahren, eine falsche Tätigkeit oder sonst eine Einzelheit im Prozess des Unternehmens bedingt war, die einer Änderung wert ist. Ansonsten wird verfahren wie oben.

Den Vorsitz im SIB übernimmt das Qualitätsmanagement. Weitere Pflichtmitglieder sind die Software-Entwicklung und das Konfigurationsmanagement. Bei Bedarf können Vertreter weiterer Fachrichtungen hinzugezogen werden. Ziel des SIB ist es, Prozesse, Verfahren und Tätigkeiten mittelfristig zu verbessern und dadurch die Qualität der Software zu steigern.

Gewiss ist ein derartiger Prozess zur Fehlerbeseitigung und vorbeugenden Fehlersuche mit einem gewissen Aufwand verbunden. Es kann sich aber durchaus lohnen, so intensiv nach Fehlern aller Art zu suchen. Das zeigt die Entwicklung der Zahl der Fehler [49] in der Software des amerikanischen Space Shuttle.

Wie sich bei diesem Projekt die Zahl der Restfehler in der Software, also die Zahl der Fehler nach der Auslieferung an den Kunden NASA, entwickelt hat, ist in Abbildung 7-4 dargestellt.

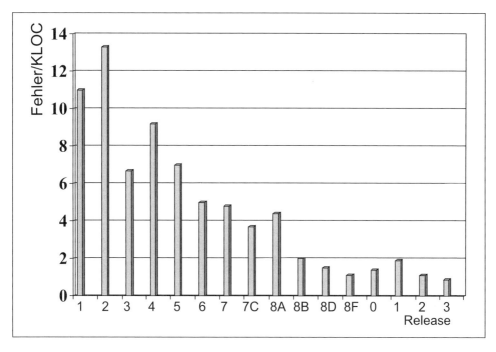

Abb. 7–4:   *Entwicklung der Restfehler beim US Space Shuttle*

Es hat Jahre gedauert, den Prozess so ausbauen und zu verfeinern, bis diese Restfehlerrate erreicht werden konnte. Für die meisten Unternehmen im Bereich der Software-Erstellung liegen die oben rechts gezeigten Werte derzeit nicht in greifbarer Nähe.

7.5 Kennzahlen im Software-Erstellungsprozess

You can't control what you can't measure.
              Tom deMarco

Bei den Software-Metriken [55,64,65,66,67] ist es wie im richtigen Leben. Es gibt Grundeinheiten, im amerikanischen Sprachgebrauch [65] manchmal auch als *Primitives* bezeichnet. Diese können wir vergleichen mit Messungen wie der Länge in Kilometern oder der Zeit in Sekunden. Gemeinsam ist den Grundeinheiten, dass sie direkt gemessen werden können.

Zum Zweiten gibt es abgeleitete Einheiten. In der Physik wäre das zum Beispiel die Lichtgeschwindigkeit mit 299 792,458 km/s. Eine vergleichbare Größe, also eine abgeleitete Metrik, stellt auf unserem Fachgebiet die Zahl der Fehler in der Entwicklung pro 1000 Lines of Code dar. Sie kann aus zwei Grundeinheiten unmittelbar berechnet werden.

7.5.1 Grundmetriken

Bei Grundmetriken ist in erster Linie wichtig, dass man sie im gesamten Unternehmen und in allen Projekten nach einem einheitlichen Verfahren erfasst. Ist das nicht gewährleistet, dann vergleicht man später unter Umständen Äpfel mit Birnen.

Zu den Grundmetriken gehören in den meisten Firmen, die sich bisher mit dem Gebiet befasst haben, die folgenden Messgrößen:

- Produktumfang in *Lines of Code* (LOC)
- Alternativ dazu Produktumfang in Function Points
- Aufwand für ein Projekt in Stunden oder Arbeitstagen
- Länge einzelner abgrenzbarer Phasen in Tagen
- Während der Entwicklung gemachte Fehler
- Nach der Auslieferung der Software an den Kunden bekannt gewordene Fehler
- Aufwand für die Beseitigung eines Fehlers in Stunden

In unserem Fall wollen wir die Software in ihrem Umfang durch die Lines of Code kennzeichnen. Wir erstellen deshalb die folgenden Verfahrensanweisung:

Verfahrensanweisung VA-55:
Produktumfang in Lines of Code

ZWECK:
Eine Basis zur Messung der Produktivität aufgrund von Messwerten der eigenen Organisation zu schaffen.

VERANTWORTLICH:
Software-Entwicklung, jede Entwicklungs- und Projektgruppe, Finanzwesen

VERFAHREN:
Es wird für alle Arten von Software, die bei {SOFTCRAFT} erstellt werden, der Produktumfang in Lines of Code ermittelt. Dabei ist eine Programmzeile definiert als eine Anweisung, die mit einem so genannten *Delimiter* (Begrenzer) abgeschlossen wird. In der Sprache C handelt es sich um das Semikolon. Eine LOC braucht also nicht mit einer physikalischen Zeile überein zu stimmen.

Die Ermittlung des Produktumfangs erfolgt mit einem Werkzeug und ist spätestens dann durchzuführen, wenn die Software ausgeliefert werden soll. Handelt es sich um Software in Echtzeit, für die Begrenzungen bezüglich des Speicherplatzes gelten, dann ist die Ermittlung des Produktumfangs vor dem Unit Test für jedes Modul der Software durchzuführen.

Es kommt ein Werkzeug zum Einsatz.
Die Qualitätssicherung ist dafür verantwortlich, dass die Messungen tatsächlich durchgeführt und die Ergebnisse gesammelt werden. Das Finanzwesen hat die Aufgabe, auf Anforderung bei jedem Projekt die Stunden (den Aufwand) bekannt zu geben, die für dieses Projekt gebraucht wurden.

Alternativ zu Lines of Code wäre es möglich, Function Points einzusetzen. Wir wollen uns hier wegen der besseren Anschaulichkeit und des umfangreicheren Datenmaterials auf Lines of Code beschränken.

Nun benötigen wir noch zwei weitere Verfahrensanweisungen, eine zur Ermittlung der Fehler während der Entwicklung und eine zweite für die Erfassung der Restfehler:

Verfahrensanweisung VA-56:
Erfassung von Fehlern während der Entwicklung

ZWECK:
Um Metriken berechnen zu können

VERANTWORTLICH:
Software-Entwicklung, jede Entwicklungs- und Projektgruppe, Qualitätssicherung, Qualitätsmanagement, Testgruppe

VERFAHREN:
Für alle Projekte werden die während der Entwicklung gemachten Fehler aufgezeichnet. Dazu dienen die Software Trouble Reports, die das SCCB bearbeitet. In diese Berechnung gehen Verbesserungen nicht ein.

Gegen Projektende wird ermittelt, wie viele Fehler insgesamt entdeckt wurden. Es können auch weitere Untergliederungen vorgenommen werden, zum Beispiel:

- Nach der Fehlerklasse
- Nach der Phase, in der ein Fehler eingeführt wurde
- Nach der Phase, in der ein Fehler gefunden wurde

Eine Klassifizierung der Fehler nach Mitarbeitern ist unzulässig.

Verfahrensanweisung VA-57:
Erfassung von Restfehlern

ZWECK:
Die Fehler zu erfassen, die nach der Auslieferung der Software an den Kunden entdeckt werden

VERANTWORTLICH:
Support, Vertrieb, Qualitätsmanagement, Software-Entwicklung

VERFAHREN:
Restfehler sind definiert als Fehler in der Software, die nach der Auslieferung des Produkts an den Kunden entdeckt werden. Die Zählung beginnt in der Regel nach dem Akzeptanztest. Zwar werden Fehler dieser Art in den meisten Fällen über den Support von Anwendern und

> Kunden kommen. Es fallen aber auch Fehler, die nach der Freigabe der Software in der Entwicklung gefunden werden, in diese Kategorie.
> Restfehler werden in üblicher Weise vom SCCB behandelt. Sie werden mit STRs erfasst und gezählt. Es kann nach der Schwere des Fehlers eine Unterscheidung getroffen werden.

Die durchzuführenden Messungen müssen festgelegt und im gesamten Unternehmen nach einem einheitlichen Standard durchgeführt werden. In den meisten Fällen ist der zusätzliche Aufwand gering, weil man bereits Aufzeichnungen besitzt.

7.5.2 Produktmetriken

Bei den aus den Grundeinheiten abgeleiteten Metriken unterscheidet man zwischen Produkt- und Prozessmetriken. Wenn ein Unternehmen sich das erste Mal mit Metriken [55] befasst, ist es sinnvoll, zunächst mit Produktmetriken zu beginnen. Bevor wir uns damit im Detail beschäftigen, noch ein Blick auf die DIN EN ISO 9001. Sie fordert in Abschnitt 8.4 unter dem Titel *Datenanalyse*, dass zu den folgenden Gebieten Daten erhoben werden:

- Kundenzufriedenheit
- Erfüllung der Produktanforderungen
- Produktmerkmale
- Prozessmerkmale
- Lieferanten

Diese Forderung bedeutet, dass wir für diese Gebiete auf alle Fälle Metriken brauchen, wenn wir die Norm erfüllen wollen. Beginnen wir mit der Bewertung der Kundenzufriedenheit. Wir könnten in einem Fragenbogen, den wir unseren Kunden schicken, zum Beispiel die folgende Frage finden:

> Sind Sie mit dem Support zufrieden?
> Sehr gut [ ] Gut [ ] Befriedigend [ ] Ausreichend [ ] Ungenügend [ ]

In diesem Fall wurde eine Skala verwendet, die uns allen bekannt vorkommen dürfte. Wir haben 137 Fragenbogen versandt und davon 98 wieder zurückbekommen. Somit beträgt die Rücklaufquote 71,5 Prozent.
Unseren Kunden erzählen wir nichts davon, aber für uns intern setzen wir die Bewertung des Supports in eine numerische Skala um.

Sehr gut	Gut	Befriedigend	Ausreichend	Ungenügend
100 Punkte	75 Punkte	50 Punkte	25 Punkte	0 Punkte

Tabelle 7–4: *Bewertungsskala für Fragebogen*

Kennzahlen im Software-Erstellungsprozess **245**

Wenn wir nun noch die Antworten hinzunehmen, dann lässt sich errechnen, in welche Kategorie uns unsere Kunden einordnen.

	Sehr gut	**Gut**	**Befriedigend**	**Ausreichend**	**Ungenügend**
Punkte	100	75	50	25	0
Antworten	29	37	23	6	3
Antworten %	30	38	23	6	3

Tabelle 7–5:   *Auswertung des Fragebogens*

Diese Antworten können wir nun in der Form einer Grafik darstellen, um das Ergebnis anschaulicher zu machen.

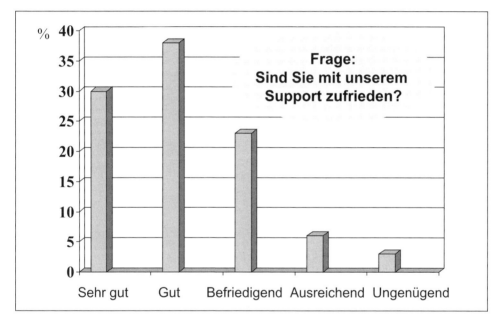

Abb. 7–5:   *Beurteilung des Support*

Die Verwendung der oben gewählten Skala hat den Nachteil, dass sich Zauderer eigentlich nie entscheiden müssen, ob sie eine Leistung nun positiv oder negativ bewerten. Sie nehmen einfach die Antwort in der Mitte. Wenn man erzwingen will, dass sich der Befragte eindeutig äußert, muss man eine Skale verwenden, die eine gerade Zahl von Möglichkeiten anbietet.

Wir verwenden dazu die folgende Frage, die uns im Hinblick auf eine Änderung der Arbeitszeiten interessiert:

Sind Sie mit den Öffnungszeiten unseres Support, also von 9 bis 17 Uhr, zufrieden?
Sehr gut [ ] Gut [ ] Befriedigend [ ] Ausreichend [ ] Mangelhaft [ ] Ungenügend [ ]

Wenn wir dazu die Fragebogen unserer Kunden auswerten, ergibt sich das folgende Bild.

	Sehr gut	Gut	Befriedigend	Ausreichend	Mangelhaft	Ungenügend
Punkte	100	80	60	40	20	0
Antworten	17	20	13	12	33	3
Antworten %	17	20	13	12	34	3
Punkte	1700	1600	780	480	680	0

Tabelle 7–6: Weitere Auswertung des Fragebogens

In einer Grafik lässt sich das Resultat der Erhebung so darstellen.

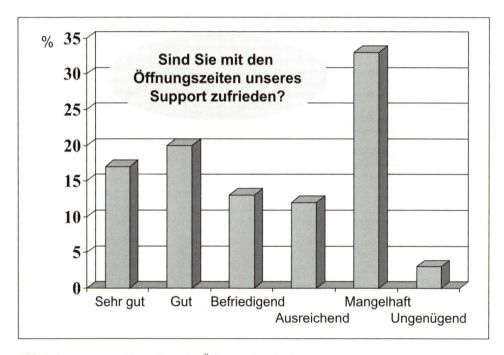

Abb. 7–6: Beurteilung der Öffnungszeiten des Support

Hier zeigt sich deutlich, dass ein Großteil unserer Kunden sich längere Dienstzeiten des Supports wünscht. Man müsste hier mit einer offenen Frage nachhaken, um herauszufinden, welche Zeiten die Anwender und Kunden gerne hätten.

Wenn wir die Punkte auswerten, liegen wir mit 4080 zu 1160 im positiven Bereich. Damit haben wir fast 78 Prozent Zustimmung erreicht. Wie bei allen Statistiken muss man eben genau hinsehen, um Abweichungen zu erkennen. Die Zahl der erreichten Punkte kann man verwenden, um ein bestimmtes Merkmal im zeitlichen Verlauf zu beobachten.

Diese Metriken sollen im Bereich Kundenzufriedenheit vorläufig genügen. Wenden wir uns wieder dem technischen Bereich zu. Dazu die folgende Verfahrensanweisung.

Verfahrensanweisung VA-58:
Fehlerrate während der Entwicklung

ZWECK:
Für jedes Projekt die Fehlerrate zu ermitteln

VERANTWORTLICH:
Qualitätsmanagement in Zusammenarbeit mit der Entwicklung, Konfigurationsmanagement

VERFAHREN:
Die während der Entwicklungszeit gegen Software-Produkte geschriebenen Fehlermeldungen, wie sie aus der Arbeit des SCCB und dessen Protokollen bekannt sind, werden gesammelt und ausgewertet. Am Projektende wird die Fehlerzahl durch die Lines of Code, die insgesamt die auszuliefernde Software ausmachen, geteilt. Diese Metrik wird für jedes Projekt erstellt und als Fehlerrate in der Entwicklung bezeichnet.

Für verschiedene Arten von Software, auch innerhalb eines Projekts, ist die Fehlerrate getrennt zu ermitteln. Das Konfigurationsmanagement und die Entwicklung unterstützen diese Metrik, indem sie dem Qualitätsmanagement Daten zur Verfügung stellen.

Die Fehlerraten sind vertraulich zu behandeln und dürfen Dritten nicht zugänglich gemacht werden.

Das Verfahren kann automatisiert werden.

Wenn man die Frage stellt, wie groß die Fehlerrate während der Entwicklung ist, so schwanken die Angaben über einen weiten Bereich. Das ist in Abbildung 7-7 gezeigt.

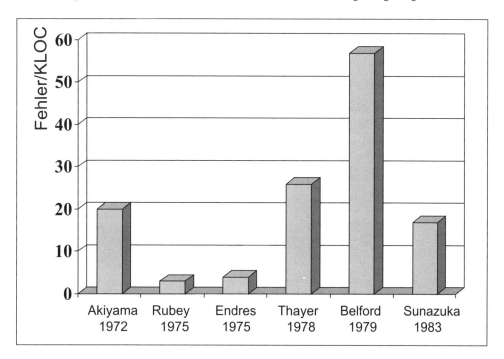

Abb. 7–7:   *Fehlerrate während der Entwicklung [64]*

Die großen Unterschiede dürften auch daraus resultieren, dass man nicht weiß, wann in diesen Projekten die Konfigurationskontrolle eingesetzt hat. Unter normalen Umständen sollte sie greifen, sobald eine Phase abgeschlossen ist. Falls das allerdings nicht der Fall ist, werden im Entwicklungsverlauf Fehler gefunden, aber nicht dokumentiert. Auf diese Weise ist es leicht, eine niedrige Fehlerrate zu erzielen. Zu fragen ist allerdings bei solchen Projekten: Wo bleibt die Kontrolle durch das Management?

Ähnlich wie die Fehlerrate können wir auch die Restfehlerrate ermitteln:

> **Verfahrensanweisung VA-59:**
> **Bestimmung der Restfehlerrate**
>
> ZWECK:
> Für jedes Projekt die Restfehlerrate zu ermitteln
>
> VERANTWORTLICH:
> Qualitätsmanagement in Zusammenarbeit mit dem Support, Entwicklung, Konfigurationsmanagement
>
> VERFAHREN:
> Die nach der Auslieferung der Software gegen Software-Produkte geschriebenen Fehlermeldungen, wie sie aus der Arbeit des SCCB und dessen Protokollen bekannt sind, werden gesammelt und ausgewertet. Nach jeweils {einem halben Jahr, gerechnet von der ersten Freigabe an,} wird für jede Version die ermittelte Restfehlerzahl durch die Lines of Code, die insgesamt die auszuliefernde Software ausmachen, geteilt. Diese Metrik wird für jedes Projekt erstellt und als Restfehlerrate bezeichnet. Die Ermittlung der Metrik kann eingestellt werden, wenn das Produkt abgekündigt wird oder keine Fehler mehr bekannt werden. Die Entscheidung trifft das Qualitätsmanagement.
> Die Fehlerraten sind vertraulich zu behandeln und dürfen Dritten nicht zugänglich gemacht werden. Das Verfahren kann automatisiert werden.

Zur Restfehlerrate sind wenig Daten aus der Branche bekannt. Die meisten Firmenleitungen reden nicht offen darüber. Wenn allerdings ein Unternehmen relativ gut dasteht, dann kann sich schon einmal ein Vorstandsvorsitzender entschließen, ein Ziel vorzugeben und verkünden, dass die Restfehlerrate innerhalb von zwei Jahren von derzeit 2 Fehler/KLOC auf 1 Fehler/KLOC gesenkt werden soll.

In Tabelle 7-7 finden sich die wenigen Daten, die zur Restfehlerrate bekannt geworden sind.

Quelle und Art der Software	Sprache	Restfehler/KLOC
Betriebssystem von Siemens	Assembler	6 – 15
Wissenschaftliche Bibliothek	FORTRAN	3
Informationssystem	C	0,81
Language Parser von Lloyd's	C	1,4
IBM, Cleanroom-Methode	Verschiedene	3,4

Quelle und Art der Software	Sprache	Restfehler/KLOC
IBM, reguläre Entwicklung	Verschiedene	30
Planungsstudie für Satelliten	FORTRAN	6 –16
Kommunikations-Software von Unisys	Ada	2 – 9

Tabelle 7–7:   *Restfehlerraten in der Industrie [64]*

Auch hier schwanken die Angaben in einem weiten Bereich, aber 3 Fehler/KLOC ist bereits ein guter Wert. Er wird von den meisten Unternehmen der Branche derzeit nicht erreicht. Weiterhin könnten wir uns im Bereich der Produktmetriken den Lieferanten zuwenden. Das ist sogar eine Forderung der DIN EN ISO 9001.

Wir haben im Anhang ein System vorgegeben, mit denen wir unsere Lieferanten bewerten können. Wir nehmen dazu an, dass wir PCs, Laptops, Leiterplatten, Modems und dergleichen bei drei Lieferanten kaufen. Wir bewerten sie vierteljährlich zum Ende des Quartals. Dann könnte unser Ergebnis so aussehen:

	Lieferant A	Lieferant B	Lieferant C
1. Quartal 2001	69	79	45
2. Quartal 2001	76	77	43
3. Quartal 2001	77	60	50
4. Quartal 2001	74	64	48

Tabelle 7–8:   *Lieferantenbewertung*

Mit diesen erhobenen Daten können wir eine Metrik erarbeiten. Sie sieht in diesem Fall aus wie in Abbildung 7-8.

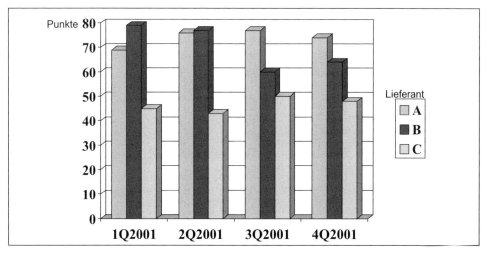

Abb. 7–8:   *Entwicklung der Hardware-Lieferanten*

In diesem Fall können wir mit den Lieferanten A und B zufrieden sein, weil sie nahe bei der maximalen Punktzahl von 90 liegen. Der dritte Lieferant liegt dagegen eher am unteren Ende der Skala. Falls er nicht ein Produkt anbietet, das wir unbedingt brauchen, woanders aber nicht kriegen, können wir auf diesen Lieferanten durchaus verzichten.

Lieferant B liegt zwar im oberen Bereich unserer Skala, lässt aber über das Jahr hinweg in der Leistung nach. In diesem Fall wäre es interessant, aus den Unterlagen des Einkaufs zu ermitteln, woran das liegt.

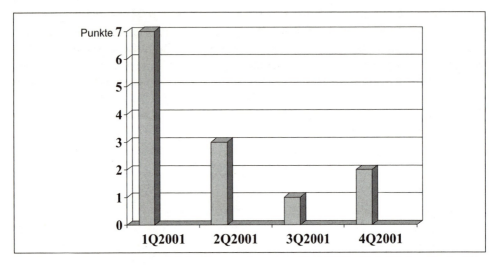

Abb. 7–9:   *Entwicklung der Termineinhaltung*

In diesem Fall stellt sich heraus, dass Lieferant B in seiner Liefertreue nachgelassen hat. Das kann manchmal ganz triviale Ursachen haben, etwa der Bezug eines neuen Lagers oder der Wechsel von einem Versender zu einem anderen. Wenn wir aber bestimmte Produkte innerhalb von 24 Stunden brauchen, wäre das ein Grund, mit dem Management von Lieferant B über diesen Punkt zu reden.

Im Bereich der Lieferanten kann es auch vorkommen, dass man bestimmte Produkte im Sinne von Benchmarking miteinander vergleicht. Für den Wettbewerb zweier Compiler der Programmiersprache C gelten die Resultate in Tabelle 7-9.

Eigenschaften	Compiler 1	Compiler 2
Übersetzung [s]	3,15	22,41
Übersetzen und Linken [s]	6,55	22,49
Ausführung des Codes [s]	6,59	10,11
Größe des Objektcodes [B]	239	249
Größe des ausführbaren Codes [B]	5748	7136
Preis US$	99,95	450,00

Tabelle 7–9:   *Vergleich zweier Compiler [64]*

In diesem Fall lautet das verblüffende Ergebnis, dass das billigere Produkt in allen Punkten besser abgeschnitten hat. Verlassen wir damit die Produktmetriken und wenden uns den Prozessmetriken zu.

7.5.3 Prozessmetriken

Prozessmetriken setzen voraus, dass ein definierter und dokumentierter Prozess überhaupt vorhanden ist. Wenn das noch nicht der Fall ist, macht es keinen Sinn, sie zu erstellen. Eine Frage, die oft auftaucht, ist die Länge der einzelnen Phasen, beziehungsweise der Anteil der Ressourcen, die in jede Phase fließt. Bei Hewlett-Packard hat man dazu die folgenden Antworten gefunden.

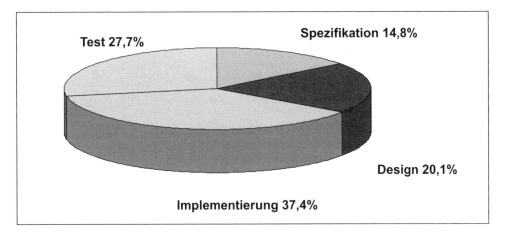

Abb. 7–10:   *Aufwand pro Phase [65]*

Dabei handelt es sich um den Mittelwert von ein paar Dutzend Projekten. Insofern ist bemerkenswert, dass für den Test realistische 28 Prozent ermittelt wurden. Die Implementierungsphase nimmt mit fast 40 Prozent der Ressourcen immer noch den größten Raum ein.

    Wir haben in unserem System dafür gesorgt, dass Daten darüber erhoben werden, wann ein Fehler eingeführt und gefunden wurde. Das interessiert uns deswegen, weil die Beseitigung eines Fehlers umso teurer wird, je länger er unentdeckt in der Software verbleibt. Wir verwenden dazu die folgende Anweisung:

Verfahrensanweisung VA-60:
Fehler pro Phase

ZWECK:
Für jedes Projekt die Phase des Prozesses zu ermitteln, in denen Fehler gehäuft auftreten

> **VERANTWORTLICH:**
> Qualitätsmanagement in Zusammenarbeit mit der Entwicklung, Konfigurationsmanagement
>
> **VERFAHREN:**
> Die während der Entwicklungszeit und nach Auslieferung der Software an den Kunden gegen Software-Produkte geschriebenen Fehlermeldungen, wie sie aus der Arbeit des SCCB und dessen Protokollen bekannt sind, werden gesammelt und ausgewertet. Am Projektende und/ oder nach Projektabschluss wird ermittelt, wie viele Fehler in jeder Phase des verwendeten Prozessmodells aufgetreten sind. Abgezielt wird darauf, wann der Fehler eingeführt, nicht, wann er gefunden wurde. Zweck ist es, die Phase zu ermitteln, in denen eine erhöhte Fehlerhäufigkeit zu beobachten ist.
>
> Für verschiedene Arten von Software, auch innerhalb eines Projekts, ist die Fehlerrate pro Phase getrennt zu ermitteln. Das Konfigurationsmanagement und die Entwicklung unterstützen diese Metrik, indem sie dem Qualitätsmanagement Daten zur Verfügung stellen.
>
> Das Verfahren kann automatisiert werden.

Wenn das Qualitätsmanagement mit Hilfe der oben angesprochenen Metrik herausfinden kann, dass eine bestimmte Phase eine erhöhte Zahl von Fehlern auftritt, dann kann gezielt in dieser Phase gegengesteuert werden.

Man kann die Fehler auch in Hinblick auf ihre Ursachen einordnen und klassifizieren. Dazu kann die folgende Liste dienen.

Fehlerkategorie	Fehlerart
Schnittstellen	1. Zusätzliche Datenfelder notwendig
	2. Daten anders präsentieren
	3. Grenzen von Datenfeldern zu restriktiv
	4. Grenzen von Datenfeldern zu weitgehend
	5. Ungenügende Systemkontrolle
	6. Unklare Instruktion oder Antwort
	7. Neue Funktion oder andere Verarbeitung notwendig
Programm	1. Daten falsch oder nicht konsistent definiert
	2. Initialisierung fehlend oder falsch
	3. Falscher Zugriff auf Datenbank
	4. Falsche Verarbeitung am Bildschirm
	5. Falscher Befehl
	6. Falscher Parameter
	7. Nicht erwarteter Fehler
	8. Fehler mit Betriebssystem
	9. Falscher Programmfluss
	10. Falsche Logik oder Algorithmus
	11. Anforderung für Verarbeitung übersehen oder fehlend
	12. Einhaltung eines Standards

Fehlerkategorie	Fehlerart
Umgebung und Computer	1. Verschiedene Schnittstellen zu Terminals
	2. Verschiedene Interfaces zu Druckern
	3. Unterschiedliche Versionen des Betriebssystems
	4. Falsche *Job Control Language*
	5. Falsche Abrechnung
	6. Nicht erwartete Forderung eines lokalen Systems
	7. Problem mit Prototyp einer Programmiersprache

Tabelle 7–10:   *Ursachen von Fehlern [65]*

Die Art der Fehler, auf die man trifft, hängt stark von der jeweiligen Branche und der Applikation ab. Man sollte sich daher eine eigene Liste erarbeiten. Bei einem Projekt der US-Luftwaffe wurde die folgende Fehlerverteilung festgestellt.

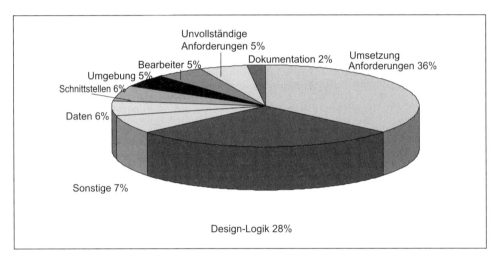

Abb. 7–11:   *Verteilung bei der US AirForce [64]*

Weiterhin könnte man fragen, wie sich die Fehler auf die einzelnen Fehlerklasse verteilen. Meine eigenen Erfahrungen beim Test eines Betriebssystems sehen so aus.

	Hardware	Software		
Release		Klasse I	Klasse II	Klasse III
1	0	0	14	86
2	0	6	31	63
3	7	7	52	34
4	16	7	46	31
5	7	10	60	23

Tabelle 7–11:   *Verteilung in Prozent [68]*

Bemerkenswert ist dabei, dass die Schwierigkeiten und Probleme mit der Hardware zunehmen, je mehr neue Peripherie dazu kommt. Das zeigt sich auch in der erhöhten Zahl katastrophaler Fehler, die mit einem *Crash* enden.

Man kann auch die Frage stellen, wie lange es dauert, einen Fehler zu beheben, wenn er bekannt ist. Von Hewlett-Packard liegen dazu die folgenden Ergebnisse vor.

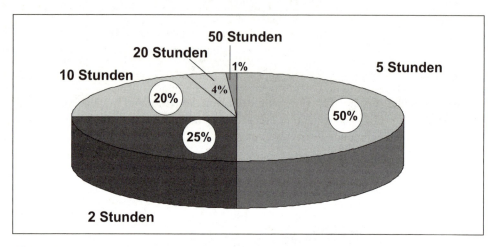

Abb. 7–12:   *Zeit für die Fehlerbeseitigung*

Aus der obigen Metrik ist ersichtlich, dass zwar die meisten Fehler innerhalb weniger Stunden behoben werden können. 1 Prozent verlangt aber für ihre Behebung einen Aufwand von mehr als eine Woche.

Dies sind nur einige Beispiele sinnvoller Metriken. Man kann sich Hunderte davon ausdenken. Aber Metriken dienen schließlich einem Zweck. Deshalb kommt es im Rahmen eines Unternehmens in erster Linie darauf an, die Metriken zu identifizieren, die der Firma den größten Nutzen bringen werden.

7.5.4   Datenquellen

It is a capital mistake to theorize before one has data.
Sherlock Holmes

In den meisten Unternehmen, auch im Bereich der Software-Erstellung, sind bereits Daten vorhanden, die zur Berechnung von Metriken verwendet werden könnten. Sie werden nur nicht genutzt.

Eine gute Datenquelle stellt meist das Konfigurationsmanagement dar, weil es zu seinen Aufgaben gehört, Aufzeichnungen anzufertigen und Software oder Teile davon zu verwalten. Hinsichtlich des Verbrauchs an Ressourcen stellt oftmals das Rechnungswesen eine ergiebige Quelle dar. Leider liegen die Daten dort oft nicht in einer Form vor, die man gebrauchen kann. Man sollte also zu Beginn eines Produkts darauf hinwirken, dass die Aufzeichnungen vernünftig strukturiert werden. Also nicht eine Kostenstelle für alle Arten der Software, sondern verschiedene Kostenstellen für auszuliefernde Software, Support Software und Testprogramme.

Wichtig ist auch, dass ein Metriken-Programm für das gesamte Unternehmen zu einheitlichen Definitionen, Begriffen und Metriken kommt. Es darf nicht passieren, dass jedes Projekt andere Metriken einsetzt.

Unbedingt vermieden werden sollten Metriken, die auf einzelne Mitarbeiter abgestellt sind. Es ist nicht die Absicht dieser Übung, Mitarbeiter und deren Leistung zu bewerten, sondern Software-Produkte und den Prozess, der ihrer Erstellung dient.

Für die erhobenen Daten kann man die folgenden Forderungen [64] aufstellen:

- **Korrektheit:** Die Daten müssen richtig sein. Zum Beispiel geht es bei der Grundeinheit LOC nicht an, dass ein Programmierer das zur Verfügung gestellte Werkzeug einsetzt, das Semikolons zählt, während ein Kollege sich das Leben einfach macht und aufschreibt, was sein Editor an Zeilen angibt. Falls das geschehen sollte, kann das Maß Lines of Code in weiten Bereichen schwanken. Die Messung wird verfälscht.
- **Genauigkeit:** Das kann eine Rolle spielen, wenn man Zeiten misst. In der Regel sind Vorhersagen in unserer Branche auf den Tag genau. Zur Erfassung des Aufwands rechnet man meistens mit Stunden. Die Umrechnungsfaktoren zwischen verschiedenen Einheiten sind in vielen Unternehmen abgerundet, um Ausfallzeiten und Urlaub zu berücksichtigen. Deshalb sollte mit einheitlichen Umrechnungsfaktoren gerechnet werden.
- **Einheitlichkeit:** Daten sollten nicht davon abhängen, wer sie erfasst hat, sondern von allen Mitarbeiter nach einem definieren und dokumentierten Verfahren erfasst werden.
- **Zeitmarke:** Alle Daten sollten durch eine Angabe des Datums und der Zeit eindeutig zugeordnet werden können. Bei internationalen Projekten ist zu beachten, dass in den USA das Datum in der Form MM-DD-YY geschrieben wird, also zum Beispiel 5-03-01 für den 3. Mai 2001.
- **Reproduzierbarkeit:** Die Ergebnisse von Messungen sollten reproduzierbar sein. Sind sie das im Einzelfall nicht, leidet die Glaubwürdigkeit.

Es ist viel wichtiger, einen kleinen Satz Metriken zu haben, die für das Unternehmen Ergebnisse bringen, aus denen Schlüsse gezogen werden können, als mit Hilfe eines Werkzeugs Hunderte von Metriken zu berechnen, die niemand versteht und die keiner auswerten kann.

7.5.5 Ausrichtung auf Unternehmensziele

In einer Firma ist in der Regel der im Vorteil, der seine Argumente durch Zahlen belegen kann. Insofern stellen Metriken und Kennzahlen einen Weg dar, um das Management von Software-Projekten auf eine bessere Grundlage zu stellen, als wir sie bisher kannten.

Dabei sollten wir nicht außer Acht lassen, in welchem Umfeld wir uns mit unserer Software bewegen. Wenn wir Software für einen Regler erstellen, der in einem Triebwerk von Rolls Royce mitfliegen soll und eines Tages Teil eines Flugzeugs von Airbus oder Boeing wird, dann sollte Zuverlässigkeit unser oberstes Ziel bei der Entwicklung der Software sein. In diesem Fall ist es sinnvoll, unsere Metriken auf die Zahl der Fehler und Restfehler auszurichten.

Stellt die Software ein Textverarbeitungsprogramm dar, so kann es sinnvoll sein, sich auf Kundenbefragungen zu konzentrieren. Wir können in diesem Fall auch kontrollierte Experimente anstellen, um den Umgang der Anwender mit unserer Software zu erforschen. Der Erfolg hängt möglicherweise davon ab, wie grafische Oberflächen gestaltet werden. Wir könnten uns zum Beispiel eine Metrik ausdenken, mit der wir untersuchen, wie schnell sich ein Anwender an unsere Software gewöhnen kann oder wie schnell seine Fehlerrate beim Umgang mit dem Programm sinkt.

Für die Einführung von Metriken hat sich bei Hewlett-Packard [64] der folgende Ansatz bewährt:

1. Definition der Ziele des Projekts und des Unternehmens
2. Zuordnung von Verantwortlichkeiten für die Tätigkeiten
3. Recherche: Erforschen, was es bereits gibt, in der Firma und anderswo
4. Definition eines ersten Satzes von Metriken
5. Den ersten Satz von Metriken bei Mitarbeitern und Managern vorstellen
6. Beschaffung von Werkzeugen zur Datensammlung und Auswertung
7. Abhalten von Seminaren zu Metriken
8. Erfolgsgeschichten publik machen
9. Kreieren einer Datenbank, in die die erhobenen Daten aus allen Projekten wandern
10. Nach Monaten oder Jahren: Den ersten Satz von Metriken daraufhin überprüfen, ob er noch angemessen ist.

Metriken lassen sich in einem Unternehmen, das im Wettbewerb bestehen muss, nur dann mit Erfolg einführen, wenn absehbar ist, dass sie der Firma einen tangiblen Nutzen bringen. Das kann ein paar Monate oder ein Jahr dauern. Deswegen ist es unumgänglich, dass die Geschäftsleitung den Einsatz von Metriken unterstützt.

Ein anderer Ansatz bei der erstmaligen Einführung von Metriken [64] stellt sich wie folgt dar:

1. Den Prozess als Grundlage nehmen.
2. Die Metriken in enger Zusammenarbeit mit den Entwicklern definieren.
3. Mit Projektgruppen beginnen, die Schwierigkeiten haben. Wenn sie durch den Einsatz von Metriken Erfolge erzielen, wird sich das herumsprechen.
4. Datenerfassung und Auswertung so weit wie möglich automatisieren.
5. Einfache und leicht verständliche Metriken auswählen.
6. Metriken so auswählen, dass die Datenerfassung keine große zusätzliche Belastung für die Programmierer bedeutet.
7. Die Erfassung von Daten nicht um jeden Preis erzwingen.
8. Ein paar Metriken sind besser als gar keine.

9. Bei unterschiedlichen Gruppen das Metriken-Programm mit verschiedenen psychologischen Ansätzen verkaufen.
10. Den Fokus immer auf Produkte und Prozesse richten, niemals Menschen kritisieren.

Zwei Erfolgsfaktoren scheinen allen Projekten, in denen Metriken bisher eingeführt wurden, gemeinsam zu sein: Fehler dürfen nicht als persönliche Schuld empfunden, sondern müssen neutral behandelt werden. Zum Zweiten sind Metriken ein Instrument in einem größeren Prozess, der darauf ausgerichtet ist, das Unternehmen voranzubringen.

Bezogen auf die verschiedenen Bereiche, die durch ein Metriken-Programm betroffen sein mögen, kann man die folgenden Ratschläge geben.

Struktur	Empfehlung
Messungen	Klein anfangen Einen Satz von Metriken genau definieren Sammlung und Berichterstattung weitgehend automatisieren
Mitarbeiter	Manager motivieren Erwartungen wecken Alle Beteiligten einbeziehen Aufklären, Schulungen organisieren Das Vertrauen der Mitarbeiter gewinnen
Metriken-Programm	Klein anfangen, Schritt für Schritt wachsen Eine Metrik, die nichts taugt, verwerfen Die richtigen Leute mit den richtigen Informationen versorgen Versuchen, möglichst früh einen Erfolg zu erzielen
Durchführung	Metriken tragen dazu bei, die Qualität zu erhöhen; sie schaffen Mehrwert für die Firma. Entwickler wissen mehr, wenn sie Metriken einsetzen. Die einzelne Metrik ist nicht der Punkt, das Ganze ist wichtig: Prozesse und Produkte. Es ist ein mittel- und langfristiger Prozess.

Tabelle 7–12: *Empfehlungen für ein erfolgreiches Metriken-Programm [64]*

Metriken sollten in einem modernen Unternehmen, das sich der Herausforderungen unserer Zeit stellt, nicht in erster Linie deswegen eingeführt werden, weil die DIN EN ISO 9001 das nunmehr fordert. Vielmehr sind sie bei richtiger Betrachtung ein unentbehrliches Mittel des Managements, um den Prozess unter Kontrolle zu bringen und das Unternehmen im Wettbewerb zu stärken.

7.6 Ausschluss von Elementen der Norm

More will mean worse.
   Sir Kingsley

Wir haben nunmehr die Forderungen der Norm weitgehend abgedeckt. Es bleibt zu fragen, ob es für ein reines Software-Haus notwendig ist, Messgeräte anzuschaffen und zu warten.

DIN EN ISO 9001 sieht in Abschnitt 1.2 vor, dass einzelne Elemente der Norm, sofern sie aus dem Abschnitt 7 stammen, ausgeschlossen werden können. Weil bei einem Unternehmen wie der SOFTCRAFT, die sich auf die Erstellung von Software konzentriert, Messgeräte nicht vorkommen, wollen wir einen kurzen Abschnitt der Norm ausschließen. Dazu dient der folgende Text:

> **Ausschluss eines Normelements**
>
> {SOFTCRAFT} beschäftigt sich in erster Linie mit Bits und Bytes. Hardware wird nicht erstellt, und Geräte werden nicht selbst gewartet. Deshalb sind Messgeräte wie Voltmeter im Unternehmen nicht vorhanden, und eine Eichung muss nicht stattfinden. Aus diesem Grund wird Abschnitt 7.6 *Lenkung und Überwachung von Messmitteln* für das Qualitätsmanagementsystem der {SOFTCRAFT} ausgeschlossen und im Handbuch nicht besprochen.
>
> Der Ausschluss dieses Normelements beeinträchtigt die Fähigkeit der {SOFTCRAFT} zur Erstellung von Software hoher Qualität in keiner Weise. Auch von Forderungen von Kunden sind nicht betroffen.
>
>   txt_18

Nachdem wir das erledigt haben, können wir uns fragen, ob der Prozess zur Behandlung von Fehlern und Abweichungen, wie wir ihn definiert haben, angesichts einer großen Zahl von Fehlern, wie sie bei der Erstellung der Software fast unvermeidlich sind, angemessen ist.

7.7 Automatisierung des Prozesses

If at first you do succeed, hide your astonishment.
   Lucille S. Harper

Wenn wir für die Entwicklung mit einer Fehlerrate im Bereich von 35 bis 50 Fehlern/KLOC rechnen, dann sind das bei einem Projekt mit dem eher bescheidenen Umfang von 20 000 Lines of Code bereits Fehler in der Größenordnung von 700 bis 1000. Das ist eine Überschlagungsrechnung, aber auf jeden Fall handelt es sich um Hunderte von Fehlern. Wenn wir diese Aufgabe bewältigen wollen, müssen wir viel Papier in die Hand nehmen.

Gewiss ist es möglich, ein Fehlerbehandlungssystem, das der Norm DIN EN ISO 9001 entspricht, auf diese Weise aufzubauen. Man kann auch alle Fehler auf die Weise behandeln und gewährleisten, dass sie beseitigt werden. Relativ schwierig ist es allerdings, Trends zu identifizieren. Man findet sie vielfach nicht, weil man zu viel Papier auf dem Schreibtisch hat.

Selbst die Geschäftsführung sieht in der Regel bald ein, dass das Fehlerbehandlungssystem *(Corrective Action System)* der erste Kandidat für eine Automatisierung des Systems sein sollte.

Bei den Inhalten können wir uns an den Daten orientieren, wie sie im Formular für den *Software Trouble Report* stehen. Es ist möglich, weitere Daten hinzunehmen. Man sollte das System auch so auslegen, dass Metriken damit leicht unterstützt werden können. Zur Realisierung verwendet man häufig eine Datenbank.

Wenn dieses System geschaffen wurde und eine Reihe von Jahren im Einsatz ist, kann das Unternehmen sogar daran denken, einen beschränkten Satz von Fehlermeldungen und die Daten zur ihrer Bearbeitung in der Firma für Kunden freizugeben. Das ist in Abbildung 7-13 gezeigt.

Abb. 7–13:   *Zugriff auf das Intranet*

In diesem Fall muss man natürlich alle Vorkehrungen treffen, damit Hacker und andere unliebsame Gäste nicht in das interne Netz des Unternehmens vordringen können. Man wird einen Rechner auswählen, auf dem nur Inhalte stehen, die man der Welt präsentieren möchte. Ausgewählten Kunden mit Zugang zum Internet kann man erlauben, Fehler, Verbesserungen und Vorschläge auf elektronischem Weg einzureichen. Sie können dann auch – quasi in Echtzeit – verfolgen, wie ihre Meldung durch das System läuft und bearbeitet wird. Auch neue Releases kann man über den Rechner, der am Internet hängt, ankündigen.

Für viele Unternehmen mag ein derartiges System noch Zukunftsmusik sein. Es zeigt aber, wohin wir uns bewegen. Und was bereits heute möglich ist.

Zertifizierung des QM-Systems

Das Wohlergehen der Bürger muss das beherrschende Gesetz sein.
  Cicero

Welche Bedeutung ISO 9001 innerhalb weniger Jahre, auch im internationalen Rahmen, erlangt hat, zeigt exemplarisch der folgende Fall.

Fall 8–1: *Verletzt durch die Couch [69]*

> Ein Verbraucher in den USA hatte eine Couch erworben. Als er sich darauf setzte, brach das Möbelstück unter ihm zusammen. Dabei wurde der Besitzer, dessen Bein bandagiert war und sich noch im Heilungsprozess befand, erneut verletzt. Der Besitzer machte den Hersteller und Lieferanten des Sofas für den Schaden verantwortlich.
> Der Verkäufer argumentierte, dass die Anleitung zum Aufstellen und Zusammenbauen des Möbelstücks, wie er sie vom Hersteller erhalten hatte, verwirrend und unverständlich gewesen sei. Der Anwalt des Klägers behauptete, dass die Normen der Reihe ISO 9000 nicht eingehalten worden wären. In einer Anhörung vor Gericht wurden Mitarbeitern des Angeklagten vom Anwalt des Klägers detaillierte Fragen zum Inhalt der ISO-9000-Reihe gestellt. Dazu gehörten die Bereiche Entwurfskontrolle, Inspektion und Test. Der Verkäufer gab zu, die Couch vor der Auslieferung nicht inspiziert zu haben. Eine Dokumentation über die Schulung der Mitarbeiter lag nicht vor. Weder der Verkäufer noch der Hersteller der Couch konnten die Fragen des Anwalts des Klägers befriedigend beantworten.
> Die Parteien einigten sich am Ende außergerichtlich auf einen Schadensersatz von 55 000 Dollar.

Bemerkenswert an diesem Fall ist, dass weder Verkäufer noch Hersteller nach ISO 9001 zertifiziert waren. Die Norm war auch nicht Gegenstand des Kaufvertrags zwischen Verkäufer und Käufer der Couch. Trotzdem zogen es die Beschuldigten vor, sich mit dem Kläger zu einigen und einen Schadensersatz von rund 55 000 Euro zu zahlen. Sie wollten offenbar nicht riskieren, im Prozess vom Richter zu einer höheren Strafe verurteilt zu werden.

In den USA ist üblich, dass sich die Parteien außergerichtlich einigen, wenn ein für den Hersteller negatives Urteil abzusehen ist. Auf diese Weise kann der Beklagte stets behaupten, nicht verurteilt worden zu sein. Der Kläger kommt trotzdem zu seinem Geld. Ob der Richter sich darauf eingelassen hätte, eine Norm heranzuziehen, die nie Vertragsgegenstand war, bleibt nach Lage der Dinge offen. Aber dass allein die Drohung mit der ISO 9001 genügte, um den Beklagten zur Zahlung einer nicht unbeträchtlichen Summe zu bewegen, ist ein deutliches Zeichen für die Popularität der Norm.

Ein Qualitätsmanagementsystem hat, wenn man in die DIN EN ISO 9001 schaut, vor allem zwei Ziele:

- Fähigkeit eines Unternehmens zu demonstrieren, Produkte bereitzustellen die die Anforderungen ihrer Kunden erfüllen sowie gesetzlichen Auflagen genügen.
- Es dem Unternehmen zu ermöglichen, die Kundenzufriedenheit durch kontinuierliche Verbesserung des Systems zu erhöhen.

Damit Kunden erkennen können, dass ein Unternehmen ein Qualitätsmanagementsystem nach DIN EN ISO 9001 besitzt, muss dieses von einer unabhängigen Instanz geprüft werden. Falls die Übereinstimmung mit den Anforderungen der Norm nach einer Begutachtung festgestellt werden kann, wird der Zertifizierer dies dem untersuchten Unternehmen bescheinigen.

Bevor wir näher auf die Zertifizierung eingehen, müssen wir das Qualitätsmanagement im Unternehmen einführen. Die Anwendung des Systems muss angewiesen und von Mitarbeitern und Managern gleichermaßen bei ihrer täglichen Arbeit berücksichtigt werden. Dazu gehört die folgende Erklärung der Geschäftsleitung:

Willenserklärung der Geschäftsführung zum Qualitätsmanagementhandbuch Software, {Version 3.1 vom 13. Mai 2001}

Die Forderungen unserer Kunden, die Wettbewerbssituation in der Branche und die technische Entwicklung machen es notwendig, ein System zur Sicherung der Software-Qualität bei der {SOFTCRAFT GmbH} einzuführen.

Grundlage dieses Systems ist DIN EN ISO 9001, *Qualitätsmanagementsysteme: Anforderungen*, in Verbindung mit DIN EN ISO 9000, Teil 3, *Qualitätsmanagement- und Qualitätssicherungsnormen, Leitfaden für die Anwendung der ISO 9001 auf die Entwicklung, Lieferung und Wartung von Software.*

Die zunehmende Bedeutung der Software in allen Bereichen der Technik und die Übernahme von Steuerungs- und Regelfunktionen durch Software machen es notwendig, das System zur Sicherung der Qualität formell zu definieren und zu dokumentieren. Dies ist im QM-Handbuch {Version 3.1 vom 13. Mai 2001} geschehen.

Die Erstellung des QM-Handbuchs ist die Aufgabe des Qualitätsmanagers oder QM-Beauftragten, der auch für dessen Pflege und periodische Überarbeitung verantwortlich ist. Er wird zu diesem Zweck den Stand der Technik verfolgen, neuere Entwicklungen auf ihre Brauchbarkeit und Einsatzfähigkeit in unserem Umfeld prüfen und sie gegebenenfalls einführen.

Jeder Mitarbeiter des Unternehmens wird gebeten, Verbesserungen anzuregen und dem Qualitätsmanager mitzuteilen. Im Bereich Qualitätsmanagement werden alle Vorschläge geprüft, abgewogen und notwendige Änderungen koordiniert. Bei Bedarf wird das QM-Handbuch überarbeitet, Prozesse, Verfahren und Abläufe werden angepasst. Das QM-Handbuch ist für alle Mitarbeiter {der SOFTCRAFT} verbindliche Richtlinie bei der Erstellung von Software. Wir weisen alle Mitarbeiter an, nach den Regelungen dieses Handbuchs zu verfahren.

[Datum und Unterschrift der Geschäftsführung] [txt_19]

Diese Willenserklärung der Geschäftsführung sollte am Anfang des Qualitätsmanagementhandbuchs abgeheftet werden. Manche Auditoren fordern auch, sie im Unternehmen am »Schwarzen Brett« aufzuhängen, damit auch wirklich jeder Mitarbeiter unterrichtet ist.

Man kann das Handbuch auch im internen Netz des Unternehmens halten und alle Änderungen zu bestimmten Regelungen den Mitarbeitern durch E-Mail bekannt geben. In diesem Fall muss das QM-Handbuch regelmäßig gesichert werden, wie wir das bei Software auch tun.

Der Weg zur Zertifizierung erweist sich für manche Unternehmen als lang und dornenreich, weil sie die Schwierigkeiten unterschätzt haben, weil sie einfach davon ausgegangen sind, das würde ein Spaziergang werden und gerade ihr Unternehmen würde das in kürzester Zeit meistern.

Es ist in vielen Fällen nicht einmal böser Wille. Ganz im Gegenteil sind die Geschäftsführer überzeugt, Software hoher Qualität erstellen und ausliefern zu wollen. Sie vergessen darüber aber vollkommen, dass sich in der Qualitätssicherung inzwischen viele Techniken und Methoden etabliert haben, die man kennen muss, wenn man eine Zertifizierung anstrebt. Guter Wille allein genügt also nicht, ein Unternehmen muss auch seine Hausaufgaben gemacht haben. Das verschlingt in der Regel ein paar Monate, nicht selten ein halbes bis ein ganzes Jahr.

Zu den am häufigsten anzutreffenden Fehlern bei der Zertifizierung eines Qualitätsmanagementsystems gehören nach meiner Erfahrung:

1. Der aufgestellte Zeitplan war unrealistisch.
2. Die Berichte über interne Audits liegen nicht vor.
3. Die Pflege des QM-Systems wird vernachlässigt.

Manche Firmenleitung hat den Ehrgeiz, das QM-System am 15. Dezember zertifizieren zu lassen, um der Belegschaft zur Weihnachtsfeier verkünden zu können, dass man das begehrte Zertifikat jetzt auch habe. Gerade bei einer Erstzertifizierung stellt man dabei häufig fest, dass noch eine Reihe von Normelementen im System nicht berücksichtigt wurden.

Wählt der Betrieb den Weg eines Vor-Audits, dann werden bei der Begutachtung des System oftmals so viele Punkte bemängelt, dass der in einem Monat terminierte Zertifizierungsaudit nicht einzuhalten ist, weil die Änderung des Systems längere Zeit beansprucht. Es wäre töricht, einen Audit durchzuführen, wenn abzusehen ist, dass das Unternehmen scheitern wird.

Der zweite Punkt taucht recht häufig mit dem ersten auf. Wenn ein Unternehmen am 15. Dezember einen Audit ansetzt, aber das QM-Handbuch gerade am 12. Dezember in Kraft gesetzt hat, dann darf man bezweifeln, dass das damit verbundene System im Unternehmen bereits angewandt wird. Schon gar nicht liegen Berichte über durchgeführte Audits und die damit verbundene Management-Bewertung vor.

Den dritten Mangel findet man gelegentlich bei Unternehmen, in denen das Qualitätsmanagement zwar Teil der Geschäftsführung ist, aber noch viele andere Aufgaben wahrnehmen muss. Darunter leidet das QM-System und das Handbuch. Wenn der Auditor dann zum dritten Mal hört, dass das zwar noch nicht ganz optimal wäre, bis zum nächsten Mal aber in Ordnung gebracht würde, fragt er sich: Was soll ich hier eigentlich begutachten? Den guten Willen des Unternehmens? – Der mag durchaus vorhanden sein, aber der Auditor kann schließlich nur den IST-Zustand begutachten. Und der ist nun einmal in einzelnen Punkten so, dass er nicht die Norm DIN EN ISO 9001 erfüllt.

Zu bedenken ist bei den Vorbereitungen für einen Audit auch, dass nicht alle Mitarbeiter viel Zeit für die Erstellung des Handbuchs aufbringen können. Das Tagesgeschäft muss unvermindert weiterlaufen, es müssen Kunden geworben und Aufträge hereingeholt werden. Unter diesen Voraussetzungen sollte man realistische Zeitpläne aufstellen, und zwar mit Optimismus an das Unterfangen herangehen, aber auch mit gesundem Menschenverstand und Sinn für die Realität.

8.1 Kriterien für die Auswahl eines Zertifizierers

Questions are never indiscreet. Answers sometimes are.
   Oscar Wilde

Bei den Zertifizierern haben die deutschen Unternehmen die Wahl unter mehr als einem Dutzend Anbietern. Darunter gibt es Töchter ausländischer Konzerne, relativ kleine selbständige Zertifizierer und Abteilungen oder Tochterfirmen, die zu staatlichen oder halbstaatlichen Organisationen wie der *Landesgewerbeanstalt* (LGA) Bayern oder dem *Technischen Überwachungsverein* (TÜV) gehören. Die Organisations- oder Rechtsform des Zertifizierers sollte bei der Wahl keine ausschlagende Rolle spielen, trotzdem genießen Unternehmen natürlich einen gewissen Vertrauensvorschuss, wenn sie lange Zeit im Markt sind und sich bereits vorher mit ähnlichen Dingen beschäftigt haben.

Es ist allerdings nicht so, dass jeder Zertifizierer für jede Branche und jeden Bereich der Technik zuständig ist. Rein theoretisch wäre das möglich, aber die wenigsten Zertifizierer sind für alle Branchen selbst zertifiziert. Man muss also einen in Aussicht genommenen Zertifizierer zunächst einmal fragen, ob er für die Zertifizierung in der EDV und Software-Erstellung berechtigt ist. Im Zweifel kann man sich auch an die Dachorganisation der in Deutschland zugelassenen Zertifizierer wenden, die *Trägergemeinschaft für Akkreditierung* (TGA) in Frankfurt am Main.

Diese Organisation ist auch dafür verantwortlich, die ihr angehörenden Zertifizierer zu überwachen. Zu diesem Zweck wird bei einem Zertifizierungsaudit im Unternehmen gelegentlich ein dritter Auditor anwesend sein, der an die TGA berichtet. Zweck dieser Übung ist es, den Zertifizierer und seine Auditoren daraufhin zu überprüfen, ob sie die Normen DIN EN ISO 9001 und DIN EN ISO 9000, Teil 3, gut kennen und den Audit in nachvollziehbarer Weise durchführen.

Die TGA dürfte auch an einer gewissen Vereinheitlichung des Verfahrens bei den Audits in den Firmen interessiert sein. Weil DIN EN ISO 9001 nun einmal weltweit für alle Branchen der Industrie gilt, haben die Auditoren bei ihrer Auslegung einen Spielraum, wie er bei branchenspezifischen Standards nicht üblich ist. Weiterhin ist zu bedenken, dass der Systemauditor nicht unbedingt ein Fachmann für die EDV oder Software-Erstellung ist. Lediglich der Fachauditor kommt aus der Branche und sollte ein ausgewiesener Fachmann sein. Handelt es sich dabei allerdings um einen Hochschullehrer, so fehlt ihm unter Umständen der notwendige Bezug zur Praxis.

Der Systemauditor ist vor allem ein Spezialist für die Norm DIN EN ISO 9001. Es kann durchaus sein, dass er am Montag der Woche eine Raffinerie überprüft, am Mittwoch in der Baubranche tätig ist und am Freitag einen Audit in einem Software-Haus durchführt. Bei größeren Zertifizierern wird sich natürlich nach einiger Zeit eine gewisse Spezialisierung der fest angestellten Auditoren herausbilden, während bei kleinen Firmen zu erwarten ist, dass der Systemauditor einen ganzen Reigen von Branchen abdecken muss.

Der Fachauditor ist oft ein Freiberufler oder Selbständiger, der spezifische Kenntnisse auf dem Gebiet der Software-Erstellung besitzt. In manchen Fällen handelt es sich auch um einen Hochschullehrer. Es ist allerdings nicht so, dass die Unternehmen als Auditor jeden beliebigen Fachmann akzeptieren müssten. Sie haben in dieser Hinsicht schon ein Mitspracherecht.

Zertifizierer können nach der 1994er Fassung der DIN EN ISO 9001 bis zum **14. Dezember 2003** zertifizieren. Das hängt damit zusammen, dass die revidierte Fassung der Norm am 15. Dezember 2000 in Kraft getreten ist. Die Frist beträgt also drei Jahre.

In der Konsequenz bedeutet dies für die Unternehmen, die schon ein Zertifikat besitzen und deren Qualitätsmanagementsystem sich an der 1994er Fassung der DIN EN ISO 9001 orientiert, dass sie ihr System bis zum 14. Dezember 2003 umstellen müssen. Natürlich bringt das mit sich, das Qualitätsmanagementhandbuch auf den neuesten Stand zu bringen.

Weil die Zertifizierer gut ausgelastet sind, sollte man mit der Umstellung nicht bis zum letzten Tag warten, sondern zügig mit der Ausrichtung auf die Neufassung der DIN EN ISO 9001 beginnen.

Hat man sich für das Angebot eines bestimmten Zertifizierers entschieden, lässt sich die Folge der Audits etwa so darstellen:

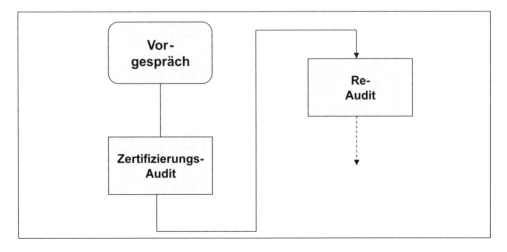

Abb. 8–1: *Die Abfolge von Audits*

Zunächst wird der Leiter der Zertifizierungsstelle oder sein Stellvertreter abklären, in welchem Umfang der Audit geplant werden muss. Bei großen Konzernen kann man für einen Audit schon mal eine Woche ansetzen, bei kleineren Unternehmen mögen ein oder zwei Tage genügen. Nicht unwichtig ist auch die Frage, für welchen Teil des Unternehmens der Audit gelten soll. Soll nur ein Tochterunternehmen oder ein bestimmter Standort zertifiziert werden? Ist vorläufig nur die Zertifizierung eines Teils der Firma geplant?

Eine Abgrenzung der Zertifizierung ist in den meisten Fällen möglich, aber es sollte sich nicht erst beim Zertifizierungs-Audit herausstellen, dass das Unternehmen noch Zweigstellen in Berlin und Hamburg hat, die ebenfalls zertifiziert werden sollen. Zwar ist es bei Unternehmen mit vielen Filialen nicht unbedingt notwendig, dass die Auditoren jeder Filiale beim ersten Audit einen Besuch abstatten, aber es kann nicht zertifiziert werden, was nicht in den Audit einbezogen war. Deshalb sollten solche Fragen unbedingt in einem Vorgespräch zwischen der Geschäftsführung des Unternehmens und dem Leiter der Zertifizierungsstelle geklärt werden.

Zu erwähnen ist auch, dass manche Zertifizierer einen Vor-Audit anbieten. Das ist gewissermaßen ein Probelauf, in dem das Unternehmen sich gefahrlos einem Audit unterziehen kann. Es bekommt Gelegenheit, die beiden Auditoren kennen zu lernen, und hat bis zum Zertifizierungs-Audit Zeit, gefundene Fehler und Mängel im System auszubessern.

Diese Generalprobe für den Zertifizierungsaudit ist zwar in seiner Durchführung etwas lockerer als der Zertifizierungsaudit, allerdings handelt es sich ausdrücklich nicht um eine Beratung. Die Auditoren müssen die Übereinstimmung des vorgestellten QM-Systems mit der Norm DIN EN ISO 9001 unter Berücksichtigung der DIN EN ISO 9000, Teil 3, überprüfen. Sie können sich nicht im großen Umfang auf die Frage einlassen, wie man es besser machen könnte.

Überhaupt ist zu bemerken, dass ein Auditor bei einer bestimmten Firma dieses Unternehmen nicht gleichzeitig beraten darf. Überprüfung und Beratung beim selben Unternehmen schließen sich gegenseitig aus.

Die Durchführung eines Vor-Audits lohnt sich für viele Unternehmen, die das erste Mal zertifiziert werden, denn sie haben auf diese Weise Gelegenheit, eine Generalprobe ohne großes Risiko durchzuführen. Allerdings würde ich davon abraten, den Zertifizierungsaudit nur ein oder zwei Wochen nach dem Vor-Audit zu terminieren. Das ist zu ehrgeizig, denn in den meisten Vor-Audits werden einige Abweichungen von der Norm festgestellt. Dies zieht eine Änderung des Systems und des QM-Handbuchs nach sich, die Zeit braucht. Deshalb sollten zwischen Vor-Audit und Zertifizierungsaudit in der Regel zwei bis drei Monate liegen.

Beim Audit selbst muss man zwei Schritte unterscheiden. Zunächst wird das zu zertifizierende Unternehmen sein QM-Handbuch beim ausgewählten Zertifizierer einreichen. Dann überprüfen die Auditoren, ob dieses Handbuch den Anforderungen gerecht wird (Abbildung 8-2).

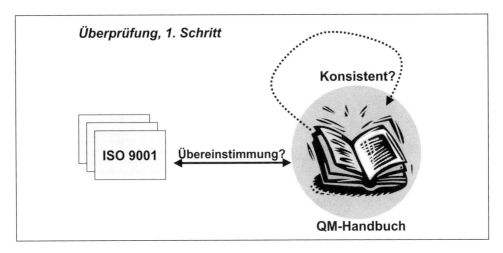

Abb. 8–2:   Überprüfung des QM-Handbuchs

Die Überprüfung bezieht sich zum einen auf den Inhalt und die Forderungen der beiden Normen DIN EN ISO 9001 und DIN EN ISO 9000, Teil 3. Zum anderen wird natürlich auch überprüft, ob sich die verschiedenen Kapitel des Handbuchs nicht selbst widersprechen. Das ist bei längeren Texten ja nie ganz auszuschließen.

Die Auditoren werden meist die Behandlung der einen oder anderen Frage vermissen und ein paar Tippfehler feststellen, aber das hindert sie in den meisten Fällen nicht daran, den Audit durchzuführen. Natürlich werden Fehler und Abweichungen im Handbuch beim Audit zur Sprache kommen. Für die Durchführung des Audits legen die meisten Zertifizierer eine Agenda vor, in der angegeben wird, wann welche Themen behandelt werden sollen. Dabei ist zumindest in den ersten Stunden des Audits und beim Abschlussgespräch die Anwesenheit der Firmenleitung notwendig. Der QM-Beauftragte wird meist während der gesamten Zeit anwesend sein, während man bestimmte Abteilungen und Mitarbeiter nur zu bestimmten Themen befragen wird. In Abbildung 8-3 ist das Verfahren in grafischer Form dargestellt.

Während der Durchführung des Audits muss es das Bestreben der Auditoren sein, alle Elemente der Norm zu prüfen. Sie bedienen sich dazu meist einer Checkliste, wie sie sich auch im Anhang zu diesem Buch findet. Die Auditoren werden sich natürlich nicht mit dem Handbuch zufrieden geben, sondern werden konkret anhand der Projekte prüfen wollen, ob die Regelungen des Handbuchs im Unternehmen eingehalten werden. Dazu werden sie Sachverhalte feststellen, mit Mitarbeitern reden, sich Arbeitsproben zeigen lassen und Verfahren hinterfragen.

Das Handbuch und die dort getroffenen Regelungen stellen also nur die eine Seite der Medaille dar. Die Umsetzung in der Praxis des Betriebs ist die zweite Seite der Medaille, und dafür werden sich die Auditoren bei der Begehung vor Ort vor allem interessieren.

Es ist selten so, dass bei einem Audit überhaupt keine Mängel und Abweichungen von den Forderungen der Norm festgestellt werden. Allerdings muss nicht jede Abweichung gleich zum Scheitern der Zertifizierung führen. Eine geringe Zahl von Abweichungen hindert die Auditoren in der Regel nicht daran, das geprüfte QM-System und die Firma zur Zertifizierung zu empfehlen.

Abb. 8–3:   *Durchführung des Audit*

Rein technisch gesehen empfehlen die beiden Auditoren das Unternehmen nur zur Zertifizierung, weil ihre mitgebrachten Unterlagen in der Zertifizierungsstelle von einem Mitarbeiter, der nicht selbst am Audit beteiligt war, noch einmal überprüft werden. In der Praxis folgen die Zertifizierungsstellen allerdings in fast 100 Prozent der Fälle den Empfehlungen ihrer Auditoren.

Das ausgestellte Zertifikat kann bei vielen Zertifizierern auch in Fremdsprachen ausgestellt werden, darunter natürlich Englisch. Das Einbringen des Logos des Unternehmens ist in vielen Fällen möglich, wenn es in einem gängigen Grafikformat vorliegt. Zwischen Zertifizierungsaudit und dem Bestätigungsaudit liegt ein Jahr. Bei diesem Folgeaudit werden die Auditoren natürlich ihr Augenmerk vor allem auf Dinge richten, die bei dem ersten Audit Schwachpunkte dargestellt haben.

Fragen wir uns nun, welche externen Kosten durch die Zertifizierung auf eine Firma zukommen werden.

8.2 Kosten

There is no art which one government sooner learns of another than that of draining money from the pockets of the people.
Adam Smith

Die Zahl der erteilten Zertifikate an Unternehmen in Deutschland ist inzwischen beträchtlich. Auch dies ist ein Zeichen für die Wichtigkeit der Normen der 9000er Serie. Der größte Zertifizierer in der Bundesrepublik, die DQS in Frankfurt, hatte bis zum August 1999 fast 10 000 Betriebe zertifiziert. Hinzu kommen weitere Zertifizierer, so dass die Zahl der insgesamt erteilten Zertifikate noch weit höher liegen dürfte.

DQS-Zertifikate, Summe	9231
ISO 9001, 9002, 9003	7236
QS-9000	558
VDA 6.1	495
Umweltmanagement	539
Medizinprodukte	265

Tabelle 8–1:   *Erteilte Zertifikate [70]*

Es ist natürlich schwierig, bei der Vielfalt der Branchen, den unterschiedlichen Firmengrößen sowie der Zahl der Projekte und Mitarbeiter eine generelle Aussage zu den Kosten der Zertifizierung zu machen. Auf der einen Seite werden beim Zertifizierungsaudit nicht generell alle Projekte untersucht, wie das beim *Assessment* nach dem *Capability Maturity Model* (CMM) der Fall ist. Auf der anderen Seite müssen sich die Auditoren doch einen Überblick verschaffen und möchten deshalb einen repräsentativen Querschnitt der Projekte sehen.

Die Dauer eines Audits kann bei einem großen Konzern mit Dutzenden von Abteilungen schon einmal eine Woche betragen, während man beim kleinen Software-Haus mit einer Handvoll Mitarbeiter mit einem Tag auskommen mag. Zu beachten ist auch, dass lange Anfahrtswege für die Auditoren bei einem relativ kurzen Audit sich natürlich in der Höhe der Kosten niederschlagen. In Abbildung 8-4 ist dargestellt, wie sich die Kosten für die Durchführung des Audits bei den Unternehmen verteilen.

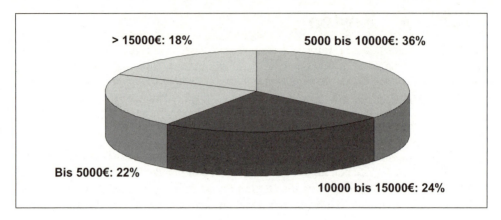

Abb. 8–4:   *Aufteilung der Kosten für die Durchführung von Audits [71]*

Die obige Abbildung zeigt natürlich in erster Linie, dass es Unternehmen unterschiedlicher Größe gibt. Das spiegelt sich in einem unterschiedlich hohen Aufwand für die Zertifizierung wider. Unter diesen Voraussetzungen kann man davon ausgehen, dass bei einem Zertifizierungsaudit, der ein bis zwei Tage nicht überschreitet, Kosten in der Größenordnung von 5 000 bis 10 000 Euro anfallen werden. Dies gilt für zwei Auditoren, den Systemauditor und den Fachauditor. Natürlich erschöpft sich die Tätigkeit der Auditoren dabei nicht in der Durchführung des Audits: Sie müssen vorher das Qualitätsmanagementhandbuch überprüfen, nach dem Audit ihre Checklisten auswerten und einen Bericht erstellen. Es fällt also über die eigentliche Durchführung des Audits hinaus Arbeit an.

Die höchsten Aufwendungen für ein Unternehmen, das eine Zertifizierung anstrebt, sind natürlich nicht die Kosten für den Audit durch einen externen Zertifizierer, sondern die intern anfallenden Kosten für die Vorbereitung auf den Audit und die Erstellung des QM-Systems sowie dessen Dokumentation. Hierzu liegen von deutschen Betrieben die folgenden Zahlen vor (siehe Abbildung 8-5).

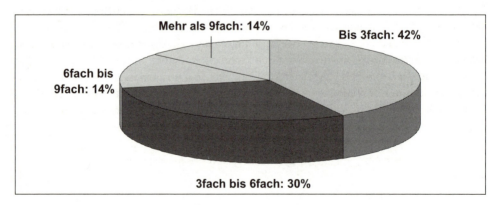

Abb. 8–5:   *Gesamtkosten unter Berücksichtigung des internen Aufwands [71]*

In Abbildung 8-5 sind die Gesamtkosten für das Unternehmen im Verhältnis zu den reinen Zertifizierungskosten dargestellt. Auch hier wird zu berücksichtigen sein, dass größere Unternehmen einen höheren Aufwand haben werden. Andererseits darf nicht verkannt werden, dass gerade bei kleinen Betrieben der Aufwand im Verhältnis zum Umsatz oft relativ hoch ist.

Es gibt in der Branche unter den Zertifizierern auch Billiganbieter, die in Zeitungsanzeigen mit kostengünstigen Angeboten locken. Solche Angebote muss man allerdings mit Skepsis betrachten. Das Vertragsverhältnis mit einem Zertifizierer ist zwar keine Ehe auf Lebenszeit, aber zumindest kann man ihn als einen Lebensabschnittsgefährten für eine Firma und ihr Qualitätssicherungssystem sehen. Hat das Unternehmen den Zertifizierungsaudit bestanden, dann beginnt dieses Verhältnis eigentlich erst. Nach einem Jahr kommt der Auditor wieder, um einen Re-Audit durchzuführen. Dieses Audit ist natürlich nicht so ausführlich wie der Zertifizierungsaudit und oft richtet der Auditor sein Augenmerk dabei vor allem auf die Bereiche, die sich vor einem Jahr als Schwachpunkte herausgestellt haben.

Und gerade hier liegt die Krux vieler Billiganbieter. Wenn solche Unternehmen so günstig kalkulieren, dass sie kaum ihre Kosten decken können, ist die Gefahr groß, dass sie in ein paar Jahren nicht mehr am Markt sein werden. Sie können also keinen Re-Audit mehr durchführen. Das Unternehmen, das sich auf das vermeintlich günstige Angebot eines Zertifizierers eingelassen hatte, muss sich also einen neuen Zertifizierer suchen. Diese Firma wird kaum bereit sein, in den Vertrag des ungeliebten Konkurrenten einzusteigen, und damit beginnt die Zertifizierung von neuem.

Bei der Wahl eines Zertifizierers sollte man also nicht zu kurzfristig denken, sondern die Kosten und den Aufwand über fünf oder zehn Jahre in Betracht ziehen. Wenn man das tut, stellt sich so manches Billigangebot als eine Seifenblase heraus, die sich im Licht der Sonne in Luft auflöst.

Zu bedenken ist gewiss auch, dass die internen Kosten des Unternehmens zur Vorbereitung des Audits viel höher sind als die Kosten der Zertifizierung. Dieser Aufwand wäre unter Umständen schlecht investierte Zeit, wenn man sich mit einem Billiganbieter einlässt. Ähnlich wie Schulen und Universitäten haben auch Zertifizierer einen Ruf. Ein renommiertes Institut wie die LGA Bayern in Nürnberg oder der TÜV sind als Zertifizierer mehr wert als ein weitgehend unbekannter Zertifizierer, dessen Ruf zumindest zweifelhaft ist. Auch dieser Gesichtspunkt sollte bei der Auswahl eines Zertifizierers in Betracht gezogen werden.

Räumlich gibt es bei den Zertifizierern kaum Grenzen. So kann die LGA oder der TÜV bei deutschen Unternehmen in den USA tätig werden und dort Audits durchführen, und die Töchter ausländischer Unternehmen in Deutschland können sich von einer Zertifizierungsstelle ihres Heimatlandes in Deutschland zertifizieren lassen. Zu beachten ist dabei natürlich, dass der Zertifizierer für die Branche zugelassen sein muss.

Ist das Qualitätsmanagementsystem etabliert und die Zertifizierung endlich geschafft, fragt sich so mancher Verantwortliche in einer ruhigen Minute vielleicht, wie das mit der Normung weitergehen wird.

8.3 Was sagt das Zertifikat aus?

Alle vernünftigen Menschen sind egoistisch, und die menschliche Natur versucht immer, jeden Vertrag ausgewogen zu machen.
Ralph Waldo Emerson

DIN EN ISO 9001 ist eine Prozessnorm. Der Prozess ist das Mittel, um alle Tätigkeiten in einem Unternehmen zu organisieren. Um es ganz klar zu sagen: DIN EN ISO 9001 ist nicht in erster Linie eine Produktnorm. Deshalb ist es falsch zu erwarten, dass mit der Zertifizierung für alle Produkte eines Unternehmens zu jeder Zeit eine Qualitätsgarantie übernommen werden kann. Das kann die Norm nicht leisten.

Auf der anderen Seite taucht in der Norm der Begriff Produkt schon auf. Die Norm DIN EN ISO 9001 entfaltet ihre Wirkung in dieser Hinsicht aber eher indirekt. Durch einen geordneten Prozess des Unternehmens sollen Produkte hoher Qualität entstehen.

Es ist auch darauf hinzuweisen, dass die Begriffe Verifikation und Validation [48] in der Norm sehr häufig auftreten. Sie müssen also Bestandteil der Prozesse, Tätigkeiten und Verfahren des Unternehmens werden. Wir haben das in unserem System mit vielen Verfahrensanweisungen abgedeckt.

Man kann die Frage auch anders stellen: Was wäre, wenn es DIN EN ISO 9001 nicht gäbe?

In diesem Fall wüssten Kunden generell nicht, was sie von einem potentiellen Unterauftragnehmer oder Lieferanten zu erwarten haben. Sie müssten eigene Audits durchführen, um dieses Unternehmen und dessen Qualitätsmanagementsystem zu bewerten. Das würde zu einem Audit-Tourismus ungeahnten Ausmaßes führen. Scharen von Mitarbeitern wären dauernd unterwegs, nur um andere Firmen zu besuchen und zu bewerten.

Dies kann wegen der damit verbundenen Kosten weder aus der Sicht der einzelnen Firma noch aus gesamtwirtschaftlicher Verantwortung sinnvoll sein. Wir sind schließlich alle auf der einen Seite Kunden, auf der anderen Seite aber auch Lieferer oder Auftragnehmer. Dieser Zusammenhang wird aus Abbildung 8-6 deutlich.

Damit wird deutlich, dass wir alle Glieder einer langen Wertschöpfungskette darstellen. Der Zweck einer Qualitätsnorm wie DIN EN ISO 9001 besteht vor allem darin, Vertrauen zu schaffen. Wenn ein Unternehmen nach dieser Norm zertifiziert ist, wird es zumindest die dort aufgestellten Anforderungen erfüllen. Die Qualität der Produkte mag gelegentlich schwanken, aber durch einen Prozess nach den Forderungen der Norm sollte das erkannt und ausgeglichen werden.

Die Norm spornt nicht unbedingt zu Höchstleistungen [9] an, sondern ist vielmehr so ausgelegt, dass ihre Anforderungen vom Großteil der Unternehmen der deutschen Wirtschaft erfüllt werden kann. Über die Jahre hinweg ist festzustellen, dass sich diese Anforderungen verschärft haben. Mit der Ausgabe vom Dezember 2000 der DIN EN ISO 9001 wurde ein deutlicher Schritt in Richtung *Total Quality Management* (TQM) getan. Wir sind noch nicht ganz da angekommen, aber auf dem Weg.

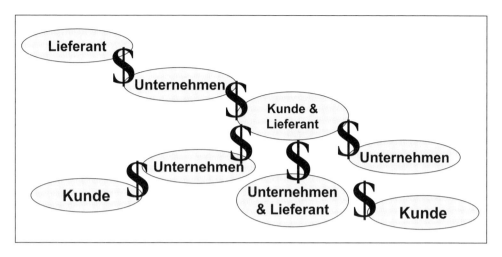

Abb. 8–6:   *Kunde und Lieferant in der Wertschöpfungskette*

Qualitätsmanagement über ISO 9001 hinaus

Lerne, die Zeichen zu sehen, mit denen die Welt zu uns spricht wie ein großes Buch.
William von Baskerville, Der Name der Rose

DIN EN ISO 9001 und die damit zusammenhängenden Normen dieser Familie sind alle international ausgerichtet und gelten für alle Branchen der Wirtschaft. Dieser Ansatz macht es unmöglich, auf die Bedingungen einer spezifischen Branche einzugehen. Der Bäcker um die Ecke, der Maurer, die gesamte Baubranche, die Industrie, selbst Dienstleister wie Krankenhäuser und Zahnärzte werden nach einer einheitlichen Norm beurteilt.

Das hat den Vorteil, dass einer Zersplitterung in einem so wichtigen Gebiet wie der Qualität vorgebeugt wird. Auf der anderen Seite fehlen in der Norm konkrete Handlungsanleitungen, die zur Verbesserung gebraucht werden. Wer in dieser Hinsicht über die DIN EN ISO 9001 hinaus etwas tun will, muss sich woanders umsehen.

9.1 Spezifische Normen zur Software-Entwicklung

When we are dead, seek not our tomb in the earth but find it in the hearts of men.
Mevlana, Turkish Sufi

Wenn wir die Zertifizierung eines Qualitätsmanagementsystems nach DIN EN ISO 9001 in einen größeren Zusammenhang rücken und mit dem Hochsprung vergleichen, so stellt die Erlangung des Zertifikats nicht den Weltrekord dar. Die Norm ist vielmehr so ausgelegt, dass ein Großteil der Unternehmen die Hürden wird nehmen können. Es kann Mühe und Arbeit kosten, aber das Ziel ist für die weitaus meisten Organisationen durchaus erreichbar.

Für den einen oder anderen ehrgeizigen Geschäftsführer oder Manager mag es aber nicht genügen, sich in einer Meute etwa gleichartiger Unternehmen zu bewegen, quasi im Mittelfeld mitzulaufen. Diese charismatischen Führer denken vielmehr bereits daran, wo ihr

Unternehmen im nächsten Jahrtausend stehen wird, wo sich Chancen für quantitatives und qualitatives Wachstum bieten.

Aus gesellschaftspolitischer Sicht muss man sagen, dass die Forderungen der DIN EN ISO 9001 zwar die wichtigsten Themen eines modernen Prozesses zur Erstellung von Software abdecken, dass sie aber bei sicherheitskritischer Software möglicherweise zu wünschen übrig lassen. Zum Zweiten ist das in der Norm enthaltene Modell nicht zwangsläufig auf qualitatives Wachstum ausgelegt.

Es stellt sich also die Frage, ob es ein Modell gibt, das dem strategischen Wachstum eines Unternehmens im Bereich der Software dienen kann und über die Forderungen der DIN EN ISO 9001 hinausgeht. So ein Modell existiert im *Capability Maturity Model* (CMM) des amerikanischen *Software Engineering Institute* [33,55] in der Tat. Lassen Sie es mich gleich in Abbildung 9-1 vorstellen.

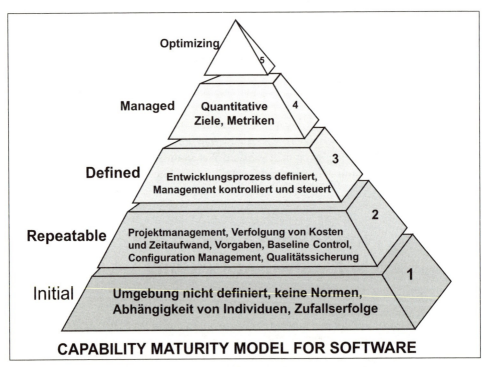

Abb. 9–1:   *Capability Maturity Model des Software Engineering Institute [33]*

Das Modell besteht aus fünf Stufen, von denen jede bestimmte *Key Process Areas* zugeordnet bekommt. Das heißt mit anderen Worten, auf jeder Stufe des Modells müssen bestimmte Praktiken im Unternehmen eingeführt werden, und der Prozess zur Software-Erstellung muss das widerspiegeln.

Die Ebene 1 des CMM ist durch das Wort »initial« nur unzureichend gekennzeichnet. Besser würde man in vielen Betrieben von Chaos sprechen. Zwar ist es nicht ausgeschlossen, dass in solchen Firmen Software hoher Qualität entsteht, es ist aber eher unwahrscheinlich oder beruht auf den heroischen Anstrengungen einzelner Mitarbeiter.

Mit der Ebene 2, der man die Bezeichnung »repeatable« gegeben hat, kommt zum ersten Mal Ordnung in das Chaos. Auf dieser Ebene werden Fachbereiche wie das Projektmanagement, die Qualitätssicherung und das Konfigurationsmanagement eingeführt. Großer Wert wird auch darauf gelegt, die Software zu spezifizieren, bevor man den Entwurf in Angriff nimmt.

Auf Ebene 3, die das Attribut »defined« bekommen hat, wird der in Ebene 2 definierte Prozess verfeinert. Das Management ist nun wirklich Herr der Entwicklung, und es werden so fortschrittliche Techniken wie *Peer Reviews* routinemäßig in den Projekten eingesetzt.

Am Übergang von Ebene 3 auf Ebene 4 kommen Metriken hinzu, um den Prozess endlich quantitativ beurteilbar zu machen. Auf der Ebene 5 wird das System zu einem sich selbst optimierenden Prozess gestaltet. Um zu verstehen, mit welchem Detaillierungsgrad das Modell arbeitet, sehen wir uns eine *Key Process Area* auf der Ebene 2 des CMM an. Es handelt sich dabei um Projektverfolgung [49] und Kontrolle. Damit sind die folgenden Tätigkeiten verknüpft.

Ziele

1. Tatsächliche Ergebnisse und die Leistung des Prozesses wird gegen Software-Pläne abgeglichen.
2. Falls gravierende Abweichungen gegen Pläne festgestellt werden, sind Korrekturen einzuleiten. Diese werden verfolgt, bis die Abweichung oder der Fehler beseitigt ist.
3. Änderungen gegen eingegangene Verpflichtungen benötigen die Zustimmung der Gruppen und Individuen, die sie eingegangen sind.

Verpflichtung zur Leistung

1. Es wird für jedes Software-Projekt ein Manager ernannt, der für das Projekt Verantwortung trägt. Das bezieht sich auf Tätigkeiten und Ergebnisse.
2. Das Projekt folgt bei seiner Arbeit einem dokumentierten Verfahren des Unternehmens.

Zu dem dokumentierten Verfahren des Unternehmens gehören in der Regel die Einhaltung der folgenden Anforderungen:

- Es wird ein Software-Entwicklungsplan für jedes Projekt erstellt. Er wird benutzt, um den Projektfortschritt zu verfolgen.
- Der Projektmanager wird über den Projektfortschritt auf dem Laufenden gehalten.
- Falls der Entwicklungsplan nicht eingehalten wird, kommen zwei Maßnahmen in Betracht: Änderung des Plans oder Anpassungen in auszuliefernden Produkten oder dem Zeitplan.
- Änderungen bei den Verpflichtungen des Projektteams werden nur mit dem Einverständnis aller Beteiligten durchgeführt.

Voraussetzungen zur Leistungserbringung

1. Es existiert ein Software-Entwicklungsplan, der dokumentiert und vor seiner Verabschiedung genehmigt wird.
2. Der dem Software-Projekt zugeordnete Gruppenleiter weist jedem Mitarbeiter bestimmte Tätigkeiten und Produkte zu, die dieser Entwickler zu erstellen hat.
3. Das Unternehmen stellt Ressourcen bereit, um den Projektfortschritt verfolgen zu können.
4. Gruppenleiter werden für ihre Aufgaben geschult.
5. Vorgesetzte und Manager des Unternehmens werden über spezifische Aspekte der Software-Erstellung unterrichtet.

Tätigkeiten

1. Es wird ein dokumentierter Software-Entwicklungsplan als Basis für die Fortschrittsverfolgung des Projekts eingesetzt. Er dient auch dazu, den Status zu ermitteln.
2. Der Entwicklungsplan wird nach einem dokumentierten Verfahren revidiert.
3. Die Verpflichtungen des Unternehmens und Änderungen dazu gegenüber externen Dritten, etwa dem Kunden, werden von der Geschäftsleitung geprüft, bevor sie eingegangen werden.
4. Genehmigte Änderungen zu eingegangenen Verpflichtungen, die die Software betreffen, werden der Software-Entwicklungsgruppe mitgeteilt.
5. Der Umfang von Software-Produkten wird verfolgt. Gegebenenfalls werden Korrekturen eingeleitet und durchgeführt.
6. Software-Produkte werden in Hinsicht auf den Aufwand und die Kosten verfolgt. Gegebenenfalls werden Korrekturen eingeleitet und durchgeführt.
7. Die dem Projekt zugeordneten Ressourcen in Bezug auf Rechner und Rechenzeit werden verfolgt. Gegebenenfalls werden Korrekturen eingeleitet und durchgeführt.
8. Der Zeitplan des Projekts wird verfolgt. Gegebenenfalls werden Korrekturen eingeleitet und durchgeführt.
9. Die dem Bereich Software-Entwicklung zugeordneten Tätigkeiten werden verfolgt. Gegebenenfalls werden Korrekturen eingeleitet und durchgeführt.
10. Die Risiken in Bezug auf das Projekt werden identifiziert und verfolgt. Dies bezieht sich auf die Kosten, Ressourcen, den Zeitplan und technische Aspekte.
11. Es werden Messungen im Projekt durchgeführt, Daten erhoben und aufgezeichnet.
12. Die Software-Prozessgruppe führt in periodischen Abständen Reviews durch, um die Einhaltung des Entwicklungsplans zu prüfen.
13. Zu Meilensteinen des Projekts werden formale Reviews nach einem dokumentierten Verfahren durchgeführt, um die erreichten Ergebnisse darzustellen.

Die Tätigkeiten bilden auch beim CMM das Herzstück der Prozesse. Der Entwicklungsplan bildet dabei praktisch den Rahmen, der für ein spezifisches Projekt aufgespannt wird. Für ihn gelten die folgenden Forderungen:

- Der Entwicklungsplan wird im Projektverlauf gepflegt, und – falls nötig – revidiert und erweitert.
- Der Entwicklungsplan wird den folgenden Gruppen oder Personen zur Verfügung gestellt: dem Projektteam, Software-Manager, dem Projektmanager, der Geschäftsleitung sowie anderen interessierten Gruppen.

Unter den Begriff »interessierte Gruppen« versteht man in der Regel:

- Software-Qualitätsmanagement
- Konfigurationsmanagement
- Die Gruppe, die die Dokumentation erstellt

Zur Aktivität 5, Umfang von Software-Produkten, gehören die folgenden Tätigkeiten:

- Die Größe aller Software-Teilprodukte wird ermittelt und im Projektverlauf verfolgt.
- Der aktuelle Umfang des Quellcodes wird für alle Module verfolgt und mit den Vorgaben verglichen, wie sie im Entwicklungsplan stehen.
- Die Zahl der Dokumente und ihr Umfang wird verfolgt und mit den Vorgaben verglichen, wie sie im Entwicklungsplan stehen.
- Die Zahl der Produkte und ihr Umfang wird verfolgt und mit den dokumentierten Schätzungen, wie sie zum Beispiel im Entwicklungsplan stehen, verglichen.
- Änderungen zur Zahl von Produkten und deren Umfang werden mit den Gruppen diskutiert, die Verpflichtungen eingegangen sind. Dies wird dokumentiert.

Zur Aktivität 8, Verfolgung des Zeitplans, werden die folgenden Tätigkeiten empfohlen:

- Vergleich der tatsächlichen Fertigstellung von Produkten mit den Vorgaben im Entwicklungs- oder Zeitplan
- Ermittlung des Effekts, wenn Produkte früher oder später fertig gestellt werden, und Beurteilung in Hinsicht auf zukünftige Tätigkeiten und die Einhaltung des Zeitplans
- Die Änderung der Pläne wird mit den betroffenen Gruppen diskutiert. Sie werden auch dokumentiert.

Zur Risikoverfolgung, Aktivität 10, werden diese zwei Kommentare gegeben:

- Die sich aus den Risiken ergebenden Prioritäten des Projekts können angepasst und neu geordnet werden, wenn neue Informationen bekannt werden.
- Gebiete hohen Risikos werden regelmäßig mit dem Projektmanager besprochen.

Kommen wir damit zu **Messung und Analyse**. Hierzu gehören die folgenden Aktivitäten:

- Es werden Messungen durchgeführt, um den Status der Projektverfolgung und Projektkontrolle festhalten zu können.

Im Bereich **Verifikation** sieht das CMM die folgende Maßnahme vor:

- Die Aktivitäten im Bereich Projektverfolgung und -kontrolle werden von der Geschäftsleitung in regelmäßigen Abständen überprüft.

Damit können für die Unternehmensleitung die folgenden Tätigkeiten verbunden sein:

- Reviews im Bereich der Technik, Kosten, Verfügbarkeit von Mitarbeitern, Zeitplan und Leistung
- Konflikte, die auf den niederen Ebenen der Organisation nicht lösbar sind
- Projektrisiken
- Die Verfolgung von Action Items, zum Beispiel aus Reviews mit dem Kunden

Insgesamt besteht das CMM aus einer ganzen Reihe solcher *Key Process Areas*. Sie sind in Abbildung 9-2 für die verschiedenen Ebenen des Modells aufgezeigt.

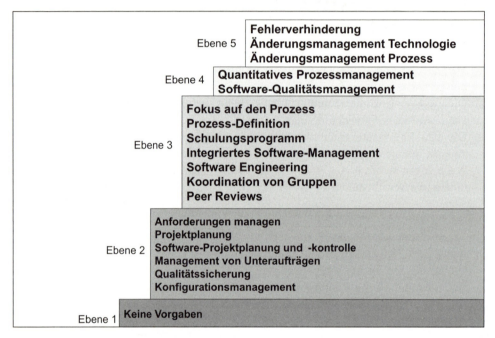

Abb. 9–2:   *Key Process Areas [49]*

Sehen wir uns nun an, wo sich amerikanische Unternehmen befinden, wenn wir den Maßstab des CMM anlegen (siehe Abbildung 9-3).

Es ist also eindeutig so, dass sich fast überhaupt keine Firmen auf den Ebenen 4 und 5 des *Capability Maturity Model* befinden. Der Großteil der Unternehmen befindet sich auf Ebene 1, und ein kleiner Anteil hat sich auf Ebene 2 oder 3 vorgearbeitet.

Wenn man das CMM mit der Zertifizierung nach DIN EN ISO 9001 vergleicht, so dürfte sich ein Unternehmen auf Ebene 1 des CMM nicht zur Zertifizierung eignen. Die meisten der bereits zertifizierten Unternehmen befinden sich mit ihrem Prozess auf Ebene 2, einige wenige möglicherweise auf Ebene 3. In Europa ist die Verteilung zwar gleichmäßiger, aber insgesamt stehen auch hier die Unternehmen auf den ersten drei Ebenen [33] der Pyramide.

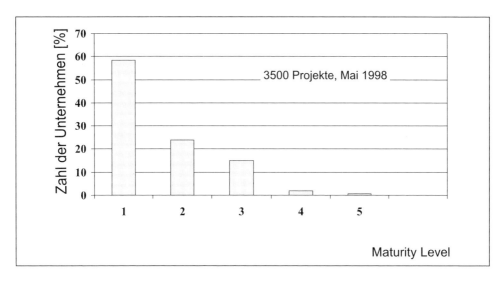

Abb. 9–3:   *Verteilung der Unternehmen auf den Ebenen des CMM [73]*

Das Instrument zur Beurteilung des Prozesses eines Unternehmens, das eine Bewertung nach dem *Capability Maturity Model* anstrebt, ist das *Assessment*. Das Verfahren ähnelt einem Audit, jedoch ist die Überprüfung beim Assessment weitgehender. Ein Assessment wird von einer Gruppe von Fachleuten durchgeführt und dauert eine Woche. Der Leiter des Assessment Teams ist vor allem ein Spezialist für Assessments, während seine Kollegen etwa Fachleute aus dem Bereich des Tests oder des *Software Engineering* sein mögen. Betrachtet werden immer alle Projekte einer Firma oder des begutachteten Standorts. Lassen Sie mich nun den Audit zur Zertifizierung nach DIN EN ISO 9001 und das Assessment des CMM gegenüberstellen (Tabelle 9-1).

	Gegenstand	DIN EN ISO 9001	CMM
1	Grundlage	Norm mit 20 – 30 Seiten	Beschreibung mit 500 Seiten
2	Tiefe	Norm nicht spezifisch für Software geschrieben	Eine reine Software-Norm
3	Gültigkeit	Global	USA, aber Einfluss global
4	Methode der Beurteilung	Audit	Assessment
5	Auditoren	2 – 4 Personen, nicht nur Software-Fachleute	3 – 5 Personen, nur Fachleute
6	Dauer	1 – 2 Tage	1 Woche
7	Was wird beurteilt?	Das Unternehmen, der Standort	Das Unternehmen und alle Projekte
8	Ergebnis	Eine Beurteilung	Ein Zeugnis

Tabelle 9–1:   *Vergleich von Audit und Assessment*

Ein Assessment zur Beurteilung des Prozesses nach dem *Capability Maturity Model* geht also viel stärker in die Tiefe, als dies mit einem Audit in beschränkter Zeit möglich ist. Trotzdem kann sich eine Zertifizierung nach DIN EN ISO 9001 natürlich als Einstieg für viele Firmen in Deutschland und Europa anbieten. Sehen wir uns nun noch an, welche Ergebnisse man in Bezug auf die Senkung der Fehlerrate und Restfehlerrate durch den Einsatz des *Capability Maturity Model* [78] und der damit verbundenen Methoden erreichen kann.

CMM-Ebene	Erwartete Fehler [Fehler/FP]	Erwartete Fehler [Fehler/KLOC]	Effizienz des Tests [%]	Restfehlerrate [Fehler/FP]	Restfehlerrate [Fehler/KLOC]
1	5,00	39	85	0,75	5,9
2	4,00	31	89	0,44	3,4
3	3,00	23	91	0,27	2,1
4	2,00	16	93	0,14	1,1
5	1,00	8	95	0,05	0,4

Tabelle 9–2: *Prozessverbesserung durch das CMM [72]*

In der obigen Tabelle habe ich die erwartete Zahl der Fehler, die in der Originalarbeit lediglich bezogen auf *Function Points* vorlag, für die Sprache C auf Lines of Code umgerechnet. Es zeigt sich deutlich, dass sowohl während der Entwicklung als auch bei der Restfehlerrate große Erfolge erzielbar sind.

Im internationalen Bereich gibt es inzwischen ein dem *Capability Maturity Model* vergleichbares Modell, das sich auf dem Weg [41] zur Normierung befindet. Ein auf Europa beschränktes Modell, das mit dem CMM die Bewertungsskala gemeinsam hat, nennt sich BOOTSTRAP. In ihrer Ausgestaltung unterscheiden sich diese Modelle, gemeinsam sind ihnen jedoch eine detaillierte Beschreibung und die alleinige Ausrichtung auf die Software-Entwicklung.

Wer also mehr erreichen will, als mit der DIN EN ISO 9001 möglich ist, wer langfristiges strategisches Wachstum auf seine Fahnen geschrieben hat, der sollte nicht zögern, sich näher mit dem *Capability Maturity Model* zu beschäftigen.

9.2 Total Quality Management

Quality is not an act. It is a habit.
         Aristoteles

Bei *Total Quality Management* [44] handelt es sich um einen systematischen Ansatz, der darauf abzielt, den Wert der Produkte für die Kunden des Unternehmen kontinuierlich zu steigern, indem die Prozesse verbessert werden. TQM zieht alle Mitarbeiter und deren Manager in den Verbesserungsprozess ein und erstreckt sich auch auf Zulieferer und Unterauftragnehmer.

In der Praxis hat TQM seinen Niederschlag vor allem in einer Reihe von Preisen gefunden, darunter dem Deming Award in Japan. Die USA haben mit ihrem nationalen Qualitätspreis, dem Baldrige Award [74], nachgezogen. Der Preis enthält eine Reihe von Kategorien für Unternehmen unterschiedlicher Größe und wird jedes Jahr in einer feierlichen Zeremonie vom Präsidenten der Vereinigten Staaten vergeben. Die Europäer haben sich diesem Reigen angeschlossen und vergeben jedes Jahr den europäischen Qualitätspreis. In der Bundesrepublik Deutschland gibt es als nationalen Qualitätspreis den Ludwig-Ehrhardt-Preis. Für ihn gelten die gleichen Kriterien wie für den Europäischen Qualitätspreis.

Einen raschen Überblick zu den Kriterien, die für den Europäischen Qualitätspreis gelten, kann man sich mit Abbildung 9-4 verschaffen.

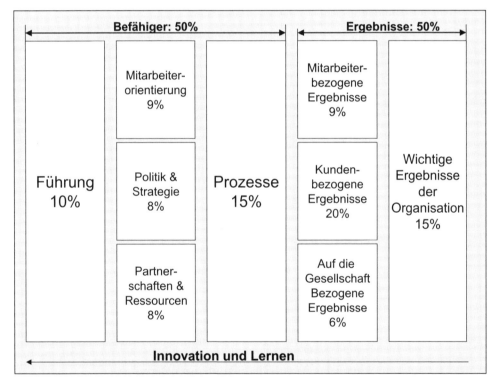

Abb. 9–4:   *EFQM-Modell [52]*

Der Begriff Führung ist zum Beispiel wie folgt definiert:

- Erarbeiten einer Vision für das Unternehmen. Die Mission definieren.
- Die für den langfristigen Erfolg notwendigen Werte erarbeiten, die dazu nötige Unternehmenskultur schaffen.
- Maßnahmen treffen und die Werte im eigenen Verhalten leben.
- Das QM-System einführen, durchsetzen, ausführen und kontinuierlich verbessern.

Für jeden Begriff des Modells existieren eine Reihe von Kriterien, die zur Beurteilung der Erfüllung der Forderungen durch ein Unternehmen dienen können, das sich um den Preis bewirbt.

9.3 Das eigene QM-System

Wenn man Modelle wie den Europäischen Qualitätspreis oder ganz allgemein *Total Quality Management* untersucht, dann stellt man fest, dass sie auf das gesamte Unternehmen ausgerichtet sind. Sie befassen sich keineswegs nur mit der Software-Entwicklung. Dieser Begriff kommt nicht einmal vor.

Wendet man sich hingegen Modellen wie dem *Capability Maturity Model* zu, so stellt man fest, dass der Bereich Software-Entwicklung in großer Tiefe abgedeckt ist. Dort findet man die notwendigen Prozesse, Aktivitäten und Tätigkeit in großer Detailtreue. Es fehlen hingegen Angaben zu Bereichen wie Marketing, Vertrieb, Kundendienst, Mitarbeitern und Einbeziehung des Unternehmens in die Gesellschaft und Kultur, in der es tätig ist.

Welche Schlüsse können wir nun aus diesen Beobachtungen ziehen?

Der Schluss kann nur lauten, dass für ein Unternehmen der Software-Industrie, das über die Erfüllung der Forderungen der DIN EN ISO 9001 hinaus ehrgeizige Ziele erfolgt, die dazu notwendigen Anleitungen, Ideen, Konzepte und Vorgaben nicht an einer einzigen Stelle finden wird. Es ist vielmehr so, dass wir uns mehr als einer Quelle bedienen müssen, um ein derartiges System zu definieren.

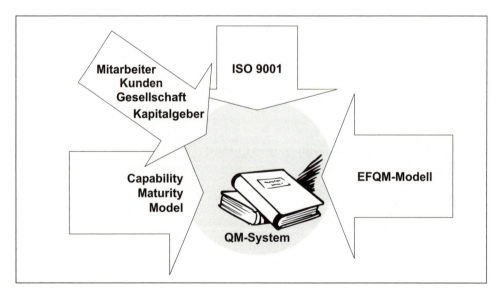

Abb. 9–5: *Einflussfaktoren für das eigene QM-System*

Die Quellen zum Aufbau eines derartigen Qualitätsmanagementsystems sind also vielfältig, und diejenigen Unternehmen, die diesen Weg gehen wollen, leisten dabei sicherlich Pionierarbeit. Ich möchte allerdings davor warnen, den zweiten oder dritten Schritt vor dem ersten gehen zu wollen. Falls ein Unternehmen im Bereich der Software-Erstellung noch nicht nach DIN EN ISO 9001 zertifiziert ist, sollte zunächst einmal die Zertifizierung angestrebt werden.

Ist ein derartiges QM-System dann installiert, funktioniert es und sind die Auditoren über Jahre hinweg damit zufrieden, dann kann man daran denken, es zu erweitern und Elemente hinzuzunehmen, die aus dem Bereich TQM kommen. Es sollte dabei allerdings immer im Auge behalten werden, dass für die Software-Entwicklung selbst die Einzelheiten zur Prozessverbesserung nur von Modellen wie dem CMM kommen können.

Nun ist die Forderung nach Qualität von Produkten und Dienstleistungen weit älter als jede Normung, und in diesem Sinne wird sich der Gedanke nach höherer Qualität in den Software-Produkten weiter verbreiten und bei einer wachsenden Käuferschicht durchsetzen. Deshalb ist Normung zwar nützlich, ihre Forderungen fließen jedoch ein in einen gesamtgesellschaftlichen Konsens, in dem Qualität einen breiten Raum einnimmt: zum Wohle des Menschen.

Anhang

A.1 Literaturverzeichnis

[1] Robert W. Lucky, *Silicon Dreams,* New York, 1989

[2] Andrea Gabor, *The Man who discovered Quality,* New York, 1990

[3] Glenford J. Myers, *The Art of Software Testing,* Reading, MA, 1979

[4] Fred Warshofsky, *The Chip War,* New York, 1989

[5] Georg Erwin Thaller, *Spionagesatelliten,* Baden-Baden, 1999

[6] Georg Erwin Thaller, *Satellitennavigation: Das Global Positioning System (GPS),* Baden-Baden, 1999

[7] Georg Erwin Thaller, *Kommunikations- und TV-Satelliten,* Baden-Baden, 2000

[8] C. Perrow, *Normale Katastrophen: Die unvermeidbaren Risiken der Großtechnik,* Frankfurt, 1987

[9] Georg Erwin Thaller, *Software-Qualität: Der Weg zu Spitzenleistungen in der Software-Entwicklung,* Berlin, 2000

[10] Georg Erwin Thaller, *Software Engineering für Echtzeit und Embedded Systems,* Kaarst, 1997

[11] Carole Shifrin, »Sweden seeks cause of Gripen crash«, in *Aviation Week & Space Technology,* August 16, 1993

[12] Carole Shifrin, »Gripen likely to fly soon«, in *Aviation Week & Space Technology,* August 23, 1993

[13] »Schwedischer Pechvogel hängt am seidenen Faden«, in *Süddeutsche Zeitung,* 10. August 1993

[14] »Galgenfrist für den Greif«, in *Süddeutsche Zeitung,* 8. April 1989

[15] Jack J. Woehr, »A conversation with Glenn Reeves«, in *Dr. Dobb's Journal,* November 1999

[16] Charles Knutson, Sam Carmichael, »Safety first: Avoiding Software Mishaps«, in *Embedded Systems Programming*, November 2000

[17] Michael A. Dornheim, »Faulty Thruster Table Led to Mars Mishap«, in *Aviation Week & Space Technology*, October 4, 1999

[18] »Mars Orbiter Opfer englischer Einheiten«, in *SZ*, 2. Oktober 1999

[19] »Rechenfehler führte zu Millionenpleite«, in *NÜRNBERGER NACHRICHTEN*, 2. Oktober 1999

[20] »Mars Climate Orbiter Lost«, in *Mars Underground News*, Volume 11, Number 3

[21] Bruce A. Smith, »Sea Launch poised to Fly With PAS-9«, in *Aviation Week & Space Technology*, July 3, 2000

[22] FMS Factor, in *Aviation Week & Space Technology*, July 31, 2000

[23] James T. McKenna, »NTSB Warns of A300 Display Reset Problem«, in *Aviation Week & Space Technology*, February 9, 1998

[24] »Pentium-Defekt kommt Intel teuer«, in *Süddeutsche Zeitung*, 19. Januar 1995

[25] Tom R. Halfhill, »The Truth behind the Pentium Bug«, in *BYTE*, March 1995

[26] Peter G. Neumann, *Computer Related Risks*, New York, 1995

[27] »Jahr-2000-Problem schlägt erstmals zu«, in *SZ*, 14. Oktober 1999

[28] Nancy G. Leveson, Clark S. Turner, »An Investigation of the Therac-25 Accidents«, in *IEEE Computer*, July 1993

[29] Tekla S. Perry, »Faults & Failures: Does anybody really know what time it is?«, in *IEEE Spectrum*, October 2000

[30] *Süddeutsche Zeitung*, 1. März 2001

[31] »Gene entlarven Sexualmörder«, in *SZ*, 2. Juni 1998

[32] »Computerfehler beschert Toshiba Verlust«, in *SZ*, 30. Oktober 1999

[33] Georg Erwin Thaller, *Qualitätsoptimierung der Software-Entwicklung: Das CAPABILITY MATURITY MODEL (CMM)*, Wiesbaden, 1993

[34] Craig Covault, »A320 Crash spurs Lufthansa action«, in *Aviation Week & Space Technology*, December 6, 1993

[35] »ISO 9000:2000 im Spiegel der Meinungen«, in *QZ*, März 2001

[36] Mark Norris, *Survival in the Software Jungle*, Norwood, MA, 1995

[37] James W. Moore, *Software Engineering Standards*, Los Alamitos, 1988

[38] Konrad Scheiber, *ISO 9000: Die große Revision*, Wien, 1998

[39] Steve McConnell, »Who needs Software Engineering?«, in *IEEE Software*, January 2000

[40] Sami Zahran, *Software Process Improvement*, Harlow, 1998

[41] Georg Erwin Thaller, *SPICE – ISO 9001 und Software in der Zukunft*, Kaarst, 1999

[42] W. Edwards Deming, *Quality, Productivity, and Competitive Position*, Cambridge, MA, 1982

[43] John S. Oakland, *Total Quality Management*, Oxford, 1993

[44] Michael J. Stahl, *Management; Total Quality in a Global Environment*, Cambridge, MA, 1995

[45] IEEE, *Code of Ethics*, August 1990

[46] Peter F. Drucker, *Management Challenges for the 21st Century*, New York, 1999

[47] John S. Oakland, *Total Quality Management*, Oxford, 1989

[48] Georg Erwin Thaller, *Software-Test: Verifikation und Validation*, Hannover, 2000

[49] Mark C. Paulk, *The Capability Maturity Model*, Reading, MA, 1995

[50] Tom DeMarco, Tim Lister, »Programmer Performance and the Effects of the Workplace«, in *IEEE Proceedings of the 8th International Conference on Software Engineering*, Washington, 1985

[51] Elliot Chikofsky, »Looking for the best Software Engineers«, in *IEEE Software*, July 1989

[52] Anja C. Krug, Jürgen W. Thun, *Der neue Weg zu Business Excellence*, Frankfurt, 1999

[53] Tom DeMarco, Tim Lister, *Peopleware*, New York, 1987

[54] Philip B. Crosby, *Quality is free*, New York, 1979

[55] Georg Erwin Thaller, *Software-Metriken: Einsetzen, bewerten, messen*, Berlin, 2000

[56] Grady Booch, James Rumbaugh, Ivar Jacobsen, *The Unified Modeling Language Use Guide*, Reading, MA, 1999

[57] Cheryl Currid, *Computer Strategies for Reengineering your organization*, Rocklin, CA, 1994

[58] Georg Erwin Thaller, *Software-Dokumente: Funktion, Planung, Erstellung*, Hannover, 1995

[59] Georg Erwin Thaller, *Design und Implementierung: Kerntätigkeiten der Software-Entwicklung*, Berlin, 2000

[60] Gerald M. Weinberg, »Egoless Programming«, in *IEEE Software*, JAN/FEB 1999

[61] Georg Erwin Thaller, *Systems Engineering: High Tech-Systeme entwickeln und bauen*, Hannover, 1996

[62] Ron Patton, *Software Testing*, Indianapolis, 2001

[63] Masaaki Imai, *Kaizen*, New York, 1986

[64] Norman A. Fenton, Shari Lawrence Pfleeger, *Software Metrics*, Boston, 1997

[65] Robert B. Grady, Deborah L. Caswell, *Software Metrics*, Englewood Cliffs, NJ, 1987

[66] K. H. Möller, D. J. Paulish, *Software Metrics*, London, 1993

[67] Rini van Solingen, Egon Berghout, *The Goal/Question/Metric Method*, London, 1999

[68] Georg Erwin Thaller, »Wie testet man ein Betriebssystem?«, in *Markt & Technik*, 15. April 1983

[69] James W. Kolka, *ISO 9001 and the Law*, in *Compliance Engineering*, July/August 1999

[70] QZ 8/99, Seite 966

[71] QZ 8/99, Seite 986

[72] Capers Jones, »*The Pragmatics of Software Process Improvements*«, in *Software Process Newsletter*, No. 5, Winter 1996

[73] Bleul, Loviscach, »Programmieren nach Plan«, in *c't*, 19/98

[74] Mark Graham Brown, *Baldrige Award Winning Quality*, New York, 1998

[75] Fritz Taucher, »Fachjargon – bitte mit Sinn und Verstand«, in *QZ*, Januar 2001

[76] Walter Geiger, »Kleiner Unterschied, ganz groß«, in *QZ*, Januar 2001

[77] Siegfried Loos, *QS-9000 und VDA 6.1*, München, 1998

[78] Capers Jones, »The Pragmatics of Software Process Improvements«, in *Software Process Newsletter*, No. 5, Winter 1996

[79] Alice Calaprice, *The Expanded Quotable Einstein*, Princeton, 2000

[80] DIN EN IS0 9001, *Qualitätsmanagementsysteme: Anforderungen*, Berlin, 2000

[81] DIN EN ISO 9000, Teil 3, *Normen zum Qualitätsmanagement und zur Qualitätssicherung/QM-Darlegung: Leitfaden für die Anwendung von ISO 9001:1994 auf die Lieferung, Installierung und Wartung von Computer-Software*, Berlin, 1998

[82] DIN EN ISO 9004, *Qualitätsmanagementsysteme: Leitfaden zur Leistungsverbesserung*, Berlin, 2000

[83] DIN EN ISO 9000, *Qualitätsmanagementsysteme: Grundlagen und Begriffe*, Berlin, 2000

[84] ISO/CD 9001:2000, *Qualitätsmanagementsysteme: Forderungen*, Berlin, Mai 1999

A.2 Quellen im Internet

Für die Erarbeitung von Normen im internationalen Bereich ist die *International Standards Organisation* (ISO) in Genf zuständig. Deren Adresse im Web lautet: *www.iso.ch*

In Deutschland findet man Informationen zu Normen unter der folgenden Adresse: *www.din.org.de*

In Österreich lautet die entsprechende Adresse: *www.on-norm.at*

In Großbritannien ist das *British Standards Institute* (BSI) für die Normung zuständig. Dieses Gremium hat die folgende Internet-Adresse: *www.bsi.org.uk*

US-amerikanische Normen findet man unter der folgenden Adresse: *www.ansi.org*

Amerikanische Standards kann man bei den Firmen mit den folgenden Adressen bestellen:
http://global.ihs.com
http://www.ihs.com

Britische Standards kann man bei der Firma mit der folgenden Adressen bestellen:
http://www.techindex.co.uk

Weiterhin mögen die folgenden Organisationen vielleicht von Nutzen sein:

American Institute of Aeronautics and Astronautics: *http://www.aiaa.org*

Canadian Standards Organisation: *http://www.csa.ca*

European Space Agency: *http://www.esrin.esa.it*

International Electrotechnical Commission: *http://www.iec.ch*

Institute of Electrical and Electronics Engineers: *http://www.ieee.org*

RTCA: *http://www.rtca.org*

A.3 Produktmuster

SOFTCRAFT

At the leading edge of Software Development

{Titel}

{Ersteller}

{Dokumenten-Nummer}

Ersteller:
Datum, Name, Unterschrift

Unmittelbarer Vorgesetzter des Erstellers:
Datum, Name, Unterschrift

Projektleiter:
Datum, Name, Unterschrift

Qualitätsmanagement:
Datum, Name, Unterschrift

1. Revision am _____ durch _____

2. Revision am _____ durch _____

SOFTCRAFT	**Produktmuster** **für den** *Software Quality Program Plan (SQPP)*	PM-01 Version 3.1 13-MAI-2001

Das Dokument ist wie folgt zu strukturieren:

(1) Titelseite
(2) Inhaltsverzeichnis
(3) Einleitung
(4) Referenzierte Dokumente
(5) Organisation und Ressourcen
(6) Verfahren, Werkzeuge und Aufzeichnungen
(7) Sonstiges
(8) Anhang

Titelseite

Die Titelseite muss die folgenden Informationen enthalten:

- Nummer des Dokuments in der vom Konfigurationsmanagement vorgegebenen Form
- Projekt, zu dem der Plan gehört
- Namen und die Anschrift des Kunden, für den der SQPP erstellt wurde
- Firma des Auftragnehmers und die Abteilung, die den Plan gefertigt hat
- Name des Verfassers und seine Unterschrift
- Unterschriften des Software Managers, des Projektleiters, des Konfigurationsmanagers und des unmittelbaren Vorgesetzten des Qualitätsmanagers

Inhaltsverzeichnis

Der SQPP muss ein Inhaltsverzeichnis enthalten, in dem alle Kapitelüberschriften und die zugehörigen Seitennummern aufgeführt sind.

Ferner müssen im Inhaltsverzeichnis alle Zeichnungen, die Tabellen und der Anhang mit den Seitenzahlen aufgeführt werden.

1 Einleitung

1.1 Identifikation

In Abschnitt 1.1 soll die Dokumentennummer des SQPP genannt werden sowie das Projekt, für das der Plan erstellt wurde.

1.2 Überblick über das System

In Abschnitt 1.2 soll kurz der Zweck des Systems, zu dem die Software gehört, angesprochen werden. Außerdem soll die Rolle der Software im Rahmen dieses Systems beschrieben werden.

1.3 Überblick über das Dokument

In Abschnitt 1.3 soll der Inhalt des Dokuments zusammengefasst beschrieben werden, damit sich der eilige Leser einen Überblick verschaffen kann.

1.4 Zusammenhang mit anderen Plänen

In diesem Abschnitt soll der Zusammenhang mit anderen Dokumenten hergestellt werden, zum Beispiel mit dem Entwicklungsplan für Software und dem Plan des Konfigurationsmanagements.

2 Referenzierte Dokumente

Dieses zweite Kapitel soll alle im SQPP referenzierten Dokumente aufführen. Die Angaben müssen so detailliert sein, dass der Leser des Plans für ihn notwendige Dokumente besorgen kann. Bei Bedarf kann Kapitel 2 weiter untergliedert werden, etwa nach den Kriterien Dokumente des Auftraggebers und Dokumente des Auftragnehmers.

3 Organisation und Ressourcen

In Kapitel 3 werden die Organisation und die Ressourcen des Unternehmens bzw. Projekts beschrieben. Es wird weiter untergliedert.

3.1 Organisation

Abschnitt 3.1 soll ein oder mehrere Organigramme enthalten. Daraus muss die organisatorische Zuordnung der Software-Qualitätssicherung eindeutig hervorgehen. Es soll ferner beschrieben werden, welche Vollmachten die Qualitätssicherung besitzt.

3.2 Ressourcen

In Abschnitt 3.2 soll beschrieben werden, welche Ressourcen der Auftragnehmer für die Durchführung des Programms bereithält.

3.2.1 Ausrüstung

In Abschnitt 3.2.1 soll beschrieben werden, welche Räume und welche Ausrüstung zur Durchführung des Programms zur Qualitätssicherung der Software zur Verfügung stehen.

3.2.2 Mitwirkung des Kunden

In Abschnitt 3.2.2 soll beschrieben werden, in welcher Form der Kunde und Benutzer des Systems eventuell mitwirken will.

3.2.3 Mitarbeiter

In Abschnitt 3.2.3 soll beschrieben werden, wie viele Mitarbeiter für die Qualitätssicherung-Software im Rahmen des Projekts tätig werden sollen und wie diese Mitarbeiter qualifiziert sind.

3.2.4 Sonstige Ressourcen

In Abschnitt 3.2.4 sollen weitere Ressourcen beschrieben werden, falls das für das Projekt zutrifft.

3.3 Zeitplan

In Abschnitt 3.3 soll der Zeitplan für die Durchführung des Programms der Software-Qualitätssicherung ausgeführt werden. Dazu gehört auch die Abhängigkeit von der Lieferung bestimmter Teile der Software durch andere Abteilungen. Der Zeitplan soll sich an Meilensteinen orientieren.

4 Verfahren, Werkzeuge und Aufzeichnungen

Das Kapitel 4 befasst sich mit Verfahren, Werkzeugen und Aufzeichnungen der Qualitätssicherung und wird weiter untergliedert.

4.1 Verfahren

In Abschnitt 4.1 sollen die Verfahren zur Durchführung des Programms genannt werden. Gegebenenfalls kann hier das Handbuch zur Qualitätssicherung der Software referenziert werden.

4.2 Werkzeuge

In Abschnitt 4.2 sollen die für das Programm eingesetzten Werkzeuge aufgeführt werden.

4.3 Aufzeichnungen

In Abschnitt 4.3 sollen die Aufzeichnungen der Qualitätssicherung bei der Überprüfung von Software-Produkten sowie die Möglichkeit zur Einsichtnahme durch den Kunden genannt werden.

5 Sonstiges

In Abschnitt 5 kann zusätzliches Material zum SQPP enthalten sein, z.B. die Zusammenarbeit mit *Joint-Venture*-Partnern, ein Glossar, Akronyme oder Abkürzungen.

Anhang

Der Anhang kann Material enthalten, das im Rahmen des Dokuments nicht ohne weiteres einzuordnen war. Es muss gesagt werden, ob der Anhang ein Teil des SQPP ist.

Anhänge sind mit A, B, C und so weiter durchzunummerieren.

SOFTCRAFT	**Produktmuster** **für die** *Software-Spezifikation*	PM-02 Version 3.1 13-MAI-2001

Das Dokument ist wie folgt zu strukturieren:

(1) Titelseite
(2) Inhaltsverzeichnis
(3) Einleitung
(4) Referenzierte Dokumente
(5) Anforderungen an die Software
(6) Forderungen in Bezug auf die Qualifikation
(7) Auslieferung
(8) Anhang

Titelseite

Die Titelseite muss die folgenden Informationen enthalten:

- Nummer des Dokuments in der vom Konfigurationsmanagement vorgegebenen Form
- Titel der Spezifikation sowie gegebenenfalls das System, zu dem die Software gehört
- Namen und die Anschrift des Kunden, für den die Spezifikation erstellt wurde
- Firma des Auftragnehmers und die Abteilung, die das Dokument gefertigt hat
- Name des Verfassers und seine Unterschrift
- Unterschriften des Software Managers, des Projektleiters, des Konfigurations- und des Qualitätsmanagers

Inhaltsverzeichnis

Das Lastenheft muss ein Inhaltsverzeichnis enthalten, in dem alle Kapitelüberschriften und die zugehörigen Seitennummern aufgeführt sind.

Ferner müssen im Inhaltsverzeichnis alle Zeichnungen, die Tabellen und der Anhang mit den Seitenzahlen aufgeführt werden.

1 Einleitung

Dieses Kapitel soll wie folgt untergliedert werden:

1.1 Identifikation

In Abschnitt 1.1 soll die Dokumentennummer des Lastenhefts, der Titel der Spezifikation und eventuell die gebräuchliche Abkürzung des Systems genannt werden.

1.2 Überblick über das System

In Abschnitt 1.2 soll kurz der Zweck des Systems, zu dem die Software gehört, angesprochen werden. Außerdem soll die Rolle der Software im Rahmen dieses Systems beschrieben werden.

1.3 Überblick über das Dokument

In Abschnitt 1.3 soll der Inhalt des Lastenhefts zusammengefasst beschrieben werden, damit sich der eilige Leser rasch einen Überblick verschaffen kann.

1.4 Akronyme und Abkürzungen

In diesem Abschnitt sollen die verwendeten Akronyme und Abkürzungen aufgelistet werden. Sehr lange Listen können auch in den Anhang verlegt werden.

2 Referenzierte Dokumente

Dieses zweite Kapitel soll die Titel aller im Lastenheft referenzierten Dokumente enthalten. Die Angaben müssen so detailliert sein, dass der Leser der Spezifikation für ihn notwendige Unterlagen besorgen kann. Bei Bedarf kann Kapitel 2 weiter untergliedert werden.

3 Anforderungen an die Software

In diesem Abschnitt und seinen Untergliederungen sollen die Anforderungen an die Software beschrieben werden.

3.1 Funktionelle Anforderungen

In diesem Abschnitt sollen die funktionellen Anforderungen an die Software beschrieben werden. Sie sind in eindeutiger Sprache Punkt für Punkt zu beschreiben.

3.1.1 INPUT

In diesem Abschnitt sollen alle Eingaben beschrieben werden.

3.1.2 Verarbeitung

In diesem Abschnitt soll die geforderte Verarbeitung im Computer beschrieben werden.

3.1.2 OUTPUT

In diesem Abschnitt sollen die geforderten Ausgaben beschrieben werden. Dazu gehören auch Angaben zum Format der Daten.

3.2 Leistungsanforderungen

In diesem Abschnitt sollen alle Forderungen zur Leistung der Software bzw. des Systems beschrieben werden. Es sollen möglichst Zahlenwerte genannt werden, die messbar und überprüfbar sind.

3.3 Forderungen bezüglich der Datensicherheit

In diesem Abschnitt sind alle Forderungen aufzuführen, die sich aus der Datensicherheit (Security) ergeben.

3.4 Einschränkungen für das Design

In diesem Abschnitt sind alle Einschränkungen aufzulisten und zu erklären, die Restriktionen für das Design der Software darstellen.

3.5 Qualitätsattribute

In diesem Abschnitt sind geforderte Qualitätsattribute wie zum Beispiel Zuverlässigkeit, Benutzerfreundlichkeit oder Portabilität aufzuführen.

3.6 Schnittstelle zum Benutzer

In diesem Abschnitt ist die Schnittstelle zum Benutzer des Systems und der Software zu beschreiben. Es ist darauf zu achten, dass die Forderungen überprüfbar sind.

4 Forderungen in Bezug auf die Qualifikation

4.1 Einleitung

In diesem Abschnitt kann eine Norm zitiert werden, nach der die Software erstellt werden muss. Weiterhin sollten bestimmte Arten von Tests vorgeschrieben werden.

Der Ansatz zur Verifikation und Validation der Software über den gesamten Lebenszyklus der Software sollte skizziert werden.

4.1.1 Anforderungen an den Test

In diesem Abschnitt sollten die Anforderungen für den Test der Software genannt werden.

4.1.2 Kriterien für die Akzeptanz der Software

In diesem Abschnitt sollen die Kriterien genannt werden, die für die Akzeptanz der Software gültig sind.

5 Auslieferung

Hier soll beschrieben werden, in welcher Form die Software an den Kunden ausgeliefert wird.

Anhang

Der Anhang kann Material enthalten, das im Rahmen der Spezifikation nicht ohne weiteres einzuordnen war. Es muss gesagt werden, ob der Anhang ein Teil der Spezifikation ist.

Anhänge sind mit A, B, C und so weiter zu bezeichnen.

SOFTCRAFT	**Produktmuster** **für den** *Software-Entwicklungsplan*	PM-03 Version 3.1 13-MAI-2001

Das Dokument ist wie folgt zu strukturieren:

(1) Titelseite
(2) Inhaltsverzeichnis
(3) Einleitung
(4) Referenzierte Dokumente
(5) Management der Software-Entwicklung
(6) Entwicklung der Software
(7) Formeller Test
(8) Überprüfung der Software
(9) Software Configuration Management
(10) Weitere beteiligte Gruppen
(11) Sonstiges
(12) Anhang

Titelseite

Die Titelseite muss die folgenden Informationen enthalten:

- Nummer des Dokuments in der vom Konfigurationsmanagement vorgeschriebenen Form
- Titel des Entwicklungsplans und die Bezeichnung des Systems, zu dem die Software gehört
- Name und die Anschrift des Kunden, für den der Software-Entwicklungsplan erstellt wird
- Firma des Auftragnehmers und die Abteilung oder Gruppe, die den Software-Entwicklungsplan geschrieben hat
- Name des Verfassers (des Software Managers) sowie seine Unterschrift
- Unterschriften des unmittelbaren Vorgesetzten des Software Managers, des Projektleiters, des Konfigurations- und des Qualitätsmanagers

Inhaltsverzeichnis

Der Software-Entwicklungsplan muss ein Inhaltsverzeichnis enthalten, in dem alle Kapitelüberschriften und die zugehörigen Seitennummern aufgeführt sind.

Ferner müssen im Inhaltsverzeichnis alle Grafiken, die Tabellen und der Anhang mit den zugehörigen Seitenzahlen aufgeführt werden.

1 Einleitung

Dieses Kapitel soll wie folgt untergliedert werden:

1.1 Identifikation

In Abschnitt 1.1 soll die Dokumentennummer des Software-Entwicklungsplans angegeben werden, der Name der Software, für den er gilt, und eventuell die gebräuchliche Abkürzung für die Software.

1.2 Überblick über das System

In Abschnitt 1.2 soll kurz der Zweck des Systems, zu dem die Software gehört, erläutert werden. Außerdem soll die Rolle der Software im Rahmen dieses Systems beschrieben werden.

1.3 Überblick über das Dokument

In Abschnitt 1.3 soll der Inhalt des Software-Entwicklungsplans kurz zusammengefasst werden.

1.4 Zusammenhang mit anderen Plänen

In Abschnitt 1.4 soll der Software-Entwicklungsplan mit anderen Plänen verknüpft werden, also zum Beispiel dem *Software Quality Program Plan* und dem *Software Configuration Management Plan*.

2 Referenzierte Dokumente

Im zweiten Kapitel sollen alle referenzierten Dokumente aufgeführt werden. Die Angaben müssen so detailliert sein, dass sich der Leser des Software-Entwicklungsplans notwendige Unterlagen besorgen kann. Bei Bedarf kann Kapitel 2 weiter untergliedert werden.

3 Management der Software-Entwicklung

In Kapitel 3 soll das Management der Software-Entwicklung beschrieben werden. Er wird weiter untergliedert.

3.1 Organisation der Ressourcen des Projekts

In Abschnitt 3.1 und seinen Untergliederungen sollen die Organisation und die Ressourcen des Projekts beschrieben werden.

3.1.1 Ausrüstung des Auftragnehmers

In Abschnitt 3.1.1 sollen die Räumlichkeiten, die Computer, die Peripherie einschließlich Terminals und Workstations beschrieben werden, die der Auftragnehmer zur Durchführung des Projekts einzusetzen gedenkt. Neben der Software-Entwicklungsumgebung ist auch zu erklären, wie die Software im Rahmen dieser Umgebung getestet werden kann.

3.1.2 Vom Kunden beigestellte Mittel

In Abschnitt 3.1.2 ist zu beschreiben, wie der Auftraggeber eventuell bei der Entwicklung mitwirkt und welche Ausrüstung, Software oder Testmöglichkeiten er zur Verfügung stellen will.

3.1.3 Organisation

In Abschnitt 3.1.3 ist, zweckmäßigerweise in grafischer Form, darzustellen, wie die Software-Entwicklung für das Projekt organisiert ist.

3.1.4 Mitarbeiter

In diesem Abschnitt ist zu beschreiben, wie viele Mitarbeiter bzw. Manager für die Entwicklung der Software zur Verfügung stehen. Dabei soll nach fachspezifischen Kriterien untergliedert werden.

3.2 Zeitplan und Meilensteine der Entwicklung

In Abschnitt 3.2 soll der Zeitplan für die Entwicklung der Software enthalten sein. Dieser Abschnitt wird weiter untergliedert.

3.2.1 Tätigkeiten

In Abschnitt 3.2.1 sollen alle Tätigkeiten zur Entwicklung der Software beschrieben werden, einschließlich des Zeitbedarfs für diese Tätigkeiten. Die Aktivitäten sollen mit Ereignissen wie Meilensteinen, Reviews und Ereignissen verknüpft werden.

Zu jeder Tätigkeit sollen die folgenden Einzelheiten angegeben werden:

- Beginn der Arbeit
- Verfügbarkeit erstellter Dokumente oder anderer Software-Produkte
- Abschluss der Arbeiten
- Bereiche hohen Risikos

3.2.2 Organisation der Tätigkeiten

In Abschnitt 3.2.2 soll, zweckmäßigerweise in grafischer Form, dargestellt werden, wie die verschiedenen Tätigkeiten sequentiell oder parallel abgearbeitet werden.

3.2.3 Identifikation der benötigten Ressourcen

In Abschnitt 3.2.3 soll erklärt werden, wie benötigte Ressourcen in Bezug auf Hardware und Software beschafft werden sollen und wann diese Produkte spätestens zur Verfügung stehen müssen.

3.3 Management der Risiken

In Abschnitt 3.3 sollen die mit dem Projekt verbundenen Risiken diskutiert werden. Dazu gehören:

- Identifizierung der Risiken und das Ordnen nach Prioritäten
- Identifizierung der Faktoren, die das Risiko ausmachen
- Verfahren zum Verfolgen der Risiken und deren Reduzierung
- Ausweichpläne beim Eintreten eines Risikos

3.4 Datensicherheit

In Abschnitt 3.4 soll beschrieben werden, wie Programme und Daten gegen unberechtigten Zugriff und Zerstörung geschützt werden können.

3.5 Schnittstellen mit Partnern

In Abschnitt 3.5 soll erklärt werden, wie bei *Joint Ventures* die Schnittstelle und die Abgrenzung der Leistungen gegenüber Partnerfirmen aussieht.

3.6 Schnittstelle zur IV&V-Gruppe

Falls bei dem Projekt eine separate Gruppe für *Independant Verification and Validation* (IV&V) der Software besteht, soll diese Schnittstelle beschrieben werden.

3.7 Unterauftragnehmer

In Abschnitt 3.7 soll die Behandlung von Unteraufträgen erklärt werden.

3.8 Formelle Reviews

In Abschnitt 3.8 sollen die formellen Reviews behandelt werden.

3.9 Software Development Library

In Abschnitt 3.9 sollen die Bibliothek der Software und ihre Verwaltung beschrieben werden. Dazu gehören auch Zugriffsverfahren.

3.10 Berichtigung von Fehlern in der Software

In Abschnitt 3.10 soll beschrieben werden, wie Fehler in der Software in geordneter Weise beseitigt werden.

3.11 Fehlerberichte

In Abschnitt 3.11 sollen das Format und der Inhalt von *Software Trouble Reports* beschrieben werden.

4 Entwicklung der Software

In Kapitel 4 und seinen Untergliederungen soll erklärt werden, wer für die Entwicklung der Software verantwortlich ist und wie diese Tätigkeiten ausgeführt werden.

4.1 Organisation und Ressourcen der Entwicklung

In Abschnitt 4.1 sollen die Organisation und die Ressourcen der Entwicklung für das Projekt beschrieben werden.

4.1.1 Organisation der Entwicklung

In Abschnitt 4.1.1 soll die Organisation der Software-Entwicklung beschrieben werden.

4.1.2 Mitarbeiter

In Abschnitt 4.1.2 soll dargestellt werden, welche Mitarbeiter für die Entwicklungstätigkeiten der Software zur Verfügung stehen und wie diese Mitarbeiter qualifiziert sind.

4.1.3 Entwicklungsumgebung

In Abschnitt 4.1.3 soll der Plan zum Aufbau der Entwicklungsumgebung erläutert werden.

4.1.3.1 Zur Entwicklung eingesetzte Software und Werkzeuge

In Abschnitt 4.1.3.1 soll erklärt werden, welche Hilfsmittel in Bezug auf Software gebraucht werden, also zum Beispiel Betriebssysteme, Editoren, Compiler, Static Analysers und sonstige Werkzeuge.

4.1.3.2 Hardware und Firmware

In Abschnitt 4.1.3.2 soll aufgezählt werden, welche Computer, Hardware und Firmware zur Erstellung der Software benötigt werden.

4.1.3.3 Rechte des Kunden

Im Abschnitt 4.1.3.3 ist (falls das zutrifft) auszuführen, welche Rechte der Kunde an Software in der Entwicklungsumgebung hat.

4.1.3.4 Installation, Betrieb und Wartung

In Abschnitt 4.1.3.4 ist zu beschreiben, wie Fremdsoftware in der Entwicklungsumgebung installiert, verifiziert und gewartet wird.

4.2 Software-Entwicklungsmethoden

In Abschnitt 4.2 und seinen Untergliederungen sollen die verwendeten Entwicklungsmethoden vorgestellt werden.

4.2.1 Organisation der Entwicklungsaktivitäten

In Abschnitt 4.2.1 soll beschrieben werden, wie der Auftragnehmer die Tätigkeiten der Entwicklung in allen Phasen eines Phasenmodells ausführen will.

4.2.2 Software Development Folders

In Abschnitt 4.2.2 soll beschrieben werden, wie *Software Development Folders* aufgebaut sind, welchen Inhalt ein SDF hat und wie SDFs gewartet werden sollen.

4.2.3 Design-Standards

In Abschnitt 4.2.3 soll beschrieben werden, welche Design-Standards beim Entwurf der Software eingesetzt werden sollen.

4.2.4 Coding-Standards

In Abschnitt 4.2.4 soll der Coding-Standard – oder ein Style Guide – diskutiert werden. Das Dokument kann ausgegliedert werden.

4.3 Fremdsoftware

In Abschnitt 4.3 soll Software aufgelistet werden, die im Rahmen der Entwicklung eingesetzt wird, aber nicht im Hause entwickelt wurde. Dies gilt ganz besonders für Software, die in an den Kunden auszuliefernde Software einfließt.

5 Formeller Test

In Kapitel 5 und seinen Untergliederungen soll beschrieben werden, wer für den formellen Test der Software zuständig ist.

5.1 Organisation

In Abschnitt 5.1 soll die Organisation für den formellen Test der Software vorgestellt werden.

5.2 Mitarbeiter

In Abschnitt 5.2 soll die Zahl und die Qualifikation der Mitarbeiter für den formellen Test der Software erklärt werden.

5.3 Testphilosophie

In Abschnitt 5.3 soll die hinter dem formellen Test stehende Philosophie erklärt werden.

5.4 Annahmen und Einschränkungen

In Abschnitt 5.4 sollen etwaige Einschränkungen und Annahmen, die beim formellen Test zu berücksichtigen sind, erklärt werden.

6 Überprüfungen der Software

In Kapitel 6 sollen die Überprüfungen der Software beschrieben werden. Es kann ausgegliedert werden, wenn ein *Software Quality Program Plan* (SQPP) vorliegt.

7 Software Configuration Management

In Kapitel 7 sollen die Tätigkeiten der Konfigurationskontrolle erläutert werden. Dieses Material kann ausgegliedert werden, falls ein *Software Configuration Management Plan* (SCMP) vorliegt.

8 Weitere beteiligte Gruppen

In Kapitel 8 sollen sonstige Gruppen erwähnt werden, die eventuell an der Erstellung der Software beteiligt sind. Es könnte sich zum Beispiel um eine externe Testgruppe, um *Independant Verification & Validation* (IV&V) oder um die Beteiligung eines Fachmanns zur Sicherheit (*Security*) der Software handeln.

9 Sonstiges

In Kapitel 9 kann eine Liste der Akronyme und Abkürzungen gebracht werden, die im Software-Entwicklungsplan verwendet werden. Auch ein Glossar fügt man hier ein.

Anhang

Der Anhang kann Material enthalten, das im Rahmen des Textes nicht ohne weiteres einzuordnen war. Es muss gesagt werden, ob der Anhang ein Teil des Plans ist.

Anhänge sind mit A, B, C und so weiter zu bezeichnen.

SOFTCRAFT	**Produktmuster** **für den** *Software-Testplan*	PM-04 Version 3.1 13-MAI-2001

Das Dokument ist wie folgt zu strukturieren:

(1) Titelseite
(2) Inhaltsverzeichnis
(3) Einleitung
(4) Referenzierte Dokumente
(5) Testumgebung
(6) Beschreibung des formellen Tests
(7) Aufzeichnung von Testdaten
(8) Sonstiges
(9) Anhang

Titelseite

Die Titelseite muss die folgenden Informationen enthalten:

- Nummer des Dokuments in der vom Konfigurationsmanagement vorgegebenen Form
- Titel des Testplans und das System, zu dem die Software gehört
- Namen und die Anschrift des Kunden, für den der Testplan erstellt wurde
- Firma des Auftragnehmers und die Abteilung, die den Testplan gefertigt hat
- Name des Verfassers und seine Unterschrift
- Unterschriften des Planerstellers, des Software Managers, des Projektleiters, des Konfigurations- und des Qualitätsmanagers

Inhaltsverzeichnis

Der Testplan muss ein Inhaltsverzeichnis enthalten, in dem alle Kapitelüberschriften und die zugehörigen Seitennummern aufgeführt sind.

Ferner müssen im Inhaltsverzeichnis alle Grafiken, die Tabellen und der Anhang mit den Seitenzahlen aufgeführt werden.

1 Einleitung

Dieses Kapitel soll mit 1 beginnen und wie folgt untergliedert werden:

1.1 Identifikation

In Abschnitt 1.1 soll die Dokumentennummer des Testplans genannt werden, der Name der Software, für den er gilt, und eventuell die gebräuchliche Abkürzung der Software.

1.2 Überblick über das System

In Abschnitt 1.2 soll kurz der Zweck des Systems, zu dem die Software gehört, angesprochen werden. Außerdem soll die Rolle der Software im Rahmen dieses Systems beschrieben werden.

1.3 Überblick über das Dokument

In Abschnitt 1.3 soll der Inhalt des Testplans zusammengefasst beschrieben werden.

1.4 Zusammenhang mit anderen Plänen

In Abschnitt 1.4 soll der Testplan mit anderen Dokumenten verknüpft werden, also zum Beispiel der Software-Spezifikation oder dem *Software Development Plan* (SDP).

2 Referenzierte Dokumente

Dieses zweite Kapitel soll alle im Testplan referenzierten Dokumente aufführen. Die Angaben müssen so detailliert sein, dass der Leser des Plans für ihn notwendige Dokumente besorgen kann. Bei Bedarf kann Kapitel 2 weiter untergliedert werden.

3 Testumgebung

In Kapitel 3 soll die Testumgebung für den formellen Qualifikationstest mit dem Kunden beschrieben werden. Gegebenenfalls kann der *Software Development Plan* referenziert werden, falls dort die Testumgebung bereits ausreichend beschrieben wurde.

3.1 Software der Testumgebung

In Abschnitt 3.1 soll die Support Software beschrieben werden, die im Rahmen der Testumgebung zum Test der auszuliefernden Software notwendig ist. Dabei kann es sich um das Betriebssystem, Compiler, Testtreiber und andere Werkzeuge handeln.

3.2 Hardware der Testumgebung

In Abschnitt 3.2 soll spezifiziert werden, welche Hardware zum Test der Software notwendig ist. Dazu gehören der Computer, Terminals, Workstations und spezielle Ausrüstung wie zum Beispiel ein Logic Analyser oder Datengeneratoren.

3.3 Installation, Verifikation und Kontrolle

In Abschnitt 3.3 soll erklärt werden, wie jedes Teil der Testumgebung installiert wird, wie sichergestellt werden kann, dass alle Teile der Testumgebung vor ihrem Einsatz verifiziert wurden und wie Änderungen in der Testumgebung kontrolliert werden.

4 Beschreibung des formellen Tests

In Kapitel 4 und seinen Untergliederungen soll für jedes Software-Paket beschrieben werden, wie der Test durchzuführen ist.

4.1 Identifizierung des Software-Pakets

In Abschnitt 4.1 soll die zu testende Software eindeutig identifiziert werden.

4.1.1 Anforderungen an den Test

In Abschnitt 4.1.1 sollen die Anforderungen an den Test der Software genannt werden. Zum Beispiel kann verlangt werden, dass sowohl mit richtigen als auch mit falschen Eingabewerten getestet wird.

4.1.2 Testkategorien

In Abschnitt 4.1.2 sollen die Testkategorien für den formellen Test aufgeführt werden, etwa Funktionstest, Stress Test, Volume Test oder Test mit maximaler Auslastung des Systems.

4.1.3 Testebene

In Abschnitt 4.1.3 soll spezifiziert werden, auf welcher Ebene der Software mit dem formellen Test begonnen werden soll, also z.B. auf der niederen Ebene von Modulen oder auf der höheren Ebene des integrierten Software-Pakets.

4.1.4 Testschritte

In Abschnitt 4.1.4 und seinen Untergliederungen soll der Test Schritt für Schritt beschrieben werden. Für jeden Abschnitt des Tests sind dabei die folgenden Angaben zu machen:

a. Ziel des Tests
b. Spezielle Forderungen
c. Ebene des Tests
d. Testkategorie
e. Qualifikationsmethode wie im Lastenheft der Software genannt
f. Aufzuzeichnende Daten während der Testdurchführung
g. Annahmen und Einschränkungen

4.1.5 Zeitplan für den Test

Abschnitt 4.1.5 soll den Zeitplan für den Test enthalten. Andernfalls kann der Zeitplan referenziert werden.

5 Aufzeichnungen von Testdaten

In Kapitel 5 soll spezifiziert werden, welche Daten aufgezeichnet werden müssen und welche Daten unter Umständen komprimiert und analysiert werden sollen.

6 Sonstiges

In diesem Kapitel kann sonstiges Material behandelt werden, das in keines der anderen Abschnitte passt.

Anhang

Der Anhang kann Material enthalten, das im Rahmen des Testplans nicht ohne weiteres einzuordnen war. Es muss gesagt werden, ob der Anhang ein Teil des Testplans ist.

Anhänge sind mit A, B, C und so weiter durchzunummerieren.

SOFTCRAFT	**Produktmuster für den** *Software Configuration Management Plan (SCMP)*	PM-05 Version 3.1 13-MAI-2001

Das Dokument ist wie folgt zu strukturieren:

(1) Titelseite
(2) Inhaltsverzeichnis
(3) Einleitung
(4) Referenzierte Dokumente
(5) Organisation und Ressourcen
(6) Tätigkeiten des Konfigurationsmanagements
(7) Sonstiges
(8) Anhang

Titelseite

Die Titelseite muss die folgenden Informationen enthalten:

- Nummer des Dokuments in der vom Konfigurationsmanagement vorgegebenen Form
- Projekt, zu dem der Plan gehört
- Name und die Anschrift des Kunden, für den der SCMP erstellt wurde
- Firma des Auftragnehmers und die Abteilung, die den Plan gefertigt hat
- Name des Verfassers und seine Unterschrift
- Unterschriften des Software Managers, des Projektleiters, des Konfigurationsmanagers und dessen Vorgesetzten

Inhaltsverzeichnis

Der SCMP muss ein Inhaltsverzeichnis enthalten, in dem alle Kapitelüberschriften und die zugehörigen Seitennummern aufgeführt sind.

Ferner müssen im Inhaltsverzeichnis alle Zeichnungen, die Tabellen und der Anhang mit den Seitenzahlen aufgeführt werden.

1 Einleitung

Dieses Kapitel soll mit 1 beginnen und wie folgt untergliedert werden:

1.1 Identifikation

In Abschnitt 1.1 soll die Dokumentennummer des SCMP genannt werden sowie das Projekt, für das der Plan gilt.

1.2 Überblick über das System

In Abschnitt 1.2 soll kurz der Zweck des Systems, zu dem die Software gehört, angesprochen werden. Außerdem soll die Rolle der Software im Rahmen dieses Systems beschrieben werden.

1.3 Überblick zum Inhalt des Dokuments

In Abschnitt 1.3 soll der Inhalt des Dokuments zusammengefasst beschrieben werden.

1.4 Zusammenhang mit anderen Plänen

In diesem Abschnitt soll der Zusammenhang mit den anderen Planungsdokumenten des Projekts hergestellt werden.

2 Referenzierte Dokumente

Dieses zweite Kapitel soll alle im SCMP referenzierten Dokumente aufführen. Die Angaben müssen so detailliert sein, dass der Leser des Plans für ihn notwendige Unterlagen besorgen kann. Bei Bedarf kann Kapitel 2 weiter untergliedert werden.

3 Organisation und Ressourcen

Das Kapitel 3 beschreibt die Organisation und die Ressourcen des Unternehmens in Bezug auf das Konfigurationsmanagement. Es wird weiter untergliedert.

3.1 Organisation

Dieser Abschnitt soll ein Organigramm enthalten, aus dem die Einbindung der Disziplin Konfigurationsmanagement in die Organisation hervorgeht. Es soll ferner beschrieben werden, mit welchen anderen Abteilungen der Firma das Konfigurationsmanagement zusammenarbeitet.

3.2 Mitarbeiter

In Abschnitt 3.2 soll beschrieben werden, wie viele Mitarbeiter im Konfigurationsmanagement für das Projekt tätig sein werden und wie diese Mitarbeiter qualifiziert sind.

3.3 Ressourcen

In Abschnitt 3.3 soll beschrieben werden, welche Ressourcen zur Durchführung der Tätigkeit des Konfigurationsmanagements zur Verfügung stehen.

4 Tätigkeiten des Konfigurationsmanagements

In Kapitel 4 sollen alle Tätigkeiten des Konfigurationsmanagements aufgeführt werden.

4.1 Identifikation der Softwarekonfiguration

In Abschnitt 4.1 soll die Konfiguration der Software beschrieben werden. Der Abschnitt wird weiter untergliedert.

4.1.1 Konfiguration in der Entwicklung

In Abschnitt 4.1.1 soll erklärt werden, wie Configuration Items das erste Mal unter Konfigurationskontrolle gestellt werden.

4.1.2 Identifikation der Configuration Items

In Abschnitt 4.1.2 soll beschrieben werden, wie die Teile der Software durch Namen, Beschriftung oder Markierung identifiziert werden können. Es soll auch auf Revisionen von Software eingegangen werden.

4.2 Konfigurationskontrolle

In Abschnitt 4.2 sollen die Maßnahmen zur Konfigurationskontrolle beschrieben werden.

4.2.1 Behandlung von Änderungen

In Abschnitt 4.2.1 soll erklärt werden, wie Änderungen in der Software behandelt werden. Die Arbeit des SCCB lässt sich gut durch ein Flussdiagramm darstellen.

4.2.2 Dokumentation von Änderungen

In Abschnitt 4.2.2 soll beschrieben werden, wie Änderungen in der Software dokumentiert werden, etwa durch *Software Trouble Reports*.

4.2.2.1 Inhalt der Änderungsmitteilungen

In Abschnitt 4.2.2.1 soll genau erklärt werden, welche Einzelheiten ein STR enthalten muss.

4.2.3 Behandlung von Änderungen

In Abschnitt 4.2.3 soll erklärt werden, wie das SCCB arbeitet.

4.2.4 Aufbewahrung und Freigabe von Medien der Software

In Abschnitt 4.2.4 soll beschrieben werden, wie Medien kontrolliert, aufbewahrt und weitergegeben werden.

4.3 STATUS ACCOUNTING

In Abschnitt 4.3 soll beschrieben werden, wie das Konfigurationsmanagement über den Status der Software berichtet und welche Mittel dazu eingesetzt werden.

4.4 Meilensteine der Software-Entwicklung

In Abschnitt 4.4 sollen die hauptsächlichen Meilensteine der Software-Entwicklung und ihr Bezug zu Tätigkeiten des Konfigurationsmanagements erklärt werden.

5 Sonstiges

In Abschnitt 5 kann zusätzliches Material zum SCMP enthalten sein, z.B. ein Glossar, Akronyme oder Abkürzungen.

Anhang

Der Anhang kann Material enthalten, das im Rahmen des Dokuments nicht ohne weiteres einzuordnen war. Es muss gesagt werden, ob der Anhang ein Teil des SCMP ist.

Anhänge sind mit A, B, C und so weiter zu benennen.

SOFTCRAFT	Produktmuster für das *Version Description Document (VDD)*	PM-06 Version 3.1 13-MAI-2001

Das Dokument ist wie folgt zu strukturieren:

(1) Titelseite
(2) Inhaltsverzeichnis
(3) Einleitung
(4) Referenzierte Dokumente
(5) Beschreibung der Software-Version
(6) Anhang

Titelseite

Die Titelseite muss die folgenden Informationen enthalten:

- Nummer des Dokuments in der vom Konfigurationsmanagement vorgegebenen Form
- Titel des VDD sowie gegebenenfalls das System, zu dem die Software gehört
- Namen und die Anschrift des Kunden, für den das VDD erstellt wurde
- Firma des Auftragnehmers und die Abteilung, die das VDD gefertigt hat
- Name des Verfassers und seine Unterschrift
- Unterschriften des Software Managers, des Projektleiters, des Konfigurations- und des Qualitätsmanagers

Inhaltsverzeichnis

Das VDD muss ein Inhaltsverzeichnis enthalten, in dem alle Kapitelüberschriften und die zugehörigen Seitennummern aufgeführt sind.

Ferner müssen im Inhaltsverzeichnis alle Zeichnungen, die Tabellen und der Anhang mit den Seitenzahlen aufgeführt werden.

1 Einleitung

Dieses Kapitel soll wie folgt untergliedert werden:

1.1 Identifikation

In Abschnitt 1.1 soll die Dokumentennummer des VDD genannt werden, der Titel der Spezifikation und eventuell die gebräuchliche Abkürzung des Systems.

1.2 Überblick über das System

In Abschnitt 1.2 soll kurz der Zweck des Systems, zu dem die Software gehört, angesprochen werden. Außerdem soll die Rolle der Software im Rahmen dieses Systems beschrieben werden.

1.3 Überblick über das Dokument

In Abschnitt 1.3 soll der Inhalt des VDD zusammengefasst beschrieben werden.

1.4 Akronyme und Abkürzungen

In diesem Abschnitt sollen alle Akronyme und Abkürzungen aufgelistet werden.

2 Referenzierte Dokumente

Dieses zweite Kapitel soll alle im VDD referenzierten Dokumente aufführen. Die Angaben müssen so detailliert sein, dass der Leser des *Version Description Documents* für ihn notwendige Unterlagen besorgen kann. Bei Bedarf kann Kapitel 2 weiter untergliedert werden.

3 Beschreibung der Software-Version

In diesem Abschnitt soll die ausgelieferte Software eindeutig und vollständig identifiziert werden.

3.1 Inhaltsverzeichnis der Datenträger

In diesem Abschnitt sollen alle Datenträger, auf denen die ausgelieferte Software residiert, eindeutig identifiziert werden.

3.2 Inhaltsverzeichnis des Software-Pakets

In diesem Abschnitt soll die auf den Datenträgern enthaltene Software mit den Namen der Module und den zugehörigen Versionsnummern eindeutig identifiziert werden.

3.3 Eingebrachte Änderungen

In diesem Abschnitt sollen alle gegenüber dem letzten Release der Software eingebrachten Änderungen genannt werden. Die Nummern von *Software Trouble Reports* oder Änderungsanträgen sollten aufgelistet werden.

3.4 Anpassungen

In diesem Abschnitt sind alle bei der Installation notwendigen Anpassungen zu beschreiben, zum Beispiel bei einer bestimmten Maschine oder einem Standort.

3.5 Kompatibilität

In diesem Abschnitt soll beschrieben werden, ob das neue Release der Software zur Vorgängerversion vollkommen kompatibel ist. Falls das nicht zutrifft, sind die Ausnahmen aufzuführen.

3.6 Zugehörige Dokumente

In diesem Abschnitt ist aufzuführen, welche Dokumente mit dem Programmcode ausgeliefert werden.

3.7 Zusammenfassung der Änderungen

In diesem Abschnitt sollen die vorher mittels STR-Nummern identifizierten Änderungen kurz zusammengefasst werden.

3.8 Installation

In diesem Abschnitt sind Hinweise für die Installation zu geben, falls das notwendig erscheint.

3.9 Bekannte Fehler

In diesem Abschnitt sind alle bekannten Fehler aufzuführen, die sich noch in dem ausgelieferten Release der Software befinden. Die Angabe von STR-Nummern erscheint sinnvoll.

Anhang

Der Anhang kann Material enthalten, das im Rahmen des VDD nicht ohne weiteres einzuordnen war. Es muss gesagt werden, ob der Anhang ein Teil des *Version Description Documents* ist.

Anhänge sind mit A, B, C und so weiter zu bezeichnen.

SOFTCRAFT	**Produktmuster** **für den** ***Wartungsplan der Software***	PM-07 Version 3.1 13-MAI-2001

Das Dokument ist wie folgt zu strukturieren:

(1) Titelseite
(2) Inhaltsverzeichnis
(3) Einleitung
(4) Referenzierte Dokumente
(5) Entwicklungsumgebung
(6) Angaben zur Programmierung
(7) Anhang

Titelseite

Die Titelseite muss die folgenden Informationen enthalten:

- Nummer des Dokuments in der vom Konfigurationsmanagement vorgegebenen Form
- Titel des Wartungsplans sowie gegebenenfalls das System, zu dem die Software gehört
- Namen und die Anschrift des Kunden, für den der Wartungsplan erstellt wurde
- Firma des Auftragnehmers und die Abteilung, die der Wartungsplan gefertigt hat
- Name des Verfassers und seine Unterschrift
- Unterschriften des Software Managers, des Projektleiters, des Konfigurations- und des Qualitätsmanagers

Inhaltsverzeichnis

Der Wartungsplan muss ein Inhaltsverzeichnis enthalten, in dem alle Kapitelüberschriften und die zugehörigen Seitennummern aufgeführt sind.

Ferner müssen im Inhaltsverzeichnis alle Zeichnungen, die Tabellen und der Anhang mit den Seitenzahlen aufgeführt werden.

1 Einleitung

Dieses Kapitel soll wie folgt untergliedert werden:

1.1 Identifikation

In Abschnitt 1.1 soll die Dokumentennummer des Wartungsplans genannt werden, der Titel des Dokuments und eventuell die gebräuchliche Abkürzung des Systems.

1.2 Überblick über das System

In Abschnitt 1.2 soll kurz der Zweck des Systems, zu dem die Software gehört, angesprochen werden. Außerdem soll die Rolle der Software im Rahmen dieses Systems beschrieben werden.

1.3 Überblick über das Dokument

In Abschnitt 1.3 soll der Inhalt des Wartungshandplans zusammengefasst beschrieben werden. Der Leser soll mit dem Aufbau und der Gliederung vertraut gemacht werden.

1.4 Akronyme und Abkürzungen

In diesem Abschnitt sollen alle Akronyme und Abkürzungen aufgelistet werden.

2 Referenzierte Dokumente

Dieses zweite Kapitel soll alle im Wartungsplan referenzierten Dokumente aufführen. Die Angaben müssen so detailliert sein, dass der Leser des Handbuchs für ihn notwendige Unterlagen besorgen kann. Bei Bedarf kann Kapitel 2 weiter untergliedert werden.

3 Entwicklungsumgebung

In diesem Kapitel und seinen Gliederungen soll beschrieben werden, welche Umgebung zur Wartung und Weiterentwicklung der Software notwendig ist.

3.1 Computersystem

In diesem Abschnitt soll beschrieben werden, welcher Computer in welcher Konfiguration notwendig ist, um die Software zu warten und weiterentwickeln zu können. Falls es sich bei dem Computersystem zur Entwicklung (*Host*) und dem System, auf dem die Software laufen soll (*Target*), um verschiedene Rechner handelt, sind beide Computer zu beschreiben.

3.2 Eigenschaften des Computersystems

In diesem Abschnitt soll erklärt werden, welche Eigenschaften und Begrenzungen der verwendete Computer besitzt. Es kann sich um Angaben zum Haupt- und Massenspeicher, vorhandene Reserven, die verwendeten Prozessoren, den Instruktionssatz der Maschine und die Verwendung von Interrupts handeln.

3.3 Betriebssystem und Werkzeuge

In diesem Abschnitt soll die Entwicklungsumgebung beschrieben werden, also das vorhandene Betriebssystem, Compiler und Linker sowie alle notwendigen Tools. Bei allen Programmen ist anzugeben, welche Version verwendet werden muss.

Falls Software auf magnetische Datenträger ausgelagert ist, so sind die Verfahren zum Laden und Starten der Software anzugeben.

4 Angaben zur Programmierung

In diesem Kapitel sind Informationen zur Programmierung in der bereits beschriebenen Entwicklungsumgebung zu geben. Dazu gehören Angaben zur Darstellung von Variablen und Konstanten, Wortlängen, das Format von Instruktionen, Behandlung von Registern, Interruptverarbeitung und zur System Clock.

Anhang

Der Anhang kann Material enthalten, das im Rahmen des Wartungsplans nicht ohne weiteres einzuordnen war. Es muss gesagt werden, ob der Anhang ein Teil des Dokuments ist.

Anhänge sind mit A, B, C und so weiter zu bezeichnen.

SOFTCRAFT	**Produktmuster** **für den** *Schulungsplan*	PM-08 Version 3.1 13-MAI-2001

Das Dokument ist wie folgt zu strukturieren:

(1) Titelseite
(2) Inhaltsverzeichnis
(3) Einleitung
(4) Referenzierte Dokumente
(5) Organisation und Ressourcen
(6) Verfahren, Werkzeuge und Aufzeichnungen
(7) Sonstiges
(8) Anhang

Titelseite

Die Titelseite muss die folgenden Informationen enthalten:

- Nummer des Dokuments in der vom Konfigurationsmanagement vorgegebenen Form
- Jahr, für den der Plan gilt
- Name des Verfassers (Schulungsbeauftragter) und seine Unterschrift
- Unterschrift eines Mitglieds der Geschäftsleitung

Inhaltsverzeichnis

Der Schulungsplan muss ein Inhaltsverzeichnis enthalten, in dem alle Kapitelüberschriften und die zugehörigen Seitennummern aufgeführt sind.

Ferner müssen im Inhaltsverzeichnis alle Zeichnungen, die Tabellen und der Anhang mit den Seitenzahlen aufgeführt werden.

1 Einleitung

1.1 Identifikation

In Abschnitt 1.1 soll die Dokumentennummer des Schulungsplans genannt werden.

1.2 Überblick über das System

In Abschnitt 1.2 soll kurz aufgeführt werden, welche Schwerpunkte im Plan gesetzt werden.

1.3 Überblick über das Dokument

In Abschnitt 1.3 soll der Inhalt des Dokuments zusammengefasst beschrieben werden, damit sich der eilige Leser einen Überblick verschaffen kann.

2 Referenzierte Dokumente

Dieses zweite Kapitel soll alle im Schulungsplan referenzierten Dokumente aufführen. Die Angaben müssen so detailliert sein, dass der Leser des Plans für ihn notwendige Dokumente besorgen kann. Bei Bedarf kann Kapitel 2 weiter untergliedert werden.

3 Ziele

In Kapitel soll beschrieben werden, welche Ziele das Unternehmen mit dem Plan verfolgt. Es kann auch auf mittel- und langfristige Ziele, die Mission und Vision der Firma eingegangen werden.

3.1 Umsetzung der Ziele

Abschnitt 3.1 soll beschrieben werden, wie Schulung, Fort- und Weiterbildung zur Erreichung der genannten Ziele beitragen.

3.2 Ressourcen

In Abschnitt 3.2 soll beschrieben werden, welche Ressourcen das Unternehmen bereitstellt, um Schulungsmaßnahmen durchzuführen. Es soll auch deutlich gemacht werden, dass die Geschäftsleitung die im Plan genannten Ziele unterstützt.

3.3 Angebot

In Abschnitt 3.3 soll beschrieben werden, welches Angebot zur Verfügung steht und wie es bezüglich der Ziele eingeschätzt wird. Falls das Angebot mit den Zielen nicht übereinstimmt, sind alternative Formen der Schulung zu erörtern, zum Beispiel interne Schulungen oder Selbststudium.

4 Umsetzung

Das Kapitel 4 befasst sich mit der Umsetzung der Ziele.

4.1 Zeitplan

In Abschnitt 4.1 wird der Zeitplan für die Schulungen vorgestellt. Er kann alternativ mit einem geeigneten Werkzeug erstellt werden und ist dann zu referenzieren.

4.2 Beurteilung von Schulungen

In Abschnitt 4.2 sollen die für das Programm eingesetzten Werkzeuge aufgeführt werden.

4.3 Aufzeichnungen

In Abschnitt 4.3 soll beschrieben werden, wie Meinungen und Urteile über Kurse gesammelt und aufbereitet werden. Es ist auch darzulegen, wie das Management darüber unterrichtet wird.

5 Sonstiges

In Abschnitt 5 kann zusätzliches Material zum Schulungsplan enthalten sein, z.B. Broschüren von angebotenen Kursen.

Anhang

Der Anhang kann Material enthalten, das im Rahmen des Dokuments nicht ohne weiteres einzuordnen war. Es muss gesagt werden, ob der Anhang ein Ziel des Schulungsplans ist.

Anhänge sind mit A, B, C und so weiter durchzunummerieren.

A.4 Fragebögen

SOFTCRAFT	Fragebogen zur Verwendung bei *internen Audits des QM-Systems*	CL-01 Version 3.1 13-MAI-2001
Dieser Fragebogen orientiert sich an der Struktur des DIN EN ISO 9001 in der Fassung vom Dezember 2000. Frage		*JA/NEIN*

Einleitung

1. Ist das Qualitätsmanagementsystem prozessorientiert aufgebaut?
2. Werden Prozesse als ein Mittel der Wertschöpfung im Unternehmen verstanden?
3. Werden Prozesse so ausgelegt, dass sie als Vehikel zur Verbesserung dienen können?
4. Werden Prozesse als ein Mittel zu objektiven Messungen verstanden?
5. Ist der Ansatz Demings mit dem PDCA-Zirkel bekannt?
6. Ist ISO 9004 im Unternehmen bekannt?
7. Ist ISO 9004 beim Aufbau des QM-Systems eingesetzt worden?

Anwendungsbereich

1. Sind Ausschlüsse einzelner Normelement vorgenommen worden?
2. Falls JA: Beschränken sich diese auf Abschnitt 7 der ISO 9001?
3. Wurde DIN EN ISO 9001 in der Ausgabe vom 15. Dezember 2000 verwendet, um das QM-System aufzubauen?

Qualitätsmanagementsystem

1. Basiert das QM-System auf Prozessen?
2. Sind Wechselwirkungen zwischen Prozessen definiert worden?
3. Sind Methoden festgelegt worden, um Prozesse wirksam zu kontrollieren?

4. Sind Ressourcen verfügbar, um die Durchführung und Überwachung der Prozesse zu ermöglichen?
5. Hat das Unternehmen Möglichkeiten, die Prozesse zu überwachen, zu messen und zu kontrollieren?
6. Werden Maßnahmen getroffen, um mit Hilfe von Prozessen die geplanten Ergebnisse zu erreichen?
7. Werden Maßnahmen getroffen, um die Prozesse kontinuierlich zu verbessern?
8. Werden alle Prozesse in Übereinstimmung mit ISO 9001 gelenkt?
9. Enthält die Dokumentation zum QM-System eine Definition der Qualitätspolitik?
10. Enthält die Dokumentation zum QM-System Qualitätsziele?
11. Ist das QM-System in einem QM-Handbuch dokumentiert?
12. Enthält die Dokumentation zum QM-System dokumentierte Verfahren?
13. Enthält das QM-System Dokumente, die der Planung, Durchführung und Lenkung der Prozesse dienen?
14. Enthält die Dokumentation zum QM-System die Forderung nach Aufzeichnungen?
15. Ist der Anwendungsbereich im QM-Handbuch festgelegt?
16. Werden Ausschlüsse, falls zutreffend, begründet?
17. Enthält das QM-Handbuch dokumentierte Verfahren?
18. Enthält das QM-Handbuch eine Beschreibung der Wechselwirkungen der Prozesse?
19. Gibt es ein Verfahren zur Lenkung von Dokumenten?
20. Ist das Verfahren zur Lenkung von Dokumenten dokumentiert?
21. Gibt es Aufzeichnungen zur Lenkung von Dokumenten?
22. Erstreckt sich das Verfahren zur Lenkung von Dokumenten auf die Angemessenheit ihres Inhalts?
23. Erstreckt sich das Verfahren zur Lenkung von Dokumenten auf die Freigabe?
24. Erstreckt sich das Verfahren zur Lenkung von Dokumenten auf deren Bewertung?
25. Erstreckt sich das Verfahren zur Lenkung von Dokumenten auf Aktualisierung von Dokumenten?
26. Erstreckt sich das Verfahren zur Lenkung von Dokumenten auf deren Überarbeitung?
27. Erstreckt sich das Verfahren zur Lenkung von Dokumenten darauf, dass gültige Dokumente am jeweiligen Einsatzort verfügbar sind?
28. Erstreckt sich das Verfahren zur Lenkung von Dokumenten auf deren Lesbarkeit?

29. Erstreckt sich das Verfahren zur Lenkung von Dokumenten auf externe Dokumente?
30. Erstreckt sich das Verfahren zur Lenkung von Dokumenten auf den Einzug veralteter Dokumente?
31. Erstreckt sich das Verfahren zur Lenkung von Dokumenten auf deren Archivierung?
32. Sind Aufbewahrungsfristen definiert worden?
33. Wird die Bedeutung von Aufzeichnungen im Sinne der Norm verstanden?
34. Wird die Bedeutung von Aufzeichnungen im rechtlichen Sinn verstanden?
35. Existiert ein dokumentiertes Verfahren für Aufzeichnungen?
36. Bezieht sich dieses Verfahren auf die Kennzeichnungen von Aufzeichnungen?
37. Bezieht sich dieses Verfahren die Aufbewahrung von Aufzeichnungen?
38. Bezieht sich dieses Verfahren den Schutz von Aufzeichnungen?
39. Bezieht sich dieses Verfahren auf die Wiederauffindbarkeit von Aufzeichnungen?
40. Bezieht sich dieses Verfahren auf die Vernichtung von Aufzeichnungen?

Verantwortung des Managements

1. Ist sich die Geschäftsleitung ihrer Verantwortung für das QM-System bewusst?
2. Gibt es objektive Beweise dafür?
3. Ist sich die Geschäftsleitung ihrer Verpflichtung zur kontinuierlichen Verbesserung des QM-Systems bewusst?
4. Ist sich die Geschäftsleitung der Bedeutung des QM-Systems zur Erfüllung von Kundenanforderungen bewusst?
5. Hat die Geschäftsleitung eine Qualitätspolitik festgelegt?
6. Hat die Geschäftsleitung Qualitätsziele festgelegt?
7. Werden von der Geschäftsleitung Bewertungen des QM-Systems vorgenommen?
8. Stellt die Geschäftsleitung sicher, dass genügend Ressourcen zum Aufbau und zur Pflege des QM-Systems vorhanden sind?
9. Werden Kundenanforderungen ermittelt?
10. Ist das System darauf ausgerichtet, Kundenzufriedenheit zu erreichen?
11. Ist die Qualitätspolitik dem Zweck der Organisation angemessen?

12. Enthält die Qualitätspolitik eine Verpflichtung zur Erfüllung der Anforderungen und zur kontinuierlichen Verbesserung des QM-Systems?
13. Bietet die Qualitätspolitik einen Rahmen zum Festlegen und Bewerten von Qualitätszielen?
14. Wird die Qualitätspolitik im Unternehmen vermittelt und verstanden?
15. Wird die Qualitätspolitik auf ihre fortdauernde Angemessenheit hin bewertet?
16. Sind Qualitätsziele messbar?
17. Wird das QM-System geplant?
18. Bleibt das QM-System in Betrieb, wenn Änderungen durchgeführt werden?
19. Sind hinsichtlich des Qualitätsmanagements organisatorische Festlegungen erfolgt?
20. Gibt es ein Mitglieder der Geschäftsleitung, das für das QM-System verantwortlich zeichnet?
21. Gibt es einen QM-Beauftragten?
22. Sind die für das QM-System notwendigen Prozesse eingeführt worden?
23. Werden sie unterhalten und gepflegt?
24. Berichtet das Qualitätsmanagement der Geschäftsführung über die Leistung des QM-Systems sowie notwendige Verbesserungen?
25. Sorgt das Qualitätsmanagement dafür, dass das Bewusstsein über die Wichtigkeit von Kundenanforderungen im Unternehmen wächst?
26. Existieren innerhalb des Unternehmens wirksame Kommunikationspfade?
27. Wird eine Managementbewertung des QM-System in periodischen Abständen durchgeführt?
28. Werden zu Managementbewertungen Aufzeichnungen angefertigt?
29. Dienen die Ergebnisse von Audits als Eingaben für die Managementbewertung des QM-System?
30. Dienen Rückmeldungen von Kunden und Reklamationen als Eingaben für die Managementbewertung des QM-System?
31. Wird Produktkonformität und Prozessleistung als Rückmeldungen für die Managementbewertung des QM-System verwendet?
32. Dient der Status von Korrektur- und Vorbeugemaßnahmen als Eingaben für die Managementbewertung des QM-System?

33. Stellen Folgemaßnahmen früherer Bewertungen des QM-Systems und deren Status Eingaben für die Managementbewertung des QM-System dar?
34. Dienen mögliche Änderungen, die sich auf das QM-System auswirken könnten, als Eingaben für die Managementbewertung des QM-System?
35. Stellen Empfehlungen für Verbesserungen Eingaben für die Managementbewertung des QM-System dar?
36. Werden als Ergebnis der Bewertung des QM-Systems Verbesserungen vorgenommen?
37. Werden als Ergebnis der Bewertung des QM-Systems Produktverbesserungen in Bezug auf Kundenanforderungen vorgenommen?
38. Werden als Ergebnis der Bewertung des QM-Systems Ressourcen neu zugewiesen?

Management der Ressourcen

1. Stellt das Unternehmen Ressourcen für das QM-System bereit?
2. Stellt das Unternehmen Ressourcen bereit, um die Kundenzufriedenheit durch die Erfüllung der Kundenanforderungen zu erhöhen?
3. Sind die Mitarbeiter, die im Unternehmen Aufgaben wahrnehmen, dafür ausreichend qualifiziert?
4. Werden Mitarbeiter, so weit sie bestimmte Fähigkeiten oder Kenntnisse nicht besitzen, geschult?
5. Werden Schulungsmaßnahmen nach ihrer Durchführung beurteilt?
6. Wissen alle Mitarbeiter, dass sie die Produktqualität beeinflussen?
7. Werden Aufzeichnungen zu den Bereichen Ausbildung, Schulung und der Vermittlung von Fähigkeiten erstellt?
8. Stellt das Unternehmen eine geeignete Infrastruktur bereit?
9. Erfolgen Anpassungen für Projekte?
10. Erstreckt sich die Infrastruktur auf Dienstleistungen, zum Beispiel Transport oder Kommunikationsmittel?
11. Ist die Arbeitsumgebung geeignet, die Konformität mit den Produktanforderungen zu erreichen?

Produktrealisierung

1. Werden die Prozesse zur Produktrealisierung geplant?
2. Stehen sie im Einklang mit dem QM-System?
3. Werden bei der Produktrealisierung Qualitätsziele und Anforderungen für das Produkt festgelegt?
4. Werden bei der Produktrealisierung produktspezifische Ressourcen bereitgestellt?
5. Werden bei der Produktrealisierung die Tätigkeiten zur Verifizierung und Validation festgelegt?
6. Werden bei der Produktrealisierung die Produktannahmekriterien festgelegt?
7. Werden bei der Produktrealisierung die erforderlichen Aufzeichnungen erstellt, um nachzuweisen, dass Produkte die Anforderungen erfüllen?
8. Existiert für jedes Projekt ein Qualitätsmanagementplan?
9. Werden für jedes Produkt die Anforderungen des Kunden ermittelt?
10. Werden für jedes Produkt die Anforderungen ermittelt, darunter auch solche, die der Kunde nicht explizit nennt?
11. Wird für jedes Produkt untersucht, ob gesetzliche Auflagen zu erfüllen sind?
12. Werden vom Unternehmen die Produktanforderungen bewertet?
13. Erfolgt dies vor dem Vertragabschluss?
14. Werden etwaige Abweichungen zwischen verschiedenen Angeboten ermittelt?
15. Findet eine Vertragsprüfung statt?
16. Werden die Ergebnisse der Vertragsprüfung dokumentiert?
17. Werden betroffene Dokumente geändert, wenn sich im Projektverlauf die Anforderungen ändern?
18. Werden Strukturen zur Kommunikation mit dem Kunden eingerichtet?
19. Wird die Entwicklung geplant?
20. Existiert für jedes Projekt ein Software-Entwicklungsplan?
21. Bezieht sich die Entwicklungsplanung auf bestimmte Phasen?
22. Bezieht sich die Entwicklungsplanung für jede Phase auf Bewertung und Verifikation?
23. Bezieht sich die Entwicklungsplanung auf Verantwortung und Befugnisse von Managern?
24. Werden Pläne aktualisiert?
25. Werden die Ergebnisse einer Phase verifiziert?

26. Kommen dabei unterschiedliche Verfahren zum Einsatz, z.B. Fagan Inspection, Code Walkthroughs, Reviews und Tests?
27. Werden bei allen Arten der Verifizierung Aufzeichnungen erstellt?
28. Ist das Qualitätsmanagement für das Erstellen von Aufzeichnungen verantwortlich?
29. Werden die Ergebnisse der Entwicklung validiert?
30. Werden Änderungen im Projektverlauf gelenkt?
31. Existieren Aufzeichnungen zu Änderungen im Projektverlauf?
32. Werden Lieferanten beurteilt?
33. Gibt es Aufzeichnungen zu der Beurteilung von Lieferanten?
34. Werden zu jedem beschafften Produkt die Anforderungen erstellt und dokumentiert?
35. Werden beschaffte Produkte verifiziert?
36. Kann es vorkommen, dass Produkte auf dem Gelände des Lieferanten verifiziert werden müssen?
37. Werden Aufzeichnungen zur Validation von Produkten erstellt?
38. Existiert ein Konfigurationsmanagement?
39. Erstreckt sich die Tätigkeit des Konfigurationsmanagements auf die Identifizierung von Produkten?
40. Erstreckt sich die Tätigkeit des Konfigurationsmanagements auf die Versionskontrolle?
41. Wird ein Tool eingesetzt?
42. Gibt es zu jedem Projekt einen Konfigurationsmanagementplan?
43. Erstreckt sich die Tätigkeit des Konfigurationsmanagements auf Produkte, die der Kunde stellt?
44. Gibt es ein Verfahren zum Umgang mit Kundeneigentum?
45. Erstreckt sich dieses Verfahren auf dem Umgang mit geistigen Eigentum des Kunden?
46. Werden Messmittel eingesetzt?
47. Werden Messmittel eingesetzt, die der Kalibrierung bedürfen?
48. Falls JA: Gibt es dafür ein Verfahren?

Messung, Analyse und Verbesserung

1. Werden Prozesse zur Messung, Analyse und Verbesserung geplant?
2. Wird die Kundenzufriedenheit gemessen?
3. Werden interne Audits durchgeführt?
4. Gibt es dafür ein Verfahren?
5. Gibt es Messungen zu Produkten?
6. Werden Metriken verwendet?

7. Werden Produkte in einem formellen Verfahren freigegeben?
8. Gibt es darüber Aufzeichnungen?
9. Wird in diesen Aufzeichnungen angegeben, wer für die Freigabe des Produkts verantwortlich ist?
10. Existiert ein System oder Verfahren zur Lenkung fehlerhafter Produkte?
11. Gibt es Aufzeichnungen zu jedem bekannten Fehler?
12. Wird eine Datenanalyse zur Wirksamkeit des QM-Systems durchgeführt?
13. Erstreckt sich diese Datenanalyse auf die Kundenzufriedenheit?
14. Erstreckt sich diese Datenanalyse auf die Produktanforderungen?
15. Erstreckt sich diese Datenanalyse auf Produkte?
16. Erstreckt sich diese Datenanalyse auf Prozesse?
17. Erstreckt sich diese Datenanalyse auf Lieferanten?
18. Ist das QM-System auf kontinuierliche Verbesserung ausgelegt?
19. Existiert ein dokumentiertes Verfahren zu Korrekturmaßnahmen?
20. Erstreckt sich das dokumentierte Verfahren zu Korrekturmaßnahmen auf die Fehlerbewertung?
21. Erstreckt sich das dokumentierte Verfahren zu Korrekturmaßnahmen auf die Ermittlung der Ursache von Fehlern?
22. Erstreckt sich das dokumentierte Verfahren zu Korrekturmaßnahmen auf die Ermittlung des Handlungsbedarfs, um das erneute Auftreten von Fehlern zu verhindern?
23. Erstreckt sich das dokumentierte Verfahren zu Korrekturmaßnahmen auf Aufzeichnungen?
24. Erstreckt sich das dokumentierte Verfahren zu Korrekturmaßnahmen auf die Bewertung dieser Maßnahmen?
25. Findet vorbeugende Fehlererkennung statt?
26. Gibt es dazu ein dokumentiertes Verfahren?
27. Erstreckt sich das Verfahren zur vorbeugenden Fehlererkennung auf die Ermittlung potentieller Fehler?
28. Erstreckt sich das Verfahren zur vorbeugenden Fehlererkennung auf die Beurteilung des Handlungsbedarfs, um das Auftreten von Fehlern zu verhindern?
29. Erstreckt sich das Verfahren zur vorbeugenden Fehlererkennung auf die Ermittlung und Durchführung von Maßnahmen?
30. Werden Aufzeichnungen erstellt?
31. Werden Vorbeugemaßnahmen bewertet?

SOFTCRAFT	Fragebogen zur Verwendung bei *internen Audits des QM-Systems*	CL-02 Version 3.1 13-MAI-2001

[Dieser Fragebogen orientiert sich an der Struktur der DIN EN ISO 900, Teil 3. Der Text in Kursivschrift bezieht sich stets auf das entsprechende Kapitel der DIN EN ISO 9000, Teil 3]

4.1.1.1   Qualitätspolitik

1. Gibt es eindeutige und dokumentierte Anweisungen und Richtlinien zur Qualitätspolitik durch die Geschäftsleitung?
2. Ist diese Politik schriftlich niedergelegt?
3. Sind alle Mitarbeiter unterrichtet worden?
4. Ist sichergestellt, dass diese Politik im Unternehmen auf allen Ebenen der Organisation verstanden, verwirklicht und beachtet wird?

4.1.1.2.1   Verantwortung und Befugnisse

5. Gibt es eine unabhängige Qualitätssicherung?
6. Wie ist sie organisatorisch eingebunden?
7. Gibt es ein Organigramm, aus dem die Stellung der Qualitätssicherung oder des Qualitätsmanagements eindeutig hervorgeht?
8. Gehört zu den Aufgaben der Qualitätssicherung:
    a) Maßnahmen gegen Fehler zu veranlassen?
    b) Qualitätsprobleme festzustellen und aufzuzeichnen?
    c) Problemlösungen zu veranlassen?
    d) die Beseitigung der Probleme zu verifizieren?
    e) Fehler oder Probleme so lange zu verfolgen, bis das Problem gelöst ist?
    f) Trends und Tendenzen bei Fehlern und Abweichungen zu identifizieren?

4.1.1.2.2   Mittel und Personal für die Verifizierung

9. Sind genügend Mitarbeiter für die Verifizierung vorhanden?
10. Handelt es sich um qualifizierte Mitarbeiter?
11. Geschieht die Verifizierung über alle Phasen der Produktentwicklung?
12. Sind die Mitarbeiter, die Reviews ausführen, unabhängig von den Mitarbeitern, die das untersuchte Produkt erstellt haben?

4.1.1.2.3   Beauftragter der obersten Leitung

13. Gibt es einen Beauftragten der Geschäftsführung, der die Befugnisse besitzt, die Forderungen der DIN EN ISO 9000 in der Organisation durchzusetzen und der für die Erfüllung der Norm die Verantwortung trägt?

4.1.1.3 Review des Qualitätssicherungssystems durch die oberste Leitung

14. Wird das Qualitätssicherungssystem des Unternehmens durch die Geschäftsführung regelmäßig überprüft?

4.1.2 Verantwortung der obersten Leitung des Auftraggebers

15. Ist eine partnerschaftliche Zusammenarbeit zwischen Auftraggeber und Auftragnehmer sichergestellt?

4.1.3 Gemeinsame Reviews

16. Gibt es gemeinsame Reviews zwischen Auftraggeber und Auftragnehmer? Beziehen sich diese Reviews auf:
    a) die Spezifikation oder das Lastenheft der Software?
    b) den Entwurf der Software?
    c) andere Software-Produkte?
    d) die Überprüfung von Produkten?
    e) Ergebnisse von Akzeptanztests?

4.2.1 Qualitätssicherungssystem, Allgemeines

17. Besitzt die Firma ein dokumentiertes System zur Sicherung der Qualität?
18. Erstreckt sich dieses System auf den gesamten Lebenszyklus der Software?
19. Geht es bei diesem System nicht nur um das Finden von Fehlern in der Software, sondern auch vorbeugend um das Verhindern von Fehlern?

4.2.2 Dokumentation des Qualitätssicherungssystems

20. Ist das Qualitätssicherungssystem in einem Handbuch dokumentiert?
21. Bezieht sich die Beschreibung auf alle Elemente der DIN EN ISO 9001?
22. Gibt es Verfahrensanweisungen zu einzelnen Elementen?
23. Wird das QM-Handbuch bei Bedarf überarbeitet?
24. Trägt das QM-Handbuch eine Versionsnummer und ein Ausgabedatum?

4.2.3 Qualitätssicherungsplan

25. Existiert für jedes Projekt ein Qualitätssicherungsplan?

4.3 Interne Qualitätsaudits

26. Werden zur Überprüfung der Wirksamkeit des Qualitätssicherungssystems interne Audits durchgeführt?
27. Werden interne Audits dokumentiert und die Mängel den untersuchten Abteilungen und ihrem Management zur Kenntnis gebracht?

4.4 Korrekturmaßnahmen

28. Existieren Vorkehrungen zur Korrektur von Fehlern, und beziehen sich diese auf:
    a) die Untersuchung der Fehlerursache?
    b) die künftige Vermeidung derartiger Fehler?
    c) das Analysieren des Fehlers in Bezug auf den Prozess der Software-Erstellung und Wartung, um mögliche Fehlerursachen dauerhaft zu beseitigen?
    d) das Einleiten von Fehlerverhütungsmaßnahmen unter Berücksichtigung des Risikos?
    e) die Überwachung der Fehlerbeseitigung?
    f) das Ändern von Verfahren nach dem mehrmaligen Auftreten eines Fehlers?

5.2 Vertragsüberprüfung

29. Wird der Vertrag zwischen Auftraggeber und Auftragnehmer vom Auftragnehmer überprüft, und zwar in den folgenden Bereichen:
    a) auf das Vertragsziel und die darin enthaltenen Forderungen?
    b) mögliche unvorhergesehene Risiken, auch finanzieller Art?
    c) den Schutz vertraulicher Informationen?
    d) auf von der Ausschreibung abweichende Forderungen?
    e) die Fähigkeit des Auftragnehmers zur Erfüllung aller Forderungen?
    f) die Verantwortung des Auftragnehmers in Bezug auf die Vergabe von Unteraufträgen?
    g) die Abstimmung von Begriffen und Definitionen zwischen Auftraggeber und Auftragnehmer?

30. Überprüft der Auftragnehmer, ob der Auftraggeber zur Erfüllung der Vertragsverpflichtungen in der Lage ist?

5.2.2 Qualitätsrelevante Vertragspunkte

31. Enthält der Vertrag die folgenden qualitätsrelevanten Punkte:
    a) Abnahmekriterien?
    b) Änderungen vertraglicher Forderungen während der Entwicklung?
    c) Behandlung von Fehlern und Problemen nach der Abnahme des Produkts?
    d) Tätigkeiten des Auftraggebers, besonders in Bezug auf das Lastenheft der Software, bei der Abnahme und der Installation beim Kunden?
    e) vom Auftraggeber beizustellende Einrichtungen und Werkzeuge?
    f) anzuwendende Normen und Verfahren?
    g) Forderungen bei der Vervielfältigung der Software?

5.3 Spezifikation der Forderungen des Auftraggebers

32. Existiert ein Lastenheft, das entweder vom Auftraggeber oder vom Auftragnehmer stammt, und enthält es die funktionalen Anforderungen an die Software?
33. Erstrecken sich die Forderungen des Lastenhefts auch auf die folgenden Punkte:
    a) Leistung?
    b) Sicherheit (*Safety*)?
    c) Zuverlässigkeit?
    d) Zugriffsberechtigung und Datenschutz?

5.3.2 Zusammenarbeit

34. Enthalten die vertraglichen und dokumentierten Vereinbarungen zwischen Auftraggeber und Auftragnehmer Klauseln zu den folgenden Punkten:
    a) Bestimmung verantwortlicher Personen auf beiden Seiten?
    b) Methoden zur Einigung bei den Anforderungen an die Software?
    c) zur Genehmigung von Änderungen?
    d) zur Vermeidung bzw. Klärung von Missverständnissen, zum Beispiel Definition von Begriffen?
    e) Aufzeichnung von Unterredungen und deren Überprüfung?

5.4 Planung der Entwicklung

35. Existiert ein Entwicklungsplan?
36. Sind im Entwicklungsplan die folgenden Punkte angesprochen worden:
    a) Projektziele?
    b) die Planung der Projektstruktur, einschl. Ressourcen, Verantwortlichkeiten und Unterlieferanten?
    c) Entwicklungsphasen?
    d) Zeitplan des Projekts mit den Einzeltätigkeiten sowie ihre gegenseitige Abhängigkeit?
    e) der Zusammenhang mit anderen Plänen, zum Beispiel dem Software-Qualitätssicherungsplan, dem Plan des Konfigurationsmanagements, dem Integrationsplan und dem Testplan?

5.4.2.1 Phasen

37. Definiert der Entwicklungsplan einen geordneten Prozess, z.B. mit Phasen oder Hauptaktivitäten?
    Gehört dazu:
    a) eine Definition der Phasen der Entwicklung?
    b) geforderte Vorgaben für jede Phase?
    c) gefordertes Ergebnis jeder Phase?
    d) Verifizierungsmethode zu jeder Phase?
    e) Analyse potentieller Probleme zu jeder Phase der Entwicklung?

5.4.2.2 Management

38. Ist festgelegt, wie das Projekt durchzuführen ist, einschließlich der folgenden Punkte:
    a) Termine für die Ablieferung von Software-Produkten?
    b) Verfolgung des Projektfortschritts?
    c) Organisatorische Verantwortung, Ressourcen und Verteilung der Tätigkeiten?
    d) Schnittstellen zwischen verschiedenen Gruppen?

5.4.2.3 Entwicklungsmethoden und Werkzeuge

39. Legt der Entwicklungsplan Regeln fest, zum Beispiel in Bezug auf:
    a) Übereinkommen bei der Software-Entwicklung?
    b) Werkzeuge und Techniken?
    c) das Konfigurationsmanagement?

5.4.3 Entwicklungslenkung

40. Gibt es Reviews zur Überprüfung des Entwicklungsfortschritts?

5.4.4 Vorgaben für Entwicklungsphasen

41. Gibt es Vorgaben für jede Phase der Entwicklung, die überprüfbar sind?

5.4.5 Ergebnisse der Entwicklungsphasen

42. Werden die geforderten Ergebnisse jeder Phase der Entwicklung festgelegt und dokumentiert?
43. Werden die Ergebnisse verifiziert, und zwar in Bezug auf:
    a) die zu Beginn der Phase definierten Forderungen?
    b) Abnahmekriterien für die gegenwärtige Phase?
    c) angemessene Verfahren?
    d) das richtige und sichere Funktionieren der Software?
    e) die Erfüllung zutreffender gesetzlicher Vorschriften?

5.4.6 Verifizierung jeder Phase

44. Existiert ein Plan zur Verifizierung aller Software-Produkte am Ende jeder Phase?
45. Geht dieser Plan auf die folgenden Punkte ein:
    a) Abhalten von Reviews?
    b) das Vergleichen des Entwurfs mit einem ähnlichen Entwurf?
    c) das Durchführen von Tests und Demonstrationen?
46. Werden die Ergebnisse von Verifizierungen dokumentiert?

5.5 Planung der Qualitätssicherung

47. Existiert ein Software-Qualitätssicherungsplan?
48. Ist dieser Plan mit den anderen beteiligten Gruppen, insbesondere der Entwicklung, abgestimmt worden?

5.5.2 Inhalt des Qualitätssicherungsplans

49. Adressiert der QM-Plan die folgenden Punkte:
    a) Qualitätsziele, wenn möglich in messbaren Größen?
    b) Maßnahmen zum Test, zur Verifizierung und Validation?
    c) Beginn- und Endekriterien für jede Entwicklungsphase?
    d) detaillierte Planung von Verifizierungs- und Validationsmaßnahmen, einschl. Ressourcen, Terminen und Genehmigungsverfahren?
    e) Verantwortung für Maßnahmen der Qualitätssicherung, wie Inspektionen, Reviews, Tests, Konfigurationsmanagement, Änderungskontrolle und die Verfolgung von Fehlern?

5.6.2 Design

50. Gibt es Regeln für den Entwurf?
51. Gibt es eine Methode?
52. Werden Erfahrungen aus abgeschlossenen Projekten nutzbar gemacht?
53. Begünstigt das Design den Test, die Wartung und Pflege?

5.6.3 Implementierung

54. Gibt es Programmierrichtlinien oder ähnliche Vorgaben?

5.6.4 Review

55. Werden Inspektionen abgehalten?
56. Werden Reviews abgehalten?

5.7 Test und Validation

57. Gibt es einen Testplan?
58. Geht der Testplan auf die folgenden Punkte ein:
    a) den Integrations-, System- und Abnahmetest?
    b) Testfälle, Testdaten und erwartete Ergebnisse?
    c) Testarten?
    d) Testumgebung, Werkzeuge und Test-Software?
    e) Kriterien für die Vollständigkeit des Tests?
    f) Anwendungsdokumentation?
    g) Benötigte Mitarbeiter und deren Schulung?

5.7.3 Testen

59. Entspricht der Test den in der Spezifikation genannten Forderungen?
60. Ist sichergestellt, dass Fehler dokumentiert und den Verantwortlichen zur Kenntnis gebracht werden?
61. Ist sichergestellt, dass geänderte Software gekennzeichnet und später erneut getestet wird?
62. Wird untersucht, ob der Test ausreichend ist?
63. Wird geprüft, ob die Hard- und Software-Konfiguration und die Dokumentation während des Tests beachtet wird?

5.7.4 Validation

64. Wird das Software-Produkt unter realistischen Bedingungen getestet, zum Beispiel in einem Systemtest, bevor es ausgeliefert wird?

5.7.5 Feldversuch

65. Werden bei einem Test unter Einsatzbedingungen (Feldversuch) die folgenden Punkte zwischen Auftraggeber und Auftragnehmer abgesprochen:
    a) die zu testenden Funktionen?
    b) die Verantwortung des Auftraggebers und Auftragnehmers für die Durchführung und Bewertung des Tests?
    c) die Wiederherstellung der Nutzerumgebung nach dem Test?

5.8.2 Planung des Akzeptanztests

66. Werden die folgenden Punkte zwischen Auftraggeber und Auftragnehmer abgestimmt:
    a) der Terminplan?
    b) das Bewertungsverfahren für die Testergebnisse?
    c) Testumgebung und Hilfsmittel?
    d) die Abnahmekriterien?

5.9 Vervielfältigung, Auslieferung und Installation

67. Ist bei der Vervielfältigung Folgendes bedacht worden:
    a) Zahl der auszuliefernden Kopien für jedes Produkt?
    b) Art des Mediums?
    c) die zugehörige Dokumentation?
    d) Rechte wie Copyright und Lizenzen?
    e) Aufbewahrung von Medien (*Master and Back-up copies*)?
    f) Zeitraum, in dem der Auftragnehmer verpflichtet ist, Kopien zu liefern?

5.9.2 Auslieferung

68. Werden Vorkehrungen getroffen, um die Korrektheit und Vollständigkeit ausgelieferter Kopien von Software überprüfen zu können?

5.9.3 Installation

69. Sind die Aufgaben und Verpflichtungen von Auftraggeber und Auftragnehmer klar geregelt, einschließlich der folgenden Punkte:
    a) Arbeitsplan, unter Berücksichtigung der Freizeit?
    b) Zugang zu den Einrichtungen des Auftraggebers?
    c) Verfügbarkeit von fachkundigen Mitarbeitern?
    d) Verfügbarkeit und Nutzung von Systemen und Geräten des Auftraggebers?
    e) die Notwendigkeit der Validation der Installation?
    f) die Abnahme der Installation?

5.10.1 Wartungsanforderungen

70. Ist Software-Wartung und -Pflege im Vertrag vereinbart?
71. Beziehen sich Wartungstätigkeiten auf:
    a) Fehlerbehebung?
    b) Schnittstellenänderungen?
    c) Funktionserweiterungen oder Leistungsverbesserung?

5.8.1.3 Objekte der Pflege

72. Sind die Software-Produkte, die gewartet werden sollen, im Vertrag vereinbart?

5.10.2 Wartungsplan

73. Existiert ein Wartungs- oder Pflegeplan?

5.10.3 Identifikation des Ursprungszustands des Produkts

74. Wird der ursprüngliche Zustand des Produkts vor Wartungsarbeiten definiert?

5.10.4 Arten der Wartungstätigkeit

75. Sind die Tätigkeiten während der Entwicklung und in der Wartungsphase weitgehend identisch?

5.10.5 Wartungsaufzeichnungen und Wartungsberichte

76. Gibt es Aufzeichnungen zur Pflege und Wartung der Software?
77. Gehen solche Aufzeichnungen auf die folgenden Punkte ein:
    a) Priorität der Fehlerbeseitigung?
    b) Ergebnis der Fehlerbehebung?
    c) statistische Auswertung?

5.10.6 Verfahren für die Freigabe

78. Haben sich Auftraggeber und Auftragnehmer auf ein Verfahren geeinigt, das die folgenden Punkte anspricht:

   a) Grundregeln zur Veränderung des Codes, zum Beispiel direkt am Binärcode?
   b) Frequenz der Freigabe?
   c) Information des Auftraggebers über geplante Änderungen?
   d) Methoden, um sicherzustellen, dass installierte Software nicht negativ beeinträchtigt wird?
   e) Aufzeichnungen über eingebrachte Änderungen, bei unterschiedlichen Installationsorten getrennt für jeden Ort?

6.1 Konfigurationsmanagement

79. Gibt es ein Konfigurationsmanagement?
80. Gehört zu den Aufgaben des Konfigurationsmanagements:

   a) die eindeutige Identifikation jedes Software-Produkts?
   b) die Identifikation aller Software-Teile, die zusammen eine bestimmte Version bilden?
   c) den Status der Software während der Entwicklung zu verfolgen und nach der Auslieferung zu dokumentieren?
   d) bei gleichzeitigen Updates durch mehr als einen Programmierer die Module zu kontrollieren?
   e) die Überarbeitung von mehreren Teilprodukten an verschiedenen Standorten zu koordinieren?
   f) Änderungen in der Software zu verfolgen und zu dokumentieren?

6.1.2 Konfigurationsmanagementplan

81. Gibt es für jedes Projekt einen Konfigurationsmanagementplan?
82. Adressiert dieser Plan die folgenden Punkte:

   a) die am Konfigurationsmanagement beteiligten Einheiten und ihre Zuständigkeiten?
   b) die für das Konfigurationsmanagement auszuführenden Tätigkeiten?
   c) die Werkzeuge, Technologien und Methoden?
   d) den Zeitpunkt, an dem Produkte unter Konfigurationskontrolle kommen?

6.1.3 Tätigkeiten des Konfigurationsmanagements

83. Gibt es ein Verfahren zur Identifikation und Rückverfolgbarkeit für alle Teile der Software?
84. Erstreckt sich dieses Verfahren auf:

   a) die Funktionsbeschreibung und technische Spezifikation?
   b) Entwicklungswerkzeuge?

    c) Schnittstellen?
    d) Zugehörige Dokumente und Daten?
 85. Erstreckt sich das Konfigurationsmanagement auf ausgelieferte Produkte?

6.1.3.2 Lenkung von Änderungen

 86. Gibt es ein Verfahren, um Änderungen an Software, die unter Konfigurationsmanagement steht, zu identifizieren, zu dokumentieren, zu überprüfen und freizugeben?

6.1.3.3 Konfigurations-Statusbericht

 87. Gibt es Statusberichte zur Software und dem Stand von Änderungen?

6.2 Lenkung der Dokumente

 88. Erstreckt sich das Konfigurationsmanagement auf Dokumente?
 89. Gehören zu den Dokumenten:
    a) das Qualitätssicherungshandbuch?
    b) Planungsdokumente?
    c) Dokumente zu Software-Produkten?

6.2.3 Genehmigung und Herausgabe von Dokumenten

 90. Ist sichergestellt, dass Dokumente vor ihrer Freigabe durch die zuständige Stelle überprüft werden?
 91. Ist sichergestellt, dass überholte Dokumente eingezogen werden?

6.2.4 Änderung von Dokumenten

 92. Ist sichergestellt, dass geänderte Dokumente vor ihrer Freigabe überprüft werden?

6.3 Qualitätsaufzeichnungen

 93. Gibt es ein Verfahren zur Archivierung von Aufzeichnungen der Qualitätssicherung?

6.4 Messungen

 94. Existiert ein Metriken-Programm oder werden Messungen an der Software durchgeführt?

6.4.2 Prozessmessungen

 95. Werden Messungen in Bezug auf den Software-Prozess durchgeführt?

6.5 Regeln, Praktiken, Übereinkommen

96. Gibt es Regeln und Übereinkommen, die Teil eines Qualitätssicherungssystems sind?

6.6 Werkzeuge und Techniken

97. Gibt es Werkzeuge und Techniken zum Qualitätssicherungssystem?

6.7 Beschaffung

98. Ist sichergestellt, dass beschaffte Produkte die spezifizierten Forderungen erfüllen?

6.7.2 Beurteilung von Unterlieferanten

99. Wird der Unterauftragnehmer nach seiner Fähigkeit zur Erfüllung des Vertrages, einschl. der Qualitätsforderungen, beurteilt?
100. Gibt es Aufzeichnungen zu Unterauftragnehmern und werden diese gepflegt?
101. Werden Unterauftragnehmer nach ihren Fähigkeiten und Leistungen ausgewählt?
102. Erstreckt sich die Beurteilung des Unterauftragnehmers auch auf das Qualitätssicherungssystem?

6.7.3 Validation von beschafften Produkten

103. Ist sich der Auftragnehmer seiner Verantwortung für die Produkte des Unterauftragnehmers bewusst?
104. Nimmt der Auftragnehmer an Überprüfungen (Reviews) beim Unterauftragnehmer teil?

6.8 Beigestellte Software-Produkte

105. Gibt es ein Verfahren für beigestellte Produkte?

6.9 Schulung

106. Werden Mitarbeiter bei Bedarf geschult?
107. Wie hoch ist der durchschnittliche jährliche Aufwand für Schulung?
108. Gibt es beim Auftragnehmer ein Verfahren zur Schulung von Mitarbeitern, die mit qualitätsrelevanten Tätigkeiten betraut sind?

SOFTCRAFT	**Fragebogen zur** *Überprüfung des Vertrags mit dem Kunden*	CL-03 Version 3.1 13-MAI-2001

1. Wird der Vertrag mit dem Kunden daraufhin überprüft, ob der Auftraggeber und seine Abteilungen zur Erfüllung aller Verpflichtungen aus dem Vertrag in der Lage sind?
2. Werden Punkte notiert, bei denen Zweifel an der Erfüllung von Vertragsverpflichtungen entstanden sind?
3. Werden Bereiche hohen Risikos identifiziert?
4. Werden Ausweichpläne entwickelt, wenn ein bestimmtes Risiko zu hoch erscheint?
5. Wird überprüft, ob das Know-how und geistige Eigentum des Auftragnehmers geschützt wird?
6. Wird überprüft, ob die letzte Fassung des Angebots an den Kunden und der Vertrag übereinstimmen?
7. Werden Abweichungen dokumentiert?
8. Werden Abweichungen zwischen dem Text des Vertrags und der letzten Fassung des Angebots geklärt?
9. Wird untersucht, ob der Auftragnehmer zur Erfüllung aller Vertragsverpflichtungen in der Lage ist?
10. Wird überprüft, welche Verpflichtungen der Auftragnehmer in Bezug auf Unteraufträge und Zulieferer eingegangen ist?
11. Wird geprüft, ob beide Vertragspartien gleiche Ausdrücke benutzen und diese in der gleichen Art und Weise verstehen?
12. Wird überprüft, ob auch der Auftraggeber zur Erfüllung seiner Verpflichtungen in der Lage ist?
13. Gibt es im Vertrag Kriterien für die Abnahme des Software-Produkts?
14. Gibt es ein Verfahren zur Einbringung von Änderungen in die Software-Spezifikation während der Entwicklungszeit?
15. Existiert ein Verfahren für die Behandlung von Fehlern und Mängeln nach der Übergabe der Software an den Kunden?
16. Ist die Beteiligung des Auftragnehmers bei der Erstellung der Spezifikation geklärt?
17. Gibt es Vereinbarungen über die Rolle und die Pflichten des Auftraggebers bei der Installation der Software und beim Akzeptanztest?
18. Gibt es Vereinbarungen darüber, welche Räume, Werkzeuge und Software der Auftraggeber bereitzustellen hat?
19. Gibt es eine Übereinkunft darüber, welche Normen bei der Erstellung der Software gelten sollen?
20. Gibt es Vereinbarungen über die Vervielfältigung der Software?

SOFTCRAFT	**Fragebogen zur** ***Beurteilung von Lieferanten*** ***bei Standard-Produkten***	CL-04 Version 3.1 13-MAI-2001

ZWECK:
Die Eignung eines Zulieferers bei zugekauften Produkten zu beurteilen, die nicht speziell für die {SOFTCRAFT} erstellt werden.

VERANTWORTLICH:
Software-Entwicklung, Qualitätssicherung

VORGEHENSWEISE:
Beurteilen Sie das Unternehmen und das angebotene Standard-Produkt nach dem folgenden Schema.

	Teilbereich	Kriterien	Punkte
1	Einschätzung des Unternehmens	(1) Keinerlei Informationen, nicht bewertbar = 0 (2) Schlechter Ruf = 0 (3) Organisation mit gutem Ruf = 10	
2	Logistik	(1) Hält Termine nicht ein, schlechte Logistik = 0 (2) Hohe Liefertreue, gute Logistik = 10	
3	Termineinhaltung	(1) Kein Entgegenkommen bei Terminen = 0 (2) Lieferung bei Bedarf = 10	
4	Support	(1) Mäßiger Support = 0 (2) Ausgezeichneter Support = 10	
5	Einschätzung der Technik	(1) Veraltet = 0 (2) Neu, innovativ = 10	
6	Qualität	(1) Eher schlecht = 0 (2) Gleichbleibend gut = 10	
7	Preis	(1) Zu teuer, Preisbildung nicht marktgerecht = 0 (2) Preis/Leistungs-Verhältnis gut = 10	
8	Probleme mit Lieferanten	(1) Viele = 0 (2) Wenige oder keine = 10	
9	QM-System des Lieferanten	(1) Ungewiss, nicht zertifiziert = 0 (2) Zertifiziert nach DIN EN ISO 9001 = 10	
	Summe		

Bewertung:

Unter 40 Punkte: Wird nicht als Lieferant aufgenommen.
41 bis 70 Punkte: Kommt als Lieferant in Frage, falls der Kreis der Lieferanten begrenzt ist.
Über 70 Punkte: Bevorzugter Lieferant

SOFTCRAFT	**Fragebogen** zur *Überprüfung des Designs*	CL-05 Version 3.1 13-MAI-2001

1. Lassen sich alle Elemente des Designs aus der Spezifikation herleiten?
2. Sind alle Elemente der Spezifikation durch das Design abgedeckt?
3. Sind Teile der Spezifikation vergessen worden?
4. Enthält das Design Elemente, die nicht verlangt wurden?
5. Ist das Design modular?
6. Sind zusammengehörende Funktionen der Software in eine Komponente oder eine Gruppe zusammengehörender Module gewandert?
7. Sind Schnittstellen so optimiert worden, dass möglichst wenige Parameter ausgetauscht werden?
8. Gibt es globale Variablen, die von Unterprogrammen manipuliert werden?
9. Berücksichtigt das Design die folgenden Punkte:
   a) den Datenfluss?
   b) den Kontrollfluss?
   c) externe Ereignisse?
10. Sind die über Schnittstellen ausgetauschten Parameter konsistent?
11. Erfüllt das Design die Anforderungen an die Leistung des Systems?
12. Ist das Design so detailliert, dass es ohne große Mühe in Programmcode umgesetzt werden kann?
13. Ist der Entwurf dokumentiert worden?
14. Sind Vorkehrungen zum Test getroffen worden?
15. Sind alle Module und Komponenten der Software testbar?

SOFTCRAFT	**Fragebogen zu** *Überprüfungen bei Auslieferungen von Software*	CL-06 Version 3.1 13-MAI-2001

1. Werden bei der Auslieferung von Software-Produkten die Vertragsbestimmungen beachtet?
2. Wurde mit dem Auftraggeber das Medium vereinbart, auf dem die Software ausgeliefert werden soll?
3. Wurden Vereinbarungen über Formate getroffen?
4. Wurde vereinbart, wie viele Versionen der Software ausgeliefert werden sollen?
5. Gibt es eine Übereinkunft über die Zahl der zu liefernden Kopien?
6. Gibt es bei mehreren nachfolgenden Freigaben der Software eine Vereinbarung über die Behandlung noch vorhandener Fehler?
7. Wurden *Block Releases* in Betracht gezogen?
8. Ist festgelegt worden, wie lange der Auftragnehmer Software ausliefern muss?
9. Gibt es Vereinbarungen über die Beschriftung der Software bzw. der Medien?
10. Gibt es Vereinbarungen über interne Kennzeichnung der Software?
11. Ist festgelegt worden, welche Dokumente mit dem Programmcode ausgeliefert werden?
12. Sind Vereinbarungen dokumentiert, etwa im Konfigurationsmanagementplan?
13. Ist die Rolle des *Version Description Document* (VDD) bei der Auslieferung klar?
14. Sind die Vorschriften zum geistigen Eigentum bei der Auslieferung von Software beachtet worden?
15. Ist die Software so gekennzeichnet, dass Schutzrechte wie das Urheberrecht beachtet werden?

A.5 Formulare

Software Trouble Report (STR) [1]
SOFTCRAFT
Projekt: .... Datum: .... STR Nr.: ....
Aussteller: .... Abteilung: .... Telefonnummer: ....
Betroffene Software: UNIT/Modul/Paket: .... Version: ....
SOFTWARE TROUBLE REPORT [ ] Änderungsantrag [ ] Verbesserung [ ] Zutreffendes ankreuzen!
Genaue Beschreibung des Fehlers und der Umstände, unter denen er auftritt:
....
....
2nd Loop: Gibt es vermutlich ähnliche Fehler in anderen Teilen der Software? Ja [ ] Nein [ ]
Falls Ja: In welchen? ....
Untersuchung durch: .... Am .... Fehler gefunden? Ja [ ] Nein [ ]
Falls Ja: Nummer der geöffneten STRs: ....
Änderungen vorgeschlagen: Produkt: Ja [ ] Nein [ ] Prozess: Ja [ ] Nein [ ]
Priorität: .... Fehlerklasse: .... (I, II oder III)
Vorgeschlagener Weg zur Beseitigung des Fehlers und zur Verbesserung:
....
....
Mit der Bearbeitung beauftragt: ....
Geschätzte Zeit für die Änderung: .... [h] Tatsächlich: .... [h]
Fehler wurde in der folgenden Phase in die Software eingeführt:
SW-Analyse, Design, Kodierung, Integration und Test, Systemtest (Zutreffendes umringeln!)
Fehler wurde in der folgenden Phase entdeckt:
SW-Analyse, Design, Kodierung, Integration und Test, Systemtest (Zutreffendes umringeln!)
Annahme durch das SCCB: Datum: ....
Task Leader Software Engineering: .... SCCB Chairman: ....
SOFTCRAFT QM-Handbuch
Version 3.1 vom 13. Mai 2001

Software Trouble Report (STR)

SOFTCRAFT

2

Implementierte Lösung:

Wie vorgeschlagene Lösung?   Ja [ ] Nein [ ]

Falls Nein angekreuzt wurde: Beschreibung der alternativen Lösung

....
....
....
....

Geänderte Komponenten:

Dokumente (ID-Nummer), Programmcode, Module (Version):

....
....
....

Verifikation, Test:

....
....
....

Test Cases: ....

abgeschlossen am: .... Programmierer: ....

Test abgenommen, Verifikation erfolgt: .... (QS)

STR geschlossen am: .... für das SCCB: ....

| 2nd Loop: Untersuchungen abgeschlossen am .... Unterschrift: .... (QM) |
| Maßnahmen eingeleitet: Ja [ ] Nein [ ] |
| Falls Ja: Art der Maßnahme: .... |
| .... |

SOFTCRAFT QM-Handbuch
Version 3.1 vom 13. Mai 2001

A.6 Stellenbeschreibung QM-Beauftragter

SOFTCRAFT	Arbeitsplatzbeschreibung *QM-Beauftragter*	ABP-01 Version 3.1 13-MAI-2001

Ziel und Inhalt der Aufgaben

Der QM-Beauftragte ist verantwortlich für die Planung und Durchführung des Software-Qualitätsmanagements in Übereinstimmung mit den Richtlinien des Unternehmens. Dazu gehören insbesondere das Qualitätsmanagement-Handbuch Software sowie die Richtlinien für die Durchführung von Projekten.

Ziel des Software-Qualitätsmanagements ist es, eine möglichst hohe Qualität der im Unternehmen entwickelten Computerprogramme und der zugehörigen Dokumentation unter Berücksichtigung wirtschaftlicher Gesichtspunkte zu erreichen. Das Qualitätsmanagement ist eingebunden in die langfristige Strategie zur Stärkung des Unternehmens im nationalen und internationalen Wettbewerb.

Zu den Tätigkeiten des QM-Beauftragten Software gehört sowohl die Planung des Qualitätsmanagement-Systems und dessen Dokumentation in einem Handbuch als auch die Anpassung an Projekte. Dies wird jeweils in einem Software-Qualitätsmanagementplan beschrieben.

Bezüglich der Planung des Software-Qualitätsmanagements sind die folgenden Punkte zu berücksichtigen:

- die Auswertung nationaler und internationaler Normen wie DIN EN ISO 9001 sowie anderer Standards auf dem Gebiet des Qualitätsmanagements, der Qualitätssicherung, der Entwicklung und des Konfigurationsmanagements
- das Verfolgen der Fachliteratur zu den oben genannten Gebieten
- Besuch und Teilnahme an Kursen und Seminaren zu den oben genannten Gebieten
- Abstimmen und Einbinden des Inhalts des Qualitätsmanagement-Handbuchs Software des Unternehmens mit dem allgemeinen Qualitätsmanagement-Handbuch
- Abstimmen des Qualitätsmanagement-Handbuchs Software mit verwandten Disziplinen, insbesondere der Software-Entwicklung
- Zusammenarbeit mit den Fachleuten des Qualitätsmanagements aus Partnerfirmen
- Vorbereiten und Durchführen von Präsentationen für den Kunden

Zu den Aufgaben in der Projektarbeit sind die folgenden Einzeltätigkeiten zu nennen:

- Überprüfung von Software-Produkten am Schreibtisch oder in kleinen Gruppen
- Teilnahme an Reviews mit dem Kunden und dessen Vertretern

- Erstellen von Berichten zu Reviews für das Management
- Vorbereiten und Durchführen von internen Audits zur Feststellung der Wirksamkeit des Qualitätsmanagementsystems
- Unterstützung des Kunden bei Audits im eigenen Hause
- Erstellen von Berichten für das Management in Bezug auf Audits
- Audits bei Lieferanten und Zulieferern
- Beiwohnen von Software-Test und Protokollieren der Ergebnisse
- Durchführen von *Test Readiness Reviews* vor der Durchführung von Tests
- Mitarbeit und Leitung des *Software Change Control Board*
- Organisation des Systems zur Berichtigung von Fehlern in der Software
- Systematische Auswertung von Fehlerberichten
- Mitwirkung bei der Spezifikation und der Auswahl von Werkzeugen
- Freigabe bzw. Sperre von Software
- Berichte zum Status der Software für das Management erstellen
- Präsentieren von Ergebnissen gegenüber dem Kunden
- Kapazitäts- und Zeitplanung für das Software-Qualitätsmanagement durchführen
- Erkennen und Beurteilen von Risiken

Befugnisse im Innen- und Außenverhältnis

Fachliche Vertretung der Belange und Forderungen des Qualitätsmanagements für Software im Rahmen des Qualitätsmanagements im Innen- und Außenverhältnis. Dies gilt sowohl für das Qualitätsmanagementsystem als auch für Projekte. Weisungsbefugnis gegenüber unterstellten Mitarbeitern im Software-Qualitätsmanagement.

Recht zur Einsichtnahme in alle Unterlagen, Abläufe, Verfahren und Berichte zur Software und deren Entwicklung als unabhängige Kontrollinstanz. Abnahme (Freigabe) bzw. Sperrung für Software und deren Teilprodukte. Dies gilt sowohl für im Hause erstellte Software als auch für von Fremdfirmen erworbene Software.

Vertretung des Qualitätsmanagements gegenüber dem Kunden und seinen Vertretern.

Anforderung an Ausbildung und Erfahrung

Langjährige Erfahrung in der Software-Entwicklung oder im Informatik-Studium erworbene Kenntnisse mit anschließender Praxis in der Software-Entwicklung, im Test, dem Qualitätsmanagement, der Qualitätssicherung oder verwandten Gebieten.

Kenntnisse und praktische Erfahrung mit mindestens zwei höheren Programmiersprachen, vorzugsweise C, C++, Java, Pascal, Ada oder COBOL.

Fähigkeit zur partnerschaftlichen Zusammenarbeit, insbesondere mit den Mitarbeitern in der Software-Entwicklung sowie die Fähigkeit, die Ziele des Qualitätsmanagements zu vermitteln und durchzusetzen.

A.7 Normen und Standards

Standards des Institute of Electrical and Electronic Engineers (IEEE) und des American National Standards Institute (ANSI)

Nummer	Titel
100-1984	American National Standards Institute, ANSI-IEEE-STD-100-1984, IEEE Standard Dictionary of Electrical and Electronical Terms, 3rd edition, 1984, ISBN 471-80787-7
610.2-1987	IEEE Standard Glossary of Computer Applications Terminology
610.3-1989	IEEE Standard Glossary of Modeling and Simulation Terminology
610.10-1994	IEEE Standard Glossary of Computer Hardware Technology
610.12-1990	IEEE Standard Interface Devices
660-1986	IEEE Standard for Semiconductor Memory Test Pattern Language
696-1983	IEEE Standard Interface Devices
728-1982	IEEE Recommended Practice for Code and Format Convention
730-1989	IEEE Software Quality Assurance Plans
828-1990	IEEE Standard for Software Configuration Management Plans
829-1983	IEEE Standard for Software Test Documentation
830-1984	IEEE Software Requirements Specification
854-1987	IEEE Standard for Radix-Independant Floating-Point Arithmetic
982.1-1988	IEEE Standard Dictionary of Measures to Produce Reliable Software
982.2-1988	IEEE Guide for the Use of IEEE Standard Dictionary of Measures to Produce Reliable Software
990-1987	IEEE Recommended Practice for Ada as a Program Design Language
1002-1987	IEEE Standard Taxonomy for Software Engineering Standards
1008-1987	IEEE Standard for Software Unit Testing
1012-1986	IEEE Standard for Software Verification and Validation Plans
1016-1987	IEEE Recommended Practice for Software Design Descriptions
1016.1-1993	IEEE Guide to Software Design Descriptions
1028-1988	IEEE Standards for Software Reviews and Audits
1042-1987	IEEE Guide to Software Configuration Management
1045-1992	IEEE Standard for Software Productivity Metrics
1058.1-1987	IEEE Standard for Software Project Management Plans
1061-1992	IEEE Standard for Software Quality Metrics Methodology
1063-1987	IEEE Standard for Software User Documentation
1074-1991	IEEE Standard for Developing Software Life Cycle Processes
1084-1986	IEEE Standard Glossary of Mathematics of Computing Technology
1003.1-1988	IEEE Standard Portable Operating System Interface for Computer Environments
1209-1992	IEEE Recommended Practice for the Evaluation and Selection of CASE Tools
1219-1992	IEEE Standard for Software Maintenance
1228-1994	IEEE Standard for Software Safety Plans

Liste einschlägiger deutscher bzw. internationaler Normen

DIN EN ISO 9000	Qualitätsmanagementsysteme: Grundlagen und Begriffe
DIN EN ISO 9001	Qualitätsmanagementsysteme: Anforderungen
DIN EN ISO 9002	Qualitätsmanagementsysteme – Modell zur Qualitätssicherung/QM-Darlegung in Produktion, Montage und Wartung
DIN EN ISO 9004	Qualitätsmanagementsysteme: Leitfaden zur Leistungsverbesserung
E DIN ISO 8402	Qualitätsmanagement und Qualitätssicherung – Begriffe
E DIN ISO 9000-2	Qualitätsmanagement- und Qualitätssicherungsnormen – Allgemeiner Leitfaden zur Anwendung von ISO 9001, ISO 9002 und ISO 9003
DIN ISO 9000-3	Normen zum Qualitätsmanagement und Qualitätssicherung/QM-Darlegung – Leitfaden für die Anwendung von ISO 9001:1994 auf Entwicklung, Installierung und Wartung von Computer-Software
DIN ISO 9000-4	Normen zum Qualitätsmanagement und zur Darlegung von Qualitätsmanagementsystemen – Leitfaden zum Management von Zuverlässigkeitsprogrammen
DIN ISO 9004-2	Qualitätsmanagement und Elemente eines Qualitätssicherungssystems – Leitfaden für Dienstleistungen
E DIN ISO 9004-3	Qualitätsmanagement und Elemente eines Qualitätssicherungssystems – Leitfaden für verfahrenstechnische Produkte
E DIN ISO 9004-4	Qualitätsmanagement und Elemente eines Qualitätssicherungssystems – Leitfaden für Qualitätsverbesserung
E DIN ISO 9004-7	Qualitätsmanagement und Elemente eines Qualitätssicherungssystems – Leitfaden für Konfigurationsmanagement
DIN ISO 10011-1	Leitfaden für das Audit von Qualitätssicherungssystemen – Auditdurchführung
DIN ISO 10011-2	Leitfaden für das Audit von Qualitätssicherungssystemen – Qualifikationskriterien für Qualitätsauditoren
DIN ISO 10011-3	Leitfaden für das Audit von Qualitätssicherungssystemen – Management von Auditprogrammen
DIN ISO 10012	Forderung an die Qualitätssicherung für Messmittel – Bestätigungssystem für Messmittel
ISO 10007	Quality Management: Guidelines for Configuration Management
E DIN ISO 10013	Leitfaden für die Erstellung von Qualitätsmanagement-Handbüchern
ISO/IEC 9126	Information Technology – Software Product Evaluation – Quality Characteristics and Guideline for their Use, 1991
DIN 66026	Informationsverarbeitung; Programmiersprache ALGOL
DIN 66027	Informationsverarbeitung; Programmiersprache FORTRAN
DIN 66028	Informationsverarbeitung; Programmiersprache COBOL
DIN 66029	Kennsätze und Dateianordnung auf Magnetbändern für den Datenaustausch
DIN 66200	Betrieb von Rechensystemen; Begriffe, Teil 1, Auftragsabwicklung
DIN 66201	Prozessrechensysteme; Begriffe
DIN 66205	Sechsplattenstapel für magnetische Datenspeicherung; Spurformat
DIN 66211	Magnetbandkassette 3,8 für Informationsverarbeitung; Teil 1, Mechanische Eigenschaften und Bezeichnung
DIN 66220	Informationsverarbeitung; Programmablauf für die Verarbeitung von Dateien nach Satzgruppen

DIN 66229	Kennsätze und Dateianordnung auf Magnetbandkassetten für den Datenaustausch
DIN 66230	Informationsverarbeitung; Programmdokumentation
DIN 66233	Bildschirmarbeitsplätze; Begriffe
DIN 66239	Kennsätze und Dateianordnung auf flexiblen Magnetplatten für den Dateiaustausch
DIN 66241	Informationsverarbeitung, Entscheidungstabelle; Beschreibungsmittel, Beiblatt zu Informationsverarbeitung; Sinnbilder für Datenfluss- und Programmablaufpläne, Zeichenschablone
DIN 66268	Programmiersprache Ada
DIN 66272	Beurteilen von Software-Produkten, Qualitätsmerkmale und Leitfaden zu deren Verwendung
DIN 66285	Anwendungssoftware: Gütebestimmungen und Prüfbestimmungen
AIAA G-010 – 1993	Guide for reusable Software: Assessment Criteria for aerospace applications
AIAA G-043 – 1992	Guide for the preparation of operations concept documents
IEC 300-1 – 1993	Dependability Management – Part 1: Dependability Programme Management
IEC 300-2 – 1995	Dependability Management – Part 2: Dependability programme elements and tasks
IEC 300-3-1 – 1991	Dependability Management – Part 3: Application Guide, Section 1: Analysis techniques for dependability: Guide on methodology
IEC 300-3-2 – 1993	Dependability Management – Part 3: Application Guide, Section 2: Collection of dependability data from the field
IEC 300-3-3 – 1996	Dependability Management – Part 3: Application Guide, Section 3: Life Cycle Costing
IEC 557 – 1982	IEC terminology in the nuclear reactor field
IEC 1508-3	Functional safety – Safety-related systems – Part 3: Software Requirements
IEC 1704	Guide to test methods for reliability assessment of software
IEC 1713	Guide to software dependability through the software life cycle processes
IEC 1714	Software maintainability and maintenance aspects of dependability programme
IEC 1719	Guide to measures (metrics) to be used for the quantitative dependability assessment of software
IEC 1720	Dependability of software for critical applications
IOS/IEC 2382-7 – 1989	Information technology – Vocabulary – Part 7:Computer programming
ISO 8402 – 1994	Quality management and quality assurance – Vocabulary
ISO/IEC 9126 – 1991	Software product evaluation – Quality characteristics and guidelines for their use
ISO/IEC 9126-1	Software quality characteristics and metrics – Part1: Quality characteristics and sub characteristics
ISO/IEC TR 9126-3	Software quality characteristics and metrics – Part2: External metrics
ISO/IEC TR 9126-3	Software quality characteristics and metrics – Part3: Internal metrics
ISO 9127 – 1988	User documentation and cover information for consumer software packages
ISO/IEC TR 9294 – 1990	Guidelines for the management of software documentation
ISO 10005 – 1995	Quality management – Guidelines for quality plans
ISO 10006	Quality management – Guidelines for quality in project management

ISO 10007 – 1995	Quality management – Guidelines for configuration management
ISO 10011-1 – 1990	Guidelines for auditing quality systems – Part 1: Auditing
ISO 10011-2 – 1991	Guidelines for auditing quality systems – Part 2: Qualification criteria for quality system auditors
ISO 12207 – 1996	Software lifecycle processes
ISO/IEC TR 15271	Guide for ISO/IEC 12207

Normen für sicherheitskritische Software

Defence Standard 00-55	The Procurement of Safety Critical Software in Defence Equipment, Part 1, Requirements
Defence Standard 00-55	The Procurement of Safety Critical Software in Defence Equipment, Part 2, Guidance
Defence Standard 00-56	Hazard Analysis and Safety Classification of the Computer and Programmable Electronic System Elements of Defence Equipment
IEC 65 A	Software for Computers in the Application of Industrial safety-related Systems
IEC 1508	Functional Safety: Safety-Related Systems
IEC 601-1-4	Medical Electrical Equipment, Part 1: General requirements for safety – 4. Collateral Standard
IEC SC 45A	Nuclear Power Plants – Instrumentation Control systems Important to safety, first supplement to IEC publication 880
IEC 1508	Functional Safety: safety Related Systems – Part 3: software Requirements
IEC TC 56 WG 12	Risk Analysis of Technological systems
DIN V VDE 0801	Grundsätze für Rechner in Systemen mit Sicherheitsaufgaben
FDA 94-4219, 1994	Medical Device Standards Activities Report, Department of Health and Human Services, Public Health Service, Food and Drug Administration
NIST 500-204, 09/1992	High Integrity Software Standards and Guidelines, Computer Systems Laboratory, NIST
NIST 500-223, 12/1994	A Framework for the Development and Assurance of High Integrity Software, Computer Systems Laboratory, NIST

Sonstige Normen

SAE ARD9000	Society of Automotive Engineers ARD9000: Ergänzung zur ISO 9001 im Bereich der Luftfahrt (Aerospace)
	FDA Quality System Regulation (früher: Good Manufactoring Practice), Norm im Bereich medizinischer Geräte in den USA
ANSI/ANS-10.3-1995	American National Standard for Documentation of Computer Software

A.8 Glossar

A

Action Item
Ein förmlicher und dokumentierter Auftrag zur Klärung eines bestimmten Sachverhalts an einen Vertreter des Auftragnehmers, in der Regel einen Manager, bei einem Review mit dem Kunden.

Ada
Ada, Countess of Lovelace (1815-1852), war die Tochter des englischen Dichters Lord Byron. Sie unterstützte Charles Babbage bei der Konstruktion seiner *Difference Engine,* einem Vorläufer des Computers. Ihr zu Ehren wurde die Programmiersprache des amerikanischen Verteidigungsministeriums (Department of Defense) Ada getauft.

Akzeptanztest
Der formelle Test im Beisein des Kunden oder Endbenutzers. Dabei muss die Software die in der Spezifikation dokumentierten Anforderungen erfüllen.

Assessment
Die Methode der Bewertung eines Prozesses zur Software-Erstellung beim *Capability Maturity Model* (CMM).

B

Baseline
Eine Spezifikation, Lastenheft oder ein anderes Software-Teilprodukt, das überprüft und genehmigt wurde, in der Regel unter Konfigurationskontrolle steht und nur durch einen formalen Änderungsprozess verändert werden kann.

Big Bang
Eine Methode bei der Integration von Software-Modulen zu größeren Einheiten, bei denen die Module vorher nicht schrittweise hinzugenommen werden.

Binärcode
Der unmittelbar durch einen Computer ausführbare Code in binärer Form.

Black Box Test
Ein Modultest der Software, bei dem der Tester das Modul der Software testet, indem er die Schnittstelle mit geeigneten Werten füttert. Die Realisierung in Code braucht ihm dabei nicht bekannt zu sein.

Brainstorming
Eine Methode zur Produktion neuer Ideen unter zeitweiser Ausschaltung von Kritik.

Bug
Ein Fehler in einem Computerprogramm, Synonyme sind *defect* und *fault.*

Build
Eine Komponente der Software oder ein Software-Paket, das einer Vielzahl von Modulen gelinkt wird.

Business Plan
Ein Plan, in dem ein Unternehmen seine Strategie darlegt.

Byte
8 Bits. 1 Byte ist oft die kleinste von einer Programmiersprache aus direkt adressierbare Einheit von Daten im Speicher eines Computers.

C

Change Control
Der formelle Prozess, durch den Software nach der Etablierung einer Baseline geändert wird.

Change Control Board
Ein Gremium, das Änderungen am System kontrolliert (genehmigt oder verwirft), die unter Konfigurationskontrolle steht.

COBOL
COmmercial Business Oriented Language, die erste der kaufmännisch orientierten höheren Programmiersprachen.

Commercial off-the shelf
Kommerzielle Standard-Software, die ab Lager verfügbar ist.

Configuration
Eine Sammlung identifizierbarer Teile eines Systems.

Configuration Control
siehe *Konfigurationskontrolle*.

Configuration Control Board
siehe *Change Control Board*.

Configuration Item
Ein Teil oder eine Kollektion identifizierbarer Teile, die für das Konfigurationsmanagement als Einheit betrachtet werden. Ein Configuration Item muss eindeutig identifizierbar sein.

Configuration Management
siehe *Konfigurationskontrolle*.

Corporate Identity
Die unverwechselbare Identität eines Unternehmens, wie sie sich in Logos, Symbolen und Produktmerkmalen darstellt.

D

Deadlock
Wörtlich »tödliche Umarmung«. Ein Zustand, bei dem zwei Prozesse sich blockieren.

Debugging
Eine Technik, um systematisch die Ursache von Fehlern zu finden.

Delimiter
Ein Begrenzer für Statements in der höheren Programmiersprache, z.B. das Semikolon in C.

Design
Entwurf.

E

Echtzeitsystem
Ein Computersystem, bei dem die Nichterfüllung einer bestimmten Anforderung innerhalb eines vorgegebenen Zeitintervalls zum vollständigen Abbruch der Mission führt.

Embedded System
Ein Computerprogramm, das einen integrierten Teil eines größeren Systems bildet, dessen Hauptzweck nicht Datenverarbeitung ist, z.B. die elektronische Benzineinspritzung eines Autos, die programmgesteuert erfolgt.

Entwicklungsplan
Der Plan der Entwicklung bei einem Software-Projekt, in dem die Vorgehensweise, die notwendigen Ressourcen und die Entwicklungsumgebung vorgestellt wird.

Error
1. Ein Fehler in der Software.
2. Ein menschlicher Irrtum, der sich in einem Fehler in der Software niederschlägt.

Evaluation
Die Bewertung eines Software-Produkts.

Evolutionary Prototyping
Eine Software-Entwicklung unter Verwendung von Prototyping, bei dem der erstellte Prototyp später in den regulären Entwicklungsprozess als Ausgangsprodukt übernommen wird.

F

Fault
Ein Fehler in einem Computerprogramm, Synonyme *defect* und *bug*.

Fehlerklasse
Die Einteilung von Fehlern in der Software nach ihrer Schwere, d.h. dem potentiellen Schaden beim Eintritt des Fehlerfalls oder einem anderen sinnvollen Kriterium.

Finite State Machine
Eine Maschine, die nur eine bestimmte Zahl von definierten Zuständen einnehmen kann.

Fly-by-wire
Eine neuartige Technik zur Kontrolle und Lenkung von Flugzeugen. Dabei wird das Flugzeug mittels der für Regelungs- und Steuerungszwecke eingesetzten Software kontrolliert. Eine zusätzliche, im Notfall zu gebrauchende Steuerung durch Muskelkraft des Piloten kann, muss aber nicht, vorhanden sein.

Fremdsoftware
Nicht im eigenen Hause erstellte Software.

Function Point
Eine Einheit zur Messung des Projektaufwands, vergleichbar mit den *Lines of Code*. Function Points sind unabhängig von der verwendeten Programmiersprache.

G

Grundeinheiten
Einheiten der Messung im Zusammenhang mit Metriken der Software, wie zum Beispiel das Meter im allgemeinen Messwesen. Lines of Code (LOC) ist eine Grundeinheit für Metriken.

H

Header
Ein Textteil am Anfang eines Moduls der Software in der Form von Kommentaren, in dem grundlegende Angaben zu dem Modul gemacht werden, etwa sein Name und die Versionsnummer.

**High Level Language oder
High Order Language**
Höhere Programmiersprache.

I

**Independant Verification &
Validation (IV&V)**
Die Verifikation der Software durch eine Gruppe oder Firma, die mit der mit der Erstellung der Software betrauten Firma wirtschaftlich und organisatorisch nicht verbunden ist.

Inspection
1. Die traditionelle Methode der Qualitätssicherung zur Überprüfung eines Produkts nach der Fertigung.
2. Die Überprüfung eines Software-Produkts, zum Beispiel des Lastenhefts, des Entwurfs oder des Quellcodes.

Interface
Schnittstelle.

J

Joint Venture
Ein Gemeinschaftsunternehmen, oft auch im internationalen Rahmen.

K

Konfigurationskontrolle
Die Aufgaben der Identifizierung, Zuordnung von Teilen, Dokumentation und Verfolgung von Änderungen sowie objektives Berichten über den Status von Produkten an das Management.

L

Life Cycle
Der Lebenszyklus der Software, der in der Regel mit der Phase Requirements Analysis beginnt und mit dem Akzeptanztest endet. Im weiteren Sinne werden am Anfang noch eine Konzeptphase und am Ende die Phasen Wartung und Betrieb sowie *Retirement* dazugenommen.

M

Meilenstein
Ein festgesetzter und einzuhaltender Termin in einem Software-Projekt, zum Beispiel *Critical Design Review* (CDR) oder Programmauslieferung.

Metrik
Eine Messung zu Kenngrößen der Software oder deren Entwicklung, die in der statistischen Auswertung eine quantitative Aussage erlaubt.

Modul
Synonym mit *Software Unit*, also die kleinste Einheit in einer Hierarchie von Programmteilen.

N

Naming Convention
Eine Übereinkunft innerhalb eines Teams von Programmierern zur einheitlichen Benennung von Variablen, Konstanten und Dateien in der Form von dokumentierten Regeln.

P

Peer Review
Ein internes Review, in dem ein Software-Produkt in erster Linie von Programmierern oder Ingenieuren überprüft wird, die mit dem Ersteller auf derselben Stufe einer Hierarchie stehen.

Phasenmodell
Ein Modell der Software-Entwicklung, das den gesamten Entwicklungszeitraum (Software Life Cycle) in überschaubare und abgrenzbare Phasen oder Teilschritte untergliedert.

Produktmuster
Eine Vorgabe zu einem zu erstellenden Software-Dokument, das die Struktur vorgibt und gewisse Inhalte fordert.

Q

Qualitätsattribute
Wünschenswerte Eigenschaften des Software-Produkts, zum Beispiel Zuverlässigkeit, Benutzerfreundlichkeit, Wartbarkeit oder Portability.

Qualitätsindikatoren
Ein Synonym für *Metriken*.

Qualitätssicherung
1. Die geplanten und notwendigen Maßnahmen und Tätigkeiten, um sicherzustellen, dass ein Produkt oder eine Dienstleistung vorgegebene und dokumentierte Produktanforderungen einhalten wird.
2. Die Erfüllung der dokumentierten Wünsche und Forderungen des Kunden.

Quellcode
Eine für Menschen verständliche Form von Programmcode.

R

Rapid Prototyping
Eine Methode, um relativ schnell einen Teil der Software (einen Prototypen) dem Kunden vorführen zu können.

Real Time System
Echtzeitsystem.

Recovery Testing
Ein Test auf Systemebene, bei der das Verhalten der Software beim Wiederanlauf des Systems nach einem Absturz untersucht wird.

Regression Testing
Ein wiederholter Test der Software nach einer Änderung, wobei über den Umfang des Tests im Einzelfall entschieden werden muss.

Release
Eine freigegebene Version der Software, in aller Regel durch eine Versionsnummer gekennzeichnet.

Reliability
Zuverlässigkeit.

Requirement
Eine Forderung oder Anforderung an Software, z.B. eine geforderte Funktion oder ein Leistungsmerkmal.

Reusability
Wiederverwendbarkeit.

Review
Die Überprüfung von Software oder eines Software-Teilprodukts.

S

Sicherheitskritische Software
Software, durch deren Versagen menschliches Leben in Gefahr geraten kann.

Simulation
Die Darstellung oder Nachstellung ausgewählter Eigenschaften und das Verhalten unter bestimmten Bedingungen eines (noch nicht existierenden) Systems durch ein zweites System.

Software
Computerprogramme, Dokumente und dazugehörige Daten.

Software Configuration Management Plan
Der Plan des Konfigurations-Managements.

Software Development Folder
Der Ordner oder die Datei zur Dokumentation eines Moduls.

Software Development Plan
Siehe Software-Entwicklungsplan.

Software Engineering
1. Software-Entwicklung als Ingenieurdisziplin.
2. Eine systematische und geplante Vorgehensweise bei der Erstellung von Software.
3. Die Tätigkeit der Software-Entwicklung.
4. Die Abteilung Software-Entwicklung.

Software-Entwicklungsplan
Der projektspezifische Plan der Software-Entwicklung, in dem die Vorgehensweise bei der Erstellung der Software dargelegt wird.

Software Life Cycle
Der gesamte Lebenszyklus von Software. Er beginnt mit der Analyse der Anforderungen und endet mit der Wartungsphase.

Software Problem Report oder Software Trouble Report
Ein Fehlerbericht zur Software.

Software Quality Program Plan
Der Plan der Qualitätssicherung bei einem Software-Projekt.

Specification
1. Ein Lastenheft.
2. Eine Aufzählung von Anforderungen an Software (requirements).

Standard-Software
Ein am Markt verfügbares Software-Paket für eine Anwendung, die sehr häufig vorkommt, zum Beispiel Textverarbeitung.

Status Accounting
Die Aufgabe des Konfigurationsmanagements zum objektiven Berichten über den Status der Software.

Stress Test
Ein Test der Software auf Systemebene, bei dem die Software innerhalb einer sehr kurzen Zeit einer hohen Belastung ausgesetzt wird.

Style Guide
Eine Vereinbarung innerhalb eines Entwicklungsteams, um bestimmte Richtlinien bei der Programmierung einzuhalten oder bestimmte Sprachkonstrukte auszuschließen. Programmierrichtlinien zielen in die gleiche Richtung.

Support
Kundendienst.

T

Tailoring
1. Die Anpassung einer vorgegebenen Norm für eine bestimmte Art von Software durch Ausschließen gewisser Teile der Norm im Rahmen eines Vertrages.
2. Die Anpassung eines definierten Modells zur Software-Erstellung für ein bestimmtes Projekt.

Testabdeckung
Ausmaß des Tests eines Moduls der Software beim *White Box Test*.

Test Case
Ein einzelner Testfall, in der Regel mit einer Reihe von Testdaten und einer Aufrufprozedur verknüpft. Testfälle sind besonders auf niederer Ebene eines Software-Systems effektiv.

Testability
Testbarkeit.

Tool
Werkzeug zur Software-Erstellung.

Total Quality Management
Eine Form des Qualitätsmanagements, das die gesamte Firma und alle Prozesse einbezieht.

Trade Study
Die Untersuchung eines Werkzeugs oder einer anderen Investition mit dem Ziel, durch einen nachvollziehbaren Prozess unter mehreren Optionen die fachlich günstigste Wahl zu treffen.

U

Unit Development Folder
Die Dokumentation der Implementierung.

V

Validation
Die Überprüfung der Software gegen vorgegebene Anforderungen, zum Beispiel beim Akzeptanztest.

Variante
Eine Ausprägung von Software, die sich von einer anderen Version nur durch wenige andersartige Eigenschaften oder Funktionen unterscheidet.

Variation
Die Abweichung von einem vorgegebenen Sollwert.

Verifikation
1. Die Überprüfung eines Teilprodukts der Software-Entwicklung, also des Produkts, das am Ende der Phase vorliegt.
2. Der formelle Beweis der Richtigkeit eines Programms im mathematischen Sinne.
3. Die Bewertung und Überprüfung von Software-Produkten oder des Erstellungsprozesses.

Version
Die Ausprägung eines Programms, die sich durch einen Vorgänger nur in wenigen Funktionen unterscheidet. Die Bezeichnung Version kann sich dabei auf die zeitliche Abfolge beziehen, zum Beispiel eine verbesserte Version, oder es kann sich um eine parallele Entwicklung handeln (eine Variante).

V-Modell
1. Ein in der Form eines »V« dargestelltes Modell für die Vorgehensweise bei der Software-Erstellung.
2. Das Vorgehensmodell der Bundeswehr und des Innenministeriums.

Volume Test
Ein Test der Software auf Systemebene, bei dem die Software einer hohen Belastung ausgesetzt wird.

W

Walkthrough
Eine Technik zur Überprüfung des Entwurfs ohne Einsatz des Computers.

Wegwerf-Prototyp
Eine Software-Entwicklung unter Benutzung der Methode *Rapid Prototyping*, bei der Prototyp nach Abschluss der Phase *Rapid Prototyping* nicht als Ausgangsprodukt für die weitere Entwicklung dient.

White Box Test
Ein Modultest der Software, bei dem der Quellcode dem Tester bekannt ist.

Wiederverwendbarkeit
Ein Konzept zum erneuten Verwenden von Modulen oder Komponenten der Software.

Windshear
Ein Zustand in der Atmosphäre, bei dem örtlich Unterdruck entsteht. Windshear ist für eine Reihe von Flugzeugabstürzen verantwortlich.

A.9 Normdefinitionen

A

Akkreditierung
Verfahren, wodurch eine autorisierte Stelle eine formale Anerkennung ausspricht, dass eine Stelle oder Person kompetent ist, spezifische Aufgaben auszuführen.

Aktivität
Tätigkeit, die den Zustand einer Einheit transformiert.

Anforderung
Erfordernis oder Erwartung, üblicherweise festgelegt und verpflichtend.

Arbeitsumgebung
Satz von Bedingungen, unter denen Arbeiten ausgeführt werden.

Audit
Formale und systematische Aktivität, um festzustellen, in welchem Ausmaß Forderungen einer Einheit erfüllt werden, durchgeführt von Personal, welches nicht verantwortlich für die auditierte Einheit ist.

Aufzeichnungen
Dokument, das erreichte Ergebnisse angibt oder einen Nachweis ausgeführter Tätigkeiten bereitstellt.

Ausschuss
Getroffene Maßnahme an einem nichtkonformen Produkt, um den vorgesehenen Gebrauch auszuschließen.

B

Bestimmung
Aktivität zur Wertfindung einzelner oder mehrerer Merkmale einer Einheit.

D

Defekt
Eine Nichtkonformität, die den Wert einer Einheit reduziert.

Dokument
Medium, das Informationen enthält.

E

Einheit
Eine Einheit ist etwas, was beschrieben und getrennt betrachtet werden kann.

Entwicklung
Satz von Prozessen.

F

Fähigkeit
Fähigkeit einer Einheit, ein Produkt so zu realisieren, dass die Forderungen an dieses Produkt erfüllt werden.

Fehler
Nichterfüllung einer Anforderung.

Forderung
Bedarf oder Erwartung oder deren Ausdruck als ein Satz von beabsichtigten Merkmalen oder deren Werten.

Freigabe
Erlaubnis, zur nächsten Stufe eines Prozesses überzugehen.

G

Güte (Anspruchsklasse)
Kategorie oder Rang unterschiedlicher Qualitätsforderungen an Einheiten für den gleichen funktionalen Gebrauch.

I

Information
Bedeutungsvolle Daten.

Infrastruktur
System von Einrichtungen, Ausrüstungen und Dienstleistungen, der für den Betrieb einer Organisation erforderlich ist.

Inspektion (Prüfung)
Bestimmung, in welchem Ausmaß Forderungen an eine Einheit erfüllt werden.

Interessierte Partei
Person oder Gruppe mit einem Interesse an der Leistung oder dem Erfolg einer Organisation.

K

Konformität
Erfüllung einer Anforderung.

Korrekturmaßnahme
(1) Maßnahme zur Beseitigung der Ursache eines bekannten Fehlers oder einer anderen erkannten, unerwünschten Situation.
(2) Getroffene Maßnahme, um die Ursache einer existierenden Nichtkonformität zu eliminieren.

Kundenzufriedenheit
Wahrnehmung des Kunden zu dem Grad, in dem seine Anforderungen erfüllt worden sind.

L

Leitfaden
Dokument, in dem Hinweise oder Empfehlungen festgelegt sind.

M

Management
Aufeinander abgestimmte Tätigkeiten zum Leiten und Lenken einer Organisation.

Managementsystem-Review
Review des Managementsystems, durchgeführt von der obersten Leitung.

Merkmal
Kennzeichnende Eigenschaft.

P

Produkt
Ergebnis eines Prozesses.

Produktspezifikation
Spezifikation für das Produkt.

Projekt
(1) Einmaliger Prozess, der aus einem Satz von abgestimmten und gelenkten Tätigkeiten mit Anfangs- und Erdterminen besteht und durchgeführt wird, um ein Ziel zu erreichen, das spezifische Anforderungen erfüllt, wobei Zeit-, Kosten- und Ressourcenbeschränkungen eingeschlossen sind.
(2) Prozess zur Umsetzung eines vorgegebenen Ziels mit einem spezifischen Satz von Bedingungen.

Prozess
Satz von in Wechselbeziehung oder Wechselwirkung stehenden Tätigkeiten, der Eingaben in Ergebnisse umwandelt.

Prozessfähigkeit
Qualitätsfähigkeit eines Produkts.

Q

Qualität
(1) Grad, in dem ein Satz inhärenter Merkmale Anforderungen erfüllt.
(2) Vollständiger Satz von erfüllten Erwartungen an Merkmale einer Einheit.

Qualitäts-Management-System
Management-System, bezogen auf Qualität.

Qualitätsaufzeichnungen
Aufzeichnung, bezogen auf Qualität.

Qualitätsforderung
Gesamtheit der betrachteten Einzelforderungen und Werte an die Beschaffenheit einer Einheit in der betrachteten Konkretisierungsstufe der Einzelforderungen.

Qualitätshandbuch
Spezifikation für das Qualitätsmanagementsystem einer bestimmten Organisation.

Qualitätslenkung
Teil des Qualitätsmanagements, auf die Erfüllung der Qualitätsanforderungen gerichtet ist.

Qualitätsmanagement
Aufeinander abgestimmte Tätigkeiten zum Leiten und Lenken einer Organisation bezüglich Qualität.

Qualitätsplan
Spezifikation für die Qualitätselemente, die bei einem bestimmten Projekt angewandt werden müssen.

Qualitätsplanung
Teil des Qualitätsmanagements, der auf das Festlegen der Qualitätsziele und der notwendigen Ausführungsprozesse sowie der zugehörigen Ressourcen zur Erfüllung der Qualitätsziele gerichtet ist.

Qualitätspolitik
Übergeordnete Absichten und Ausrichtung einer Organisation zur Qualität, wie sie durch die oberste Leitung formell ausgedrückt werden.

Qualitätsprüfung
Feststellung, wie weit eine Einheit die Qualitätsforderungen erfüllt.

Qualitätssicherung
Teil des Qualitätsmanagements, gerichtet auf das Schaffen von Vertrauen, dass relevante Qualitätsforderungen erfüllt werden.

Qualitätsverbesserung
Teil des Qualitätsmanagements, der auf die Erhöhung der Fähigkeit zur Erfüllung der Qualitätsanforderungen gerichtet ist.

Qualitätsziel
Etwas bezüglich Qualität Angestrebtes oder zu Erreichendes.

R

Reparatur
Getroffene Maßnahme an einem nichtkonformen Produkt, um die spezifizierten Forderungen zu erfüllen.

Review
Formale und systematische Bestimmung und Bewertung der Ergebnisse, um die Eignung der Umsetzung vorgegebener Ziele zu beurteilen.

Rückverfolgbarkeit
Fähigkeit, den Werdegang, die Verwendung oder den Ort des Betrachteten zu verfolgen.

S

Spezifikation
Dokument, in dem Anforderungen festgelegt sind.

System
Zusammenhängende oder einander wechselseitig beeinflussende Elemente, die eine kollektive Einheit ergeben.

T

Test
Tätigkeiten zur Erstellung eines Ermittlungsergebnisses an einer Einheit nach einem festgelegten Verfahren.

Third Party
Person oder Stelle, die als unabhängig von jenen involvierten Parteien anerkannt ist, die von der Fragestellung betroffen sind.

TQM (Umfassendes Qualitätsmanagement)
Die vollständige Organisation umfassendes Qualitätsmanagement einer Organisation.

U

Untersuchung
Bestimmung des IST-Zustands.

V

Verfahren
Festgelegte Art und Weise, eine Tätigkeit oder einen Prozess auszuführen.

Verfahrensdokument
Dokument, welches das Verfahren enthält.

Vorbeugemaßnahmen
Getroffene Maßnahmen, um potentielle Ursachen von Nichtkonformität zu reduzieren.

Z

Zertifizierung
Verfahren, wodurch eine Stelle relevante Merkmale eines Produkts, Prozesses oder Qualitätssystems, oder bestimmte Personen, in einer öffentlich zugänglichen Liste zum Ausdruck bringt.

A.10 Verzeichnis der Akronyme und Abkürzungen

ABS	Anti-Blockier-System
ACM	Association for Computing Machinery
AECL	Atomic Energy of Canada Limited
AG	Auftraggeber
AI	Action Item
AIAA	American Institute of Aeronautics and Astronautics
AIMS	Airplane Information Management System
AN	Auftragnehmer
ANSI	American National Standards Institute
AQAP	Allied Quality Assurance Publication
AT&T	American Telephone & Telegraph
BSE	Bovine Spongiform Cephalopathy
BSI	British Standards Institute
CACM	Communications of the ACM
CASE	Computer Aided Software Engineering
CCB	Configuration Change Board
CDR	Critical Design Review
CMM	Capability Maturity Model
COBOL	Commercial Business Oriented Language
COCOMO	Constructive Cost Model
COTS	Commercial off-the shelf
DIN	Deutsche Industrie Norm
DOD	Department of Defense
DOS	Disk Operating System
DQS	Deutsche Gesellschaft zur Zertifizierung von Qualitätsmanagentsystemen
EDV	Elektronische Datenverarbeitung
EN	Euronorm
ESA	European Space Agency
FAA	Federal Aviation Authority
FCL	Functional Capabilities List
FORTRAN	FORmula TRANslator
FMS	Flight Management System
GKS	Graphical Kernel System

HDBK	Handbook
IBM	International Business Machines
ICO	Intermediate Circular Orbit
IEEE	Institute of Electrical and Electronical Engineers
IEC	International Electrotechnical Commission
ISO	International Standards Organization
IV&V	Independent Verification & Validation
JPL	Jet Propulsion Laboratory
KLOC	Kilo Lines of Code
KM	Konfigurationsmanagement
LGA	Landesgewerbeanstalt Bayern
LOC	Lines oof Code
MBO	Management by Objective
MIL	Military
MD	Man Day
MM	Man Month
MPL	Mars Polar Lander
MS	Microsoft
MTA	Medizinisch technische-Assistentin
NASA	National Aeronautics and Space Administration
NATO	North Atlantic Treaty Organization
N/A	not applicable
N/A	nicht anzuwenden
NGO	Non-Government Organization
NT	New Technology
NTSB	National Transportation Safety Board
PASS	Primary Avionics System Software
PC	Personal Computer
PDP	Programmed Data Processor
PDR	Preliminary Design Review
PLA	Programmable Logic Array
QM	Qualitätsmanagement
QS	Qualitätssicherung
RADAR	Radio Detecting and Ranging
RISC	Reduced Instruction Set Computer
ROM	Read-only Memory
RTCA	Radio Technical Commission for Aeronautics

SAC	Strategic Air Command
SCCB	Software Change Control Board
SCMP	Software Configuration Management Plan
SDD	Software Design Document
SDF	Software Development File
SDF	Software Development Folder
SDP	Software Development Plan
SIB	Software Improvement Board
SQPP	Software Quality Program Plan
SRR	Software Requirements Review
STR	Software Trouble Report
TGA	Trägergemeinschaft für Akkreditierung
TQM	Total Quality Management
TRR	Test Readiness Review
TPL	Testplan
TÜV	Technischer Überwachungsverein
UDF	Unit Development Folder
USA	United States of America
VA	Verfahrensanweisung
VAX	Virtual Address EXtension
VDD	Version Description Document
VDE	Verband Deutscher Elektrotechniker
VMS	Virtual Memory System
VT	Video Terminal

A.11 Verzeichnis der Verfahrensanweisungen

Nr.	Titel	Nr. in der 2. Ausgabe
01	Durchführung von Audits	42
02	Ethisches Verhalten	48
03	Fehlerberichtungssystem (Corrective Action System)	05
04	Software Change Control Board (SCCB)	06
05	Fehlerklassen	07
06	Software Improvement Board (SIB)	–
07	Erstellung des Software Quality Program Plan (SQPP)	04
08	Vertragsprüfung	09
09	Anforderung an die Form von Qualitätsaufzeichnungen	–
10	Anfertigen von Qualitätsaufzeichnungen	–
11	Dokumente von Dritten	–
12	Erstellung und Pflege von Dokumenten	–
13	Erstellung des Qualitätsmanagementhandbuchs für Software	–
14	Schulung von Mitarbeitern im Qualitätsmanagement	44
15	Tätigkeit des Schulungsbeauftragten	–
16	Aufwandsschätzung nach dem COCOMO-Verfahren	46
17	Aufwandsschätzung mit Function Points	47
18	Prozessmodell	08
19	Erstellung des Entwicklungsplans	13
20	Software-Anforderungen	10
21	Qualitätsattribute der Software	11
22	Überprüfung des Entwurfs	14
23	Fagan Inspection	15
24	Erstellung von Programmierrichtlinien	12
25	Kommentare im Quellcode	16
26	Modul-Header im Quellcode	17
27	Code Walkthrough	19
28	Software Development Folder (SDF)	18
29	Vorgehensweise beim Debugging	24
30	Behandlung beigestellter Software	43
31	Schulung neu eingestellter Mitarbeiter in die Verfahren zum Qualitätsmanagement	45
32	Erstellen des Software Configuration Management Plan (SCMP)	32
33	Identifikation von Software-Produkten	27
34	Mitarbeit im Software Change Control Board (SCCB)	28

35	Identifikation von Programmcode	29
36	Verwaltung der kontrollierten Bibliothek der Software	30
37	Datensicherung von Software	31
38	Objektives Berichten über den Status der Software	33
39	Vorgehen beim Test	20
40	Planung des Tests der Software	21
41	White Box Testing	22
42	Black Box Testing	23
43	Planung des Systemtests	25
44	Kriterium für das Ende des Tests	26
45	Freigabe-Politik der {SOFTCRAFT}	–
46	Einkauf von Software (Commercial off-the-shelf), Kategorie A	01
47	Einkauf von Software (Commercial off-the-shelf), Kategorie B	02
48	Einkauf von Software (Commercial off-the-shelf), Kategorie C	03
49	Einkauf individuell erstellter Software	41
50	Umgang mit Eigentum des Kunden	–
51	Erstellung von Dokumenten	35
52	Erstellung des Version Description Document (VDD)	34
53	Ermittlung der Kundenzufriedenheit	–
54	Fehlerbeseitigung in einem mehrstufigen Prozess	–
55	Produktumfang in Lines of Code	36
56	Erfassung von Fehlern während der Entwicklung	37
57	Erfassung von Restfehlern	38
58	Fehlerrate während der Entwicklung	–
59	Bestimmung der Restfehlerrate	–
60	Fehler pro Phase	39

A.12 Stichwortregister

A

A-320 29
Abkürzungen 179
ABS 30
Account 195
Ada 171
Ada-Compiler 171, 173
AECL 18, 20
AIRBUS 29
Airbus 29
AIRBUS A-320 29
Akzeptanztest 106, 200, 209
 –, Kriterien 120
American Airlines 13
American Society for Quality Control 2
Analyse der Anforderungen 106
Analyse von Grenzwerten 204
Anbieter 171
Anforderungen 6, 31, 37, 39, 41, 46, 49, 53, 54, 63, 65, 70, 71, 79, 80, 81, 82, 83, 88, 89, 91, 92, 95, 99, 100, 101, 103, 104, 106, 110, 113, 120, 122, 123, 124, 125, 127, 133, 135, 143, 151, 157, 164, 165, 167, 168, 169, 170, 174, 175, 176, 183, 187, 198, 199, 200, 208, 212, 217, 229, 231, 233, 236, 237, 238, 262, 266, 272, 277, 297, 298, 299, 300, 311, 331, 333, 334, 339, 349, 356, 359, 363, 366, 367, 371
Anforderungen, funktionelle 171
Angebotsabgabe 106
Anti-Blockier-System 30
Aquaplaning 29
Arbeitsbedingungen 67, 135, 143
Arbeitsprobe n 267
Archiv 195
Assessment 281, 282
AT&T 15
Atomic Energy of Canada Limited 18

Audit 93, 94, 107, 266
 –, Dauer 269
 –, Durchführung 267
 –, Mängel und Abweichungen 267
Auditor 264
Audits 33, 51, 72, 89, 92, 93, 94, 123, 125, 217, 218, 230, 234, 235, 263, 264, 265, 266, 267, 269, 270, 271, 272, 331, 334, 337, 354, 355, 371
Aufbewahrungsfrist für Dokumente 195
Aufkleber 193
Auftraggeber 106, 167, 185, 191
Auftragnehmer 54, 120, 152, 159, 161, 165, 166, 167, 217, 220, 223, 225, 272, 295, 303, 306, 337, 338, 339, 342, 343, 344, 346, 347, 350, 368
Aufwand 148, 200
Aufwand für die Software-Entwicklung 147
Aufwand in Function Points 150
Aufwands- und Terminschätzung 164
Aufzeichnungen 39, 40, 52, 53, 54, 55, 56, 70, 107, 118, 121, 122, 123, 124, 125, 130, 137, 138, 164, 165, 187, 190, 212, 218, 244, 254, 293, 296, 312, 325, 327, 329, 330, 331, 332, 333, 334, 335, 343, 344, 345, 346, 365
Aufzeichnungen und Berichte 107
Auslieferung 190, 225
Auslieferungen 197
Ausschluss eines Normelements 258
Austauschbarkeit 169
Autoclock 21

B

B-52-Bomber 7
Baseline 190, 191, 192, 193, 195
Basiskonfiguration 190, 195
Bedienbarkeit 169
Begriffsdefinitionen 80

Beigestellte Software 106, 185
Bell Laboratories 1
Benchmarking 227, 228, 229, 250
Benchmarks 209
Benutzer 204
Benutzerhandbuch 223
Beratung 214
Berichterstattung an das Management 190
Besitzer des Unternehmens 97
Bibliothek 190
Bibliothek der Software 224
Big-Bang-Methode 201
Binärcode 195
Black Box Test 199
Boehm, Barry 158
Boeing 777 25
British Standards Institute 35, 291
BSI 35, 291
Builds 189

C

Capability Maturity Model 52, 135, 269, 276, 280, 281, 282, 284, 289, 359, 368
CCB 116, 368
Change Control Board 116
Chip 7
CMM 52, 135, 269, 276, 277, 278, 279, 280, 281, 282, 285, 288, 359, 368
COCOMO 147, 149, 368, 371
Code Inspection 57
Code Walkthrough 178
Competitive Benchmarking 227
Compiler 179
Computer 195
Conversion Testing 209
Copyright 44, 181
Corrective Action System 113, 259, 371
Crosby 80, 81, 144, 289

D

Dateien 204
Daten 190
Datenanalyse 6, 55, 56, 72, 238, 244, 335
Datenfluß 176
Datenquellen 254
Datensicherung 190, 197, 198
Datenträger 193, 194, 197, 198, 223
deadlocks 28
Debugging 184, 202, 360, 371
DEDUKTION 184
Deduktion 184
DeMarco, Tom 136
Deming 2, 47, 50, 65, 66, 67, 68, 69, 80, 81, 84, 232, 283, 289
Deming
–, Cycle 65, 66
–, 6 Prinzipien 66
–, 14 Punkte 67
–, W. Edwards 65
des Software Change Control Board 194
Design 106
Design BASELINE 193
Dharan 8, 9
die Trägergemeinschaft für Akkreditierung 264
Digital Equipment 91
DIN EN ISO 9000, Teil 3 5, 45, 46, 55, 78, 130, 189, 200, 262, 264, 266, 267, 336
DIN EN ISO 9001 5, 6, 7, 3, 4, 5, 31, 32, 33, 34, 37, 38, 39, 42, 45, 46, 47, 48, 50, 52, 53, 55, 56, 64, 69, 70, 71, 72, 73, 74, 76, 79, 83, 84, 85, 87, 93, 98, 99, 101, 103, 107, 110, 112, 119, 120, 121, 126, 128, 130, 131, 133, 135, 136, 138, 139, 147, 164, 165, 167, 186, 187, 189, 199, 212, 218, 223, 225, 227, 230, 231, 234, 235, 238, 244, 249, 257, 258, 259, 262, 264, 265, 266, 267, 272, 275, 276, 280, 281, 282, 284, 285, 328, 337, 356
Diskussionen 176
Dokumentation von Testfällen 202

Dokumente 70, 71, 76, 78, 80, 92, 94, 104, 106, 123, 124, 125, 126, 128, 129, 130, 141, 167, 190, 192, 193, 197, 218, 219, 220, 221, 223, 279, 289, 293, 294, 297, 298, 301, 302, 303, 309, 310, 313, 314, 318, 319, 320, 322, 323, 325, 326, 329, 330, 333, 345, 350, 352, 362, 371

–, Auswahl 127

Dokumentiertes Verfahren 130

Dualismus zwischen Hard- und Software 6

Durchführung von Audits 93

E

Ebenen des Tests 200

EEPROM 194

Effizienz 169

– eines Programms 179

Egoless Programming 182

Eigentum des Kunden 72, 105, 122, 218, 219, 226, 334, 372

Ein- und Ausgaben 204

Eingabewerte 204

–, ungültige 204

Einkauf 40, 54, 81, 123, 125, 212, 214, 215, 216, 217, 218, 372

Einsatzorte 191

Elektronik-Entwicklung 116, 119

Embedded System 30

Embedded Systems 43

Engpässe 164

Entwicklung 191, 197

Entwicklungsergebnisse 195

Entwicklungsplan 46, 73, 103, 104, 105, 106, 107, 112, 127, 143, 161, 163, 164, 170, 173, 182, 192, 220, 221, 277, 278, 279, 294, 339, 340, 360

Entwicklungsplanung 6, 45, 46, 54, 71, 76, 333

Entwicklungsumgebung 190, 198

Entwurf 6, 43, 71, 106, 112, 117, 126, 150, 161, 175, 176, 179, 183, 201, 277, 306, 337, 340, 341, 349, 360

Entwurfsdokument 175

EPROM 194

Equivalence Partitioning 204

Ermittlung potentieller Fehler 56, 118, 335

Ethik 94, 95, 96

F

Fachauditor 265, 270

Fachbereiche 76, 106

Fachliteratur 75

Facility Testing 209

Fagan Inspection 123, 129, 176, 181, 199, 334, 371

Falschalarme 7

Farben für Aufkleber 194

Fehler 107, 113, 115, 116, 117, 176, 190, 200, 202, 203, 204, 210, 222

Fehler pro Phase 251

Fehler und Änderungen 114

Fehlerbehandlung 181

Fehlerbericht 114, 220, 239, 363

Fehlerberichte 198

Fehlerberichten 116, 119

Fehlerbeseitigung 6, 56, 57, 112, 113, 144, 184, 185, 233, 238, 240, 254, 338, 343, 372

Fehlerdaten 198

Fehlerklasse 115, 116

Fehlerklassen 116, 117, 371

Fehlerkurve 210

Fehlermeldesystem 51, 89, 92, 105, 113, 123, 238

Fehlermeldung 116

Fehlerrate 25, 27, 113, 145, 247, 248, 252, 256, 258, 282, 372

Fehlerverhinderung 56, 81, 99, 101, 118

Fehlervermeidung 107

Fehlerzahl 211

Feinentwurf 161

Felder 204

Finanzwesen 116, 119

Finite State Machine   117
Firmenleitung   50, 51, 55, 66, 69, 92, 98, 100, 101, 105, 108, 263, 267
Flight Management System   13
Florida Power & Light   231
fly-by-wire   28, 29
Änderungen   190, 193
Änderungsanträge   195, 198
Änderungsprozess   113
Folgeaudit   268
Formulare   76
Fortschrittsverfolgung   135, 278
FP&L   231, 232
Fragebogen   76
Freigabe   222
Freigabe-Politik   211, 236, 372
Freigegebene Software   191
Fremdsoftware   106, 185, 190, 193
Function Points   147, 149, 150, 151, 152, 161, 242, 243, 282, 360, 371
Functional BASELINE   193

G

Geltungsbereich des QM-Handbuchs   78
Gesamtmultiplikator   148
Golfkrieg   9
GOTO-Statement   179
Grenzfälle   204
Grenzwerte   204
Gripen   9
Grobentwurf   161, 176
Grundmetriken   242
Gurus   63

H

Handbuch   106, 267
 –, Aufbau   76
 –, Gestaltung   76
Hapag-Lloyd   13
Hauptfehler   117
Header des Quellcode   193
Hotline   214

I

IBM   4, 14, 91, 152, 248, 249, 369
ICO   12
Identifikation
 – auf dem Deckblatt   193
 – von Modulen   193
 – von Produkten   195
 – von Software   189, 193
Identifizierung   190
Implementierung   106, 178, 183
Incremental Delivery   161
Incremental Testing   201
INDUKTION   184
Industriegüter   1
Informationsverarbeitung   1
Informationszeitalter   1
Infrastruktur   6, 22, 53, 71, 105, 107, 135, 143, 332, 365
Inspektion   57, 176, 177, 178, 261, 366
Inspektionen   2, 3, 69, 71, 81, 177, 341
Inspektionsprozess   177
Installation   191
Installation von Software   224

Integration der Module 201
Integration und Test 106
Integrität der Software 190
INTEL 14
Intel 4, 5, 14, 15, 236, 288
Interfaces 168
Interne Audit 55
ISO 9001 5, 6, 7, 31, 32, 33, 37, 38, 39, 42, 45, 46, 50, 55, 64, 72, 225, 261, 262, 269, 272, 289, 290, 328, 329, 348, 356, 358
ISO 9004 38, 39, 41, 47, 70, 130, 138, 141, 144, 145, 328, 356
ISO/CD 9000:1999 110
ISO/CD 9001:1999 94

J

Jahr-2000-Problem 17, 288
Joint Technical Committee 1 35
Joint Ventures 120
JTC1/SC7 35

K

Kaizen 236, 237, 238, 289
Kennzahlen 241
Kennzeichnung der Software 224
Kennzeichnung von Quellcode 181
Kennzeichnungspflicht 194
Kerntätigkeiten der Entwicklung 174
Key Process Areas 276
Kommentare 180
– im Quellcode 180, 371
Konfigurationskontrolle 168, 190, 195, 210
Konfigurationsmanagement 5, 45, 46, 54, 72, 76, 105, 106, 107, 113, 115, 116, 118, 119, 120, 125, 129, 130, 135, 180, 181, 189, 190, 191, 192, 193, 194, 195, 196, 197, 198, 217, 222, 224, 225, 240, 247, 248, 252, 254, 277, 279, 293, 297, 301, 309, 313, 314, 315, 316, 318, 322, 325, 334, 340, 341, 344, 345, 356, 360, 369
Kongresse 132
Kontinuierliche Verbesserung 81, 236

Kontrolle durch das Management 161
Kontrollfluß 176
Kontrollierte Bibliothek 195, 197
Kopien 191, 223
Korrekturfaktoren 148, 151
Kosten der Zertifizierung 268, 269
Kosten, interne 271
Kriterium für das Ende des Tests 202
Kritische Fehler 117
Kunde und Anwender 74
Kunden 30, 40, 54, 55, 61, 67, 74, 83, 98, 99, 100, 106, 113, 127, 129, 155, 164, 165, 167, 178, 184, 185, 186, 188, 200, 206, 218, 219, 236, 273, 295, 306, 333, 334
Kundenbedürfnisse 106
Kundenbeschwerden 56, 112
Kundenbezogene Prozesse 53, 71, 165
Kundendienst 225
Kundenorientierte Organisation 41
Kundenzufriedenheit 6, 52, 55, 56, 72, 83, 91, 98, 230, 231, 233, 244, 246, 262, 330, 332, 334, 335, 366, 372
Kurse 132

L

Landesgewerbeanstalt Bayern 264
Lastenheft 106
Leistungsanforderungen 167
Leistungsfähigkeit 169
Leistungsmerkmale 168
Leser 180
LGA 264
LGA Bayern 271
Lieferanten 39, 40, 42, 56, 81, 94, 97, 98, 100, 101, 122, 125, 212, 215, 216, 217, 218, 244, 249, 250, 261, 272, 334, 335, 348, 354
Lieferschein 190
Liefertreue 214
Lines of Code 25, 27, 28, 43, 113, 149, 152, 158, 161, 183, 204, 242, 243, 247, 248, 258, 282, 360, 361, 369, 372
Listen 204

Lizenzen 223
LOC 26, 27, 43, 113, 152, 153, 154, 190, 242, 255, 361, 369
London 17
Luftfahrt 28

M

Mängel 176
MacArthur 2
MacArthur, Douglas 2
Malfunction 54 20
Management 173
Management der Ressourcen 52, 136, 332
Managementbewertung 71, 89, 122, 131, 238, 331, 332
Marketing 106
Marktanteil 91
Marktforschung 106
Mars Orbiter 11, 288
Medizintechnik 28
Meilensteine 164
Meilensteine der Entwicklung 192
Mengenwachstum der Software 25
Mensch-Maschine-Schnittstelle 20
Messmittel 55, 79, 123, 334, 356
Messung, Analyse und Verbesserung 6, 42, 46, 55, 72, 84, 89, 98, 119, 227, 230, 334
Messungen der Laufzeit 179
Methoden 106
Metriken 6, 63, 102, 105, 107, 131, 230, 235, 241, 243, 244, 246, 254, 255, 256, 257, 259, 277, 289, 334, 345, 361, 362
MINUTEMAN-Raketen 8
Mitarbeiter 6, 40, 41, 43, 45, 52, 59, 60, 61, 62, 63, 67, 68, 69, 74, 75, 79, 80, 81, 90, 92, 94, 96, 97, 99, 100, 101, 103, 105, 106, 107, 109, 118, 122, 129, 130, 131, 132, 135, 136, 138, 139, 140, 141, 142, 143, 144, 145, 149, 177, 179, 186, 199, 201, 205, 206, 215, 216, 217, 223, 225, 231, 232, 233, 235, 236, 237, 238, 255, 257, 261, 262, 263, 264, 267, 268, 269, 276, 278, 282, 295, 303, 305, 307, 315, 332, 336, 341, 346, 371
Modell 106

Moderator 176, 177, 181, 182
Module 190
Modultest 199, 200, 203
Multiplexer 7
Multiplikatoren 150
Mutationstest 210

N

Nachsitzung 176
Nachvollziehbarkeit von Änderungen 190
Naming Convention 193
NASA 9, 10, 11, 26, 27, 35, 74, 241, 369
Nebenfehler 117
New Economy 1
Nicely, Thomas 14
NORAD 7
Norm 107
Normung, Entwicklung 272

O

Oberste Leitung 50
Objektcode 197
Old Economy 45
Operational Baseline 193
Optimierung 179
Organisation 164

P

Partner 170
Pathfinder 10
Patient 17
PATRIOT 30
Patriot 8
Patriot-Batterie 8
PC 25
PDCA Cycle 65
PDP-11 20
Pentagon 7, 30
PENTIUM 14
Pentium Bug 14
Performance Testing 209

Pfad durch ein Modul 202
Phase 199
Photonen 20
Planung 116, 119
Plattform 222
Prüfung der Software 199
Prüfung des Codes 199
Product Baseline 193
Produkt 176
Produktanforderungen 54, 56, 122, 165, 244, 332, 333, 335, 362
Produktmetriken 244
Produktmuster 221
Produktmusterteil 192
Produktrealisierung 6, 38, 46, 53, 55, 71, 98, 103, 104, 122, 147, 164, 212, 333
Programmabstürze 28
Programmcode 190, 191, 195, 197
Programmgrößen 25
Programmierrichtlinien 60, 94, 106, 128, 178, 179, 193, 199, 341, 363, 371
Programmiersprache 107
Programmierstil 178
Projektbeginn 106
Projektdauer 149
Projektende 197
Projektleiter 107
Projektmanagement 116, 119
Projektplan 164
Protokoll 190, 194, 195
Prototyping 159
Prozess 3, 4, 5, 6, 25, 40, 41, 44, 47, 48, 49, 55, 57, 58, 59, 60, 61, 62, 63, 64, 65, 66, 67, 68, 69, 81, 84, 89, 90, 99, 104, 105, 107, 110, 118, 124, 139, 154, 156, 161, 166, 170, 178, 189, 212, 227, 230, 236, 237, 238, 239, 240, 241, 251, 255, 256, 257, 258, 261, 272, 276, 277, 280, 338, 339, 345, 351, 359, 363, 366, 367, 372
Prozessprüfung 93
Prozessdefinition 59
Prozessmetriken 244, 251
Prozessmodelle zur Software-Entwicklung 156
Prozessorientierung 6, 34, 41, 47, 58, 60, 61

Prozessqualität 5
Prozess vs. Produkte 6, 57

Q

QM
 -Beauftragter 57
 -Handbuch 39, 42, 47, 59, 73, 91, 107, 112, 123, 262, 263, 266, 329, 337, 351, 352
 -System 6, 34, 38, 41, 42, 47, 50, 51, 52, 55, 56, 60, 64, 69, 70, 73, 78, 79, 83, 89, 90, 92, 94, 101, 103, 104, 105, 107, 111, 112, 131, 133, 134, 186, 234, 263, 267, 283, 284, 285, 328, 329, 330, 331, 332, 333, 335, 348
Qualitätsattribute 168, 169, 299, 362, 371
Qualitätsaufzeichnungen 53, 70, 105, 121, 123, 124, 125, 219, 345, 366, 371
Qualitätslenkung 109, 366
Qualitätsmanagement
 -Beauftragter 110
 -Handbuch
 -Software 107
 -Plan 53, 111, 192, 220, 333
 -System 32, 37, 70, 73, 75, 78, 84, 87, 88, 89, 91, 93, 94, 98, 99, 104, 106, 110, 133, 136, 145, 220, 235, 258, 262, 265, 271, 272, 285, 328, 366
Qualitätsnormen 6
Qualitätsplanung 6, 108, 119, 367
Qualitätspolitik 6, 50, 56, 70, 78, 88, 89, 90, 92, 99, 100, 101, 102, 238, 329, 330, 331, 336, 367
Qualitätssicherung 5, 7, 9, 1, 2, 3, 4, 11, 25, 31, 34, 42, 45, 74, 75, 76, 77, 82, 93, 94, 102, 105, 107, 109, 116, 119, 120, 123, 132, 135, 144, 161, 164, 168, 175, 177, 183, 184, 189, 190, 191, 192, 194, 195, 196, 197, 198, 203, 206, 215, 216, 217, 219, 220, 221, 232, 234, 240, 243, 263, 277, 295, 296, 336, 341, 345, 348, 353, 354, 356, 361, 362, 363, 367, 369
Qualitätssystems für Software 106
Qualitätsverbesserung 109, 232, 233, 356, 367
Qualitätsziele 53, 88, 99, 100, 103, 108, 164, 169, 238, 329, 330, 331, 333, 341, 367
Quellcode 180, 197

R

Röntgenstrahlen 19, 20
RADAR 8
Rapid Prototyping 157, 161
Recovery Testing 210
Regeln
 – bei der Fehlerbeseitigung 185
 – zum Debugging 184
 –, Praktiken und Übereinkommen 106
Regression Testing 202
Release 222
Requirements Analysis 65, 175, 361
Ressourcen 164
Restfehler 27, 243
Restfehlerrate 28, 207, 226, 227, 230, 241, 248, 282, 372
Resultate von Tests 203
Review 33, 57, 71, 119, 156, 165, 167, 176, 177, 178, 187, 188, 189, 198, 217, 337, 341, 359, 361, 362, 366, 367, 368, 369, 370
Reviews 6, 50, 51, 54, 71, 94, 102, 122, 123, 125, 127, 164, 174, 178, 181, 187, 188, 189, 192, 217, 218, 277, 278, 280, 303, 305, 334, 336, 337, 340, 341, 346, 353, 354, 355
Risiken 164
RSC Energia 12
RTCA DO-178B 74

S

SAC 7
Satellitennavigation 14
SCCB 113, 114, 115, 116, 117, 118, 123, 126, 129, 185, 187, 189, 190, 194, 195, 220, 238, 239, 240, 243, 244, 247, 248, 252, 316, 351, 352, 370, 371
SCCB-Sitzungen 195
Schindlerhof 142
Schleifen 204
Schnittstellen 175
Schreibschutz 198
Schulungen 20, 52, 59, 61, 67, 68, 71, 99, 107, 122, 125, 132, 138, 139, 140, 141, 186, 257, 261, 326, 327, 332, 341, 346, 371
 –, projektspezifische 107
Schulungsbeauftragter 140
Schulungsbedarf 132
Schulungsmaßnahmen 107
Schutz geistigen Eigentums 120
SCMP 106, 191
Scud-Rakete 8
SDF 183
SDF) 183, 220, 371
Security 193
 – Testing 209
Serviceability Testing 210
Shareholder Value 97
SIB 116, 118, 119, 240, 371
Sicherheit 193
Sicherungskopien 198, 223
Software 9, 17, 106, 179, 190, 191, 194
 -Anforderungen 167, 168, 200
 – Change Control Board 113, 114, 115, 116, 165, 185, 189, 190, 194, 220, 238, 240, 354, 370, 371
 – Configuration Management Plan 106, 191, 192, 193, 194, 196
 – Development File 184
 – Development Folder 128, 183, 184, 220, 362, 370, 371
 – Engineering 34, 35, 43, 44, 130, 142, 152, 276, 281, 287, 288, 289, 351, 355, 362, 368
 – Engineering Institute 276
 -Entwicklung 76, 168, 171, 195
 -Entwicklungsplan 101, 106, 111, 135, 170, 216, 217, 277, 278, 301, 302, 308, 333, 362, 363
 -Entwicklungsumgebung 190
 -Entwurf 176
 -Industrie 107
 – Improvement Board 116, 118, 119, 125, 240, 371
 -Medien 194, 197
 -Normen 5, 34
 – Quality Program Plan 106, 119
 – Requirements Review 187
 -Spezifikation 167

– Trouble Reports 114, 191, 194, 195
Soujourner 10
Source Code 181
Spezifikation 12, 49, 54, 57, 63, 65, 70, 83, 104, 106, 107, 108, 120, 125, 136, 155, 157, 163, 164, 165, 166, 167, 168, 169, 170, 173, 175, 188, 199, 200, 203, 209, 217, 220, 297, 298, 300, 310, 319, 337, 339, 342, 344, 347, 349, 354, 359, 366, 367
SQPP 106, 119
Stakeholder 97
Standard-Prozess 161
Status der Software 190
STR 114
Stress Testing 209
STR-Nummer 222
Stubs 201
Style Guide 179
Support 11, 12, 172, 216, 222, 243, 244, 245, 246, 248, 255, 311, 348, 363
Synonyme 179
System Requirements Review 187
System zur Qualitätssicherung 107
Systemanforderungen 167
Systemauditor 265, 270
Systems Engineering 116, 119
Systemtest 200, 209

T

TÜV 264, 271
Tabellen 204
Tagesordnung 116, 119
Tagesordnung (des SCCB) 194
Tailoring 106
Teams 43, 44, 60, 62, 81, 141, 144, 181, 182, 281, 361
Technische Überwachungsverein 264
Test Readiness Review 189
Testabdeckung 203
Testbarkeit 169
Testdateien 197
Testdaten 182

Testfälle 182, 184, 195, 200, 202, 203, 204
Testgruppe 203-
Testingenieur 203
Testlauf 203
Testplan 200, 202
Testplanung 200
Testprogramm 203
Tests 5, 9, 4, 17, 21, 28, 30, 57, 65, 76, 102, 109, 136, 147, 164, 175, 182, 183, 189, 195, 197, 199, 200, 201, 202, 203, 204, 206, 207, 209, 210, 215, 223, 240, 242, 251, 253, 261, 289, 300, 301, 307, 311, 312, 334, 341, 342, 349, 351, 352, 354, 355, 359, 362, 363, 364, 367, 370, 372
Testspezifikation 200
Teststrategie 202
Texas Instruments 4, 5, 236
TGA 264
THERAC-23 18
THERAC-25 18, 19, 21
Therac-25 19, 20
Tools 129, 135, 153, 171, 189, 324, 355
Toshiba 4, 5, 23, 288
Total Quality Management 4, 5, 99, 272, 282, 284, 289, 363, 370
TQM 4, 103, 272, 282, 283, 285, 367, 370
Trade Study 173, 214
Transportmittel 53
Treiber 201
Tresor 198
Tyler 20

U

UDF 183
Umfang der Software 147
Unit Development Folder 183
Unternehmensziele 255
Unterschieden zwischen Hardware und Software 42
Updates 189
Urheberrecht 44, 223
Useability 209

V

Validation 6, 46, 53, 54, 57, 122, 158, 164, 170, 185, 199, 208, 209, 223, 224, 272, 289, 300, 304, 308, 333, 334, 341, 342, 343, 346, 355, 361, 363, 369
VDD 190, 191, 194, 197, 220, 221, 222, 225, 318, 319, 321, 350, 370, 372
Veränderbarkeit 169
Verantwortung des Managements 6, 46, 50, 88, 330
Verantwortung von Vorstand, Geschäftsleitung und Management 87
Verfahrens- und Arbeitsanweisungen 106
Verfahrensanweisungen 77
Verfolgbarkeit von Änderungen 194
Verfolgen von Änderungen 190
Verifikation 52, 53, 57, 106, 164, 168, 170, 185, 199, 208, 272, 279, 289, 300, 311, 333, 352, 361, 364
Verifikation und Validation 106, 199
Version Description Document 190, 194, 197, 222
Versionsnummer 222, 223
Verständlichkeit 169
Vertrag 106, 121
Vertragsabschluß 121
Vertragsprüfung 70, 120, 125, 156, 165, 333, 371
Vertrieb 106
Vervielfältigung von Medien 106
Viren 197
V-Modell 69, 157, 161, 162, 190, 208, 364
V-Modell, Modifikationen 161
Volume Testing 209
Vor-Audit 266

Vordrucke 76
Vorgehensweise beim Test 201
Vorträge 132

W

Walkthrough 182
Wartbarkeit 169
Wartung und Pflege 106
Wartungsphase 226
Wasserfall-Modell 157
 – mit Subprojekten 158
Wegwerf-Prototyp 161
Werkzeuge 106, 171, 212
White Box Test 199, 202
White Box Testing 136, 202, 372
Willenserklärung der Geschäftsführung 262, 263
Wind Shear 13, 29
Work-Arounds 222
Workshops 132

Z

Zahl der Zertifikate 269
Zertifikat 268
Zertifizierer 264, 265, 271
 –, Auswahl 264
Zertifizierung 5, 6, 33, 34, 45, 103, 262, 263, 264, 266, 267, 268, 270, 271, 272, 275, 280, 281, 282, 285, 367, 368
Zertifizierungsaudit 266, 270, 271
Zertifizierungsstelle 266, 268
Zugriff auf Dateien 197
Zulieferer 214
Zuverlässigkeit 169

Georg Erwin Thaller

Software-Test

Verifikation und Validation

Der Test der Software bleibt, auch fünfzig Jahre nach den ersten Computern, die wichtigste Methode zur Sicherstellung der Qualität der Software. Wer die Qualität seiner Software verbessern und im Markt langfristig Erfolge erzielen will, kommt daher nicht darum herum, sich intensiv mit dem Test der Software, mit Verifikation und Validation zu beschäftigen. Dazu bietet dieses Buch die unentbehrlichen Grundlagen und gehört damit auf den Schreibtisch jedes Software-Profis.

Die Techniken und Methoden beim Test werden an einem durchgehenden Beispiel in C erläutert, so dass sich auch Leser leicht einarbeiten können, die vorher nicht mit dem Test von Software befasst waren.

2000, 251 Seiten, Broschur mit CD
DM 69,00 / öS 504,00 / sFr 62,50
ab 1.1.2002: Euro 35,28 (D)
ISBN 3-88229-183-4
Verlag Heinz Heise

Zu beziehen bei dpunkt.verlag GmbH
Ringstraße 19 · 69115 Heidelberg
fon 0 62 21/14 83 40 · fax 0 62 21/14 83 99
e-mail hallo@dpunkt.de
http://www.dpunkt.de

Georg Erwin Thaller

ISO 9001:2000: Software- und System-Entwicklung

Aufbau eines praktikablen QM-Systems

Dieses Buch wendet sich an alle Inhaber, Manager und Verantwortliche in Unternehmen, die ein Qualitätsmanagementsystem nach DIN EN ISO 9001 aufbauen wollen. Der Text orientiert sich an der Neufassung der Norm vom Dezember 2000 und geht auf alle wichtigen Inhalte ein, darunter:

- Management des Unternehmens,
- Management der Ressourcen,
- Produktentwicklung sowie
- Messung,
- Analyse und
- Verbesserung.

Das Buch ist praxisgerecht ausgerichtet und kann mit kleinen Anpassungen in jedem Betrieb umgesetzt werden, der die oben skizzierten Voraussetzungen erfüllt. Um dieses Ziel zu erreichen, werden über 20 Musterprozesse, Texte, 57 Verfahrensanweisungen, Produktmuster und Checklisten angeboten, die sich auch auf der mitgelieferten CD-ROM befinden.

4. Quartal 2001, ca. 350 Seiten, Broschur mit CD
ca. DM 89,00 / öS 650,00 / sFr 78,00
ab 1.1.2002: Euro 47,00
ISBN 3-88229-190-7
Verlag Heinz Heise

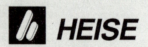

Zu beziehen bei dpunkt.verlag GmbH
Ringstraße 19 • 69115 Heidelberg
fon 0 62 21/14 83 40 · fax 0 62 21/14 83 99
e-mail hallo@dpunkt.de
http://www.dpunkt.de

Gerhard Versteegen

Das V-Modell in der Praxis

Grundlagen, Erfahrungen, Werkzeuge

Das V-Modell ist mittlerweile Standard der Software-Entwicklung im öffentlichen Bereich. Zunehmend verbreitet sich das V-Modell auch in der Industrie, besonders in der Finanzdienstleistungsbranche.

Das Buch gibt einen umfassenden Überblick über die Grundlagen des V-Modells. Vier ausführliche Praxisberichte beschreiben die Erfahrungen bei der Einführung des Modells in einem Industrieunternehmen, einer Behörde, einer Bank und einer Versicherung. Einen weiteren Schwerpunkt des Buchs bilden die Werkzeuge, die das V-Modell unterstützen. Demoversionen der Werkzeuge sowie ein Browser mit den Originaltexten des V-Modells befinden sich auf der CD-ROM.

2000, 443 Seiten, gebunden
DM 148,00 / öS 1080,00 / sFr 131,00/
ab 1.1.2002: Euro 75,67 (D)
ISBN 3-932588-39-8

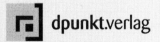

Ringstraße 19 • 69115 Heidelberg
fon 0 62 21/14 83 40
fax 0 62 21/14 83 99
e-mail hallo@dpunkt.de
http://www.dpunkt.de

1999, 368 Seiten, Broschur, mit CD
DM 78,00 / öS 569,00 / sFr 70,50
ISBN 3-932588-38-X

Martin Hitz, Gerti Kappel

UML@Work

Von der Analyse zur Realisierung

Anhand der Entwicklung eines Web-basierten, verteilten Kalendermanagers wird der objektorientierte Modellierungsstandard UML (Unified Modeling Language, Version 1.3) vorgestellt. Die Konzepte und Einsatzmöglichkeiten von UML werden schrittweise und praxisnah eingeführt, beginnend mit der Anforderungsbeschreibung bis hin zur Implementierung eines Java-Programms mit Datenbankanbindung.
Kritische Reflexionen über einzelne Schwächen von UML, eine Einführung in das UML-Metamodell, ein Überblick über existierende UML-Werkzeuge und ein umfangreiches Glossar bieten zusätzliches Insider-Wissen für den Entwickler im technischen und kommerziellen Umfeld sowie für den Studierenden und Lehrenden.
Die beigelegte CD-ROM enthält das komplette Beispiel in Rational Rose und als Java-Code.

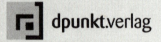

Ringstraße 19 · 69115 Heidelberg
fon 0 62 21/14 83 40
fax 0 62 21/14 83 99
e-mail hallo@dpunkt.de
http://www.dpunkt.de